Felix Benz

Wok 'n' Roll

Felix Benz

WOK 'N' ROLL

*Scharfe Storys
aus der internationalen
Spitzengastronomie*

Lübbe

MIX
Papier aus verantwortungsvollen Quellen
FSC® C014889

Zum Schutz der Rechte aller Personen wurden Namen, Orte und Details verändert.

Lübbe Paperback in der Bastei Lübbe GmbH & Co. KG

Originalausgabe

Lektorat: Dr. Stefanie Heinen

Daumenkino-Illustrationen: Peter Frommann

Umschlaggestaltung: © HildenDesign unter Verwendung mehrerer Motive von:
© kati 1313 / iStockphoto; DNY59 / iStockphoto; eskay / shutterstock
Satz: Bosbach Kommunikation & Design GmbH, Köln
Gesetzt aus der Adobe Garamond und der Marcelle Script
Druck und Einband: Friedrich Pustet, Regensburg

Printed in Germany
ISBN 978-3-7857-6043-7

5 4 3 2 1

Sie finden uns im Internet unter: www.luebbe.de

Bitte beachten Sie auch: www.lesejury.de

Für meine Frau Marion. Und für Ria.

Inhalt

Vorwort

Köche sind tolerant, es sei denn, es geht ums Kochen

»Du erbärmlicher Nichtsnutz, wo hast du nur kochen gelernt? Unglaublich! So etwas ist mir noch nie unter die Augen gekommen! Eine Schande für den Berufsstand! Dumm, schwul, hässlich, drogenabhängig, dreckig und faul – das kann ich alles verstehen, aber dass einer meine Demi Glace in den Ausguss kippt …« Sprüche wie diese sind in der Gastronomie eher die Regel denn die Ausnahme. Wenn man Koch sein möchte, muss man damit umgehen können.

Ich heiße Felix Benz, und ich bin Koch. Schon lange. Schon seit ich ein Teenager war. Angefangen habe ich mit elf Jahren, lange bevor ich zum ersten Mal eine Erektion hatte. Meine erste Aufgabe: Pommes frittieren. Das ist gar nicht so einfach – für einen Erwachsenen nicht und für einen Elfjährigen schon gar nicht. Wie kompliziert das ist, merkte ich, als ich am Rande eines Fahrradrennens als Pommes-frites-Koch debütierte. Ohne es je zuvor getan zu haben, war ich verantwortlich für drei Friteusen. Da sich jedoch keiner meiner Mitstreiter wirklich auskannte, fiel auch ich nicht unangenehm auf. Mir reichte, dass mir ein hübsches Mädchen – es war viel älter als ich, wahrscheinlich etwa siebzehn – zeigte, wie die Friteusen funktionierten. Dass dies meine Fähigkeiten als Pommes-Frittierer zunächst nicht wirklich förderte, liegt auf der Hand: Ich konzentrierte mich so sehr auf die beiden Wölbungen unter ihrem BAD-Sweatshirt, dass die erste Ladung Pommes direkt im Müll landete.

Nach diesem mehr oder weniger holprigen Start entwickelte ich mich im Laufe des Tages dennoch wider Erwarten zum Pommes-Profi. Fünf Stunden nachdem ich angefangen hatte, nach einigen

Hundert Portionen Pommes, hatte ich nicht nur den Geruch des heißen Öls in den Kleidern und Haaren, sondern war ich der glücklichste Junge der Welt. Ein toller Job, ein toller Tag.

Damals dachte ich noch, dass alle Fritten entweder tiefgekühlt oder vorfrittiert in die Hände der enthusiastischen Köche fallen. Dass man auch aus dreckigen, ungeschälten, also richtigen Kartof-
10 feln Pommes frites machen konnte, sollte ich erst später am eigenen Leib erfahren.

Dieser Rennsonntag jedenfalls war der Moment der Wahrheit: Ich wollte Koch werden. Als ich dies auch äußerte, lächelten die Erwachsenen erst milde und wissend, ein paar Monate später erntete ich nur noch Stirnrunzeln und Kopfschütteln. »Überleg ganz genau, bevor du entscheidest, was du werden willst. Mit deiner Intelligenz kannst du was viel Anständigeres lernen. Koch ist kein Beruf, sondern ein Hobby«, meinte auch mein Vater, wann immer das Thema zur Sprache kam.

Damals, Ende der Siebziger-, Anfang der Achtzigerjahre, lernte niemand Koch. Der Beruf war verpönt. Unmögliche Arbeitszeiten und schlechte Bezahlung sowie stressbedingte Erkrankungen rundeten das Negativimage ab. Nur wer keine andere Lehrstelle fand oder nicht studieren konnte, wurde vom Berufsberater unserer Schule in ein Hotel oder Restaurant geschickt, um zu schauen, ob man ihn dort brauchen könnte. Um Karotten zu schälen oder in einem Topf mit Tomatensauce herumzurühren, müsse man keine Intelligenzbestie sein, dachten die meisten. Und die Restaurants und Hotels waren froh, billige Arbeitskräfte zu bekommen.

Dem Beruf Koch widmeten die Schweizer Schulen wenig Aufmerksamkeit. Denn die Wirtschaft verlangte nach kaufmännischen Angestellten, und die Zürcher Bankenlandschaft hatte Tausende offene Lehrstellen und scheute sich natürlich nicht, dafür Werbung zu machen.

Nachdem ich jedoch zwei Jahre lang fest bei meiner Meinung geblieben war, hatten sich die meisten an die Idee gewöhnt, sogar meine Lehrer, die mich unbedingt aufs Gymnasium schicken wollten.

Als ich dann in der Oberstufenschule einen Kochkurs besuchte, war ich zwar nicht der einzige Junge unter vierzehn Mädchen, aber wahrscheinlich der interessierteste – wobei ich auch zugeben muss, dass es nicht zuletzt die sexy beschürzten, kichernden Mädchen waren, die meine Aufmerksamkeit fesselten. Die Haushaltslehrerin freute sich, dass auch ein paar Jungs den Weg in ihre Küche gefunden hatten. Denn das war überhaupt nicht selbstverständlich. Es brauchte doch ziemlichen Mut, als männliches Wesen in eine Frauendomäne vorzudringen. Damals ahnte ich noch nicht, dass das Zahlenverhältnis zwischen den Geschlechtern in einer Restaurant- oder Hotelküche umgekehrt ist. Gibt es in Restaurantküchen im Durchschnitt auf siebzehn Köche eine Frau, ist das Verhältnis in den Hotelküchen noch fataler. Wenn man die Patisserie nicht dazuzählt, findet sich dort unter einundzwanzig Köchen eine Frau. Damit nicht genug: Von den einundzwanzig Köchen sind erfahrungsgemäß sechs schwul, vier haben ein Alkoholproblem, sieben konsumieren regelmäßig illegale Substanzen, zwölf sind übergewichtig, acht leiden unter Akne oder Fußpilz, bei dreien faulen die Zähne und produzieren übelste Gerüche, zwei sind geschieden, fünf haben uneheliche Kinder, und allesamt sind sie absolute Egoisten. Ach ja: Jeder Dritte hatte oder hat sexuell übertragene Krankheiten.

All das verschwieg unsere Hauswirtschaftslehrerin. Na ja, wahrscheinlich hatte sie auch gar keine Ahnung. Sie stellte uns stattdessen vor andere Herausforderungen. Wir mussten in Vierergruppen einfache Menüs kochen – und diese anschließend auch essen. Was zum Teil katastrophale Folgen hatte: Cayennepfeffer wurde mit Paprika vertauscht, in der Zuckerdose war Salz, und anstatt den Cognac zum Kochen zu nehmen, tranken wir ihn heimlich.

An dem Tag, als die nette Kochlehrerin unser Gulasch probierte und zuerst einen hochroten Kopf bekam, dann einen Würgeanfall und schließlich fluchtartig die Schulküche verlassen musste, entdeckte ich meine Liebe zu scharfem Essen. Oder besser gesagt: die Liebe zum Scharfkochen und Anderen-Leuten-beim-Probieren-Zuschauen …

Köche sind keine netten Menschen. Köche sind brutal zu anderen, aber Mimosen, wenn es um sie selbst geht. Köche weinen hinter

verschlossenen Türen, in der gammeligen Umkleidekammer nach dem Mittagsservice, wenn der Küchenchef sie zum Tagesblitzableiter erkoren hat. Zutiefst gekränkt, ungewaschen und mit rot umränderten Augen verbringen sie die Zimmerstunde (die mehrstündige Pause zwischen Mittags- und Abendservice im Restaurationsgewerbe; der Begriff stammt aus den Zeiten, als das Personal noch Zimmer im Hause hatte und dort die Pause verbrachte) in der verrauchten Stammkneipe und kippen sich ein Bier nach dem anderen hinter die Binde. Sie schwören Rache. Sie wollen es dem Alten zeigen. Sie verfluchen die Kollegen, die ihnen nach dem Anschiss des Chefs nur hämisch ins Gesicht gegrinst haben.

Am Abend erscheinen Köche schwankend und lallend zehn Minuten zu spät zum Dienst. Vollen Mutes und bereit zum Kampf stürmen sie direkt ins Büro des Küchenchefs – um zu erfahren, dass dieser bereits vor zwei Stunden nach Hause gegangen ist.

Enttäuscht und müde von der Trinkerei und der nervlichen Anstrengung arbeiten sie ruhig und gewissenhaft bis zum Feierabend. Danach geht's mit den lieben Kollegen in die Kneipe. Man klopft sich auf die Schulter. Runden werden bezahlt. Der Alte wird schlechtgemacht, und man philosophiert über das Essen und neue Rezepte.

Es ist so schön, ein Koch zu sein!

1

Auf alten Pfannen lernt man kochen

Im pubertären Alter von vierzehn Jahren – ich hatte gerade die ersten katastrophalen Sexerlebnisse auf kalten Waldböden oder in miefigen Heizungskellern hinter mir – nahte die Zeit des kulinarischen Erwachens. Ich machte mich auf, die Welt der professionellen Köche zu erkunden. Meine Mission: eine Woche als Schnupperlehrling in einer anerkannten Zürcher Brasserie.

Montags morgens stand ich mit klopfendem Herzen pünktlich um acht Uhr auf der Matte. Was würde mich erwarten? Zunächst jedenfalls ein schleimiger Kellner, der mich zu einer Stahltür mit der knappen Aufschrift »Küche – Hygiene-Zone« brachte. »Du gehen Treppe unten, Scheffe warten«, gab er mir in Gastro-Deutsch zu verstehen.

Ich öffnete die Tür. Hinter ihr führte eine Steintreppe mit versifften Stahlbeschlägen in den Keller. Der Geruch von Zwiebeln, Brühe und verdunstetem Alkohol schlug mir entgegen. Langsam ging ich nach unten. Was sich meinen Augen offenbarte, war eine andere Welt.

Das also war das Herz des traditionsreichen, stadtbekannten Gourmetrestaurants. Wäre es das Herz eines Menschen, wären die Vorbereitungen für die Beerdigung ohne Zweifel bereits in vollem Gange gewesen. Ein Gemisch aus Öl und Wasser tropfte von der Decke, die ehemals weißen Fliesen waren mit einem Film von fettigen Saucen- und Essensresten überzogen und die Geräte – Töpfe und Pfannen, dampfend, rauchend, zischend, brutzelnd auf Gasherden, am Boden festgeschraubt oder auf Stahltischen mit notdürftig geflickten Stromkabeln in die Steckdosen geklebt – waren allesamt uralt. Die Griffe der gusseisernen Sautierpfannen waren schon zum x-ten Mal aufs Neue angeschweißt, und die Tür des Kombidämpfers hinderten allein Einmachgummis daran, vom Dampf in seinem Inneren aufgedrückt zu werden. Ein handbetriebener Warenlift quietschte wie von Geisterhand bewegt in höhere Gefilde. Sicherheitstüren gab es schon lange nicht mehr. Der Fußboden war nass und glitschig. Gemüsekisten lagen in den Ecken. Jemand fluchte. Es war sehr warm, wenn nicht heiß.

Und inmitten des ganzen Durcheinanders stand der Küchenchef: groß, dick und Furcht einflößend. Seine Augen durchbohrten mich. Was mir aus seinem Rachen entgegenschlug, war Übelkeit erregend, jedenfalls um diese Uhrzeit – eine Mischung aus abgestandenem Bier, Magensäure, Knoblauch und Kaffee. »Aha, der Schnupperlehrling«, knurrte er mich barsch an.

Kurz angebunden stellte er mich den anderen Köchen als »der Schnupperlehrling« vor. Mein Name schien ihn nicht zu interessieren. Schnell und ohne mich anzusehen, zeigte er mir sein Reich. Auch redete er eher mit sich selbst als mit mir.

Ich hörte zum ersten Mal einige der Wörter, die fortan für mich die Welt bedeuten sollten: *Mise en place*, *Pass*, *Remouillage*, *Saukübel* und mehrere fremdartige Schimpfwörter, über die sich meine Eltern später nicht gerade freuten. »Gehirnamputierter Arschficker« und »Salamiblaser« gehörten noch zu den harmlosesten. Als ich die neuen Wörter zu Hause geschickt in eine Unterhaltung während des Abendbrotes einbaute, bekam ich direkt eine Woche Fernsehverbot. Ade *Ein Colt für alle Fälle*, damals meine Lieblingsserie.

Doch zurück in die Brasserieküche: Man steckte mich in eine viel zu große Kochjacke und betraute mich mit einer zweifellos wichtigen Aufgabe: Zwiebeln schneiden. Das hatte ich zu Hause schon mehrfach geübt, sodass ich es schon ganz gut konnte. Dachte ich. Die Küchenbrigade hatte jedenfalls ihren Spaß, und recht bald merkte ich, dass es hier verschiedene Dienstgrade gab. Ich war der Unterste, noch unter dem Casserolier, dem Mann, der die Kasserollen spült und nicht, wie ich annahm, an der Kasse arbeitete. Über ihm kamen die Salatfrau – tatsächlich, eine Frau in der Küche! –, der Lehrling, der Commis-Entremetier, der Commis-Saucier und der Patissier – schon wieder eine Frau. Sehr hübsch, sehr blond, sehr sexy! Ein Wunder!

Über ihnen standen der Chef Gardemanger, diesmal ohne Commis, der Chef Entremetier, ebenfalls ohne Commis, und der Chef Saucier. Letzterer fungierte auch als Souschef, also als die rechte Hand des Küchenchefs. Dann gab es noch einen Tournant, der allerdings nicht da war. Ein Tournant, so wurde ich aufgeklärt, vertritt die anderen Köche, wenn diese ihren freien Tag haben. In meinem späteren Leben merkte ich, dass man als Tournant der Depp vom Dienst ist – Putzmann, Dienstmädchen und Handlanger der anderen Köche. Wenn die anderen Köche spätabends ihre Station verließen, war die vollkommen geplündert, stand dafür aber vor Schmutz. Wenn die Kollegen nach ein oder zwei durchzechten, wilden, freien Tagen mit Tränensäcken unter den Augen zurück in die Küche stolperten, erwarteten sie jedoch alles picobello sauber. Die Schubladen sollten zum Bersten mit gerüsteten Lebensmitteln gefüllt sein, die *Mise-en-Place*-Liste mit den Angaben über die noch zu verrichtenden Arbeiten hatte sauber und gut leserlich auf dem blitzblanken Stahltisch zu liegen.

Mein erster Morgen in der Zürcher Brasserie ging rasch vorüber, da ich während des Zwiebelschneidens den anderen Köchen bei ihrer spannenden Arbeit zusehen konnte. Schon um elf Uhr stand das Mittagessen für das Personal auf dem Tisch. Einer der Köche schöpfte es großzügig direkt aus dem Topf: Kalbskopf mit Kartoffeln. Nicht gerade meine Leibspeise. Aber ich ließ mir nichts anmerken, da ich wusste, dass die anderen mich beobachteten, und aß widerwillig, was man mir vorsetzte.

Die Tischgespräche kreisten um ein einziges Thema: in betrunkenem Zustand Sex zu haben. Wahrscheinlich wollten die Köche mir imponieren oder testen, wie abgehärtet ich war.

»Hey, meine neue Alte kam gestern Nacht gleich doppelt, nachdem ich mit ihr noch eine Kiste Bier gesoffen habe. Und ihre Zwillingsschwester war auch noch mit von der Partie«, behauptete einer der Köche.

»Die Alte hat gar keine Zwillingsschwester, Mann«, stellte ein anderer Koch richtig. »Ich kenn sie. Die hat nur einen Bruder.«

»Hey, warste wohl noch besoffener, als du gemeint hast. War der Bruder denn hübscher als die Schwester? Bei der musst du ja eh zu sein, sonst kriegste gar keinen hoch, Mann!«, rief der Souschef dazwischen.

Die Salatfrau hielt sich zurück und las eine spanische Zeitung. Die Süßspeisenköchin aber warf ein, dass die meisten Macker nach zehn Bier eh keinen mehr hochbekämen. Die Köche waren da ganz anderer Meinung. Es käme auf die Stimmung an und darauf, wie lange man vorher keinen Sex mehr gehabt habe, argumentierten sie.

»Und wie der Partner aussieht!«, rief der Souschef wieder dazwischen und grinste hämisch.

Je länger man keinen Sex mehr gehabt habe, desto betrunkener könnte man vögeln, meinte ein dicker, glatzköpfiger Koch.

Außerdem sei der Sex umso besser, je mehr man vorher getankt habe; sie könnten schließlich auch nach fünfzehn Bierchen und ein paar Schnäpschen ohne Weiteres noch eine gute Nummer hinlegen, waren sich die anderen einig.

Die Süßspeisenköchin – Nancy – lächelte mich süß an. Ich wurde rot. »Und, was meinst du, Kleiner?«, fragte sie mich.

»Fünfzehn Bier sind doch keine Bremse für mich«, murmelte ich.

Schallendes Gelächter.

Der Commis-Entremetier winkte mir zu. »Da können wir ja nach Feierabend noch einen zwitschern gehen, Kleiner!« Mit einer geübten Handbewegung wischte er sich die blond gefärbte Locke aus dem Gesicht.

»Pass auf, der ist noch minderjährig!«, scherzte der Souschef .

»Aber ich doch auch!«, lächelte der Commis-Entremetier.

Die Köche klopften sich gegenseitig auf die Schultern und machten sich lachend wieder an die Arbeit. Jetzt wurde es ernst.

Der Mittagsservice stand bevor. Und noch mussten letzte Vorbereitungen getroffen, die *Mise en place* kontrolliert werden. Jeder schnappte sich seine Lieblingspfannen, Schneebesen und Schöpflöffel. Torchons, die handtuchähnlichen Topflappen, die jeder Koch an der Schürze trägt, und Putzlappen wurden an geheimen Orten versteckt, Messer gewetzt, Sauteusen, Sautoirs und Gusspfännchen angewärmt, die Saucen abgeschmeckt. Warum sie die Torchons und Lappen versteckten, war mir rätselhaft. Daher fragte ich schüchtern nach dem Grund. Die Antwort war eigentlich logisch: Es gab immer zu wenig davon. Im Restaurant wurde gespart, die Wäschereirechnung der Küche war einmal wieder zu hoch gewesen, und für neues Material war kein Geld da.

Der Chef probierte alles, gab laut Kommentare und Anweisungen. »Mehr würzen, Entremetier!«, schrie er, oder: »Was soll das denn sein, Herr Zgraggen?« Dieser, ein glatzköpfiger, dicker Koch, murmelte beschämt eine Entschuldigung und schaute betrübt auf den Kohlwickel vor sich. Der sah aus wie ein überfahrener Maulwurf. Schwarz und flach.

»Einen solchen Scheiß will ich in meiner Küche nicht noch mal sehen! Herr Zgraggen, Mann!« Sekunden später schrie der Chef einen anderen an: »Jetzt nehmt endlich mal eure Finger aus dem Arsch und kocht! Mann!«

Ich hielt mich im Hintergrund, war immer noch mit meinen Zwiebeln beschäftigt. Dann rief der Chef mich zu sich. »Schon mal frittiert?«, grunzte er.

Ich nickte.

»Okay! Wenn ich jetzt annonciere, sage ich zuerst: ›Neu, Tisch soundso‹. Wenn du ›*frits*‹ hörst, kannst du vorfrittieren. Sobald ich ›*envoyer* Tisch soundso‹ schreie, heißt das, der Tisch wird geschickt und du musst die Pommes in der Schüssel gesalzen und heiß bereithaben, klar?«

Ich nickte, auch wenn es alles andere als klar war.

Um 11:46 Uhr fing der Drucker in der Küche an zu rattern. Erst um 13:50 Uhr hörte er auf. Schlagartig. Um das zu verstehen, muss man wissen, dass in der Schweiz fast alle um Punkt zwölf Uhr zu Mittag essen – ein täglicher Albtraum für jedes Restaurant, da alle gleichzeitig zum Essen kommen. Auch Spezialangebote wie ein Frühesserrabatt, 11:30-Uhr-Menüs und Late-Lunch-Specials locken kaum einen früher oder später ins Restaurant.

Mit dem Mittagsservice begann das Chaos erst richtig. Der Chef schrie. Töpfe knallten auf den Herd. Entenbrüstchen, Rinderfiletmedaillons, Gänseleber, Kalbskoteletts, Frühlingszwiebeln, Apfelecken, Lachstranchen, Riesengarnelen, Jakobsmuscheln und vieles mehr landete in einem Wahnsinnstempo in den vorgeheizten Pfannen. Ich hörte *»avec frits«* und warf die Pommes in die heiße Friteuse. Die Einmachgummis des Kombidämpfers rissen, eine Dampfwolke ergoss sich in die sowieso schon saunaähnliche Küche. Schnell befestigte einer der Köche die Tür mit neuen Gummis. Kurz darauf verschwanden Reis, Salzkartoffeln, Felchen, Steinbutt-Medaillons, Brokkoli, Blumenkohl, tournierte Karotten, Couscous und vorgewürzter Blattspinat, alles portionsweise auf Stahlblechen angerichtet, im Innern des solcherart schnell wieder instand gesetzten Geräts.

»*Envoyer* Tisch zwölf, *emplace* Reis einmal Frits für das Entenbrüstchen! Komm, Entremetier, Finger raus!«, schrie der Chef.

Ich schüttelte die Pommes ab, stürzte sie in die Schüssel und streute Salz darüber. Der Entremetier pfefferte mir eine vorgewärmte Silberplatte mit Dekorpapier vor die Nase. Ich füllte die Pommes ab und reichte sie dem Chef. Ein Grunzen. Er probierte eine Fritte, nickte und schrie weiter seine Anweisungen durch die Küche.

»Herr Zgraggen, können wir vielleicht endlich mal einen Beitrag aus Ihrer Pfanne rechtzeitig hier vorne haben? Verdammt, *envoyer*

Tisch vierundzwanzig habe ich schon dreimal gerufen! Schlafen können Sie unter Ihrer Brücke! Mann!«

Mit Hähnchen und Brätkügelchen gefüllte Blätterteigpastetchen, dazu Reis und Saisongemüse waren das Tagesmenü. Das auf die Teller zu schöpfen war der Job des Lehrlings. Er verrichtete seine Arbeit grimmig und mit krummem Rücken. Kein schöner Anblick! Die Aknepickel in seinem bleichen Gesicht leuchteten rot; auf seinen Wangen zeigte sich scheu der erste Bartflaum. Die fettigen Locken mit der linken Hand aus dem Gesicht wischend, mit der rechten die Pastetchen füllend, konzentrierte er sich ganz auf seine Arbeit. Meine Zukunft? Eher ein Grund wegzusehen.

Auf der anderen Seite der Küche kreierte Nancy in dem etwas kühleren Bereich hinter der schmierigen Trennscheibe der Dessertküche die Süßspeisen. Kunstvoll auf großen achteckigen Tellern angerichtet baute sie Skulpturen aus gesponnenem Zucker, Eis, Fruchtsaucen, Cremes, Puddings, Kuchen, Törtchen, Biskuits, frischen Früchten, Schokostreuseln, Marzipanfigürchen, Puderzucker, Kakao und Schlagrahm. Zum Anbeißen! Und das nicht nur die Süßspeisen, denn durch die blauweiß karierte Hose konnte ich auch ihren schönen Hintern bestens erkennen. Als sie sich aufrichtete, drehte sie sich um und bemerkte meinen Blick. Lächelnd blies sie mir einen Kussmund quer durch die Küche zu. Ich wurde rot.

»He, Schnupperstift, wo sind die *frits*?« Allzu schnell riss mich der Küchenchef aus meinen Träumen. Schweren Herzens wandte ich mich wieder der Friteuse zu.

So schnell, wie es losgegangen war, war es dann auch wieder vorbei. Mit einem Schlag wurde es ruhig in der Küche, die nunmehr aussah wie ein Schlachtfeld. Auf der Spüle des Casseroliers stapelten sich die dreckigen Pfannen, Töpfe und Schüsseln. Kleine Edelstahlwägelchen voller dreckiger Teller standen daneben. Der Boden war noch nasser und glitschiger als vor dem Service und übersät mit Speiseresten.

Nicht gerade begeistert, aber dafür mit sicherem Blick auf den Feierabend putzten die Köche ihre Station und räumten auf. Bevor sie verschwanden, erstellten sie noch rasch eine Liste mit kleinen Arbeiten für den Koch, der nachmittags Dienst hatte.

Dieser Koch war ich. Der Chef zeigte mir die Menükarte, wollte wissen, ob ich Fragen hätte, und überreichte mir dann die Liste der zu erledigenden Arbeiten, vor allem Schneidearbeiten. Ich sollte Vichykarotten, Kohlrabibatonettes, Lauchjuliennes und Selleriebrunoise vorbereiten. Nancy würde auch dableiben und mir zeigen, wie was geschnitten sein sollte. Und weg war der Chef.

Nancy zeigte mir noch viel mehr. Sobald wir allein in der Küche waren, offerierte sie mir ein Bier. Sie selber bräuchte etwas Stärkeres, meinte sie, einen Cognac. Sie holte die Getränke aus dem Keller – das war eigentlich verboten, kümmerte aber keinen groß –, kippte ihren Schnaps in einem Zug weg, nahm dann das Gemüse aus dem Kühler und legte ein Schneidebrett bereit. Unter das Brett legte sie vier Einmachgummis. »Damit das Brett nicht rutscht«, erklärte sie kurz. Dann wechselte sie wieder das Thema: »Willst du noch ein Bier? Ich brauch noch ’nen Cognac.«

Ohne eine Antwort abzuwarten, holte sie Nachschub. Als sie zurückkam, hatte sie ihre Kochjacke ausgezogen und war nur noch mit einem ärmellosen T-Shirt bekleidet. »Prost! Wie du siehst, ist es hier nachmittags ziemlich locker.«

Ich schluckte einmal kurz, prostete ihr dann zu und versuchte vergeblich, nicht auf ihre nun ziemlich gut sichtbaren Brüste zu starren. Sie kippte auch den zweiten Cognac in einem Zug runter, dann zeigte sie mir die verschiedenen Schnittarten. Kohlrabibatonettes seien etwa vier Zentimeter lange und fünf Millimeter breite Stäbchen, erklärte sie mir.

Ich versuchte, es ihr nachzumachen – erfolglos.

»Warte, ich helfe dir.« Nancy stellte sich hinter mich. Sie nahm meine Hände in ihre, legte ein Messer in meine Rechte und führte mich in die Kunst des Schneidens ein; ihr Kopf lag dabei auf meinen Schultern, ihr Busen presste mir gegen den Rücken. Kurze Zeit später ließen Nancys Hände die meinen auf einmal los, und ehe ich mich versehen konnte, rutschten sie über meinen Hintern hinweg in die Tiefe und nach vorne, um sich an meinem Reißverschluss zu schaffen zu machen. Kein Wunder, dass die Kohlrabistäbchen unter meinem Messer zu unförmigen Gebilden wurden! So hatte ich mir meinen ersten Schnuppertag nicht vorgestellt. Aber wenn dies ein Vorgeschmack auf das Leben als Koch war, sah ich rosigen Zeiten entgegen.

So nahm der Nachmittag seinen Verlauf. Ich lernte ein paar Gemüseschnittarten und zog mir beim Sex im Gemüsekühler eine leichte Erkältung zu. Nancy trank noch mehrere Cognacs, und nach dem fünften erzählte sie mir heulend, dass ihr Freund mit einem schwulen Kellner durchgebrannt sei und jetzt auf einem Kreuzfahrtschiff in der Karibik arbeite. Bevor die anderen Köche um halb sechs wieder zur Arbeit erschienen, ging Nancy dann nach Hause – nicht ohne mich zu bitten, dem Chef zu erklären, dass sie Monatsbeschwerden habe und ihr speiübel sei. Sie umarmte mich und küsste mich auf den Mund. Und weg war sie.

Der Chef kontrollierte mein Gemüse kommentarlos, als er um achtzehn Uhr aus seiner Pause zurückkehrte. Vier kleine Häufchen vor mir auf dem Schneidebrett waren die Ausbeute eines ganzen Nachmittags harter Arbeit. Prüfend schaute er mich an. Meine glasigen Augen schien er nicht zu bemerken. Ich kaute auf einer kleinen Knoblauchzehe herum, damit er meine Fahne nicht roch, als ich ihm Nancys Lügenmärchen auftischte. Er nickte und wandte sich ab.

Der Abend verlief weniger hektisch als der Mittag, was wohl im Wesentlichen daran lag, dass Montag war – laut Aussage meiner Kollegen immer ein ruhiger Tag. Mich verbannten sie in eine ruhige Ecke, wo ich weiter Zwiebeln schälen durfte. Um zwanzig Uhr schickte der Chef mich mit mürrischem Blick nach Hause.

Ich war verwirrt, als ich, nachdem ich mich schnell umgezogen hatte, draußen auf der Straße stand. War der Chef nun sauer gewesen, weil ich nur so wenig Gemüse gerüstet hatte, oder nahm ich sein Benehmen zu ernst und er hatte mich nur weggeschickt, weil nichts zu tun gewesen war? Es war auf jeden Fall ein sehr ereignisreicher Tag gewesen. Während ich nachdachte, vorwiegend über Nancy, beobachtete ich noch ein paar Minuten lang durch die großen Scheiben das Geschehen im Restaurant. Die vornehm gekleideten Gäste wurden von den Kellnern umschwänzelt, die mich mit ihren gestärkten weißen Hemden und dem schwarzen Frack von Weitem an Königspinguine erinnerten. Das flackernde Kerzenlicht, der Mann am Piano, die großen Ölgemälde an den Wänden, silberne Messer und Gabeln – was für eine fremde, was für eine aufregende Welt!

Jedes Mal, wenn der Türsteher die antike Messingtür mit den handgeschliffenen Glasfenstern öffnete, um Gäste hinein- oder hinauszulassen, drang gedämpftes Gelächter zu mir nach draußen. Ich wandte mich ab und wunderte mich. Hatten tatsächlich solche Leute meine Pommes frites gegessen? Wussten diese Leute, wie es in der Küche unter ihnen zu- und herging? Ich bezweifelte es.

Wie sehr sich auch die Welt um die Brasserie von der gepflegten Atmosphäre des Gastraums unterschied, merkte ich allzu deutlich, als ich die Bahnhofstraße zum Hauptbahnhof hinabmarschierte, um den Zug nach Hause noch zu erwischen. Mehrere Drogensüchtige bettelten mich um Kleingeld an, und beim Schwulenstrich am Bahnhofquai schleppten ältere Männer Prostituierte im Teenageralter ab – heroinabhängige Jungs, die die Kohle dringend für ihre Sucht brauchten. Zudem schwankte eine Gruppe Alkoholiker über die provisorische Holzbrücke der S-Bahn-Baustelle.

In der Bahnhofshalle selbst herrschte wie immer reges Treiben. Das Kino ABC stand damals mitten im Durcheinander. Noch immer lief dort die *Rocky Horror Picture Show* mit Tim Curry und Meatloaf in den Hauptrollen – seit mehr als achthundert Wochen jeden Samstag um dreiundzwanzig Uhr, wie ein Plakat hinter der schmuddeligen Scheibe annoncierte.

Ich blieb eine ganze Woche in der Brasserie und lernte sehr viel. Am zweiten Tag durfte ich schon mit Herrn Zgraggen Kohlwickel zubereiten, und diesmal sahen sie nicht aus wie überfahrene Maulwürfe. Sehr zu Herrn Zgraggens Missfallen lobte mich der Chef für die Arbeit. Ich half dem Souschef Saucen zu kochen, und während des Mittagsservice am dritten Tag schöpfte ich selbstständig das Tagesmenü: Hähnchengeschnetzeltes an Curryrahmsauce mit Basmatireis und Brokkoliröschen mit Buttermandeln. Frittieren musste ich nicht mehr, dafür aber abends die Friteuse putzen. Herr Zgraggen zeigte mir, wie. Auch von Nancy lernte ich einiges. Da sie mit ihren sechsundzwanzig Jahren fast doppelt so alt war wie ich, bewahrheitete sich der gern zitierte Spruch »Auf alten Pfannen lernt man kochen« bei ihr aufs Beste – natürlich nicht nur bei den Kochutensilien in der Küche.

Nun wollte ich definitiv Koch werden.

Die Schnupperlehre in der Brasserie sollte nicht meine einzige bleiben, denn meine Mutter vermittelte mir eine weitere Woche Schnupperlehre in einem großen Restaurationsbetrieb mit elf Restaurants im Zürcher Bahnhof. Dort gefiel es mir von Anfang an besser als in der versifften Brasserie, denn die Küche, in der ich die zweite Schnupperlehre absolvierte, lag im vierten Stockwerk und bot eine wunderbare Aussicht über die Stadt. Zudem war hier alles brandneu, sauber und hell. Ich durfte vom ersten Tag an mitkochen, und mein minimales Know-how aus meiner ersten Schnupperlehre half mir, einen positiven Eindruck beim freundlichen und sehr ruhigen Küchenchef zu hinterlassen. Am Ende meiner Woche informierte mich der Chef, dass er sich freuen würde, mich als seinen Lehrling im Betrieb zu haben.

Auch ich wusste nach dieser Woche: Hier will ich hin. Da der

Betrieb keine Einzel-, sondern nur Doppellehren anbot, entschied ich mich, mich für eine Ausbildung zum Kellner und Koch zu bewerben. Und tatsächlich bekam ich die Lehrstelle.

Erst später sollte ich merken, dass ich die meiste Zeit meiner Kochlehre nicht in der neuen Satellitenküche mit Ausblick auf die Stadt, sondern in der Hauptküche verbringen würde: drei Etagen unter dem Erdboden, fünfzig Jahre alt und verwinkelt wie die Katakomben von Rom.

Gerade fünfzehn Jahre alt fuhr ich so mit klopfendem Herzen und großen Plänen an einem schmuddeligen Aprilmorgen mit der Bahn nach Zürich. Es war der erste Schritt in ein Leben, das mich später einmal rund um die Welt bringen sollte.

Hätte ich damals gewusst, was da auf mich zukommt, hätte ich meinen Entschluss vielleicht doch noch geändert? Ich glaube nicht. Im Gegenteil: Mich erwartete das Abenteuer Küche. Die Welt wollte erkocht werden.

Auf ins Verderben!

2

Von alten Kellnern lernt man tricksen

Damals dachte ich noch, dass die Schweiz der Mittelpunkt der Welt sei und Zürich die Achse, um die sich alles dreht. Nun, Zürich war damals tatsächlich der Mittelpunkt der Welt. Der Drogenwelt. Wie ich schon nach meinem ersten Schnupperpraktikum wusste, lag der Heroinpark direkt um die Ecke des Hauptbahnhofes; Zehntausende Junkies gingen dort täglich ein und aus. Meine Eltern hatten mich zu Hause in die Zange genommen und nochmals vorgewarnt. Ich sollte mich auf keinen Fall mit diesen Typen auseinandersetzen.

Bla bla bla und ja ja ja, dachte ich, während ich brav nickte.

Direkt neben dem Bahnhof befanden sich der international bekannte Schwulenstrich, die Sexkinos und die Bordelle. Und zu den Drogenproblemen kamen die damaligen Jugendunruhen um das Autonome Jugendzentrum. Die Stadt Zürich hatte Millionen für die Sanierung des Opernhauses ausgegeben, wollte aber für die Jugend von Zürich kein Geld lockermachen. Dies hatte zu heftigen Auseinandersetzungen mit der Polizei geführt und bei Straßenschlachten waren viele Gebäude an der teuersten Einkaufsmeile Europas, der Bahnhofstraße, beschädigt und mit roter Farbe beschmiert worden. Einige der Schaufenster waren auch jetzt noch zugenagelt.

Und ich, ein Junge vom Lande, war ausersehen, in dieser Metropole eine Lehre zu machen! Wie spannend!

Bald jedoch merkte ich, dass es nicht nur spannend, sondern auch ganz schön hart war zu arbeiten. Wie mein Lehrvertrag vorsah, hatte ich nun zuerst zwei Jahre Ausbildung zum Kellner vor mir, bevor ich endlich wieder in der Küche arbeiten dürfte. Vorerst also kein Gemüseschnippeln, sondern Frondienst im Service. Die

Arbeit als Kellner war anstrengend genug – täglich musste ich ran, hatte praktische Arbeiten zu erledigen. Ich hatte mehrere Lehrmeister, die einen streng, die anderen eher locker. Am Anfang ließen sie mich natürlich nicht vor die Gäste, sondern ich musste im Hintergrund bleiben. Während meiner Buffetausbildung bei einer alten Spanierin war ich zum Beispiel für die frisch gepressten Säfte und

die Kontrolle der Getränkelagerbestände zuständig. Und natürlich musste ich auch mit meinen Lehrlingskollegen täglich Silberbesteck und Gläser polieren.

Dann gab es da noch eine Kammer im hintersten Teil des Restaurants, in der die Messingbuchstaben zur Beschriftung der achtzehn Bankettsäle und die Reservestühle für das Restaurant untergebracht waren. Manchmal saß ich stundenlang in dieser Kammer und schob die Buchstaben auf die dafür vorgesehene Messingschiene. Einer der Chefs hatte mir zuvor natürlich die Liste mit den Veranstaltern und den Saalnummern ausgehändigt. Manchmal gab es auf den Listen Fehler, und aus dem »Wanderclub Wolfenschießen« wurde ein »Wanderclub Wolfenscheißen«. Hatte man gute Laune und der Chef war freundlich gewesen, machte man ihn darauf aufmerksam. Ansonsten ließ man ihn hängen. Am Anfang. Später merkte man, dass solche kleinen Spielchen unauffällig bestraft wurden. Plötzlich hatte man immer Wochenenddienst und musste nachts länger bleiben, auch wenn der Chef wusste, dass man gerne zum Billard mit Kollegen gegangen wäre.

Einmal wöchentlich musste ich zudem die Schulbank drücken, Fachwörter büffeln, Deutschkenntnisse aufmöbeln, Betriebsrechnen lernen, Französisch, Wein- und Servicekunde. In den Schweizer Schulen war die Unterrichtssprache damals Hochdeutsch, und sogar auf der Berufsschule waren wir dazu verknackt, während einer Stunde pro Woche diese Sprache zu sprechen. Für mich eigentlich kein Problem, aber mein Kollege aus Sizilien hasste es. Er konnte gut Schwyzerdütsch, hatte aber Schwierigkeiten mit dem Hochdeutschen. Wenn ihn dann unser Lehrer auch noch als

»Maronischüttler« oder »Spaghettimampfer« bezeichnete und die ganze Klasse in Gelächter ausbrach, war er ziemlich sauer.

Dennoch war er kein einsames Mobbingopfer, denn bei uns in der Klasse bekam jeder Schüler seinen Anteil derber Sprüche. Meinen Banknachbarn aus Schaffhausen fragte mein Lehrer zum Beispiel wöchentlich nach dessen Erfolgen beim Angeln im Rhein, da er einmal mitbekommen hatte, dass der Lehrmeister ihn nachmittags wegschickte, um im Rhein angeln zu gehen. Fortan nannte er ihn nur noch den »Rheinfischer«.

Unser Deutschlehrer hatte noch eine weitere Marotte. Er sprach uns manchmal mit unseren Nachnamen an, duzte uns aber dabei. »Herr Benz, was meinst du dazu?«, wollte er beispielsweise wissen. Wir duzten ihn entsprechend zurück, was er bei den meisten durchgehen ließ.

Auch wenn es mir am Anfang der Lehre schwerfiel, an den Wochenenden zu arbeiten, an denen ich früher Eishockey gespielt oder mit Freunden rumgehangen hatte, stellte sich nach einer gewissen Zeit bereits eine Routine ein. Tische mussten gedeckt, Gläser poliert, Besteck gesilbert, Bankette für Hunderte Gäste aufgedeckt, serviert, Leute umschwänzelt, ab- und aufgeräumt werden.

Lehrtöchter zu lieben gehörte natürlich auch dazu. In dieses Fach verheizten wir Jungs sehr viel Energie. Denn anders als in den Kochklassen gab es im Service viele Mädchen, die meisten von ihnen nett, freundlich und offenherzig. Sie steckten meine – zugegebenermaßen manchmal sehr plumpen – Annäherungsversuche mit links weg und wechselten nicht selten die Partner. Wir alle waren ja jung, das erste Mal richtig weg vom Rockzipfel der Mama.

Die Freiheit tat nicht allen gut: Ein paar meiner Kollegen drifteten vom Weg ab. Drogen, Alkohol und Sex im Übermaß machten das Lernen schwer, und unentschuldigte Absenzen von der Berufsschule, das häufige Zuspätkommen und die sich anhäufenden Schulden bei den Kollegen bemerkte irgendwann auch der ignoranteste Lehrmeister. Einige meiner Mitlehrlinge flogen raus. Andere wechselten den Betrieb von selbst. Einer brach sogar die Lehre ab, um mit seinem sechzigjährigen Sugardaddy im Rolls-Royce durch die Schweiz zu kurven, bis die Sittenpolizei dem Treiben auf Druck der Eltern Einhalt gebot. Die beiden trafen sich aber trotzdem immer wieder heimlich.

Ich aber blieb und lernte viel von den alten Kellnern. Nach vierzig Jahren im Service, oft weit gereist und körperlich fast am Ende, gab es nichts, keinen Trick, keine Mogelei, keine Lüge, die sie nicht kannten oder von der sie noch nicht Gebrauch gemacht hatten. Ihre Lehrmethoden waren entsprechend: Man schubste mich, wenn ich mit vier Tellern Suppe um die Ecke gewetzt kam – nur um zu sehen, ob ich die Teller richtig balancieren konnte. Egal, ob ich mich dabei verbrühte oder mein frisch gewaschenes Hemd versaute. Oder man schickte mich absichtlich mit dem Dessertwagen zu einem alten Stammgast, dessen kleiner Köter unter dem Tisch lauerte, nur um einem nichts ahnenden Kellner ins Bein zu beißen oder die Crème Caramel, die zuunterst auf dem Dessertwagen stand, wegzuschlabbern. Ich durfte mir natürlich nichts anmerken lassen – es war ja schließlich ein vornehmes Restaurant, und der Gast ist König. Dafür konnte ich dann später dem Kochlehrling in der Küche zusehen, wie er nichts ahnend die übrig gebliebene Crème Caramel mit Hundesabber verspeiste.

Ein schielender alter Kellner piekte bisweilen Löcher in den Boden der Kaffeerahmbecher. Warum? Ganz einfach: damit den vornehmlich betagten Gästen die Sahne beim Öffnen über die Finger lief und er den netten Leuten mit viel Show und Mitleid behilflich sein konnte, sich die Hände abzuwischen. Natürlich öffnete er ihnen anschließend gekonnt einen neuen Becher. Wer würde da dem freundlichen Kellner nicht ein Extratrinkgeld geben?

Auch die Köche erlaubten sich Späße mit uns. Sie machten die silbernen Röstiplatten vor Gebrauch noch kurz auf dem Gas richtig heiß, damit sich die dämlichen Kellnerlehrlinge anständige Brandblasen an den Fingern holten. Oder sie panierten einen stinkenden

Putzlappen aus dem Wäscheeimer und brieten ihn in der Pfanne mit Butter, damit er aussah wie ein Wiener Schnitzel, und stellten das vermeintliche Schnitzel den ewig hungrigen Kellnern vor die Nase.

»Hier, ist für euch. Haben wir zu viel gemacht«, meinten die Köche dann kurz angebunden. Ich, nichts ahnend, sehr wenig Zeit und im Stress, nahm eine Papierserviette, packte das heiße Schnitzel und biss hinein. Allgemeines Gelächter aus der Küche.

Ich hätte kotzen können. Der ekelige heiße Putzlappensaft, eine Mischung aus altem Rinderblut, Seife und Moder lief mir am Kinn herunter.

Aber was uns nicht umbringt, macht uns hart, und so war ich mit sechzehn Jahren schon ziemlich abgehärtet und außerdem recht trinkfest. Denn trotz allem: Es gab wenige Nächte, in denen wir nicht feierten. Ein Grund fand sich immer, und Geld war dank Lehrlingsgehalt und Trinkgeldern auch vorhanden – sogar so viel, dass meine Kumpel und ich in den zwei Jahren drei Mal in Spanien im Urlaub waren. Natürlich per Bus, im billigsten Hotel. Aber immerhin.

Unser Hauptziel im Süden war es, Mädchen aufzureißen und uns zu betrinken. Ersteres klappte jedoch selten, weil Letzteres sehr viel Zeit und Energie beanspruchte und das weibliche Geschlecht unerklärlicherweise nicht auf besoffene, schwankende und lallende Teenies stand.

Nach einer Woche kamen wir völlig fertig und ausgebrannt nach Hause. Aber wir waren uns einig: ein super Urlaub, und nach Spanien fahren wir wieder einmal. Als wir danach auch noch eine Woche zwangsfrei bekamen, weil einer meiner Kumpel mit Verdacht auf Salmonellenvergiftung im Krankenhaus lag, freuten wir anderen uns noch mehr – Urlaub vom Urlaub, quasi.

Im zweiten Lehrjahr als Kellner kamen endlich frische Lehrlinge, die wir fortan als unsere Untergebenen betrachteten. Natürlich wurden sie wie wir ein Jahr zuvor ins kalte Wasser fallen gelassen. Sie mussten die Drecksarbeit machen, und wir Älteren durften mittlerweile schon nachmittags, wenn nicht viel los war, eine eigene Station im Restaurant bedienen. Ich bekam einen Kassenschlüssel für die uralte National-Registrierkasse, und mein Serviceportemonnaie kam erstmals außerhalb der Bankettsäle zum Einsatz. Wir hatten schon im ersten Lehrjahr bei Banketten kassieren dürfen, da die Getränke dort meist nicht im Menüpreis inbegriffen waren. Dadurch hatten wir schon einige Erfahrung im Kopfrechnen.

Die alte Kasse war ein mechanisches Teil, machte einen Riesenkrach, wenn man die Tasten drückte, und die Endabrechnung jedes Tisches musste man dennoch von Hand zusammenzählen. Bei Tischen mit zehn Gästen, von denen einer alle Getränke, ein anderer die Desserts und sonst jeder separat seine Konsumation bezahlen will, kein einfaches Unterfangen. Aber weil die meisten Gäste aufrundeten, hatte man abends nach der Abrechnung doch meistens einiges an Trinkgeld zusammen. Vor allem, wenn wir ausländische Gäste hatten, die in D-Mark oder mit französischen Francs bezahlten, machten wir einen guten Schnitt. Wir hatten einen Tageskurs, der natürlich immer zu unseren Gunsten berechnet wurde, und das Wechselgeld wurde in Schweizer Franken ausgezahlt.

Ganz besonders freute ich mich über die drei weiblichen Neuankömmlinge, die meine Kumpel und ich selbstverständlich sofort in das normale Sexleben junger Kellner einweihten. Wir fühlten uns überlegen und waren nicht scheu, dies den Neuen zu zeigen. Die Mädchen himmelten uns an, weil wir schon so viel wussten und viele Tricks auf Lager hatten. Und natürlich weil wir immer genug Geld in der Tasche hatten und sie einluden. Zwei der Mädchen waren in den Personalzimmern über dem Restaurant, direkt neben der Wäscherei einquartiert. Dort ging nachts nach Feierabend die Post ab.

Nur eins bremste uns ein wenig: eine damals noch relativ neue Krankheit, die allgemein als »Schwulenseuche« bekannt war und

Angst und Schrecken verbreitete. Aids. Wir reagierten, indem wir unsere Standardausrüstung erweiterten und von nun an in jedem Serviceportemonnaie ein oder mehrere Kondome mitführten. In der Stadt hingen überall Poster, die vor Geschlechtsverkehr ohne Kondom warnten. Wir waren ein wenig verunsichert, weil keiner genau wusste, wie man sich anstecken konnte. Vorher hatten wir keine Scheu gehabt, auf dem öffentlichen Pissoir neben dem Schwulenstrich pinkeln zu gehen. Nun waren wir nicht mehr sicher. Und natürlich hatten wir auch schwule Kollegen in der Berufsschule, andere Lehrlinge und auch Lehrer, mit denen es nun manchmal zu Reibereien kam. Denn es hieß damals tatsächlich, dass die Krankheit von Homosexuellen ausgehe. Was für ein Quatsch! Aber wie immer, wenn Leute unsicher sind und Angst haben, entstehen daraus ziemlich derbe Witze. Einer meiner Freunde hatte jeden Tag einen neuen auf Lager.

Unser Betrieb stellte außer den neuen Lehrlingen auch viele Praktikantinnen, Praktikanten und Hotelfachschulabgänger ein. Und gewissermaßen als Sahnehäubchen auch einige Absolventinnen eines Bäckerei-Colleges aus Nordengland: hübsche Mädchen allesamt, etwas älter als ich. Sie arbeiteten in unserem Betrieb in der Hausbackstube und in der Patisserieabteilung und absolvierten damit einen Teil der Ausbildung, die ihr College in Manchester vorschrieb.

Sie wohnten in den kleinen, muffligen Personalzimmern im Kreis 5, also ganz in unserer Nähe. Meinen Kollegen und mir blieb auch nichts erspart! Unsere Hormone spielten pausenlos verrückt. Wir hatten nur noch Mädchen im Kopf und interessierten uns in dieser Zeit entsprechend wenig für unsere Ausbildung.

Als ich eines Tages einmal mehr in einem fremden Zimmer aufwachte, neben mir ein schnarchendes Girl mit enormen Brüsten und noch enormeren Ausdünstungen, schwor ich mir jedoch, ab sofort mein Leben grundlegend zu verändern. Meine Kopfschmerzen, das Übelkeitsgefühl und mein miefender Körper unterstützten diese Entscheidung. Ich begann, zu lernen und mich auf die bevorstehende Abschlussprüfung vorzubereiten. Einige Monate hatte ich mich doch ziemlich gehen lassen und in der Schule viel verpasst, weil ich meistens vor mich hin gedöst hatte oder gar nicht zum Unterricht erschienen war.

Meine Lehrer waren positiv überrascht von meinem plötzlichen Sinneswandel. Auf einmal kam ich pünktlich zur Schule und kleidete mich nicht mehr so provozierend, wie ich es vorher als Möchtegern-Punk getan hatte. Die Mädchen aus England hatten mir gezeigt, wie ich meine langen Haare mit normaler Seife stylen konnte, wie es die Punks in England taten. Ich trug zerfetzte Jeans, schwarze Springerstiefel, Ketten um den Hals und hörte nur noch Musik von *Angelic Upstarts*. Bei der Arbeit musste ich natürlich das Punkgehabe in der Garderobe lassen und meine Seifenspikes wegspülen.

Entsprechend erfreut kommentierten auch meine Lehrmeister im Betrieb mein frisch geschnittenes, kurzes Haar, den ausgeschlafenen Blick und die Freundlichkeit, die ich so plötzlich an den Tag legte. Eigentlich war ich ja immer freundlich gewesen, aber als kleiner Punk hatte Freundlichkeit nicht zum Image gepasst.

»Na, Herr Benz, funktioniert deine Dusche wieder? Ich hab dich heute gar nicht gerochen, als du reinkamst«, stichelte mein Deutschlehrer, als ich mit meinem maronischüttelnden Kumpel ins Klassenzimmer marschierte.

Auch wenn ich keine Mädchen mehr anbaggerte, interessierte ich mich natürlich weiterhin für das andere Geschlecht. Mein bester Kumpel und ich fanden bald einen vorläufigen Ersatz: das Sexkino. Martin hatte nie Chancen bei den Mädchen gehabt – er war einfach nicht schön genug. Das ganze Gerede, dass Frauen nicht unbedingt auf das Äußere eines Manns achten: kompletter Blödsinn! Den Frauen auf der Leinwand aber war unser Aussehen tatsächlich egal; ins Sexkino zu gehen entpuppte sich zudem als eine wesentlich sauberere und auch finanziell interessantere Methode, seine Gelüste zu befriedigen. Und wir mussten nicht mehr immer neue Ausreden für verschlampte Dates suchen oder uns die Nächte um die Ohren schlagen, nur um ein Mädchen so betrunken zu machen, dass es in der ersten Nacht mit einem von uns ins Bett stieg. Leider waren nicht alle so willig wie Nancy bei meinem ersten Praktikum …

So besann ich mich auf mein eigentliches Ziel: Koch zu werden. Ich büffelte wieder Englisch, um nach meiner zweiten Lehre schnell ins Ausland gehen zu können, und zusätzlich belegte ich einen höheren Englischkurs, den ich abends nach der Berufsschule besuchte.

Doch zunächst stand noch die Abschlussprüfung als Kellner vor mir. Ich hatte mir Mühe gegeben und sehr viel für die theoretische Prüfung gelernt, und weil ich in einem sehr facettenreichen Betrieb meine Ausbildung gemacht hatte, war ich zuversichtlich, auch die praktischen Arbeiten gut bewältigen zu können. Ich konnte sehr gut vor den Gästen Fische filieren, Beefsteak Tatar zubereiten und Crèpe Suzette flambieren. Bei der Weinkunde auf der Berufsschule hatte ich aber öfters gepennt, weshalb ich mir nicht sicher war, ob ich mich dort gut würde durchwursteln können. Zum Glück musste ich dann schlussendlich nur einen alten Bordeaux dekantieren, und die Prüfer fragten mich zwar nach den verschiedenen Anbaugebieten im Bordeaux, wollten aber nicht wissen, wie viele Grand Crus, Premier Grand Crus und so weiter jedes einzelne Gebiet hatte.

Vor den Prüfungen fuhren wir alle noch einmal nach Spanien – als letzte Pause vor dem großen Stress. Diesmal benahm ich mich wesentlich besser als beim ersten Mal, und wir waren auch nicht nur besoffen, sondern sonnten uns am Strand, besuchten die Baustelle der Sagrada Família in Barcelona und sahen uns die originalgetreu nachgebaute *Santa Maria*, mit der Kolumbus nach Amerika gesegelt war, im Hafen an. Und obwohl mir ein Rosenverkäufer an der Ramblas fünfhundert Peseten klaute, war die Stimmung ausgelassen. Das ging sogar so weit, dass mein bester Kumpel eines Abends einen Kollegen so schubste, dass der mit voller Wucht in eine Gruppe Mädchen stolperte. Diese schimpften wutentbrannt auf uns ein. Um sie zu beruhigen, luden wir sie in eine Disco ein, und tatsächlich nahmen sie die Einladung an.

Es wurde ein wunderbarer Abend. Während meine Kollegen tanzten, unterhielt ich mich die meiste Zeit mit Marion, einem Mädchen mit blondem Wuschelkopf, blauen Augen, einer auffällig blauen Brille und schlabberigen 80er-Jahre-Klamotten, die

ihre Figur allzu gut verbargen. Doch das störte mich an diesem Abend nicht. Wir erzählten und lachten und nickten einander zu. Später auf der Straße merkten wir dann, dass keiner von uns auch nur ein Wort des anderen verstanden hatte – es war einfach zu laut gewesen. Lachend verabredeten wir uns für den folgenden Abend.

An diesem fuhren wir mit meinen Kumpeln und den anderen Mädchen auf eine Hazienda im Landesinnern, um uns einen Abend lang die Ritterspiele anzusehen, die dort zur Belustigung der Touristen aufgeführt wurden. Der alte Bus entlud die fröhliche Gesellschaft vor der Hazienda, wo bereits ein Sangría-Brunnen auf uns wartete. Wir konnten so viel Wein in uns hineinschütten, wie wir wollten.

Im großen Gebäude erwarteten uns mittelalterliche Tafeln, die verteilt um eine eingezäunte und mit Sand bedeckte Arena standen. Der Wein floss auch hier in Strömen, und das Essen wurde auf riesigen Platten serviert. Die Essmanieren waren ebenfalls mittelalterlich: Man aß mit den Händen, warf die Knochen der Hähnchen hinter sich und wurde vom Servierpersonal aufgefordert, laut mitzugrölen. Gleichzeitig kämpften in der Arena Ritter in glänzenden Rüstungen auf als Pferde verkleideten Eseln.

Um Mitternacht hauten Marion und ich ab und ließen die anderen sitzen. Wir waren uns einig: Hier war es uns zu primitiv – obwohl ich im Nachhinein wohl zugeben muss, dass ich ziemlichen Spaß an der Fressorgie hatte.

Wir fanden den Weg zur Hauptstraße, und nachdem wir zuerst eine Stunde lang in die falsche Richtung gegangen waren, fanden wir schließlich eine kleine Straße, die am Strand entlang in Rich-

tung Pineda de Mar führte, wo meine Kumpels und ich wohnten. Wir brauchten fünf Stunden, und als es langsam hell wurde und wir das erste »Frankfurts«-Werbeschild am Eingang der Ortschaft erspäht hatten, hielten wir Händchen. So entwickelte sich eine Teenieliebe, die trotz Hunderten von Kilometern Abstand viele Monate lang hielt. Während ich weiter in Zürich war, blieb Marion bei ihren Eltern in Paderborn. Ich kaufte mir alle drei Monate ein neues
Tramperticket der Deutschen Bahn und fuhr manchmal für zwei Tage in den Norden, um meine Flamme zu besuchen.

Hätte mir damals jemand gesagt, dass ich genau dieses Mädchen zwölf Jahre später auf einer Insel im Südpazifik wiedersehen und schließlich an einem schneeweißen Sandstrand heiraten würde, hätte ich ihm einen Vogel gezeigt. Wie hätte ich das auch ahnen können!

Nach diesem Urlaub in Spanien versuchte ich mich auf die Prüfungen vorzubereiten – braun gebrannt und mit Liebeskummer. Meine Kollegen und ich lernten nun Tag und Nacht, denn der Betriebsleiter unseres Restaurants hatte uns gedroht, er werde jeden, der durchrasseln würde, bis zur Wiederholung der Abschlussprüfung in einem halben Jahr persönlich betreuen. Das wollte keiner von uns riskieren. Noch ein halbes Jahr im Service zu arbeiten, das wäre wirklich eine Schande gewesen! Weiterhin die ständigen Beleidigungen der Köche aushalten, mit dem schwulen Bankettmanager die Tische decken und sich von ihm ans Hinterteil packen lassen? Nein danke!

Entsprechend nervös und unausgeschlafen fuhr ich am Prüfungstag nach Bülach in das Hotel, das die Lehrabschlussprüfungen durchführte. Es war alles viel einfacher, als ich dachte. Ich durfte am Tisch filieren und flambieren, und der Service lief mir locker von der Hand. Die Prüfer waren sehr freundlich und unterstützten mich, so gut sie konnten. Die praktische Prüfung dauerte eine halben Tag, und ich merkte, dass mein Lehrbetrieb mich sehr gut auf die bevorstehenden Aufgaben vorbereitet hatte. Auch die theoretische Prüfung bereitete mir keine Probleme.

Meine Kumpel und ich bestanden die Prüfungen allesamt, die einen mit Bravour, die anderen ganz knapp. Durchgefallen ist aber keiner. Ein Wunder, das ich noch heute nicht verstehen kann.

3

Ab in den Keller

Es war vollbracht, und doch standen alle Zeichen auf Anfang. Ich arbeitete noch ein paar Wochen als ausgelernter Kellner im Lehrbetrieb und war natürlich total entspannt und stolz, einen Lehrabschlussbrief in der Tasche zu haben. Die Kumpels und ich hatten auch schon einige Male gefeiert. Als uns Stefan, der eigentlich auch noch eine Kochlehre hätte machen sollen, informierte, dass er aufhören wolle und schon einen Job als Kellner in einem anderen Restaurant angenommen hatte, beneidete ich ihn. Er war erwachsen und unabhängig. Und ich stand wieder am Anfang. Als Lehrling.

So saß ich nur einen Tag nach meinem letzten Arbeitstag als Kellner an einem schmuddeligen Aprilmontag mit meinem ersten Satz eigener Messer, einer brandneuen Kochjacke, der schwarz-weiß karierten Kochhose und weißen Birkenstock-Schlappen um sechs Uhr dreißig in der altbekannten Kantine und fragte mich, ob ich hier überhaupt noch oder wieder hingehörte. Zweifelnd schaute ich an mir herunter. Ein gelernter Koch trug in unserem Betrieb schwarze Knöpfe an der Kochjacke. Die an meiner Jacke hingegen waren weiß – wie der Gürtel eines Kampfsportlers vor der ersten Trainingseinheit.

Wieder musste ich also von vorne anfangen, noch einmal zwei Jahre lernen. Wofür überhaupt? An diesem Vormittag wusste ich es nicht mehr. So lange hatte ich auf diesen Tag gewartet, und doch schien nun alles sinnlos zu sein.

Und tatsächlich begann die Kochlehre für uns alle mit einem Schock: kein Trinkgeld mehr, keine Aussicht auf Zusatzverdienste wie bei den Auswärtsbanketten, die immer bar bezahlt wurden, keine Mädchen weit und breit. Und zu allem Unglück wurden

meine Kumpel und ich auch noch getrennt, da immer nur zwei von uns zusammen auf einem Posten arbeiten durften. Meine früheren Kollegen arbeiteten nun in einer der drei Satellitenküchen oder waren in der Bäckerei, der Patisserie oder der Fischküche verschollen. Wir hatten nicht mehr dieselben Arbeitszeiten und gingen auch nicht mehr am selben Tag in die Berufsschule.

Mein bester Freund und ich wurden in die Produktionsküche verbannt. Ohne natürliches Licht fristeten dort, tief unter dem Erdboden, die ausrangierten Exemplare der Küchenzunft ihr Dasein. Gestrauchelte, Alkoholiker, Nervenbündel, Krüppel. So zumindest dachten wir am Anfang. Wir waren frustriert, wollten den Krempel hinschmeißen, die Lehre abbrechen. Aber wir hielten durch. Immerhin hatte ich meine Freundin, weit weg zwar, aber ihre Briefe halfen mir über meine Verzweiflung hinweg. Wir schrieben uns zwar hauptsächlich über belanglose Alltagsdinge, aber die Briefe waren für mich eine willkommene Möglichkeit, mich dem Frust und den Problemen zu entziehen. Nur für kurze Zeit natürlich, aber immerhin. Ich schnitzte manchmal aus Kartoffeln kleine Herzen, vakuumierte diese und schickte sie mit den Briefen mit.

Nach und nach gewöhnten Martin und ich uns an die Umstände. Die Produktionsküche lag unter dem Erdboden, die Decke war zum Teil so niedrig, dass man keine hohen Kochmützen, sondern nur kleine Schiffchen tragen konnte. Die Gerätschaften waren zum Teil sehr alt, aber gut in Schuss, und der Besitzer hatte viel Geld in moderne Kombidämpfer und sogar einen programmierbaren Räucherofen für den hauseigenen Rauchlachs und die Würste investiert.

Dass die Küche immer sehr sauber war, lag natürlich an uns Lehrlingen, denn zu unseren Aufgaben gehörte es auch, täglich um Viertel vor vier die Küche zu reinigen. Mit einem riesigen Schlauch spritzten wir die Böden ab und seiften danach die gefliesten Wände ein, bevor wir zum Schluss alles mit heißem Wasser aus den großen Kippkesseln abspülten. Bei uns in der Produktionsküche war schon um Viertel nach vier Feierabend – für uns eine ganz neue Erfahrung. Wir mussten zwar um sieben Uhr morgens auf der Matte stehen, was nicht immer so einfach war – speziell nach einer durchzechten Nacht –, dafür aber konnten wir früh abhauen.

Nach einigen Wochen änderte sich auch unsere Meinung über die Köche. Wir begannen sie zu respektieren, denn sie wussten viel, waren erfahren, weltgewandt und weit gereist. Einige von ihnen waren gebrochene Menschen, die mit ihrem Leben nicht mehr zurechtkamen. Andere waren nicht mehr dem Stress und der Hektik einer À-la-carte-Küche gewachsen. Sie konnten nicht mehr täglich zweimal, einmal mittags und einmal abends, für mehrere Stunden an einem heißen Herd kochen und Essen zubereiten, dem Chef zuhören, wie er Bestellungen in den Raum schrie, und gleichzeitig kreativ arbeiten. Sie waren ausgebrannt, vergaßen beim kleinsten Anflug von Druck alles und standen dann nur noch mit weit aufgerissenen Augen im Weg. Damals konnte ich das noch nicht verstehen, aber ich war ja auch noch jung und wusste noch so vieles nicht.

Wieder andere Kochkollegen waren verheiratet und hatten Kinder, die sie auch sehen wollten. Und dafür waren die Arbeitszeiten in der Produktionsküche ideal. Nachmittags konnten sie nach Hause gehen, dann waren die Fonds und Saucen bereitet, Gemüse und Beilagen gerichtet. *Easy Life.*

Viele der Männer hier unten waren vom (Koch-)Leben gezeichnet: Dem einen Koch fehlten an einer Hand drei ganze Finger. Eine Knetmaschine war schuld, wie er erzählte – sie hatte sie ihm abgerissen, als er versuchte, einen verlorenen Kugelschreiber aus dem Teig zu fischen. An der anderen Hand fehlten ihm zwei halbe Finger. Wo er diese verloren hatte, erklärte er nicht.

Ein anderer Koch erzählte von Afrika, den schwarzen Frauen. Sie seien hübsch, schwärmte er, hätten ebenholzfarbene Körper, seien grazil und stolz – aber manchmal leider auch krank. So hatte er sich bereits mehrfach den Tripper eingefangen, und auch mit Harnröhreninfektionen, Hautpilzen, Läusen und Flöhen hatte er schon persönlich Bekanntschaft gemacht. Dennoch zog es ihn zweimal im Jahr nach Afrika.

»Das gönne ich mir noch immer«, sagte er und seufzte bei dem Gedanken an die mit Aids verbundenen Gefahren. Dann ging er zurück zu seinem Kippkessel, in dem er gerade hundertachtzig Liter Tomatensauce zubereitete. Er steckte den Finger hinein und leckte ihn ab.

»Salz und Pfeffer«, meinte er kurz und schüttete ein Kilo Salz und einen Fünfhundertgrammbeutel zerstoßenen schwarzen Pfeffer hinein, außerdem noch einen halben Liter Knoblauchessenz.

Ein ganz dicker, glatzköpfiger Koch erzählte uns in seinen guten Momenten vom Fernen Osten. Er trug anders als die anderen Köche immer weiße Gummistiefel und murmelte oft vor sich hin. Manchmal warf er wilde Blicke in unsere Richtung. Wenn er von seinen Reisen berichtete, schwärmte er von jungen Männern mit mandelförmigen Augen – und vom Gras, das es dort zu kaufen gab. Früher habe er täglich geraucht, erklärte er. Das tue er jetzt nicht mehr so oft, denn es sei schon teuer in der Schweiz.

Dennoch lud er uns manchmal in seine Stammkneipe ein. Wir wussten natürlich, dass er schwul war. Aber da er sich erklärtermaßen im Wesentlichen für junge Asiaten interessierte und keine Anstalten machte, uns zu verführen, machte uns das nichts aus. Ohnehin bestand keine Gefahr – er war ja schließlich einer unserer Chefs.

Nach einem Monat in den Katakomben hatte ich mich an den Tagesablauf gewöhnt. Um sieben Uhr schob ich ein Blech mit Hähnchenschenkel in den vorgeheizten Ofen, danach schlich ich in die Bäckerei und holte mir zwei Croissants. Eins für mich und eins für Martin. Meistens war Urs, mein Kollege aus der Servicezeit, dort gerade mit den Vorbereitungen für fünfzig Kilo Birchermüesli beschäftigt. Er musste diesen Job jeden Tag machen und behauptete, in den riesigen Topf mit dem Müsli gekotzt zu haben, nachdem wir nach einer durchzechten Nacht wieder einmal direkt zur Arbeit gegangen waren. Das Rührwerk sei schon gelaufen, also habe er weiter die Zutaten dazugemischt und so getan, als sei nichts gewesen. Obwohl ich manchmal nicht sicher war, ob Urs mir die Wahrheit gesagt hatte, aß ich lange Zeit kein Birchermüesli mehr.

Doch Urs hatte sowieso einen Hang dazu zu übertreiben. So berichtete er einmal, lebendige Mäuse mit in die Paniermehlmühle geschmissen zu haben, um zu sehen, ob man eine zermanschte Maus vom Paniermehl unterscheiden könnte. Er meinte, es komme auf die Menge des Paniermehls an – viel Mehl und wenig Maus seien ideal. Als er später bei uns auf dem Saucier-Posten arbeitete, hatte er auch die Idee, lebendige Forellen zu vakuumieren. Was er heute treibt, wage ich nicht, mir auszumalen, denn inzwischen arbeitet er für einen großen Suppen- und Saucenpulverfabrikanten als Testkoch …

Mit den zwei Croissants schlich ich jedenfalls wieder zurück in die Produktionsküche, und nachdem Martin und ich unser kleines Frühstück im Kühlhaus verspeist hatten, ging es weiter. Ich wärmte je zehn Liter Zwiebelsauce, Sauce bolognese, Tomatensauce, Demi Glace und Currysauce auf und verteilte sie in verschiedene Edelstahlbehälter, die ich per Warenaufzug in die verschiedenen Satellitenküchen schickte. Danach waren meist die Hähnchenschenkel fertig, und ich rief einen Koch aus dem Fastfood-Restaurant an, damit er das Blech abholte, solange es noch heiß war.

Anschließend waren verschiedene *Mise-en-Place*-Arbeiten angesagt: Zwiebeln schälen und durch die Schneidemaschine schicken, Gemüse schneiden, kalte Saucen abfüllen und vakuumieren. Und irgendwann war dann auch Mittagszeit.

In der Kantine aßen nicht nur wir Köche, sondern der gesamte Mitarbeiterstab des Betriebs, und das für wenig Geld. Wir Lehrlinge etwa bezahlten lediglich eine Pauschale von zweihundertfünfzig Franken pro Monat und konnten essen und trinken, sooft wir wollten, auch an unseren freien und an Schultagen. Das war ein wirklich faires Angebot, denn andere Betriebe knöpften den Lehrlingen bis zu dreihundertfünfzig Franken pro Monat ab, und anders als bei uns bestanden die Mahlzeiten bei ihnen aus Resten und billigen Lebensmitteln.

Nachmittags kochte ich meistens große Mengen von Saucen oder drückte Kartoffelkroketten durch die Presse. Und danach wurde auch schon geputzt.

Trotz der ganzen Arbeit, die wir erledigten, war es mir ein Rätsel, wie ich hier nach zwei Jahren als gelernter Koch rausgehen sollte. Es gab zwar alles, was in eine richtige Produktionsküche gehört – Patisserie, Bäckerei, Metzgerei, Fischküche, Saucenküche, kalte Küche und die Gemüseküche –, nicht aber die Geräte, die sich in einer »normalen« Restaurantküche finden. Keine Sauteusen, kein Sautoir, keine Pfannen oder Töpfe. Nur Monstrositäten wie Kippkochkessel oder Kippbratpfannen, in denen gewaltige Mengen vorbereitet und gekocht wurden. Die Kippkochkessel waren an den Wänden festgeschraubt und wurden von innen elektrisch beheizt, sodass man in ihnen bis zu zweihundert Liter Suppe oder Sauce kochen konnte. Per Handkurbel oder neuerdings auch elektronisch gesteuert kann man die Kessel kippen und den Inhalt langsam in Eimer, Schüsseln, Töpfe oder sonstiges Geschirr abfüllen. Unter dem Kessel befindet sich meist ein Abflussgitter, damit man die Kessel nach getaner Arbeit mit dem Wasserschlauch putzen kann.

Kippbratpfannen funktionieren nach demselben Muster; sie besitzen allerdings einen flachen, großflächigen Boden und können intensiver beheizt werden. So kann man in ihnen gleichzeitig fünfzig Schnitzel oder hundert Würste oder auch Fischfilets anbraten. Diese »Kipper«, wie sie gemeinhin genannt werden, sind auch per Kurbel oder elektronisch kippbar – ebenfalls zum leichteren Säubern, zum anderen, um das Abfüllen von zum Beispiel angebratenen Zwiebeln zu erleichtern. Fleisch- oder Fischstücke sowie Würste werden natürlich einzeln herausgenommen. Sonst würden sie auseinanderfallen oder nicht mehr appetitlich aussehen.

Auch Saucen und Suppen pürierten die Köche nicht mit einem

Stabmixer, sondern mit dem sogenannten Elefanten. Das Ding machte seinem Namen alle Ehre: Es war ein Mixer in Übergröße, auf zwei Räder montiert, mit einem Motor in der Größe eines Zweitakters. Klingendurchmesser: zwanzig Zentimeter!

Der »Elefant« zerkleinerte und mixte tatsächlich alles. Mayonnaise machen? Kein Problem! Sechzig ganze Eier, ein halbes Kilo Senf, ein Liter Essig, Salz und Pfeffer zusammenschütten, den Rüssel reinhalten und auf kleinstem Gang laufen lassen, dann zwanzig Kilo Sonnenblumenöl hineingeben. Vollgas. In zehn Minuten sind fünfundzwanzig Kilo Mayonnaise fertig.

French Dressing anrühren? Aber bitte nicht weniger als sechzig Liter, sonst lohnte es sich nicht! Einfach Wasser, Eier, Essig, Öl, Gewürze und Senf in die Kippbratpfanne geben, auf mittlere Hitze einstellen, den Rüssel reinhalten und laufen lassen. Der Koch muss nur noch mit dem Fleischthermometer danebenstehen und warten, dass die Sauce die Sechzig-Grad-Marke erreicht. Dann den Kipper abstellen, einen Eimer Eis in die Sauce kippen und dann mit dem Mixer nochmals kurz rein, um das Dressing ein paar Grad abkühlen zu lassen. Das Ganze in Eimer füllen und ab in den Schockkühler! (Ja, den gab's auch damals schon!)

Auch die anderen Rezepturen in der Produktionsküche unterschieden sich von dem, was die Mama am heimischen Herd und der Koch in der Restaurantküche zubereiten. So war ein Bolognaise-Rezept für etwa fünfhundert Portionen Sauce ausgelegt. Es kostete uns Lehrlinge allein einen Tag, um die ganzen Zutaten zu schnippeln und bereitzustellen: zweieinhalb Liter Erdnussöl, fünfundvierzig Kilo mageres Rinderhackfleisch, siebeneinhalb Kilo fein gehackte Zwiebeln, hundert Knoblauchzehen, geschält und geschnitten, je vier Kilo Lauch-, Karotten- und Selleriewürfelchen, zweieinhalb Kilo Tomatenpaste, zehn Kilo Tomatenwürfelchen, zwei Kilo gehackter Rosmarin, Thymian und Oregano, zehn Liter Rotwein und fünfzig Liter brauner Fond.

Dann kochte die Sauce einen weiteren Tag, bevor sie am dritten

Tag in Zweikiloportionen in Vakuumbeutel abgefüllt und vakuumiert werden konnte. Die Sauce reichte dann für etwa eine Woche. Ähnliches galt für Zwiebelsauce, Tomatensauce (mit Concassé, Knoblauch, Zwiebeln und frischen Kräutern zubereitet, ohne Saucenpulver oder Aromastoffe!), für Rahmgrund- und Champignonsauce und einiges mehr.

Was ich zum ersten Mal bei meinem Praktikum unter Nancys fachkundiger Anleitung getan hatte, durfte ich fortan bis zum Umfallen üben: säckeweise Karotten und Kartoffeln schälen, kistenweise Blumenkohl rüsten und Sellerie schälen. Die Köche zeigten uns, wie Zwiebeln geschnitten, gehackt und gewürfelt und wie Gemüse und Früchte zu Macedoine, Chiffonade, Julienne, Brunoise, Batonettes oder Mirepoix verarbeitet werden. Und so schnitt ich große Würfel, kleine Würfel, winzige Würfel, breite Streifen, feine Streifen, sehr feine Streifen. Ich schnitt Möhren kunstvoll zu mehreckigen Stäbchen, ebenso kiloweise Kohlrabi. Akkordarbeit für mich und meinen Satz Messer!

Um die Arbeit spannender werden zu lassen, veranstalteten Martin und ich kleine Wettschneide-Rennen. Ganz nebenbei entwickelten wir uns dadurch sehr schnell zu richtigen Schneidevirtuosen – natürlich nicht ohne die dazugehörigen kleinen Verletzungen und Unfällchen.

Die bei unseren Schneideorgien anfallenden Rüstabfälle gaben wir in eine 220-Liter-Wanne. Sie wurden jeden zweiten Tag mit angebratenen Knochen zu Bouillon verarbeitet. Außerdem kochten wir täglich hundert Liter Suppe und fünfzig Liter Consommé frisch. Jeden dritten Tag mussten zudem zwanzig Kilo Kartoffelkroketten von Hand hergestellt werden – tausend Kartoffelkroketten. Ich hasste diesen Job. So etwas mussten immer wir Lehrlinge machen! Diese Tatsache ist nicht zu verleugnen, denn den Wochenplan machten natürlich die Chefs, und Kartoffelkroketten standen immer nur dann an, wenn Martin und ich anwesend waren. Nur wenn die Kroketten während unserer freien Tage oder Berufsschulzeiten ausgingen, begaben sich die Chefs selbst an die Presse. Natürlich bekamen wir am Tag danach einen Anschiss, wir hätten das letzte Mal zu wenig produziert.

Sich vor der ungeliebten Arbeit zu drücken war jedoch unmöglich, da der oberste Küchenchef mehrmals täglich durch die Produktionsküche ging, um zu kontrollieren, was wir Lehrlinge so anstellten. Mich kannte er besser als die anderen, weil ich bei besonderen Aufträgen manchmal an meinen freien Tagen im Service aushalf. Er war bei diesen Anlässen immer mit dabei und offensichtlich von meinen zusätzlichen Einsätzen für den Lehrbetrieb beeindruckt. Ich machte diese Jobs natürlich in erster Linie wegen des Zusatzverdienstes. Im Nachhinein gesehen, waren manche dieser Einsätze natürlich superspannend. So war mein Lehrbetrieb für das Catering verantwortlich, als François Mitterrand in Zürich zu Gast war – und ich servierte am Nachbartisch des französischen Staatspräsidenten und konnte diesen aus nächster Nähe beobachten

Die Stadt Zürich beauftragte uns oft, für die Staatsbesuche zu kochen, und mehr als einmal gerieten die Köche und auch wir Kellner dabei in Bedrängnis. Einmal vergaßen wir zum Beispiel eine ganze Kiste mit silbernen Servierplatten im Betrieb. Der Küchenchef war einem Zusammenbruch nahe. Er hatte zu wenig Personal, weshalb er den Chef de Service bekniete, ob er nicht mich schicken könne, um die Platten zu holen. Immerhin wusste ich als Einziger der Anwesenden, wo das Silbermagazin war und – was noch wichtiger war – wo der Schlüssel hierzu war.

Die Zeit drängte. Denn das Essen wurde ausgerechnet in einem traditionsreichen Zunfthaus in der autofreien Altstadtzone der Stadt gegeben. Sekunden nachdem der Chef de Service sein Einverständnis bekundet hatte, rannte ich in meiner Kellneruniform los. Total verschwitzt kam ich im Lehrbetrieb an, holte die Schlüssel vom Brett des Kontrolleurs beim Wareneingang und kletterte in den Keller ins Silbermagazin. Die Kiste war unheimlich schwer, und so kostete es mich einige Nerven, sie bis an die Tramhaltestelle zu schleppen.

Knapp erwischte ich die nächste Bahn in Richtung Niederdorf. Dort stieg ich hastig aus und schleppte das Silberzeug mit letzter Kraft bis ins Zunfthaus. Da ich völlig durchnässt war, konnte mich der Chef de Service unmöglich so vor die Gäste lassen. Also kommandierte er mich in die Küche ab, wo ich in der hastig eingerichteten Anrichtestation neben dem Küchenchef die Schnecken in die silbernen Pfännchen füllen und mit Kräuterbutter beträufeln durfte.

Seither unterstützte mich der Chef im Betrieb, und ich war der einzige Lehrling, der aus Jux mit schwarzer Hose, schwarzen Jackenknöpfen und einem hohen Toque zur Arbeit erscheinen konnte, ohne dass dies für mich tragische Konsequenzen hatte. Außer dem Chef durfte nämlich keiner schwarze Hosen tragen.

Er beschützte mich auch vor den anderen Köchen indirekt und grüßte mich immer freundlich mit meinem Namen oder wechselte ein paar Worte mit mir, wenn er in die Küche kam. Sein Ton gegenüber den anderen Köchen und Lehrlingen war hingegen eher streng und sachlich, und er konnte auch laut werden und das Personal anschreien, wenn etwas nicht funktionierte. Zudem verschaffte er sich durch seinen rauen Ton den nötigen Respekt. Die Arbeit funktionierte wie in den meisten Profiküchen: Der Chef gab einen Befehl an den Souschef weiter, der an die Chefs de Partie und diese wiederum an die Commis und Lehrlinge.

Manchmal aber kam der Chef um neun Uhr aus seinem Büro und lud alle auf einen Znüni, einen Snack, in der Küche ein. Die Bäckerei steuerte die Cremeschnitten bei, er den Kaffee.

Auch sonst lag dem Chef trotz seiner Strenge an seinen Mitarbeitern. Als ich das erste Mal im Kippkessel Osso Bucco Cremolata gekocht hatte, kam er zum Beispiel persönlich vorbei, um zu probieren. Einer meiner Kollegen hatte ihn gerufen, weil die Soße so außergewöhnlich gut gelungen war. Dabei hatte ich gar nichts Spezielles gemacht, sondern mich bloß ganz genau an die Rezeptur gehalten.

Natürlich lief auch manchmal etwas schief. Einmal leerte ich die flüssige Butter zu schnell in die Hollandaise und rührte zu langsam mit dem Schneebesen. Das Lecithin der Eier war etwas überfordert und konnte die nötige Bindung von Wasser und Fett nicht halten, daher »schiss« die Soße, wie es im Fachjargon heißt: Sie flockte, und die flüssige Butter schwamm obenauf. Und ich konnte noch einmal von vorne anfangen.

Der Chef kam natürlich gerade vorbei, als ich die verdorbene Sauce Hollandaise in den Spülstein entsorgte. Der Chef de Partie zog bereits den Kopf ein und wartete auf einen Schwall von Schimpfwörtern aus der Kehle des Chefs, doch anstatt eines Anschisses sagte dieser nur: »Übung macht den Meister, Felix.«

Und Übung bekamen wir einige, nicht zuletzt bei den bereits angesprochenen Kroketten. Zuerst stellten wir die Masse aus Kartoffelpüree, Gewürzen und Eiern her, danach mussten Martin oder ich die Masse in den Trichter oberhalb der Presse füllen und mit dem dafür vorgesehenen Hebel durch die fünflöchrige Presse drücken. Ich brauchte alle Kraft, um den Hebel nach unten zu bewegen. War die Masse etwas zu dick, musste ich mich mit meinem ganzen Gewicht von damals, etwa zweiundsechzig Kilo, an den Hebel hängen.

Wenn Martin sich an den Hebel gehangen hätte, wäre dieser durch dessen großes Gewicht sicherlich verbogen. Darum drückte meist ich die Masse durch, und er schnitt die Kartoffelwürste, die unter der Presse auf ein Holzbrett hinauswuchsen, mit einer dafür vorgesehenen »Harfe«. Danach warfen wir die Krokettenrohlinge in eine Schüssel mit Mehl, dann in eine andere Schüssel mit verquirltem Vollei und Wasser, um sie abschließend mit Paniermehl zu umhüllen – genau: mit dem von Urs in der Bäckerei hergestellten Paniermehl, das wir nicht ohne Grund nur noch »Paniermaus« nannten.

Jetzt mussten wir die fertigen Kartoffelkroketten noch auf Bleche legen und diese auf einem Wagen im Tiefkühlraum stapeln. Am nächsten Tag füllten wir die gefrorenen Kroketten in Plastikgeschirre und hielten sie derart für die À-la-carte-Köche aus den Satellitenküchen bereit.

Was wir als Kellner an Winterspeck angesetzt hatten, verschwand damit nach wenigen Wochen Knochenarbeit unter Tage wie von selbst.

Unsere vorgesetzten Köche schlauchten uns ganz schön.

»Hey, Felix, du Lahmarsch! Mach noch mal schnell fünfzehn Liter Zwiebelsauce heiß, und schäl den Sack Knoblauch gefälligst etwas schneller!«, schrien sie quer durch die Küche. Oder: »Hol mal zackig noch vierzig Hähnchenschenkel aus dem TK, und zerteile die aneinandergefrorenen Kalbshaxen mit der Fleischgabel, aber subito!«

Auch gingen sie normalerweise nicht sehr zimperlich mit uns um, wenn irgendwas schiefging. Als ich mit der Fleischgabel abrutschte und ein Gabelzinken sich durch meinen Zeigefinger bohrte, sodass ich buchstäblich am Schneidebrett aufgespießt war, brüllte der Chef de Partie nur zornig: »Mann, du unbrauchbares Stück Scheiße! Denk ja nicht, dass du jetzt wegen diesem Wehwehchen nach Hause gehen kannst! Ich mache deinen Kackjob sicher nicht für dich!«

Damit riss er mir die Gabel aus dem Finger und zerrte mich zum Spültrog, wo mein Blut sofort alles vollspritzte. Er holte die Dose mit dem Currypulver und befahl mir, den Finger in die Dose zu stecken und so lange zu warten, bis die Blutung aufhörte. Tatsächlich stoppte die Blutung nach wenigen Minuten, und überraschenderweise tat auch mein Finger nicht mehr so weh. Ich hatte Glück gehabt. Die Fleischgabel war am Knochen abgeprallt und hatte auch keine Sehne verletzt. Noch heute nehme ich Currypulver, wenn ich eine Schnitt- oder Brandwunde schnell desinfizieren und die Blutung stoppen will.

Nur kochen durften wir am Anfang nicht. So saßen wir nach der Arbeit oft beisammen und lamentierten, warum wir uns das eigentlich gefallen ließen. Das hatten wir doch wirklich nicht verdient! Wir wollten Köche werden, keine Dienstboten! Am nächsten Tag ließen wir unsere Wut beim Krokettendurchdrücken raus. Und wenn es ganz schlimm wurde, ging ich in den Metzgereikühler und boxte mit einer Schweinehälfte. Dem Schwein machte dies nichts, denn es war ja schon tot – nur meine Knöchel waren danach wund und blutig gescheuert. Überhaupt tat ich den Schweinehälften weniger an als meine Kollegen. Denn ich hörte von anderen Köchen, dass sie auch schon tote Schweine im Kühler gebumst hatten. So weit war ich glücklicherweise noch nicht, außerdem hatte ich ja meine Marion im fernen Paderborn.

Sobald wir uns auf einem Posten auskannten, wurden wir versetzt und zogen eine Station weiter. Wieder hieß es: von vorne anfangen. Dann folgten immer dieselben langweiligen Routinearbeiten. Aus vierzig Eigelb eine Sauce béarnaise herstellen, von Hand aufgeschlagen selbstverständlich. Bratwürste braten, ein paar Hundert Pariser Schnitzel im Kipper sautieren, zweihundert gefrorene Hähnchenschenkel auf einem Blech verteilen, würzen und in den Ofen schieben – das war vor allem im Winter eine alles andere als angenehme Arbeit, denn man war halb erfroren, wenn man das Fleisch aus der Kühlung geholt hatte und zurück in die Küche kam. Die ewigen Brandwunden an den Unterarmen, entzündete Schnitte an den Händen, im Gesicht Pickel von der fettgeschwängerten Luft, passend zur Geltung gebracht auf schneeweißer Haut. Frustrierend! Kein Wunder, dass ich eine Nullbockphase hatte! Doch der Gedanke an ferne Länder und sonniges Klima ließ mich weitermachen.

Glücklich war ich, wenn ich zu meiner Flamme nach Norddeutschland fahren konnte. Endlich ein paar Tage Urlaub, ein paar Tage nicht ins Kellerloch! Auch Marion entging mein ungesundes Aussehen nicht. »Ach, Felix, rauch nicht so viel, und iss mal was«, sagte sie mitleidig.

»Nichts auf den Rippen hat der Junge«, meinte ihre Mutter und schüttelte den Kopf. »Er sieht von vorne aus wie von der Seite.« Und um mich aufzupäppeln, bekochte sie mich bei meinen Besuchen vornehmlich mit sehr kalorienreichen, westfälischen Speisen.

Die Beziehung mit meiner Flamme ging jedoch am Ende des

ersten Lehrjahrs in die Brüche. Der Grund war weniger die Entfernung als vielmehr eine englische Kochfrau: Kelly aus Nordengland. Marion dies beizubringen war sehr schwierig. Ich rief sie von einer Telefonzelle in Zürich aus an. Wir heulten beide, und am Schluss legte Marion auf – das (vorläufige) Ende einer Liebe.

Meine Englischkenntnisse waren durch meine Abendkurse schon sehr gut, von Kelly aber lernte ich nun auch noch den nordenglischen Dialekt – und *English Body Language*. Meine neue Freundin kochte zudem manchmal für mich: englische Spezialitäten wie *Fish 'n' Chips*, diverse *Pies* und *Toad in a hole*, mit Würstchen gefüllten Yorkshire Pudding. Ihr Leibgericht aber war *Chip Buttie*: zwei Scheiben ungetoastetes Weißbrot, mit Mayonnaise bestrichen und mit Pommes gefüllt, sozusagen ein Frittensandwich. So etwas aß sie mehrmals täglich. Und Schweizer Schokolade. Die liebte sie. Am Anfang sah man ihr diese wenig gesunden Leidenschaften nicht an, später war es kaum zu übersehen.

Rasch wohnte ich mehr oder weniger bei ihr im Personalzimmer. Das aber teilte Kelly mit einer Nymphomanin, die jede Nacht einen anderen Typ mit ins Bett nahm. So hatten Kelly und ich – zwei Meter entfernt vom Ort des Geschehens – ein nächtliches Unterhaltungsprogramm, life und in Farbe und vollkommen gratis. Ich muss gestehen, dass mich dies am Anfang sogar anturnte, nach einigen Monaten ging mir das Gegrunze und Gestöhne jedoch ganz schön auf die Nerven. Und besonders große Lust zu kochen hatte ich auch nicht mehr, wenn ich morgens aufwachte und die kleine Bude nach Körperflüssigkeiten und Schweißsocken stank.

Während Kellys Zimmernachbarin und ihre diversen Liebhaber auf nichts und niemanden Rücksicht nahmen, beschränkte sich unser Sexleben auf die Zeiten, in denen die Nymphomanin nicht anwesend war. Denn Kelly mochte es nicht, wenn andere Leute im Zimmer waren, während wir vögelten. Das konnte ich damals nicht ganz nachvollziehen, akzeptierte es aber notgedrungen; jeder Mensch hat bekanntlich seine Eigenheiten. Mich zum Beispiel störte, dass Kelly wie eine Klette an mir hing. Ich musste meine alten Kumpel aufgeben, und sie kontrollierte meinen Alkoholkonsum rigoros. Sex gab's immer weniger, Vorschriften dafür desto mehr.

Bewusst wurde mir dies aber nur ganz langsam, denn im Lehrbetrieb ging ein Gerücht um. Die Lehrlinge seien ungenügend auf die Prüfungen vorbereitet, hieß es. Um zu vermeiden, dass wir durchfielen, organisierten unsere Chefs interne Vorprüfungen, die nach dem exakten Vorbild der späteren offiziellen Prüfungen ablaufen sollten. Sie teilten uns unseren jeweiligen Termin nur kurzfristig mit, hielten die zu kochenden Menüs vorher geheim und bestraften Bestechungsversuche streng. Mich traf die Ankündigung meiner Vorprüfung wie ein Blitz aus heiterem Himmel, erst zwei Tage vor dem Test wurde ich schriftlich aufgefordert, an diesem teilzunehmen. Entsprechend schweißgebadet wachte ich am Prüfungstag auf. Trotz – oder wegen? – mehrerer Beruhigungsbierchen hatte ich schlecht geschlafen. Mein Kopf war leer. Mein Magen rumorte vor Übersäuerung.

Mittlerweile arbeitete ich bereits mehrere Monate nicht mehr in der Produktion, sondern in der Küche des vornehmen À-la-carte-Restaurants. Die Arbeitszeiten dort waren zwar beschissen – ich musste wieder mit Zimmerstunde arbeiten –, dafür aber machte die Arbeit viel mehr Spaß. Die Küche war über dem Erdboden, klein und übersichtlich, und ich durfte als Assistent des Gemüsekochs den Entremetier-Posten fast selbstständig leiten, wenn dieser nicht da war. Während des Service war ich dann für sämtliche Gemüse und Beilagen zuständig – und natürlich wieder für die Pommes frites. Langsam schloss sich der Kreislauf.

Ich konnte – zumindest meiner Meinung nach – tatsächlich mittlerweile auch kochen. Und die Kollegen weihten mich bereitwillig in die Geheimnisse der vornehmen französischen Küche ein. Der Chef Saucier zeigte mir beispielsweise nachmittags in der Pause, wie ich eine schöne *Glace de viande* herstellen konnte, oder fragte mich über Ableitungen der *Demi Glace* aus. So lernte ich sehr viel von ihm und den anderen Kollegen, und anders als in der Produktionsküche herrschte hier ein fröhliches Klima, und der zuständige Chef hatte immer ein Späßchen auf der Zunge.

Trotz meiner Magenprobleme fand ich mich pünktlich zur Vorprüfung in der À-la-carte-Küche ein. Nun waren acht Stunden volle Konzentration gefragt. In den ersten vier Stunden musste ich bewei-

sen, dass ich sämtliche Gemüseschnittarten, Kartoffelableitungen, Suppen, Fleischzubereitungen, Geflügelschnittarten, Saucenableitungen und die vierzehn Grundzubereitungsarten beherrschte. Ich blanchierte, pochierte, siedete, dämpfte, frittierte, sautierte, grillierte, gratinierte, backte im Ofen, briet, schmorte, glasierte, poelierte und dünstete alles, was von mir verlangt wurde. Und natürlich unter dem wachsamen Auge eines Lehrmeisters.

Nach diesen vier Stunden war ich völlig ausgelaugt, dachte aber, dass mich so schnell nichts mehr erschüttern würde. Falsch gedacht! Denn nach einer kurzen Pause händigte mir der Küchenchef das Testmenü aus, das ich zubereiten sollte. Als Vorspeise verlangten sie eine *Crème à la Reine*, also eine Suppe nach Königinnenart. Natürlich mit selbst hergestellter Hühnerbrühe.

Ich atmete auf. Das ging ja noch.

Als Zweites stand ein *Gigot d'Agneau à l'anglais* auf dem Programm, eine rosa gebratene Lammkeule. Auch dies war kein wirkliches Problem.

Als Beilagen zur Lammkeule waren jedoch drei verschiedene Gemüse und – ausgerechnet – Kartoffelkroketten vorgesehen. Und eine Sauce béarnaise wollten sie auch noch! Das war dann doch nicht mehr so leicht zu stemmen. Kalter Schweiß perlte mir von der Stirn. Nur vier Stunden, um alles vorzubereiten. Totaler Stress! Und dann auch noch das Dessert: ein *Parfait Glacé Grand Marnier*! Ausgerechnet.

Selbstverständlich funktionierte nicht alles so, wie ich wollte. Die Suppe war versalzen, also musste ich sie mit einer großen Menge Sahne in die Knie zwingen. Die Lammkeule hätte ich fast im Ofen vergessen, die Beilagen für immer verloren, weil ein unachtsamer Kollege sie aus Versehen im Warenlift in die Produktionsküche geschickte hatte. Die Sauce béarnaise war zudem zu dick, ein zugegebenermaßen kleineres Problem, das ich mit ein wenig warmem Wasser lösen konnte.

Zum Glück hielt ich mich an die goldene Regel, das Dessert immer zuerst zuzubereiten. Dadurch war wenigstens das Rahmgefrorene auch wirklich gefroren, als ich es brauchte.

Trotz Pleiten, Pech und Pannen klappte so schließlich doch alles einigermaßen. Die Gäste – der Restaurantbesitzer und meine eigens angereisten Eltern – waren zufrieden. Meine Mutter aß sogar das Lamm, was an ein Weltwunder grenzte. Meine Eltern waren das erste Mal im Betrieb essen und waren freudig überrascht vom Können ihres Sohnemannes, obwohl ich zu Hause auch schon öfter gekocht hatte. Sie waren sichtlich stolz, als der Restaurantbesitzer bemerkte, ich sei ein fleißiger und allgemein beliebter Lehrling. Was wusste der schon? Aber ich fand es nett, wie er sich meinen Eltern gegenüber verhielt.

Der Küchenchef allerdings war mit unseren Kochkünsten deutlich weniger einverstanden und erarbeitete eine schriftliche Bewertung aller seiner Lehrlinge. In der sorgfältig erstellten Mängelliste stand meine Lammkeule zuoberst. Geschmeckt hatte sie, das immerhin erkannte er an, doch beim Säubern hatte ich viel zu viel abgeschnitten, weil mir während der Prüfung Zeit und Lust gefehlt hatten, sorgfältiger zu sein.

Das hatte Folgen: Ab sofort wurde ich in die Metzgerei verbannt. An meinem ersten Tag dort schenkte mir der Chefmetzger ein fünfzig Zentimeter langes, rasiermesserscharfes Fleischmesser. »Wenn du mit diesem Messer einhändig eine Kalbsschulter ausbeinen kannst, bist du bereit für die LAP«, sagte er.

Ich kannte diesen Spruch schon, denn meine Kollegen hatten mich bereits informiert und mich darauf vorbereitet, dass der Chefmetzger nicht mehr alle Tassen im Schrank hatte. Wir waren uns sicher: Kein Mensch kann mit so einem Messer eine Kalbsschulter ausbeinen. Doch ich täuschte mich. Der Chefmetzger konnte und zeigte mir auch, wie es ging. Das Messer, das er mir damals schenkte, besitze ich noch heute, und ich hüte es wie mein Augenlicht.

Damals war dieses eine Messer neben dem Ausbeiner das einzig erlaubte Werkzeug in seinem Revier. Für die Arbeit mit großem Getier gab er mir zudem eine Kettenschürze, damit ich mich nicht aus Versehen selbst zerlegte. In der ersten Woche trainierte ich fast ausschließlich an der Fleischbank, schnitt täglich mehrere Kilo Schnitzel, Geschnetzeltes und Filetmedaillons zu, beinte Kalbslaffen aus und entfernte Sehnen von Hüften, Keulen und Nacken. Ich operierte Eiterknollen aus Lebern, was mir sehr viel Spaß machte, weil ich mir dabei vorstellte, was gewisse unangenehme Gäste sagen würden, wenn sie so eine Knolle in ihrem Essen vorfänden. Oder auf eine beißen würden. Geil!

Gröber wurde meine Arbeit, wenn ich auf der Kreissäge Knochen sägte – allerdings ohne den vorgeschriebenen Handschutz zu tragen, weil der Chefmetzger meinte, der wäre nur für Mimosen.

Wenn ich endlich Feierabend hatte – die Hände blutig, Fleisch- und Fettgeruch in den Haaren, den Poren und an den Füßen –, marschierte ich sofort in die Kneipe. Allerdings nicht vorrangig, um zu trinken, sondern um mit meiner Küchenfibel bewaffnet wie ein Berserker zu lernen. Dazu hatte ich wieder Zeit, da Kelly leider – oder vielleicht eher zum Glück – das Land hatte verlassen müssen, weil ihre Arbeitsbewilligung abgelaufen war. Nun arbeitete sie in einem Hotel im Südschwarzwald, wo ich sie sporadisch mit meinen Kumpeln besuchte. Jedes Mal, wenn ich sie sah, war sie noch ein wenig dicker geworden. Das war nicht weiter erstaunlich, denn sie aß immer noch extrem viel und ungesund. Im Bett war sie trotzdem nicht schlecht …

Was Kelly nicht wusste: Daheim in Zürich schlief ich inzwischen öfter bei und mit einer befreundeten Kellnerin. Diese war zehn Jahre älter als ich, bisexuell und voller Energie. Von mir wollte sie nichts als ein bisschen Sex und einen Saufkumpanen, und da auch ich die zurückgewonnene Freiheit genoss, ergänzten wir uns gut. Ich lernte abends bei ihr in der Bude, bis sie nach Hause kam, danach duschten wir zusammen, hatten Spaß und kippten vor dem Schlafengehen noch ein paar Bierchen. Morgens verschwand ich um sechs Uhr in Richtung Bahnhof, und sie konnte ausschlafen.

Nach einigen Wochen meinte der Chefmetzger, ich sei für das Gröbste gewappnet, und reichte mich weiter in die Kalte Küche. Dort lernte ich, Terrinen und Pasteten zu produzieren, Fische zu filieren, Hähnchen zu binden und zu zerlegen, Galantinen zu pochieren und Hunderte von Mini-Canapés zu gelieren. Ich arbeitete nun wieder tagsüber und unter dem Erdboden, aber dieses Mal störte es mich nicht mehr so sehr. Vor allem nach der Erfahrung in der Metzgerei mochte ich die Arbeit in der Kalten Küche. Denn die grobe und oftmals langweilige Arbeit und der Gestank in der Metzgerei hatten mich langsam gestört, und da ich selbst gern Pasteten und Terrinen aß, freute ich mich täglich auf die bevorstehende Arbeit. Ich produzierte und dekorierte die Produkte mit viel Liebe zum Detail.

Als sich die Kellnerin in eine Stripperin verliebte und bei ihr einzog, fand ich kurzfristig bei einem Kumpel Unterschlupf. Manchmal, eigentlich sogar noch ziemlich oft, fuhr ich aber auch nach Hause zu meinen Eltern, um dort zu übernachten. Meine Mutter wusch bereitwillig die Wäsche, und ich hatte mein altes Kinderzimmer, für das ich meinen Eltern nur zweihundertfünfzig Franken im Monat abgeben musste. Die Engländerin blieb im Südschwarzwald. Ich hatte meine Ruhe.

Irgendwann passierte es dann: Ein Brief lag im Briefkasten – das Aufgebot zur Prüfung. Meine Lehrzeit war zu Ende.

Für einen Tag im Februar war die schriftliche Prüfung angesetzt. Sie wollten alles wissen, zum Teil durch Multiple-Choice-Fragen, aber es gab auch Aufgaben, die man gezielt beschreiben musste, und Fragen, die nicht nur mit einem Satz zu beantworten waren. Ich hatte schon während der Prüfung ein gutes Gefühl und schaffte sogar, alle Aufgaben unter der verlangten Zeit zu lösen.

Dann, eine Woche später, fand die praktische Prüfung statt. Schon Tage vorher konnte ich nicht mehr richtig schlafen.

Die Prüfungsküche lag auf dem Gelände der Universität und war brandneu. Ein Jahr zuvor hatten die Prüfungen noch in den

jeweiligen Lehrbetrieben stattgefunden, was für die Prüflinge viel einfacher war, da sie in ihrer gewohnten Umgebung arbeiten konnten. Mir aber gefiel die Prüfküche sehr gut, denn jeder von uns acht Kochlehrlingen bekam eine voll eingerichtete Kochnische zugewiesen. Wie in unserer Vorprüfung mussten wir vormittags die Schneide- und *Mise-en-place*-Arbeiten erledigen und nachmittags ein Menü zubereiten.

Mehrere Experten beobachteten vormittags die Arbeitsweise, Sauberkeit, Organisation und den Gesamtablauf der Zubereitung. Bei der Zubereitung des Menüs hatte dann jeder Prüfling seinen eigenen Experten. Zum Glück lief dieses Mal alles wie am Schnürchen; von Küchenkatastrophen wie in der Vorprüfung blieb ich verschont. Die frische Geflügelconsommé mit *Ailerons farcie* (gefüllten Hähnchenflügeln) war so glasklar, golden und frei von Fettaugen, wie sie sein sollte. Die Hähnchenflügel befreite ich mit meinem monströsen Metzgermesser von den Knochen, was die Experten besonders beeindruckte. Die Füllung aus dem fein gehackten Hähnchenfleisch schmeckte ich dann mit etwas Chili ab, um ein wenig Schärfe in das Gericht zu bringen.

Besonders gut aber schmeckten den Experten meine pochierten Seezungenstreifen mit Pernodsauce auf einem Fenchelbett, wie ich später vom Chefprüfer erfuhr. Ich hatte die Pernodsauce zuerst mit etwas Safran gewürzt und erst ganz zum Schluss einen Schuss Pernod dazugegeben.

Ein wenig Glück kam hinzu, denn der Hauptgang war fast identisch mit dem des Vorprüfungsmenüs – statt einer Lammkeule musste ich lediglich ein ganzes Roastbeef zubereiten. Wiederum nach englischer Art gebraten, war es wunderschön rosé. Die Sauce béarnaise war dick, warm und gut gewürzt. Die Kroketten waren knusprig und die drei Gemüsesorten knackig und farbenfroh.

Auch die pochierte Birne auf Crème brulée mit Krokant hatte ich fachgerecht hergestellt – wie immer als Erstes. Schließlich hatte ich ja schon was gelernt! So war die Crème schön kalt, und die Birnen konnten eine Stunde lang im Weißweinsirup ziehen. Das Ganze war schließlich geschmacklich einwandfrei und für einen Koch herausragend. Und das, obwohl ich Süßspeisen hasse!

Als alles vorbei war, nickte »mein« Experte und entfernte sich wortlos. Ich wusste nicht, was ich davon halten sollte, und setzte mich draußen auf eine Treppenstufe, um eine Zigarette zu rauchen und über den Verlauf der Prüfung nachzudenken. Eigentlich hatte ich alles richtig gemacht. Ich *musste* alles richtig gemacht haben, denn sonst würde ich meinen Traum, ins Ausland zu gehen, wohl kaum verwirklichen können!

Auf unsere Prüfungsergebnisse mussten wir jedoch noch einige Wochen warten. In der Zwischenzeit durften wir im Lehrbetrieb weiterarbeiten.

Dann, eines Tages, als ich gerade auf dem Weg in die Personalkabine war, teilte mir mein Chef mit, dass ich die Prüfung bestanden hatte.

»Wer hätte das gedacht«, meinte er grinsend und drehte sich um.

Frechdachs!, dachte ich und freute mich.

Heute die Schweiz, morgen die ganze Welt!

4

Ein Sommer fürs Vaterland

Und dann doch erst einmal nur die Schweiz. Irgendwie hatte ich verdrängt, dass noch eine besondere Aufgabe auf mich wartete: die RS. Den passenden Witz dazu kannte damals in der Schweiz jeder: Was ist ungefähr siebzehn lang, und nur Männer haben es? – Die Rekrutenschule.

Wie das Militär verlangte, erschien ich im April, kurz vor dem Ende meiner Lehrzeit zum Vortest – und wurde prompt für fähig erklärt und zu den Minenwerfern in die Küche abkommandiert. Hier sollte ich anwenden, was ich während meiner Ausbildung gelernt hatte, und im Dienste des Vaterlands für meine Kameraden kochen.

An einem Montagmorgen im Juni musste ich einrücken. Ich hatte meine Uniform schon im Zeughaus gefasst, und vor Ort in der Kaserne drückten sie mir noch ein Sturmgewehr in die Hand. So ausgerüstet verbrachte ich die ersten zwei Wochen meines Dienstes morgens in der Küche, um dann kurz vor dem Essenschöpfen auf dem Schießplatz das Handgranatenwerfen zu üben. Nachmittags folgten Marschübungen mit dem überschweren Minenwerfer. Und abends, wenn die normalen Infanterierekruten beim sogenannten Tenuefigg antreten mussten, durfte ich mit den anderen drei Kochgehilfen in der Küche wursteln.

Als Koch erhielt ich nicht nur das Rezeptbuch der Schweizer Armee, sondern hatte auch die Aufgabe, mich mit den benzinbetriebenen Kochgeräten (BVBs) zu beschäftigen – wenn möglich, ohne mich selbst oder die Kameraden in die Luft zu jagen.

Nach drei Wochen in der Kaserne wurden wir in die Alpen abkommandiert, wo wir mit den besagten BVBs kochen sollten. Eine weitere, für uns deutlich schrecklichere Anweisung: An jedem dritten Tag hatten wir Dosenessen zu verwenden, den Armeestandardeintopf. Ein Bohneneintopf mit Corned Beef, den wir »John Wayne« nannten, weil er uns unwillkürlich an den Wilden Westen erinnerte. Absolut ungenießbar und entsprechend unbeliebt.

Auch wenn es schwierig war, versuchten wir durch Tricks, die Dosensuppen an die Mannschaft zu bringen. Wir öffneten die Portionendosen, schütteten sie in ein großes Abtropfsieb und spülten die eklige Sauce mit kaltem Wasser ab. Danach mischten wir das, was übrig blieb – im Wesentlichen Fleisch und Bohnen –, mit einer selbst gemachten Sauce und servierten den »neuen« Eintopf mit einer Garnitur aus frischen Kräutern. Wir versuchten es mit viel Chili oder Pfeffer, Ketchup und Currypulver. Den Grundgeschmack der Suppen brachten wir dennoch nie richtig weg. So blieb uns zum Schluss nichts anderes übrig, als den Eintopf wegzuschmeißen, wie es uns ältere Armeeangehörige schon heimlich empfohlen hatten. Einfach etwas ganz anderes zu kochen, wie wir es dann taten, war natürlich nicht erlaubt. »Der Eintopf muss gegessen werden!«, hieß es von oben.

Natürlich wussten wir diesen Befehl zu umgehen. Wir ließen den Eintopf zum Beispiel in dem großen Kipper in der Kaserne so lange anbrennen, bis er ungenießbar war. Und wenn wir auf der Alp waren, versteckten wir die Kartons voller Dosen in einem verlassenen Stall und klebten einen kleinen Zettel dran: »Für Heidi und den Geißenpeter, *en guete!*« Für die hungrigen Rekruten konnte ich allemal noch eine anständige Mahlzeit aus dem Hut zaubern. Ich war schließlich Koch.

Mein direkter Vorgesetzter, im richtigen Leben Bäcker, war froh, endlich einmal drei gelernte Köche unter sich zu haben. So konnte er uns scheuchen und sich schonen.

Gleichzeitig waren auch die anderen Vorgesetzten, der Feldweibel, der Quartiermeister und die Unteroffiziere, bestrebt, mir Disziplin beizubringen. Sie scheiterten allerdings und gaben auf, als sie merkten, dass die Qualität des Essens litt, sobald sie mich mit irgendwelchen hirnrissigen Übungen stressten oder mit idiotischen Befehlen nervten. Zum Beispiel sollte ich ihrer Meinung nach fähig sein, auf Befehl ein Stockwerk hochzurennen, auf meinem Zimmer die Kochuniform auszuziehen und zwei Minuten später mit meiner Ausgangsuniform bekleidet auf dem Exerzierplatz strammzustehen. Ich sah nie ein, warum ich mich beim Umziehen beeilen sollte. Mein Feldweibel aber war der Auffassung, ich müsse dies so lange üben, bis ich es in der verlangten Zeit schaffte.

Als ich nach einer Stunde Hin- und Herrennen noch immer zu langsam war, befahl er mir, in die Küche zurückzukehren und weiterzukochen. Ich aber weigerte mich. Ich wollte weiterüben. Mein Ziel war ja noch nicht erreicht, argumentierte ich, und er selbst habe gesagt, ich müsse so lange üben, bis ich unter die Zweiminutenmarke käme. Also erklomm ich weiterhin die Treppe, wechselte meine Uniformen und rannte auf den Exerzierplatz.

Natürlich wurde der Feldweibel stinksauer und versuchte, immer lauter schreiend, mich dazu zu bewegen, in die Küche zurückzukehren. Ich ignorierte ihn und sagte, an diesem Abend müsse wohl jemand anders kochen. Stur lief ich weiter die Treppe hoch und runter und wechselte meine Uniformen. Aber die Zweiminutenmarke schaffte ich nie.

Meine Auflehnung hatte natürlich Konsequenzen. Am nächsten Morgen musste ich beim Kommandanten antreten, und der verhängte über mich eine Ausgangssperre für eine Woche, danach sollte ich jeden Abend nachexerzieren. Noch am selben Abend schlich ich mich aus der Kaserne und kam erst gegen Mitternacht zurück. Wieder musste ich beim Kommandanten antreten. Dieses Mal wollte er mir mein freies Wochenende versauen und mich mit Kasernendienst bestrafen.

Ein Kumpel und ich liehen uns daraufhin einen Jeep und verließen die Kaserne für einen Tag, um unsere Bankgeschäfte zu erledigen, uns die Haare schneiden zu lassen – und um ein kleines Mittagsschläfchen auf einer sattgrünen Wiese abzuhalten.

Der Kommandant merkte bald, dass er bei mir auf Granit biss. Er drohte, mich für zehn Tage in den Knast zu schicken. Ich forderte ihn auf, dies zu tun. Er war so wütend, dass er mich aus seinem Büro warf.

Ich wusste natürlich genau, dass er mich als Koch brauchte, und ließ nicht locker. Mir war die Armee egal. Ich wollte einfach nur kochen, und zwar ohne von einem frustrierten Zivilversager unnötig von der Arbeit abgehalten zu werden. Ich machte nämlich meine Arbeit gut und wusste, dass die anderen Rekruten und auch die meisten Unteroffiziere hinter mir standen und sich für mich einsetzten, weil ihnen mein Essen schmeckte. Der Feldweibel und der Kommandant ließen mich danach mehr oder weniger in Ruhe und beschränkten sich nunmehr auf böse Blicke und harsche Worte.

Dermaßen geschont, dauerte es nicht lange, bis ich für einige illegale Aktivitäten in der Kaserne und bei den Schießübungen in den Bergen verantwortlich war. Das war nur möglich, weil mein Kommandant mir aus dem Weg ging und mich ignorierte, so gut er konnte. Da keiner der Vorgesetzten das Küchenmaterial oder die Kochkisten kontrollierte, konnte ich über sie problemlos Alkohol und Rauchwaren in die Berge schmuggeln. Das ging nicht lange gut. Eines Tages schneite ein fremder Major aus Bern zur Truppeninspektion unangemeldet in unsere zur Küche umfunktionierte Käsehütte in den Alpen, als wir gerade mit der Inventur unserer Spirituosen beschäftigt waren. Normalerweise versteckten wir diese kurz nach der Ankunft auf der Alp in den Murmeltierlöchern auf den Wiesen, just an diesem Tag aber wollten wir unsere Bestände überprüfen. Und als ob das nicht gereicht hätte, kochte ich gerade mit den Benzinverbrenner-Kochgeräten in der Hütte. Das war wegen der giftigen Gase strengstens verboten – und genauso gesund, wie ein Auto bei geschlossenem Garagentor laufen zu lassen und sich danebenzusetzen.

Offiziell wurden Verstöße wie diese sofort mit zehn Tagen scharfem Arrest geahndet. Nicht in meinem Fall. Weil sich wie gesagt alle für mich einsetzten, da ich so gut für die Kameraden kochte, und weil die Armee ohnehin zu wenige Köche hatte, brummten meine Vorgesetzten mir nur eine mehrwöchige Ausgangssperre und Wochenenddienst in der Kaserne auf. Schon wieder! Und – man glaubt es nicht! – sie wollten mich zur Unteroffiziersschule verpflichten.

Eine schlimmere Strafe hätten sie sich nicht ausdenken können, und ich hatte nur wenige Wochen Zeit, diesem Elend zu entkommen. Damals konnte die Armee einen nämlich noch zwingen, länger zu dienen. Ich aber hatte absolut keine Lust, ein weiteres Jahr auf meine Freiheit zu verzichten. Es gab nur einen Ausweg, um nicht für die Unteroffiziersschule verpflichtet zu werden: Ich musste bis zum nächsten Befragungstermin der Armeeleitung einen Arbeitsvertrag bei einer ausländischen Firma im Ausland organisieren. Eine Schweizer Firma im Ausland zu finden würde nicht reichen, denn in diesem Fall musste man trotzdem Militärdienst leisten.

Ich hatte Glück und schaffte es. Meine Freundin Kelly in Süddeutschland half mir, einen Agenten im Bodenseeraum ausfindig zu machen. Dieser vermittelte mich als vierten (!) Commis Entremetier in ein großes Hotel nach England. Als vierter Assistent des Gemüsekochs sah ich mich schon säckeweise Karotten schälen und andere niedrige Arbeiten verrichten. Aber lieber das, als in die Armee zurückzumüssen! Arbeitsanfang sollte wenige Wochen nach Beendigung der Rekrutenschule sein.

Erleichtert legte ich die entsprechende Bescheinigung den Offizieren vor. Die waren naturgemäß nicht erfreut, konnten aber nichts machen, außer ausdrücklich zu bedauern, dass ich so wenig Interesse an meinem Vaterland zeigte. Ich würde zwar keine Disziplin kennen, meinten sie, die aber wäre erlernbar.

»Rekrut Benz, in meiner Kaserne hat mich selten einer so viele Nerven gekostet wie Sie! So viele Verweise und Verwarnungen in einer Akte! Schauen Sie sich mal diesen Ordner an!« Mein Kommandant deutete auf den Ringordner vor sich und schaute mich beinahe etwas verdutzt an. »Aber Ihr Essen war immer vorzüglich.

Sie haben aus dem Minimum an Zutaten und Budget das Maximum herausgeholt. So einen wie Sie könnte man hier gut brauchen. Schade. Aber Auslandurlaub genehmigt! Abtreten!«, beschied er am Ende des Gesprächs und knallte seinen Stempel auf eine leere Seite meines Dienstbüchleins.

Ich war verwirrt. Ausland*urlaub*? Müsste ich denn nach meiner Zeit in England noch einmal antreten? Erst als ich die schriftliche Aufforderung bekam, meine komplette Ausrüstung ins Zeughaus zu bringen, wusste ich, was gemeint war. Ich war raus aus der Army!

Leider verzögerte sich die Arbeitsgenehmigung für das Vereinigte Königreich um einige Wochen. Ich hatte also Zeit, noch ein wenig zu arbeiten und Geld für meine Reise zu verdienen.

Eine Stellenvermittlung in Zürich schickte mich in ein Restaurant, das kurz zuvor Insolvenz angemeldet hatte. Wie bei vielen Traditionsrestaurants in der Stadt Zürich hatten die Besitzer auch hier den Wechsel der Zeit verschlafen und sich nicht um ihre Gäste bemüht. Als dann irgendwann der letzte Stammgast verstorben war, war es zu spät für Neuerungen gewesen. Das Inventar des Restaurants war veraltet, die Menükarte seit zwanzig Jahren dieselbe, das angesparte Polster aus besseren Zeiten verpufft.

Der Insolvenzverwalter wollte das Restaurant dennoch noch eine gewisse Zeit offen halten, um Zeit zu haben, einen neuen Investor zu finden. Die Bank bezahlte. Und das nicht schlecht. Wir waren entsprechend motiviert und boten mit unserem jungen Küchenteam eine innovative Karte mit einigen Nouvelle-Cuisine-Gerichten, die damals gerade im Trend waren, daneben preiswerte, aber topfrische Tagesspezialitäten.

Dann endlich gaben die englischen Beamten Gas, und binnen weniger Wochen lag die lang ersehnte Arbeitsgenehmigung im Briefkasten meiner Eltern. Vier Tage vor meiner Abreise nach England erschien der Küchenchef des bankrotten Restaurants dann nicht mehr zur Arbeit. Als man ihn bis zum späten Nachmittag nicht erreichen konnte, schickte der Betriebsleiter einen Kollegen los, um nach ihm zu schauen.

Die schlechte Nachricht erreichte uns in einem der Bankettsäle: Der Chef hatte sich erschossen. Wegen einer Frau. Wir alle waren schockiert. Trotzdem musste der Laden weiterlaufen. Ich ging zurück auf meinen Posten und bereitete die *Maigret de Canard* und die *Poussin au Rosmarin* vor.

Willkommen im wahren Leben!, dachte ich und war froh, dass ich nicht länger hier bleiben musste!

Am Flughafen in Kloten kamen mir dennoch die ersten großen Zweifel. Ich war zwanzig Jahre alt und ließ nun alles zurück – Freunde, Eltern und Heimat –, um als vierter Kartoffelschäler nach England zu gehen. Tat ich das Richtige? War es eine gute Entscheidung? Oder hätte ich doch besser beim Militär verlängert?

Kalter Schweiß stand mir auf der Stirn, mein Magen schmerzte, und ich musste mich ganz schön zusammenreißen, um nicht umzudrehen und wieder nach Hause an Muttis Rockzipfel zurückzukehren. Die Zweifel hielten sich zum Glück nicht lange – spätestens beim zweiten Gratisbier an Bord der BAC 111 der Dan-Air war ich völlig entspannt und schaute der Zukunft freudig entgegen.

England, I'm coming!

In meinem Koffer waren zwei Sätze Uniformen, meine Kochmesser und das *Lehrbuch der Küche* von Eugen Pauli.

5

England – Land of Hope and Worry

Meine neue Arbeitsstätte lag direkt neben einem der großen Flughäfen von London. Es war ein Viersternehotel mit 552 Zimmern und drei Restaurants – genau das richtige Sprungbrett in den Kochberuf. Das jedenfalls dachte ich. Mit viel Elan wollte ich mich schnell hocharbeiten und einen Einblick in eine moderne Hotelküche bekommen. Und ich hoffte natürlich auf ein gutes Arbeitszeugnis am Ende meines Vertrages. *Dream on, boyo.*

Zunächst einmal war alles gut. Ein englischer Souschef namens Mick begrüßte mich freudig. Er war vor allem von meinen Englischkenntnissen begeistert. Dies wunderte mich ein wenig, denn eigentlich erschien es mir selbstverständlich, dass man in englischen Hotels englisch sprach. Weit gefehlt! In der Hauptküche des Hotels wurde französisch gesprochen, im First-Class-Restaurant italienisch und in den Fastfood-Outlets deutsch und irisch. Eingestellt worden sei ich wegen meiner Mehrsprachigkeit, informierte mich Mick, und weil ich gelernter Koch sei. In dieser Reihenfolge. Dass sicherlich auch mein niedriges Gehalt eine Rolle gespielt haben dürfte, erwähnte er nicht.

»Dein Gepäck kannst du in einem der Hotelzimmer deponieren. Da darfst du eine Woche lang umsonst wohnen, bis dann solltest du eine Bleibe gefunden haben«, erklärte Mick und ergänzte, dass die Arbeitszeit fließend sei. Man beginne morgens um acht und habe Feierabend, wenn der Chef einen nach Hause schicke. Überstunden würden – falls möglich – als Freizeit vergütet. »Mit den freien Tagen ist es zurzeit aber etwas problematisch«, gab er freimütig zu. »Viel Arbeit und wenig Personal. Du verstehst ja, was ich meine.« Mick lächelte freundlich.

Mir schwante bereits, was er damit eigentlich sagen wollte. Ich war Gastarbeiter – mit Betonung auf *Arbeiter*. Und ich hätte es wissen müssen, denn als ich meinen Agenten bei einem unserer Telefongespräche auf dem Kontinent nach seiner genauen Berufsbezeichnung gefragt hatte, hatte er gelacht und sich als modernen Sklavenhändler bezeichnet. Damals hatte ich gedacht, er würde nur ein Witzchen

reißen.

Ich nickte Mick zu und brachte mein Gepäck aufs Zimmer. Wenig später stand ich in meiner Kochuniform in der Küche, einem großen, aber dennoch engen Raum, diesmal sogar im dritten Untergeschoss. Anders als in meinem Zürcher Lehrbetrieb waren die Produktions- und die À-la-carte-Küche hier vereint. Überall standen Gemüsekisten, Kartons mit eingeschweißten Truthähnen und Rinderfilets, Säcke mit Kartoffeln und Töpfe auf dem Boden. Arbeitstische auf Rollen standen kreuz und quer in den Gängen und an den Wänden entlang. Auch sie waren mit Lebensmitteln überhäuft. So wie es hier aussah, mussten die Köche ganz schön unter Druck stehen.

Und so war es auch. Weil ab halb zwölf die Küche für das First-Class-Restaurant gebraucht wurde, mussten die Köche bis elf Uhr die gesamte *Mise en place* für den À-la-carte- und Bankettbetrieb vorbereitet haben. Der hintere Teil der Küche, in dem die Arbeitstische und ein Kippkessel standen, konnte zwar auch während des Mittagsservices für Rüstarbeiten genutzt werden, aber nur wenn genügend Personal vorhanden war. Und das war meistens nicht der Fall.

Mick stellte mich schnell allen vor, doch kaum einer sah mich an; alle anwesenden Bleich- und Pickelgesichter schienen völlig gestresst zu sein. Hier und dort ein gemurmeltes *Ça va?* von den Franzosen und ein *All right?* von den Cockneys. Das war's.

Ich sah mich neugierig um und fragte mich, warum die Köche allesamt zu ihrer Kochuniform Springer- oder Gummistiefel trugen. Der Grund blieb mir nicht lange verborgen: Der Boden war uneben, sodass das Abwasser der Kombidämpfer und das verschüttete Kochwasser nicht zum Gully, sondern in die falsche Richtung lief und sich an der Wand staute. Dort mischte sich alles, was die Köche bei ihrer Arbeit auf den Boden warfen und fallen ließen, mit dem Wasser, sodass man am Ende des Tages durch einen ganz besonderen Gemüse-Nudel-Fleisch-Restesumpf waten musste. Nachts flitschte die Putzequipe alles zur Tür hinaus und sog die unappetitliche Brühe mit einem enormen Wassersauger ab.

Der Lebensmittelüberwachung hätte dies mit Sicherheit nicht gefallen – hätte sie die Zustände in unserem Kellerverließ denn je zu Augen bekommen. Denn natürlich gab es einen Notfallplan für den Fall, dass ein Lebensmittelinspektor ins Hotel kam. Hilfreich war, dass beide Herren – ein Sikh aus Wandsworth mit riesigem Turban und ein kleiner blonder East-Ender mit deutlichem Cockney-Akzent – schon von Weitem zu erkennen waren. Im Hotel nahm sie sofort der Restaurantmanager in Empfang und leitete sie freundlich an die Bar um. Dort wurden die Herren von der hübschen Barfrau professionell abgefüllt und anschließend in ein freies Zimmer verfrachtet, wo sie ihren Rausch ausschlafen konnten. Waren sie wieder wach, zogen sie sofort weiter ins nächste Hotel oder machten Feierabend. In die Küche sind sie nie gekommen. Ich habe keine Ahnung, ob sie je einen Bericht oder eine Beanstandung geschickt haben. Aber wie hätte ich davon auch erfahren können? Ich war schließlich bloß Gemüserüster.

Die Apparate und Maschinen in der Küche waren mir fremd und wirkten auf mich reichlich primitiv. So alte und veraltete Kochkessel, Kombidämpfer und Kipper hatte ich während meiner gesamten Ausbildung nicht zu Gesicht bekommen. Der Abwasserschlauch des Dämpfers war nicht, wie eigentlich üblich, an eine Abwasserleitung angeschlossen, sondern entließ sämtliche Flüssigkeiten direkt auf den Küchenboden. Bei den Kippern funktionierte nur jede zweite Heizschlange, ihre Böden waren von der unregelmäßigen Hitzeleistung gewellt. Weil außerdem die Kunststoffschalter fehlten, musste man den Stahlbolzen, an dem normalerweise der Schalter befestigt war, mit einem feuchten Lappen drehen, wollte man den Kipper in Betrieb nehmen. Die Friteusen waren gasbeheizt, an der Wand dahinter hatten sich Fett und Essensreste zu einem gelblichen Belag vereint, aus dem die Kunststoffgasleitungen ragten. Schon am ersten Tag informierten mich meine Kollegen darüber, dass ich auf keinen Fall das Fett von der Wand abkratzen dürfe – in diesem Fall wäre die Gasleitung nicht mehr dicht.

An den Wänden und Frigotüren hingen die Rezepte für die unterschiedlichsten Gerichte, die meine neuen Kollegen und ich zubereiten mussten: Chicken Mushroom Pie, Irish Stew, Steak and Kidney Pie, Gravy, Mintsauce, Mutton Broth. Zu meinem Entsetzen waren sämtliche Maßangaben nicht in Kilogramm oder Liter, sondern in Pfund, Unzen, Pints und Gallonen angegeben. Auch die Waage war in Pfund und Unzen, die Messbecher sogar noch in Flüssigunzen geeicht. Ich musste also schnell umlernen.

Außer Mick, der mich in Empfang genommen hatte, waren die sieben (!) Souschef s allesamt Franzosen und Belgier. Lediglich der Küchenchef war noch Engländer, aber ihn bekam man in der Küche selten zu Gesicht, erst recht in meiner Position. Doch auch die Souschefs machten sich rar und beschränkten sich im Wesentlichen darauf, Meetings abzuhalten und Kontrollgänge durch die Küche zu machen. Die Hauptarbeit leisteten wie so oft die Chefs de Partie, die Demi Chefs und die Commis. Mein Job war es, Berge von Kartoffeln, Zwiebeln und Knoblauch zu schälen und kistenweise Gemüse zu schneiden, zu hacken und zu tournieren. Nun ja, das hatte ich in den letzten Jahren ja bereits gelernt. Trotzdem hoffte ich, eines Tages auch einmal an den Herd gelassen zu werden.

Jeden Tag wurde um elf Uhr im Restaurant ein großer runder Tisch für die Küchenmannschaft gedeckt, und es gab ein frühes Mittagessen für alle. *The Chefs Table*, zu dem die jeweiligen Chefs de Partie irgendetwas aus ihrer Abteilung beisteuerten. Der Entremetier brachte Gemüse und Beilagen und eventuell eine Suppe, der

Gardemanger eine Schüssel Salat, vielleicht auch noch geräucherten Fisch, und der Saucier sorgte für Fleisch und die dazu passende Sauce.

In meiner ersten Woche im Hotel verwöhnte man uns täglich mit Rinderfilets mit wechselnden Beilagen. Hmm, lecker! Doch das war weitaus weniger großzügig, als es vielleicht den Anschein hat. Denn Rindfleisch war zu jener Zeit in England äußerst billig – schließlich wütete die Rinderpest BSE, die Nachfrage nach dem Fleisch war entsprechend auf einem Tiefpunkt und der Fleischmarkt gesättigt. Edwina Curry war Gesundheitsministerin von Großbritannien, und keiner beneidete sie um ihren Job, den sie nach Auffassung der Köche eh nur wegen ihres Namens innehatte. Als dann im Dezember auch noch ein riesiger Salmonellenskandal um die britische Eierindustrie aufflog, landeten vermehrt Frühstückseier auf dem *Chefs Table*, in Form von Gemüseomelettes und anderen Eierspeisen.

Ich genoss das tägliche Mittagessen sehr und machte mich wie die anderen Köche über die Leute lustig, die aus Angst kein Rindfleisch und keine Eier mehr aßen. Unser Mittagessen schmeckte gut und war zudem die einzige Mahlzeit, die man in der Küche bekam. Ein Koch steht zwar mehr oder weniger den ganzen Tag inmitten von brutzelnden Köstlichkeiten, Zeit, sie auch zu genießen, hat er jedoch nicht.

Wie Mick angekündigt hatte, war erst Feierabend, wenn der Chef dies anordnete. Für mich bedeutete dies, dass ich abends meist bis zehn Uhr arbeiten musste. Entsprechend schwer war es, nebenher noch eine Unterkunft zu suchen. Doch dann entdeckte ich am Anschlagbrett vor der Personalgarderobe die rettende Notiz: Die Sekretärin des Purchasing Managers hatte ein Reihenhaus zu vermieten.

Zusammen mit Kelly, die das Restaurant im Schwarzwald verlassen hatte und bereits einen Job als Souschef in einem Viersternehotel zehn Autominuten vom Flughafen entfernt gefunden hatte, mietete ich das kleine Haus, das in einem Weiler bei Crawley stand. Um dorthin zu kommen, kaufte sich Kelly einen gelben Mini Cooper;

ich nahm mit einem Fahrrad vorlieb. Auf dem Hinweg ging es fast nur bergab, und ich brauchte eine knappe halbe Stunde bis ins Hotel. Nachts war es mühsamer. Bergauf durch den Wald brauchte ich eine Dreiviertelstunde, und wenn ich Pech hatte, was meistens der Fall war, hatte das einzige Pub auf halbem Wege bereits geschlossen, wenn ich vorbeikeuchte.

Ein Untermieter, ein Kollege aus dem Hotel, zog in das winzige, gerade einmal drei Quadratmeter große Zimmer am Ende unseres Flures und trug somit zu unserer Miete bei.

Kelly war überglücklich, dass wir wieder zusammen waren. Ich aber war nur auf den Deal eingegangen, weil es die für mich einfachste Lösung war und ich so mit keinem Fremden das Haus teilen musste. Ich hatte jemanden für die schwärzesten Stunden, nachts, wenn ich einsam war. Und natürlich bezahlte Kelly die Hälfte der Miete. Eigentlich hatte ich mit Kelly schon länger Schluss machen wollen, aber den geeigneten Moment schon mehr als einmal verpasst.

Da ich sehr viel arbeitete, sah ich jedoch wenig von ihr und hatte meist meine Ruhe. Umso stressiger war es im Hotel: Ich arbeitete von früh bis spät, hatte dafür in den ersten zwei Monaten aber nur drei Tage frei. Schon jetzt hatte ich Überstunden im dreistelligen Bereich angesammelt.

So konnte es nicht weitergehen. Ich ging zu meinem Souschef und forderte Urlaub ein. Er war wenig gewillt, an den Zuständen etwas zu ändern, und bewilligte mir erst nach einer minutenlangen Diskussion drei freie Tage am Stück. Auch diese sollten sich als wenig erholsam herausstellen, denn Kelly und ich fuhren zu ihren Eltern in den Norden.

Sofort erkannte ich, woher Kellys ungesunde Essgewohnheiten stammten. Nicht nur sie war durch die zu fettige Ernährung aufgegangen wie ein Hefekloß, ihre Familie sah ähnlich aus. Und das nicht ohne Grund: Mutter, Vater und ihr Bruder nahmen ihren *Tea* – das englische Abendessen – jeden Abend vor dem Fernseher ein.

Die Mama setzte jedem ein kleines Klapptischchen vor die Nase, und los ging's: frittiertes Weißbrot, Bohnen in süßer Tomatensauce aus der Dose, Rindswürstchen mit Ketchup und Kartoffelpüree. Brrh!

Es waren anstrengende drei Tage, und Kelly war stinksauer, weil ich die meiste Zeit mit ihrem Vater und dem Bruder in der Snooker Hall verbrachte, statt gemeinsam mit ihr die alten Freundinnen aus der Schulzeit zu besuchen und abends in die Disco zu gehen.

Entsprechend froh war ich, wieder zurück im Hotel zu sein. Aber die Arbeit wurde dort immer eintöniger. Täglich schälte ich meine hundert Pfund Karotten, tournierte säckeweise Kartoffeln, schnitt Lauch- und Selleriejulienne und hackte Zwiebeln ohne Ende. Immer wenn ich dachte, ich sei endlich fertig, warf mir der Entremetier noch einen Sack oder eine Kiste Gemüse vor die Füße. Hämisch grinsend, natürlich.

Offensichtlich war nicht nur ich mit den Arbeitsbedingungen unzufrieden, denn das Personal wechselte so häufig, dass ich nach drei Monaten bereits ein Langzeitmitarbeiter war. Der Personalmangel führte sogar so weit, dass ich einen halben Monat später befördert wurde: vom vierten Commis Entremetier zum Küchenleiter eines Restaurants mit hundertzwanzig Plätzen und einer dreiundzwanzigstündigen Betriebszeit. So eine Karriere soll mir erst einmal jemand nachmachen!

Hilfe!, war jedoch das Erste, das mir durch den Kopf schoss. Die Zahl der angesammelten Überstunden – mehr als vierhundert! – hatte gerade die Schallmauer durchbrochen; eine Änderung war nach wie vor nicht abzusehen. Im Gegenteil. Nun musste ich morgens schon um sieben Uhr dreißig auf der Matte stehen und zusammen mit einem Lehrling in der Produktionsküche meine *Mise en place* zusammensuchen. Das portionierte Fleisch fand ich, wenn es denn schon vorbereitet war, beim Saucier im Kühlhaus. Das gerüstete Gemüse, die Suppen und die Beilagen sollte der Entremetier bereithaben. Manchmal war dies tatsächlich der Fall, meist aber nicht. Also

blieben der Lehrling und ich in der Küche und kochten selbst, was wir brauchten, während in meinem Restaurant zwei Etagen höher eine Frühstücksköchin die Kühlschubladen und -schränke bestückte. Dies war eigentlich nicht ihr Job, aber zum Glück war sie flexibel und konnte mit zwei Händen gleichzeitig arbeiten, sodass auch unsere Frühstücksgäste nicht vernachlässigt wurden. Zusätzlich musste bis elf Uhr auch das Lunchbuffet im Restaurant fertig sein. Dies aufzufüllen war der Job eines Souschefs. Wenn aber das Buffet nicht pünktlich bereit war, beschwerte sich die Restaurantmanagerin bei mir. Also blieb auch dieser Job an mir hängen.

So nahm das Chaos seinen täglichen Lauf. Wenn die Frühstücksköchin um elf Uhr meine Küche verließ, mussten mein Lehrling und ich die Vorbereitungen abgeschlossen haben. Um halb zwölf schlurfte dann noch irgendein Hilfskoch in die Küche, und so standen wir dann zu dritt am Herd und managten bis fünfzehn Uhr den Service. Jeder Tisch war mindestens zweimal besetzt.

Am Nachmittag schickte ich den Lehrling in die Pause und sammelte in der Produktionsküche meine *Mise en place* für den Abend ein. Danach hockte ich mich mit einem Souschef ins Büro, um den nächsten Tag zu besprechen. Er gab mir die Listen mit den Gerichten für das Lunchbuffet, und ich schrieb meine Tagesbestellungen für die Produktionsköche, auch wenn ich die, wie ich bald merkte, meist eh selbst zubereiten musste.

Meine Menükarte war riesig. Sie fing bei Apple Pie an und hörte bei Zabaglione auf. Dazwischen gab es alles – von der einfachen Gulaschsuppe bis zu raffinierten Lammkoteletts mit Minzsauce. Es gab All-Day-Breakfast, das Lunch-Buffet und eine All-Night-Karte, für Gäste, die zwischen ein und fünf Uhr nachts Hunger hatten. Lediglich zwischen fünf und sechs Uhr morgens hatten wir geschlossen – in dieser Zeit wurde geputzt.

Um fünf Uhr nachmittags stand ich wieder in meiner Küche, damit der Hilfskoch schnell eine Pause machen konnte. Irgendwann, meist zu spät, kehrte auch der Lehrling zurück. Zu dritt schmissen wir den Abendservice, und um zehn Uhr schickte ich entweder Lehrling oder Hilfskoch nach Hause. Ein Koch, meist ich selbst, blieb dann noch bis ein Uhr nachts. Danach wechselte die Karte im Restaurant, und es gab nur noch Speisen, die das Servicepersonal in der Mikrowelle heiß machen konnte. Für diesen Zweck hatten wir Pasta-Gerichte und Eintöpfe auf Tellern und in Suppenschüsseln angerichtet und im Kühlschrank zwischengelagert. Außerdem gab es Salate und Sandwiches.

Jetzt, in meiner neuen Position, erkannte ich, was der vermeintliche Standortvorteil des Hotels, das sogar zu Fuß vom Terminal erreichbar war, für uns in der Küche bedeutete: sieben Tage Hölle, vierundzwanzig Stunden Krieg. Denn zu den normalen Gästen kamen die *Delayed Flights*, die verspäteten Flüge. Flugzeugladungen voller griesgrämiger Passagiere stürzten mitten in der Nacht ins Restaurant und wedelten mit ihren Vouchern in der Luft herum.

Die Fluglinien warnten uns in diesen Fällen vor. Mehr als eine Stunde Vorlauf hatten wir dennoch selten. Wenn der nicht gerade ersehnte Telefonanruf kam, schnappte ich mir einen Trolley und schob ihn in den größten der Tiefkühler. Ohne lange zu überlegen, packte ich in dem drei mal vier Meter großen Raum meinen Wagen bis obenhin voll: Chicken and Mushroom Pie, Roastbeef, gefrorenes Gemüse, Bratkartoffeln, Eiscreme. Genug für zweihundertfünfzig genervte Gäste. Oben in meiner Küche bereitete ich oder der noch anwesende Koch alles im Eiltempo zu. Das Roastbeef und die Pies warfen wir in der Produktionsküche auf dem Weg zum Aufzug in einen kalten Ofen und stellten diesen ein. Natürlich brauchten die Pies nicht so lange wie das Fleisch. Man durfte daher nicht vergessen, nach einer halben Stunde eine Serviceangestellte in die Küche zu jagen, um die Pies rauszunehmen.

Gleichzeitig trommelte der Nachtmanager alle verfügbaren Mitarbeiter zusammen und steckte sie in Serviceuniformen. Sogar die Nachtputzequipe musste dran glauben, ebenso der Hausmeister, die Sicherheitsleute und ein oder mehrere Rezeptionisten.

Dann begann das Chaos. Denn die Massen wollten gleichzeitig bedient werden. Um zwei Uhr morgens. Entsprechend war die Stimmung: Das Serviceersatzpersonal stritt sich mit den Gästen. Eigentlich zivilisierte Menschen schrien einander lauthals Beschimpfungen ins Gesicht.

»Hey, stupid, I ordered bloody french dressing with my salad!«, meckerte der eine.

»Oy, waitress, my Chicken Pie is as soggy as my babies nappies! Sack the plonker in the kitchen!«, beschwerte sich der andere.

»I could be a fucking waiter myself«, bekundete der Dritte und schimpfte, in seinem ganzen Leben nicht so lange auf ein Steak gewartet zu haben. Das, was ihm nun serviert worden sei, sei zudem nicht durch und er wolle ein anderes. *»Get me another one, girlie! Bloody foreigners everywhere!«*

Jeder erwartete eine Extrawurst: Muslime wollten halal essen, Juden koscher, Veganer fleischlos, und für eingebildete Kinder mit noch eingebildeteren Eltern sollten es *Fish 'n' Chips* sein. Ich kochte. Vor Wut.

Die Hilfskellner fluchten mich an. »Hey, du Wichser, die Spinner da draußen wollen endlich was zu essen!«

»Fickt euch selber, Arschlöcher!«, fluchte ich zurück und knallte vor lauter Frust fertig angerichtete Teller an die Wand.

In einer Ecke der Küche heulte eine junge Rezeptionistin aus Deutschland vor sich hin.

Ich schrie sie an, sie solle gefälligst verschwinden.

So schnell die Passagiere gekommen waren, so rasch verschwanden sie auch wieder. Die Schlacht war geschlagen. In der Küche und im Restaurant stapelten sich dreckige Teller, Abfall und verkohlte Pfannen. Wir blieben erschöpft zurück und köpften in der Küche eine Flasche Smirnow Blue Label. Die hatten wir einer der großen Fluggesellschaften geklaut, die sich in unserem Keller Lagerräume mit uns teilte.

Das ganze Hilfspersonal nahm einen tiefen Schluck. Ich tröstete die Rezeptionistin, die ich zuvor aus der Küche gejagt hatte. Sie lehnte sich an mich. Später überraschte sie mich, als ich im Keller Lebensmittel für den nächsten Tag zusammensuchte. Ich leistete keinen Widerstand und gab mich ihr willig hin. Sie hatte eine Traumfigur, lange blonde Haare und braune Augen und war damit eine willkommene Abwechslung.

Anschließend besorgte sie mir den Schlüssel eines leeren Zimmers, damit ich vor Arbeitsbeginn noch eine Runde schlafen konnte. Immerhin war es schon drei Uhr in der Früh; noch nach Hause zu fahren war weder verlockend (Kelly …), noch lohnte es sich noch.

Um Punkt acht Uhr stand ich wieder in der Küche. Die Frühstücksköchin war schon im Dienst, sodass ich mir wie immer ein paar Spiegeleier mit Speck nehmen konnte. Scheiß auf die Salmonellen! Ein neuer Arbeitstag hatte begonnen, kaum dass der alte zu Ende gegangen war. So vergingen die Tage und Wochen wie im Fluge. Jeden Tag erwarteten mich neue, meistens unangenehme Überraschungen am Arbeitsplatz. Der Lehrling wurde erst krank und danach versetzt. Die Hilfsköche wechselten wöchentlich.

Dann, eines Tages, bekam ich eine neue Mitarbeiterin: Siobhan, eine Irin. Sie war gelernte Köchin und hatte vorher in einem Golfclub-Restaurant in County Kerry gearbeitet. Alle nannten sie Shiv, weil keiner ihren Namen richtig aussprechen konnte. Ich freute mich, durch die neue Kraft etwas entlastet zu werden. Doch zu früh gefreut. Sogar mein Lehrling konnte besser kochen als sie. Bald erschien es mir nicht unwahrscheinlich, dass ihr vorheriger Arbeitgeber sie gefeuert hatte, weil sie Golfbälle nicht von Eiern unterscheiden konnte. Für unsere Anforderungen hatten ihre Kochkenntnisse offenbar gereicht …

Eines jedoch konnte sie ohne Zweifel: reden, und das ohne Punkt und Komma. Den lieben langen Tag säuselte sie mir Geschichten aus Kilarney vor. Und Tausende von Kochbüchern hatte sie schon gelesen. Hätte sie das Gelesene doch auch umsetzen können! Sie

ließ die Lammkoteletts so lange in der Pfanne, bis sie schwarz waren. Die Gulaschsuppe würzte sie so stark, dass sie sogar für mich zu scharf war. Nicht einmal ein Irish Stew konnte sie kochen. Sie brachte es fertig, dass die Kartoffeln in der Brühe noch roh waren, wenn das Fleisch bereits zerfiel. Zum Glück waren unsere Gäste nicht so anspruchsvoll.

Sechs Monate nach meiner Ankunft in England hatte ich vor lauter Arbeit noch nichts vom Land gesehen, wog dafür aber zehn Kilo weniger als beim Militär und hatte vierundzwanzig Stunden am Tag Alkohol im Blut. Ganz zu Unrecht sorgte sich Kelly also wohl nicht um mich.

Auch an diesem Morgens füllte ich meine leere Coladose in der Umkleidekabine mit Wodka, bevor ich in die Küche marschierte. In der Produktionsküche war es seltsam ruhig. Irgendwas stimmte hier nicht. Misstrauisch geworden drehte ich noch eine Runde und schaute dabei ins Büro des Küchenchefs. Aha! Deshalb war es so still! Shiv saß mit dem Chef und dem General Manager zusammen. Das üblicherweise schneeweiße Hemd des großen Bosses war völlig verdreckt; er wirkte deutlich angespannt.

Ich ahnte, was passiert war, und tatsächlich winkten mich Chef und General Manager sofort zu sich ins Büro. Dazu muss man wissen, dass nicht nur in der Küche, sondern auch hinter den Kulissen Chaos herrschte – der Konzern war kurz vor meiner Ankunft von einem der großen englischen Wettbüros aufgekauft worden, ein neuer General Manager hatte die Macht übernommen und strukturierte das Hotel seither nach seinen Vorstellungen um.

Ich erfuhr, dass die Irin dem General Manager einen Teller heiße Gulaschsuppe nachgeschmissen hatte, als dieser sie herumkommandieren wollte. Der General Manager war Engländer, und aus Shivs langen Monologen hatte ich längst herausgehört, dass sie einen tiefgründigen Hass gegenüber Engländern hegte und heimliche Anhängerin von Sinn Féin war. Sie hatte mir erzählt, dass sie in West-Belfast aufgewachsen war und Gerry Adams persönlich kannte. Im Gegensatz zu ihr hatte ich noch nie von Adams gehört, und es interessierte mich herzlich wenig, was sie mir darüber zu berichten hatte.

Dieses Wissen im Hinterkopf hörte ich mir nun die Geschichte, die mir der Küchenchef in seinem Büro erzählte, seelenruhig an und schlürfte dabei an meiner Coladose. Der Wodka fuhr gut ein.
Ich erfuhr, dass Shiv dem General Manager nicht nur die Gulaschsuppe nachgeworfen, sondern ihn anscheinend auch noch mündlich beleidigt hatte. In einem anderen Betrieb wäre ein Zwischenfall wie dieser kein Problem gewesen. Dass einer – Chef oder Angestellter – ausflippte und überreagierte, war nicht ungewöhnlich. Doch der neue General Manager kam nicht aus der Hotelbranche, und der Küchenchef ließ sich von dem Schnösel auf der Nase herumtanzen und wehrte sich nicht dagegen, dass dieser die Irin auf der Stelle feuerte.

Siobhans Tirade werde ich wohl nie vergessen. Die Wände des Chefbüros erzitterten, als sich ihre aufgestaute Wut und der Hass in einem Schwall von gälischen und englischen Schimpfwörtern über uns ergossen. Mich ließ sie auch nicht ungeschoren. Das Netteste, was sie über mich zu sagen hatte, war, dass ich ein »ignorantes Kontinentalschwein« sei. Hätte sie doch nur so gut gekocht, wie sie fluchen konnte!

Ich war enttäuscht. Nicht nur verlor ich eine Arbeitskraft – Fähigkeiten hin oder her –, nein, ich musste darüber hinaus auch noch zur Kenntnis nehmen, dass mein Chef sich überhaupt nicht für seine Leute einsetzte. Mit keinem Wort erwähnte er die herrschenden Missstände in der Küche. Später erfuhr ich, warum: Er hatte bereits eine interne Versetzung beantragt und wechselte zwei Tage später in ein Hotel nach Kairo.

Shiv verließ das Hotel noch am Tag des Unglücks. Sie packte ihre Klamotten, ihre Messer und die Uniform und schlich sich zum Hinterausgang hinaus. Ich war wieder allein mit einem Hilfskoch

und wurstelte mich mit seiner Hilfe, so gut es eben ging, durch den Tag.

Eines Nachts kam ein kleiner Typ mit besonders hohen Geheimratsecken in die Küche. Ich wollte ihn schon anschnauzen, was er hier wolle und dass er hier nichts verloren habe. Doch er laberte

direkt auf mich ein.

»You do Baked Beans on Toast, mate?«

Erstaunt erkannte ich, wer er war: Phil Collins.

»Natürlich«, sagte ich und kochte ihm die gewünschten Baked Beans. Der Gast ist schließlich König, erst recht, wenn er prominent ist.

Ich hörte nichts mehr zu den Baked Beans, also waren sie wohl in Ordnung gewesen. Nun ja, außer Shiv hätte es wohl kein Koch fertiggebracht, die Baked Beans zu versauen …

Die Küchenbrigade verwahrloste zusehends. Es war wie auf einem Schiff ohne Kapitän. Mir war das eigentlich egal – wie fast alles in jener Zeit. Auch von Kelly hatte ich mich distanziert. Ich sah sie immer seltener, und jedes Mal, wenn wir uns unterhielten, heulte sie nach wenigen Minuten. In Momenten wie diesen half nur eins: ein großer Schluck Wodka.

Ich war körperlich und seelisch fertig und verbrachte die meiste Zeit im Hotel. Was war nur aus meinem Traum geworden, als Koch durch die Welt zu reisen?

Ich war permanent übermüdet, spindeldürr und meistens alkoholisiert. Das Einzige, was mein Leben erträglich machte, war der Sex. Und davon hatte ich reichlich. Im Hotel hatte ich eine Affäre mit einer der dreiundzwanzig, meist aus Deutschland stammenden Serviceangestellten meines Restaurants. Alle waren zwischen neunzehn und fünfundzwanzig Jahren jung – und durchaus ansehnlich. Was unglaublich war: Je unfreundlicher ich mich ihnen gegenüber gab, desto netter wurden sie. Hatte ich eine mittags zum Heulen gebracht, war sie abends zuckersüß zu mir. Und jede heulte mindestens ein Mal.

Auf diese Weise wurde eine von ihnen nach einem Schäferstündchen im Trockenwarenlager unten im Keller meine neue Freundin. Sie war mir heulend nachgerannt, nachdem ich ihre falsch bestellten Gerichte wutentbrannt mitsamt Teller in die Mülltonne gepfeffert hatte. Sie folgte mir bis in den Lift. Ich entschuldigte mich bei ihr und meinte, sie solle doch aufhören mit der Heulerei. Ich hätte es nicht persönlich gemeint, versicherte ich ihr.

Dennoch folgte sie mir ins Trockenlager. Und dort ist es dann passiert, zwischen Dreißigpfundsäcken mit Uncle-Bens-Parboiled-Reis und Bird's-Custard-Eimern. Sie war süß, hatte eine tolle Figur und einen Busen wie aus dem Bilderbuch. Ihre Haut war schneeweiß, ihre Augen smaragdgrün und ihre Haare pechschwarz. Und sie redete nicht viel.

Kelly wusste am Anfang natürlich nichts davon. Dennoch machte ich mir nach wie vor Sorgen, was aus mir werden würde. Ich trank viel zu viel, schlief viel zu wenig und hatte Sex ohne Kondome. Meine Kochkünste wurden überhaupt nicht gefördert.

Es musste sich etwas ändern. Daher schrieb ich an einem meiner wenigen freien Tage einen Brief an meinen Agenten in der Schweiz, um in Erfahrung zu bringen, was der internationale Stellenmarkt zu bieten hatte. Nicht ohne Folgen. Denn damals hatte noch nicht jeder ein Handy, und so war ich darauf angewiesen, von meinem Festnetzanschluss im Reihenhaus oder von einer Telefonzelle aus zu telefonieren. Entsprechend versuchte auch der Agent, mich zu Hause zu erreichen. Leider ging Kelly ans Telefon – und erfuhr auf diese Weise, dass ich eine neue Stelle suchte. Sie war fuchsteufelswild und wollte mich sogar aus dem Haus werfen. Zu ihrem Pech konnte sie das nicht, weil ich die Hälfte der Miete bezahlte und sie darauf angewiesen war. Als ich spätnachts nach Hause kam, schrie sie mich an. *»You're a fucking wanker! Why didn't you tell me that you want to leave? I hate you! Bastard!«* Heulend lief Kelly ins Schlafzimmer.

Sometimes life is not easy.

Als sie dann auch noch von einer Kollegin erfuhr, dass ich im Garten eines Pubs mit der schwarzhaarigen Kellnerin gevögelt hatte, war es endgültig aus. Fortan herrschte Eiszeitstimmung; wir schliefen zwar – notgedrungen – noch in einem Bett, aber nicht mehr miteinander.

80

In England hielt mich nichts mehr. Zehn Minuten nachdem der Schweizer Agent mir einen Job in Israel angeboten hatte, kündigte ich telefonisch. Die schriftliche Kündigung brachte ich am nächsten Tag ins Büro des neuen Küchenchefs aus Schottland. Erst nach mehreren Streitgesprächen akzeptierte er sie. Als ich ihm meine Stempelkarte mit den Überstunden zeigte, lachte er aber nur. Ich könne sie mir sonst wohin schieben, erklärte er hämisch.

Da ich eine vierwöchige Kündigungsfrist hatte, musste ich bis zu meinem Mallorca-Urlaub, den ich schon vor Monaten gebucht hatte, ausharren. Und ab jetzt verging die Zeit alles andere als im Fluge. Silvia, meine neue Freundin, hatte sich in ein Partnerhotel in die Londoner Innenstadt versetzen lassen, da sie es wegen des Stresses bei uns nicht mehr ausgehalten hatte.

Ich flog notgedrungen mit Kelly für eine Woche nach Mallorca und lag die meiste Zeit am Strand und schlief.

Da sich mein Dienstantritt in Israel plötzlich um einen Monat nach hinten verschob, hatte ich auf einmal Zeit. Die wollte ich nutzen, um mit meinem alten Fahrrad in die Schweiz zurückzuradeln. Den Entschluss dazu fasste ich bei *Aussie-Randys-48-Hour-Booze-up-Party*, kurz: Randys Achtundvierzigstunden-Besäufnis. Es war eine ziemlich abgedrehte Party, in deren Verlauf Randy sich nackt auf den Tisch legte und allen anbot, für fünf Pfund irgendeine Stelle seines Körpers zu rasieren. Nach einer Weile sah Randy aus, als sei er durch ein geschlossenes Fenster gefallen. Sein ganzer Körper war mit kleineren und größeren Schnitten übersät, jedes sichtbares Haar verschwunden.

Dafür hatte er fast hundertachtzig Pfund mehr, für die er Bier kaufen konnte! In dieser ausgelassenen Stimmung kam mir die Idee mit der Fahrradreise, von der ich natürlich sofort allen Anwesenden erzählte.

Nach den veranschlagten achtundvierzig Stunden war Randys Haus in einem erbärmlichen Zustand. Rotweinflecken zierten die Wände, einige Stühle waren zu Bruch gegangen; der Parkettboden im Wohnzimmer hatte sich gelöst, und überall lagen die Holzstücke
herum. Beim Aufräumen fanden wir Slips, Socken, T-Shirts, BHs, gebrauchte Kondome, Zigaretten und noch einiges mehr.

Randy hatte mindestens genauso gelitten wie sein Haus. Er hatte Pusteln im Gesicht und sah schlecht aus ohne Haare. Wo vorher seine Augenbrauen gewesen waren, zogen sich nun zwei rosa geschwollene Wülste durchs Gesicht. Aber er lachte. Australier sind zäh. Und er erinnerte sich und mich daran, dass ich mit dem Fahrrad in die Schweiz fahren wollte. Von der Idee war er begeistert und wollte am liebsten selber mitfahren.

Wenig später packte ich mein Hab und Gut in einige wenige Kartons und schickte sie per Post in die Schweiz. Beim *Cycle Shop* in Crawley kaufte ich eine Satteltasche und Zubehör für mein Fahrrad. Ich löste mein Konto bei der Lloyd's Bank auf. Magere fünfhundert Pfund hatte ich in der Zeit angespart. Dann verabschiedete ich mich von meiner Exfreundin. Das heißt, ich fuhr los, während sie im Wohnzimmer stand und heulte. Ich rief: *»Good bye Darling!«* und machte mich aus dem Staub.

What an asshole!, dachte ich über mich selbst. Ich musste mir eingestehen, dass ich in England kochtechnisch nicht viel gelernt hatte, umso mehr aber fürs Leben. Ich war eine richtige Arschgeige geworden, trank zu viel und mochte mich selbst überhaupt nicht mehr. Das würde nun anders werden, schwor ich mir.

An der Telefonzelle in Crawley stoppte ich, um die Schwarzhaarige anzurufen und sie zu fragen, ob sie Lust hätte, mit mir nach Israel zu kommen. Sie hatte, wollte aber zuerst noch ihre Zeit im Hotel in London absitzen. Gut, mir sollte es recht sein.

So radelte ich nach Newhaven und erwischte gerade noch die Fähre nach Dieppe. Auf dem vollen Schiff waren außer mir noch zwei andere Radler. Die restlichen Passagiere waren Pendler und Urlauber. Die zwei Banker aus der Bond Street waren mit ihren brandneuen Rädern auf dem Weg nach Paris. Ihre Ausstattung war vom Feinsten: neue aerodynamische Helme, Trikots, Handschuhe und diverser Schnickschnack wie Kompass, Höhenmesser, Tachometer, Landkarten, Verbandszeug und einige Notrationen. Die Räder waren ultraschmale Rennversionen aus Aluminium. Sehr professionell.

Die Banker begutachteten meinen Rosthaufen ungläubig und erkundigten sich dann nach meinem Ziel. Als sie hörten, dass ich in die Schweiz unterwegs war, lachten sie lauthals. Was ich denn alles in den Satteltaschen hatte, fragten sie.

Ich zeigte es ihnen: einen stibitzten blauen Pernod-Aschenbecher, meine sechsunddreißig Kochmesser, das Fotoalbum, eine geklaute Flasche Smirnow Blue Label, die Kochuniformen, Kochbücher, das Hotelhandtuch, ein Hotelshampoo, die Hotelseife, das Hotelrasierzeug und ein Bierglas aus Webster-Kristall, das mir meine »Schwiegereltern« in Nordengland zum einundzwanzigsten Geburtstag geschenkt hatten. Damit hatte ich alles auf dem Fahrrad, was ich nicht der Royal Mail anvertrauen wollte.

Die zwei waren völlig verdattert und dachten bestimmt, ich sei verrückt. *»You never gonna make it to Switzerland on this heap, mate!«*, meinten sie.

Lasst euch überraschen, dachte ich.

Im Bordkino schaute ich mir *Ein Fisch namens Wanda* mit John Cleese und Jamie Lee Curtis an. Ich war einer der wenigen auf der Fähre, der nicht seekrank wurde und sich etwas aus der Bordküche bestellte. Während die anderen Passagiere an der Reling standen und sich bemühten, mir nicht beim Essen zuzuschauen, ließ ich mir die fettigen Pommes, verkochten Erbsen und das totgekochte Rindssteak mit der mehligen Gravy schmecken.

In den acht Tagen nach meiner Ankunft auf dem Kontinent durchquerte ich Frankreich. Langsam, aber stetig näherte ich mich auf meinem klapprigen Fahrrad der Schweiz. Und mein Rad hielt auch durch, als ich es vierzig Kilometer am Tag bergauf durch die Champagne quälte. Ich hatte noch nie so geschwitzt in meinem Leben! In den vielen kleinen Ortschaften am Rande meines Weges kehrte ich in kleine Restaurants und Dorfkneipen ein, um meinen Hunger mit einheimischen Spezialitäten zu stillen. Mittags bestellte ich mir immer ein *Plat du Jour* inklusive Wein für hundertzwanzig Franc. Bald merkte ich, dass man in Herbergen am Dorfrand, wo die Fernfahrer zu Mittag aßen, am besten verpflegt wurde. Die Lastwagenchauffeure waren meist gut beleibte, Gauloise rauchende Typen, die ständig die neuesten Witze erzählten oder sich über Politik ausließen – und genau wussten, wo man gut und preiswert essen konnte, *en route*.

In den Dorfläden kaufte ich mir einheimische Spezialitäten. Dabei gab ich all mein erspartes Geld langsam aus. Aber es lohnte sich. Ich genoss die verschiedenen Käsesorten der Region, die speziellen Grauschimmelkäse aus Ziegenmilch und den Rotschmierkäse, den man nach Tagen noch roch, wenn man ihn mit bloßen Händen angepackt hatte. Die Gänseleberpasteten mit Trüffel, Enten- und Gänse-Rillettes und natürlich Wein und Champagner. Mir schmeckte alles, und ich vermisste den *Chefs Table* überhaupt nicht.

Abends suchte ich mir immer einen schönen Platz etwas abseits der Landstraße und rollte meinen Schlafsack aus. Ich richtete mir mit den gekauften Delikatessen ein wohlschmeckendes Abendessen und schlief, erschöpft wie ich war, noch vor Sonnenuntergang ein.

Zu meinem Glück regnete es nie, und auch nachts war es einigermaßen mild. Da die Temperatur tagsüber stets auf über dreißig Grad stieg, fuhr ich meist gegen halb fünf am Morgen los und hielt erst wieder gegen zehn oder elf Uhr an. Eine Mittagsrast und ein Nickerchen später radelte ich weiter, bis ich abends eine schöne Stelle zum Übernachten fand.

Meine beiden Banker traf ich noch zwei Mal – das erste Mal in einem netten Hotel, wo sie gerade ihre Räder flickten, das zweite Mal auf der Landstraße nach Paris, ebenfalls bei Reparaturarbeiten. Ansonsten aber blieb ich allein.

Das erste Mal seit sehr langer Zeit konnte ich lange nachdenken. Zu meiner Überraschung vermisste ich das Chaos in England. Es

war schon seltsam. Kaum hatte ich das Land verlassen, dachte ich mit einem Lächeln zurück an die letzten Wochen im Hotel. Vor allem den Tag werde ich nie vergessen, an dem der französische Souschef mitten im Mittagsservice in seinen durchlöcherten Socken auf dem Buffet im Restaurant stand, um die Osterdekoration abzuhängen. Der Geruch seiner Füße ergänzte den schönen Anblick der prächtigen Käseplatte – und das alles fünf Monate nach dem Fest.

Als ich neun Tage nach meiner Abreise die Grenze zur Schweiz passierte, fing es prompt an zu regnen. Die Zöllner blieben in ihrem Häuschen sitzen und winkten mich durch. An einem Kiosk in Basel kaufte ich mir eine deutschsprachige Zeitung, die erste in diesem Jahr. Sie vermeldete Unruhen im Osten und in der Sowjetunion und munkelte etwas vom Ende des Kalten Krieges und davon, dass die Grenzen nach Westen in absehbarer Zeit geöffnet würden. In England hatte ich weder Zeit zu lesen noch Interesse am Weltgeschehen gehabt.

Ich hatte schon das nächste Ziel vor Augen: Israel!

6

Shalom Elat

Bevor ich nach Israel aufbrach, kehrte ich noch einmal für zwei Wochen nach England zurück, um meine Freundin in London zu besuchen – Silvia, die süße Schwarzhaarige mit der tollen Figur.

In der Schweiz hatte ich auf meinem Konfirmationskonto noch etwas Geld gefunden, das ich nun in England verprasste. Während Silvia arbeitete, erkundete ich das kulinarische London. So speiste ich unter anderem im Dorchester, in dessen Küche gerade Anton Mosimann das Zepter schwang. Damals zelebrierte er die *Cuisine Naturel,* von der ich während meiner Lehrzeit in einem seiner Vorträge in der Schweiz gehört hatte. Er war einer der bekanntesten Schweizer Köche und mit seinen modernen Ideen ein Vorreiter der *Nouvelle Cuisine*. Innerhalb weniger Tage nahm ich so einen Teil der zehn Kilo, die ich während meiner Zeit als Commis verloren hatte, wieder zu.

Dann ging plötzlich alles sehr schnell: Mich erreichte der Marschbefehl meines neuen Arbeitgebers per Post in der Schweiz. Da ich in England war, rief mich meine Mutter an und sagte mir Bescheid. Der Staat Israel hatte eine Arbeitsbewilligung für mich ausgestellt, nachdem der Geheimdienst meine Akte freigegeben hatte.

Die Instruktionen des Hotels in Elat waren recht befremdlich – sogar den genauen Reiseablauf hatten sie mir schriftlich mitgeteilt. Ich solle drei Stunden vor dem Abflug am Flughafen sein, hieß es zum Beispiel. Zwecks Sicherheitsuntersuchung.

Na ja, dachte ich, das klingt ja wahrscheinlich wilder, als es ist.

Auch eine Liste der mitzubringenden Kleider und Gegenstände war dabei: zwei Sets Kochhosen, geschlossene, gut besohlte, rutschfeste Schuhe, Bettwäsche, Handtücher und so weiter. Die Messer

standen nicht auf der Liste. Ich packte sie natürlich dennoch ein, denn wie jeder anständige Koch gehe ich ohne mein Werkzeug nirgendwohin.

Sogar der Name des Souschefs, der mich vom Flughafen abholen würde, sowie meine zukünftige Wohnadresse teilte mir das Hotel bereits mit. Das Flugticket hatten sie bei Sun d'Or Airlines gebucht, einer israelischen Charterfluggesellschaft. Ich sollte bezahlen und die Quittung aufbewahren. Nach einem eingehaltenen Jahresvertrag würde ich das Geld zurückbekommen. Bedingungen also wie in der Branche üblich. Alles klar.

Am Flughafen zeigte sich, dass die Vorwarnung des Hotels berechtigt war. Die Sicherheitspolizei nahm mich so richtig in die Mangel – und fand natürlich meine Kochmesser. Alarmstufe Rot. Israelische Beamte führten mich ab. In meinem Heimatland! Ich dachte, ich sei in einem schlechten Film.

Nach mehreren langen Verhören durch verschiedene Leute, die immer wieder die gleichen Fragen stellten, brachte man mich schließlich als letzten Passagier ins bereits wartende Flugzeug. Die Sicherheitsbeamten wollten ganz genau wissen, warum ich in Israel arbeiten wollte, wer mir den Job beschaffte hatte, ob ich Kontakte zu Arabern hatte und so weiter. Ich erklärte ihnen, dass ich nur einen Araber kannte, und zwar aus der Lehrzeit. Dem hatten wir, als er mitten im Mittagsservice in der Küche am Boden kniete und in Richtung Mekka betete, einen Eimer Wasser über den Kopf geschüttet. Er hatte seelenruhig weitergebetet. Nach diesem Vorfall war er jedoch immer in die Umkleidekabine verschwunden, wenn er beten wollte. Die Beamten verkniffen sich ein Lachen, als ich diese Geschichte erzählte.

Auch meine Messer durften mit in die wartende Maschine, allerdings nun im Koffer, nicht mehr im Handgepäck. Das Flugzeug stand ungewöhnlich weit weg vom Terminal – wie ich später erfuhr, aus Sicherheitsgründen. Wenigstens das Gebäude sollte nicht beschädigt werden, sollte jemand das Flugzeug in die Luft sprengen …

Trotz des missglückten Starts in mein neues Leben freute ich mich auf Elat, hatte bis dahin aber noch mehr vor mir, als ich gedacht hätte. Eigentlich hätte der Flug nur fünf Stunden gedauert, doch wegen eines Schadens in der Bremshydraulik mussten wir in Tel Aviv notlanden. Die meisten Passagiere merkten nicht mal, dass die Landung außerplanmäßig war, weil vorher keiner aus dem Cockpit Bescheid gesagt hatte. Erst als wir die wartenden Feuerwehrfahrzeuge, die Polizei und die Ambulanz auf dem Rollfeld sahen, merkten wir, dass etwas nicht stimmte.

Als ob das nicht schon schlimm genug gewesen wäre, servierten die griesgrämigen Flight Attendants ungenießbares Essen: ein undefinierbares halbflüssiges Gemisch aus zerfallenem Fleisch und total verkochtem Gemüse, das schmeckte wie aufgewärmtes Hundefutter. Meine erste Bekanntschaft mit koscheren Köstlichkeiten. Meine Laune war auf Sinkflug.

Nachdem wir sechs Stunden lang im nicht klimatisierten Flugzeug auf Ben Gurions vor Hitze flimmernden Rollfeld gewartet hatten, entschieden die Herren des Reparaturservice, dass es unmöglich sei, die Bremsen so schnell zu flicken. Die Folge: Wir wurden in ein anderes Flugzeug verfrachtet, mit dem wir dann zum Glück ohne weitere Zwischenfälle nach Elat flogen. Wahrscheinlich um die Passagiere nicht noch mehr zu verärgern, verzichteten die Flugbegleiter diesmal sogar auf den üblichen Bordservice. Weiterer Pluspunkt: Wir landeten direkt in Elat-Stadt und nicht fünfzig Kilometer außerhalb, in der Wüste, draußen auf dem Militärflughafen Ovda, wo wir normalerweise hätten landen sollen.

Durch die angesammelte Verspätung war der Souschef natürlich nicht mehr am Flughafen – wäre ich an seiner Stelle auch nicht gewesen. Eine Kneipe ist schließlich wesentlich gemütlicher und außerdem klimatisiert.

Ich fand das Hotel auch so – mit Hilfe eines Taxifahrers, der mich auf dem Weg zum Hotel einmal quer durch die halbe Stadt fuhr. Wie ich schließlich merkte, hätte die Fahrt normalerweise nur fünf Minuten gedauert, aber offensichtlich wollte mein Chauffeur

ein wenig zusätzliches Geld mit Touristen und nichts ahnenden Köchen verdienen. Das wollte ich nun nicht unwidersprochen hinnehmen, doch nach einem kurzen Streitgespräch bezahlte ich dem Fahrer dann doch die verlangten drei Dollar. Ich war müde und hatte keine Lust auf Streit.

Immer noch sauer auf den Taxifahrer reihte ich mich im Hotel am Ende der langen Schlange vor der Rezeption ein. Ein grober Fehler! Ohne Rücksicht auf Verluste drängelten sich die Israelis zuvorderst hin, und ich stand da, kam nicht vorwärts und ärgerte mich. Wozu hatte ich in England Schlangestehen gelernt? Dort hätte sich nie einer vorgedrängt, hier aber musste ich offensichtlich umdenken.

Irgendwann kam ich dann doch an die Reihe. Endlich stand ich der hübschen Rezeptionistin gegenüber. Sie hatte dunkle Augen, lange schwarze Haare und einen großen Busen, aber sie verstand nicht, was ich wollte, und versuchte, mich abzuwimmeln.

Genervt verlangte ich lauthals, den Manager zu sprechen. Augenblicke später wuchs neben mir ein Kleiderschrank von einem Mann in die Höhe, bekleidet mit einer dunkelblauen Uniform, das Gesicht voller Aknepusteln. Der Hotelsicherheitsdienst. Hinter ihm stand ein Männchen mit schütteren rotblonden Haaren und redete auf ihn ein. Offensichtlich wollte er ihn davon abhalten, mich so einfach vor die Tür zu setzen. Vergeblich. Der Gorilla packte mich am Arm und führte mich zum Ausgang. Mein Gepäck landete unsanft auf dem Bürgersteig neben mir.

»Get out of here, we don't like people bumming for jobs«, knurrte mich das Steroid-Monster in gebrochenem Englisch an und machte mir unmissverständlich klar, dass sie keine Jobs zu vergeben hätten.

Der Rotblonde war uns gefolgt. Energisch schob er den Sicherheitsmann zur Seite. *»Excuse me, I'm so sorry!«*, entschuldigte er sich bei mir. *»You must be Mr. Benz! Welcome to Israel.«* Er lächelte.

Ich war erleichtert. Der Irrtum schien sich aufgeklärt zu haben.

Während sich der Rotblonde auf dem Weg zurück ins Hotel noch einmal entschuldigte, nahm der Gorilla wortlos mein Gepäck. Mittlerweile hatte sich mein Retter als der Food-and-Beverage-Manager zu erkennen gegeben und mir erklärt, dass man mich für einen aufdringlichen Arbeit suchenden Touristen gehalten hatte. Von denen schien es hier nicht wenige zu geben.

An der Rezeption lächelte mich nun auch die hübsche Rezeptionistin freundlich an – allerdings erst, nachdem sie erfahren hatte, dass ich in offizieller Mission als Koch nach Elat gekommen war. Na ja, genau genommen lächelte sie nicht nur freundlich, sondern auch sehr herausfordernd. Das aber wollte ich zunächst nicht recht glauben.

Meine Wut war auf jeden Fall verflogen, und ich hatte nach der langen Reise Lust auf ein Bier. So lud ich schnell mein Gepäck im mir zugewiesenen Hotelzimmer ab und machte mich auf, das Hotel zu erkunden. Ich kam bis zur Bar, wo ich den Rest des Abends mit zwei schneeweißen Engländerinnen verbrachte. Wie und wann ich in mein Zimmer kam, weiß ich nicht mehr. Jedenfalls war ich allein, als ich um sieben Uhr aus dem Bett rollte und zur Toilette torkelte. Eine schnelle Rasur, eine Warm-kalt-Dusche und drei oder vier nach Chlor schmeckende Gläser Hahnenwasser später war ich topfit.

Punkt halb acht stand ich an der Rezeption und fragte nach dem Weg in die Küche. Die Rezeptionistin sah ihrer Kollegin vom Vorabend sehr ähnlich – nur der Busen war noch größer. So groß, dass ich kontinuierlich auf die zwei Kugeln unter der weißen Bluse starrte. Als sie meine Blicke bemerkte, schob sie sich herausfordernd über die Theke in meine Richtung. Das konnte doch nicht wahr sein! Wieder fragte ich mich, ob ich fantasierte. So offenherzig waren mir Frauen bis jetzt noch nie begegnet.

Es dauerte jedenfalls ziemlich lange, bis sie mir den Weg erklärt hatte. Und noch länger, bis ich die Küche gefunden hatte. Denn auch auf dem Weg dorthin sah ich überall hübsche junge Mädchen,

die die Tische in den Restaurants deckten, ein üppiges Frühstücksbuffet aufbauten und freundlich lächelnd mit Gästen plauderten. War ich im Paradies gelandet?

Endlich, es war schon nach acht Uhr, erreichte ich dann das Allerheiligste des Hotels: eine riesige weiß geflieste Halle, die Produktionsküche. Gespannt trat ich über die Schwelle.

Im gleichen Augenblick hielten die weiß gekleideten Köche mitten in ihrer Arbeit inne. Allerdings nicht meinetwegen. Sie sahen auch nicht mich an, sondern starrten in die Mitte des Raums, in der ein gläserner Kasten von etwa drei mal drei Meter Größe stand. Eine Glaswand barst vor meinen Augen. Kleine Sicherheitsglassplitter flogen in alle Richtungen. Ich duckte mich instinktiv. Scheiße, ein Anschlag! Wie oft hatte man mir davon abgeraten, nach Israel zu gehen! Vielleicht hätte ich die Ratschläge berücksichtigen sollen.

Als ich mich umschaute, sah ich jedoch weder Verletzte noch Tote, sondern einen spindeldürren Koch, der inmitten des Chaos auf einem fünfrädrigen Bürostuhl saß und in ein Telefon schrie. Dann schaute er mich an und lächelte.

Ich war perplex. Was für ein Stimmungswandel! Der Dürre kam in meine Richtung, immer noch lächelnd und die Hand in meine Richtung ausgestreckt. »Sie sind der Neue? Freut mich. Ich bin der Küchenchef. Diese diebischen Kellner versuchen es doch immer wieder.« Er grinste und machte eine abschätzige Handbewegung in Richtung Restaurant. »Schade, mein Büro ist schon wieder zerstört. Na ja, muss ich mein Bier halt in der Metzgerei beim Rabbi trinken.« Er schüttelte betrübt den Kopf.

Wo war ich hier bloß gelandet?

Erst später erfuhr ich, was an diesem Morgen passiert war: Die Kellner und Servicemädchen versuchten offensichtlich recht häufig, Essen aus der Küche zu entwenden, und trotz strikter Kontrolle gelangte das Diebesgut auf unbekannten Wegen aus dem Hotel heraus. Als er einen Kellner mit einem Papiersack unter dem Arm durch die Küche huschen sah, war der Chef nun so wütend gewesen, dass er die Glaswand mit einer vollen Bierflasche zerschlagen hatte. Anscheinend war dies nicht das erste Mal passiert. Es sollte auch nicht das letzte Mal sein.

Kurz nach diesem Zwischenfall hatte der Chef sich zum Glück wieder beruhigt. Er führte mich persönlich durch die Produktionsküche und den Rest des Hotels und stellte mich verschiedenen Köchen vor, deren Namen ich nach zwei Sekunden wieder vergessen hatte. Nicht weil ich ein schlechtes Namensgedächtnis besitze, sondern weil ich weder Arabisch noch Hebräisch verstand. Aber ich lernte schnell, zuerst das Wort *jalla,* was so viel heißt wie »schnell«, »vorwärts«, »sofort«, *let's go* – ein arabisches Wort, das hier alle benutzen. Auch nach meiner Zeit in Israel blieb es hängen, und noch heute sage ich *jalla*, wenn ich einen wichtigen Satz untermalen möchte. Zusammen mit dem afrikanischen *hamba*, was ungefähr dasselbe bedeutet.

Zuerst lotste mich der Chef in die Metzgerei, wo er mir erklärte, wie der Chefmetzger das Fleisch koscher machte. Ich hörte zu, sah und staunte. An den Wänden standen riesige Stahltröge, die mit Fleischstücken und Salzlauge gefüllt waren.

»Da schwimmen ja Rinderfilets!«, bemerkte ich erstaunt.

»Ja, wir müssen das Fleisch hier ein wenig verändern, bevor wir es kochen dürfen«, erklärte mir der Boss. »Es muss absolut ausgeblutet sein, und da es dafür in der Salzlauge liegt, braucht man es vor dem Kochen auch nicht mehr zu würzen. Wir füllen die Rinderfilets mit einer Farce aus Brot, Kräutern und Olivenöl, damit es nicht so trocken ist.«

Als ausgewachsener Karnivor – Fleischfresser – konnte ich meine Entrüstung kaum im Zaum halten. Hilfe! Wie sollte ich mindestens ein Jahr ohne ein blutiges Steak leben?

Es kam jedoch noch schlimmer: Ein kleiner Mann mit schwarzem Hut und Seitenlocken betrat die Metzgerei. Der Rabbi. Unter seine Fittiche wurde ich gestellt. Er verabreichte mir einen Intensivkurs in koscherem Kochen. Und er brachte mir in den kommenden

Wochen die ungefähr sechshundertdreizehn Gebote und Verbote des jüdischen Lebensmittelgesetzes bei – die ich zu neunzig Prozent natürlich gleich wieder vergaß.

Die an den Besuch der Metzgerei anknüpfende Besichtigung des Kühlhauses eröffnete mir einen erhellenden Einblick in die Trinkgewohnheiten der Küchenbrigade: Über zwanzig Kisten Maccabee-Bier standen fein säuberlich gestapelt in der hintersten Ecke – der Vorrat der Köche. Tagespflichtkonsum waren sechs Flaschen pro Kopf, hinzu kamen noch drei bis vier Liter Neviot-Mineralwasser. Kombiniert decke diese Menge gerade den Flüssigkeitsbedarf eines Menschen am Rande der Wüste, erklärte mir der Chef. Und tatsächlich merkte ich bald am eigenen Leibe, dass sechs Flaschen Maccabee das Minimum waren. Einige Köche tranken das Dreifache.

Der Chef drückte mir auch gleich eine Flasche in die Hand. *»Le Chaim!* – Aufs Leben!«

Danach zeigte er mir die Restaurants, neun an der Zahl. Im ersten Stockwerk befanden sich der Hauptspeisesaal mit tausenddreihundert Sitzplätzen und die italienische Trattoria, in der ein Italiener, ein französischer Exsoldat und etwa zehn Araber kochten. In den Nachbarräumen befand sich das chinesische Restaurant mit sechzig Plätzen und den drei Köchen Li, Lee und Lih. Der alte Lee war der Chef, der Mittlere der Gemüserüster und Saucenkoch, der Jüngste kümmerte sich um den Rest. Weiter ging's zum Self-Service-Poolrestaurant Oasis, in dem nur Araber kochten. Dahinter befand sich ein BBQ-Restaurant, das nur abends geöffnet war.

Durch die Lobby, die ich zuvor schon gesehen hatte und die von der Oasisküche beliefert wurde, marschierten wir ein Stockwerk tiefer zur Brasserie, dem französischen Spezialitätenrestaurant. Hier zauberte das sogenannte Starteam der Küche – vier Deutsche und ein Südafrikaner – Leckereien für die Gäste.

Der Weg führte uns weiter durch das Fischrestaurant, das unter freiem Himmel in einem üppigen Garten gelegen war. Ein einzelner Koch werkelte dort mit toten Fischen herum. Die Besonderheit:

Am Eingang des Restaurants stand eine gekühlte Fischtheke, in der sich der Gast selbst aussuchen konnte, welchen Fisch der Koch für ihn auf den Grill legen sollte. Aus ebendiesem Grill und einer Kühleinheit bestand dann auch die Restaurantküche. Sie war zu drei Seiten hin geöffnet und mit Fischernetzen und Glasbojen dekoriert. An einem Dreibein hing ein großer Kupferkessel, in dem eine Fischsuppe brodelte. Unter ihm flackerte ein Feuerchen, das von einer unsichtbaren Gaszufuhr gespeist wurde.

Die Rückseite des Restaurants wurde durch eine Mauer von dem fünf Meter höher gelegenen Pool getrennt. Mitten in der Mauer war ein Fenster, das den Blick auf die fast nackten Körper der Touristen freigab, die sich im Wasser tummelten. Von unten. Was für eine Aussicht für den Koch!

Neben dem Gartenrestaurant lag dann das letzte Restaurant, ein vegetarisches Bistro mit Ausblick auf den Jachthafen. Auch hier war die Küche zum Teil offen, sodass die Gäste den Köchen bei der Arbeit zuschauen konnten.

Dieses Restaurant sollte mein neuer Arbeitsplatz sein. Ich war entsprechend nervös, fürchtete ich doch, dass mich hier Stress wie in England erwartete. Weit gefehlt! Ich hatte den ganzen Nachmittag Zeit, Niçoise-, Greek- und Chef-Salate zu produzieren, ungefähr fünfzig Salate pro Sorte, in schönen rechteckigen Schüsseln, fein säuberlich garniert, aber wegen der Essensvorschriften ohne Sauce.

Ein Österreicher half mir dabei. Wir rauchten währenddessen ein Päckchen Zigaretten und standen mit brennender Kippe im Mundwinkel und beiden Händen voll Salat zusammen in der Küche. Für mich eine ganz neue Erfahrung.

Der Österreicher schäkerte den ganzen Nachmittag lang mit den Mädchen im Service herum, die immer wieder scheinbar grundlos durch die Küche gingen.

Ich traute mich fast nicht hinzuschauen. Alle waren so hübsch. Unglaublich! Wenn ich einmal seitwärts in ihre Richtung schielte, winkte mir gleich eine zu.

Ganz nebenbei informierte mich mein Kollege über den kommenden Abendservice. Es war im Restaurant möglich, zu dritt bis zu vierhundert (!) Mahlzeiten zu schicken, erklärte er mir. Ich war geschockt und brauchte ein Bier. Wie sollte das nur funktionieren?

Es wurde dann zum Glück nicht so schlimm wie befürchtet, denn tatsächlich bereiteten wir an diesem Abend nur etwas mehr als zweihundert Mahlzeiten zu, Salate inbegriffen. Daneben kochten wir viele verschiedene Omelettes, hausgemachte vegetarische Lasagne, Spaghetti mit Tomaten- oder Rahmsauce, wir belegten Bagels mit Räucherlachs und produzierten frische Sandwiches – allesamt sehr einfache Gerichte ohne großen Anspruch an den Koch. Nach meinen Englanderfahrungen störte mich das allerdings nicht besonders. Stattdessen betrachtete ich es als Wohltat für meine Nerven.

Auch die Arbeitszeiten waren ein Traum. In Israel gab es damals die Sechstagewoche, und mein freier Tag war am Anfang der Samstag. Zudem hatte mein neuer Arbeitgeber die Köche in zwei Schichten eingeteilt. Entweder man arbeitete von sieben bis fünfzehn Uhr oder von fünfzehn bis dreiundzwanzig Uhr. In den ersten Wochen hatte ich Spätschicht, und so fand man mich vormittags mit einem guten Buch am Strand. Erst danach ging es zur Arbeit, nachts ins Pub und in die Disco. Oft traf sich die Spätschicht der Küchenbrigade jedoch auch in der etwas abseits gelegenen Hotelbar, die im Stil eines englischen Pubs eingerichtet und von neunzehn bis fünf Uhr geöffnet war, zum Feierabendbier. Wer zum Küchenpersonal gehörte, durfte nämlich alle Bars und Restaurants des Hotels mit vorher eingeholter Genehmigung des Küchenchefs benutzen. Eine absolute Besonderheit, denn normalerweise dürfen Angestellte eines Hotels dessen Angebote nicht nutzen. So jedenfalls kannte ich es aus der Schweiz und England.

In Israel zu kochen ist für einen europäischen, nicht jüdischen Koch zweifelsohne eine besondere Herausforderung. Denn wie mich schon mein erstes Aufeinandertreffen mit dem Rabbi lehrte, müssen in allen

Hotels im Land die Mahlzeiten koscher zubereitet sein. So will es das Gesetz. Damit dieses Gesetz eingehalten wurde, hatte man einen Rabbi im Hotel. Der kontrollierte fast alles, und Widerspruch gegen seine Entscheidungen und Anweisungen wurde nicht geduldet, vor allem nicht bei uns Ungläubigen.

Besonders schwierig für uns Köche war, dass er auf der strikten Einhaltung des Sabbats bestand. Dieser beginnt am Freitag nach Aufgang des ersten Sterns und endet samstags nach Aufgang des ersten Sterns. Dazwischen galt im Hotel striktes Rauchverbot, und auch die meisten Küchenarbeiten waren untersagt.

Als ich dies das erste Mal hörte, konnte ich mir das eigentlich nicht richtig vorstellen. Aber ich lernte schnell. Die Mahlzeiten für den Samstag wurden bereits am Freitag vorbereitet, sodass samstagmittags einige traditionelle Sabbatgerichte für konservative Israelis und Touristen bereitstanden. Kalt selbstverständlich.

Eine dieser Spezialitäten war der *gefillte Fisch*, ein ganzer Karpfen, der mit einer Füllung aus Fischfleisch, Roter Beete und Meerrettich in einem Sud gegart wird. Nach dem Erkalten schneidet man den Karpfen in dünne Scheiben und richtet ihn mit frischem Meerrettich auf einer Platte an. Fertig ist die Delikatesse. Nun ja, eine Delikatesse für Liebhaber, nicht aber für mich. In der Regel war der Karpfen nach der Zubereitung knochentrocken, und nachdem er stundenlang auf dem Sabbat-Büffet von Gästen malträtiert worden war, erinnerte er weniger an einen Fisch als an etwas, das ein Koch nach einer durchzechten Nacht in die Kloschüssel würgt …

Eines der interessanteren koscheren Gerichte war *Tcholent*, ein Eintopf aus Kartoffeln, Bohnen, Gerste und Fleisch, in dem ganze Eier dreizehn Stunden lang im vorgeheizten Ofen mitgegart wurden. Danach wurden die Eier herausgefischt, geschält und gehackt und mit Zwiebeln oder Leber als Vorspeise serviert. *Tsimmes*, ein Gericht aus Karotten und Pflaumen, schmeckte mir eigentlich auch gut. Aber sonst lohnte es sich für mich samstags erst wieder nach Beendigung des Sabbats zu essen.

Um den Köchen nach der vorgeschriebenen Arbeitspause etwas Zeit für ihre *Mise en place* zu geben, wurden die Restaurants samstags etwas später geöffnet. Um 19.15 Uhr statt um 19.00 Uhr. Lächerlich! Den ganzen Tag durfte man nichts machen, und plötzlich saß man in der Scheiße.

Zum Glück verfügten wir über einen mobilen Herd, der in den langen Gängen des Hotels abseits der Küchen versteckt hinter dem Notausgang der Hoteldisco stand. Hierhin pilgerten wir Köche samstagnachmittags, um heimlich zu kochen. Nur der Geruch der entstehenden Köstlichkeiten war schwer zu verbergen, sodass man die angebratenen Zwiebeln manchmal im ganzen Hotel riechen konnte. Doch zu unserem Glück war der Rabbi am Sabbat nicht anwesend. Nur einmal kam er auch am Sabbat, um die Restaurants zu kontrollieren. Den geheimen Herd fand er nie. Sogar die Sicherheitsleute verrieten dessen Standort nicht – wahrscheinlich weil dieser Winkel der einzige im ganzen Hotel war, wo man ungestört eine Zigarette rauchen konnte und wir sie samstags dort mit etwas Frischem bekochten.

Ich blieb nur kurze Zeit in dem Hotelzimmer, das ich nach meiner Ankunft bezogen hatte, da unser Arbeitgeber uns Köchen Wohnungen in der Stadt zur Verfügung stellte. So fand ich mich bald mit einem Österreicher und einem Südafrikaner in einer Wohnung in einem Wohnsilo am Rande der Wüste wieder.

Die Wohnung allerdings war in einem sehr schlechten Zustand, und es gab nicht nur unzählige Kakerlaken, sondern auch noch Tauben, die in der Toilette und auf dem Balkon nisteten. Sie hatten es denkbar einfach: Dem Fenster, das vom Balkon zur Toilette führte, fehlte die Scheibe. Die Tauben hatten daher freien Flug.

Eines Tages hatten wir die Nase voll. In einer großen Wohnungszustandskonferenz entschieden wir einstimmig, einen ganzen Tag für Aufräumarbeiten zu opfern. Wir sammelten Geld, um Reinigungsmittel, Putzlappen, Besen, Maschendraht, Dachlatten, Nägel, Farbe und Pinsel zu kaufen. Dann machten wir uns an den Balkon, der kniehoch mit Taubenscheiße und Abfall gefüllt war. Wir zerstörten die Taubennester und schaufelten den ganzen Unrat vom Balkon. Die jungen Tauben warfen wir hinunter. Wer fliegen konnte, überlebte; wer noch nicht flügge war, landete im Sand und wurde von den Ratten gefressen.

Wir bauten einen Zaun aus feinmaschigem Draht, wie wir ihn bei den Nachbarn gesehen hatten, und befestigten ihn an der offenen Seite des Balkons. Danach beschäftigten wir uns mit der Belüftungsanlage, einer wassergekühlten Umwälzpumpe, im Fachjargon *Desert Cooler* genannt. Sie war ebenfalls total verdreckt und voller Kakerlaken. So etwas hatte ich noch nie gesehen! Wir schrubbten und fluchten gleichermaßen. Nur mit alten Shorts bekleidet standen wir barfuß in dem Dreck und zermanschten bei jeder Bewegung mehrere Kakerlaken.

Die Küche war noch schlimmer. Als wir die Schränke ausräumten, kamen uns Tausende Kakerlaken entgegen. Das ließ sogar den abgebrühtesten Koch erbleichen!

Da der gesamte Fußboden mit Gussbetonplatten gefliest war, spülten wir die ganze Chose mit Wasser das Treppenhaus hinunter. Als es uns zu ekelig wurde, flohen wir in unsere Stammkneipe und klagten dort unser Leid. Daraufhin riet uns die Wirtin, den Fußboden mit Hundeflohpulver einzustäuben und es ein paar Stunden einwirken zu lassen. »Das macht den Viechern den Garaus.«

Einige Beruhigungsbierchen später marschierten wir mit frischem Enthusiasmus zurück in unsere Wohnung und putzten weiter. Dabei entwickelten wir ein unschlagbares System: Mit dem Gummiflitscher schoben wir die Brühe zur Eingangstür hinaus, und auf jedem Treppenabsatz stand einer von uns und leitete das Wasser ins nächste Stockwerk weiter bis hinunter zum Haupteingang, wo es dann buchstäblich im Sand versickerte. Was für ein Glück, dass wir am Rande der Wüste lebten, es hier keine Gärten gab und man sich keine großen Sorgen wegen Umweltverschmutzungen machen musste!

Bevor wir wieder ins Hotel zur Arbeit gingen, stäubten wir die gesamte Wohnung abschließend mit Flohpulver ein.

Auch an diesem Tag gab es im Hotel viel zu tun. Die über vierhundert Zimmer waren besetzt, die Restaurants zum Bersten gefüllt mit internationalen Touristen. Wir schwitzten in der offenen Küche, während die Gäste die Show genossen und uns zuschauten. Während mein Kollege fünf, zehn, nein zwanzig Portionen Lasagne unter dem Salamander gratinierte, haute ich ein Omelett nach dem anderen in die Pfanne. Salate wurden aus dem Kühler geholt, die Frischhaltefolie weggerissen, die Sauce drübergeklatscht, der Teller dem Servicepersonal aufs Tablett geknallt. Spaghetti verschwanden im kochenden Wasser, um Minuten später wieder herausgefischt und in einer Schüssel mit Olivenöl, Salz und Pfeffer gewendet, auf den bereitgestellten heißen Pastatellern angerichtet zu werden. Rahm-, Tomaten- oder Basilikumsauce darüber, und ab ging's zum Gast an den Tisch. Es dampfte, zischte und rauchte. Der Schweiß perlte uns von der Stirn. Reichte die Minestrone? Der Topf war beängstigend leer. Wir halfen mit Wasser und etwas Brühe nach, verlängerten, solange es noch etwas zu verlängern gab.

Nach den ersten hundertachtzig Essen kippte ich mir ein schnelles Bier rein und rauchte eine Zigarette um die Ecke beim Salatkühler, wo die Gäste einen nicht sahen. Dann hieß es weiterschuften. Das zehnte Paket Räucherlachs wurde aufgeschnitten, die Bagels getoastet, der Creamcheese mit einem Suppenlöffel draufgeschmiert, Salatblätter, Zwiebelringe und Schnittlauch darüber verteilt. Die Räucherlachstranchen obendrauf. Zum Abschluss streute ich hastig Garnitur, Kapern und etwas Petersilie über den Teller.

Auch jetzt wendeten wir die Omelettes im Akkord, immer drei oder vier Pfannen standen gleichzeitig auf dem Herd. Wir richteten die fertigen Omelettes an, wendeten gleichzeitig die Bagels im Toaster und garnierten und schickten die Teller mit Salat und Petersilie. Zwischendurch stahl ich mir eine Sekunde Zeit für einen Schluck Wasser.

Erst nach etwa zweihundertfünfzig zufriedenen Gästen wurde es in unserer Küche ruhiger. Die Rushhour war vorüber. Zeit, die *Mise en place* zu kontrollieren, ein zweites schnelles Bierchen zu trinken – und natürlich mit einem hübschen Mädchen zu flirten. Jetzt, nach einem stressigen Abendservice, war unser Adrenalinpegel wie immer am höchsten; die Hormone arbeiteten auf Hochtouren. Meine Kumpels, der Österreicher und der Südafrikaner, grinsten. Wir waren glücklich. Immerhin hatte alles mehr oder weniger gut geklappt, die Gäste waren happy, und die Restaurantmanagerin bedankte sich bei uns. Ein guter Abend.

So war es natürlich nicht immer. Es gab auch Abende, an denen alles schiefging. Eigentlich ist es immer so in einer Küche: Wenn etwas schiefgeht, dann richtig.

Auch dieser Abend sollte nicht in ungetrübter Freude zu Ende gehen. Denn nach Feierabend rief uns der Chef in die Metzgerei. Wir ahnten nichts Böses und dachten, der Chef lade einmal wieder auf ein Bier ein. Aber der Chef hatte andere Neuigkeiten. Die Polizei hatte angerufen. Die Wohnung unter der unseren war mit Wasser vollgelaufen, und ihr Besitzer, ein Polizist, hatte seine Kollegen alarmiert. Diese wiederum hatten umgehend den Chef angerufen.

Der Südafrikaner grinste zuerst. Auch ich konnte mich nicht zusammenreißen und lachte laut los. Der Chef allerdings war überhaupt nicht amüsiert. Wir versuchten, es ihm genauer zu erklären, und sagten etwas von »Wohnung« und »Saustall« und »Putzaktion«.

Er nickte gerade verstehend, als der Personalmanager mit hochrotem Kopf in die Metzgerei gestürmt kam. Hoch erregt redete er auf Hebräisch auf den Chef ein. Ich verstand nur eins: Kakerlaken! Aus unserer Wohnung kämen sie gekrochen, zu Tausenden! Und sie verendeten im Treppenhaus! Ein Skandal!

»Give me five«, sagte der Südafrikaner.

Ich schlug ein. Wir hatten den Kampf gegen das Ungeziefer gewonnen. Frohen Mutes erklärten wir noch einmal die Situation und versicherten, dass wir den Schaden wiedergutmachen würden. Als wir später nach Hause kamen und uns die Sache genauer anschauten, wunderten wir uns aber doch. Woher kamen nur all diese toten Viecher? Allein aus unserer Wohnung? Unglaublich!

Wir halfen dem Polizisten, der morgens um zwei immer noch wach war und seine Wohnung putzte, seine Bude wieder auf Vordermann zu bringen. Das Dreckwasser war offensichtlich unter sei-

ner Tür reingelaufen, während er Spätschicht gehabt hatte, und als unser Nachbar um kurz nach elf nach Hause gekommen war und die Sauerei gesehen hatte, war er ausgerastet. Die Wasserspur hatte in unsere Wohnung geführt, und er hatte gleich seine Kollegen alarmiert, die unverzüglich im Hotel angerufen hatten. Eigentlich war also alles gar nicht so schlimm, und zum Glück bestand das Gebäude zu neunzig Prozent aus Beton. Der Mann war eigentlich ganz nett, aber sehr aufbrausend und temperamentvoll. Und eigentlich war er froh, dass unser Balkon, der über dem seinen lag, endlich frei von Tauben, unsere Wohnung kakerlakenfrei war.

Einige Tage danach, ziemlich frühmorgens, eine neue Überraschung: Es klopft an meiner Zimmertür. Ich hatte die Nacht zuvor in der Disco verbracht und zusammen mit einem Koch aus Sri Lanka Mädchen angebaggert. Und reichlich konsumiert – nicht Mädchen, sondern Bier. Als ich mit verklebten Augen die Tür aufmachte, wusste ich daher zuerst gar nicht, wer vor mir stand.

»*Ma?*«, fragte ich. »Was?« Etwas Hebräisch hatte ich schon gelernt. Dann dämmerte es mir. Die schwarzen Haare und grünen Augen hatte ich schon einmal gesehen. In England. Silvia.

Fünf Minuten später waren wir im Bett. Danach erzählte sie mir von ihrem neuen Job in Elat. Sie sei Rezeptionistin im Nachbarhotel, berichtete sie freudestrahlend. Ihre Koffer ständen bei uns in der Küche.

Meine Freude hielt sich in Grenzen. Sie war nun da. In meinem Zimmer. Für immer. Ade Freiheit.

Enttäuscht über meine mangelnde Wiedersehensfreude heulte

Silvia los. Schließlich einigten wir uns, dass sie das ihr zugewiesene Zimmer im Personalhaus des Nachbarhotels beziehen, aber nachts bei mir schlafen würde.

Rasch wurde ich zum Gespött in der Hotelküche. Eine Frau mit nach Israel zu nehmen sei, wie Wasser ins Meer zu tragen, hielten meine Kollegen mir vor. Ich reagierte mit Trotz. Aber eigentlich hatten sie recht. In England war Silvia noch als hübsch zu bezeichnen gewesen, hier allerdings rangierte sie unter »mittlerer Durchschnitt«.

Sogar der Chef mischte sich ein. »Es ist wirklich nicht nett gegenüber den israelischen Mädchen, Konkurrenz aus Übersee zu importieren«, belehrte er mich.

»Konkurrenz aus Übersee!« – Ich dachte, ich hör nicht richtig.

Es ging auch nicht allzu lange gut mit uns. Wir stritten uns häufig, und als sie mich eines Tages fragte, ob mir die dunklen israelischen Mädchen gut gefielen, und ich die Frage bejahte, packte sie ihre restlichen Sachen und zog aus. Sie war stinksauer. Kein Wunder! Ich war ja manchmal auch eine Riesenpfeife.

Natürlich war ich am nächsten Tag bei der Arbeit nicht so gut drauf wie sonst. Im Hotel wussten aber selbstverständlich schon alle Bescheid, weil der Südafrikaner netterweise die Mädchen informiert hatte. Das hatte Folgen: Kurz vor Feierabend kam eine von ihnen zu mir und drückte mir lächelnd einen Schlüssel in die Hand. »Fünfundzwanzig«, flüsterte sie mir ins Ohr.

Sie hieß Rahel, war zwanzig und kam aus einem Kibbuz im Norden. Im Wohnhaus der Israelis hatte sie ein Zimmer mit der geflüsterten Zimmernummer. Gut erzogen, wie ich war, kam ich der Einladung nach und wartete dort auf sie. Schon in der ersten Nacht kamen wir uns ziemlich nahe. Sie erklärte mir, dass sie schon länger in mich verliebt gewesen sei, und als Bertus, der Südafrikaner, ihr erzählte hätte, was zwischen Silvia und mir passiert sei, habe sie gewusst, was zu tun war. Die Chance am Schopfe packen, und zwar vor den anderen.

Am nächsten Tag zog sie zu mir. Dem Österreicher fielen fast die Augen aus dem Kopf, ebenso Silvia, die zwei Tage später unangemeldet in mein Zimmer gestürmt kam, um mit mir zu reden. In diesem Moment saß Rahel gerade nackt in meinem Bett und fütterte mich mit Joghurt. Ich versuchte, mich aus der Sache rauszureden, aber die Situation sprach für sich. Ich erklärte, dass wir uns mitten in einer Joghurt-Blind-Degustation befänden. Warum

Rahel dafür nackt war, wüsste ich auch nicht genau, aber das sei offensichtlich so Sitte in Israel.

Silvia war fassungslos und wieder einmal stinksauer. Sie lief heulend aus der Wohnung. Ich zuckte mit den Schultern. Was sollte ich tun?

Dass Beziehungen von Köchen scheitern, ist so selten nicht. Auch den Österreicher sollte dieses Schicksal später treffen. Als sein Arbeitsvertrag auslief, verließ er zusammen mit seiner Freundin Israel. Ihn sah ich nie wieder, seine Freundin aber tauchte nach einigen Wochen schon wieder in Elat auf …

Bertus und ich sollten nun irgendwann einen neuen Mitbewohner bekommen. Einen zweiten weißen Südafrikaner, wie es hieß. Sein erster Auftritt war unvergesslich: Als ich eines Tages in der Hauptküche einmal wieder mit dem Rabbi wegen eines Verstoßes gegen seine Auflagen stritt – ich hatte Spaghetti in der Fleischküche gekocht und in der Milchwanne zu mir ins vegetarische Restaurant gebracht –, wurde es plötzlich totenstill um uns herum. Als wir bemerkten, warum alle auf einmal so ruhig waren, vergaßen wir unseren Streit. In der Tür stand ein Riese. Wie die anderen Köche und der Rabbi starrte auch ich den Neuankömmling an. Er war über zwei Meter groß, bestimmt hundertsechzig Kilo schwer, mit einem übergroßen Jogginganzug und wasserskiähnlichen Flip-Flops gekleidet. Sein Kopf erinnerte an einen Kürbis, an den man einen Walrossschnurrbart geklebt hatte.

Er deutete eine Verbeugung an. »*How's it, guys? The name is Larry Blame*«, stellte er sich vor.

»Für den brauchen wir keine Uniform, sondern ein Zelt!«, raunte mir der Chef zu, der wie aus dem Nichts bei uns in der Küche erschienen war.

Das also war der Neue aus Südafrika, unser neuer Mitbewohner.

Wegen seiner unglaublichen Körpermaße konnte Larry nicht bei uns im Veggi-Restaurant und auch nicht bei den Kollegen in der Brasserie arbeiten. Für seine Größe und sein Gewicht war es hier viel zu eng – Larry kam nicht zwischen Herd und den Kühlschubladen vorbei. Und wenn er in der Küche stand, kam keiner mehr durch. Was tun? Kurzerhand versetzte der Chef den Fischkoch ins italienische Restaurant, und Larry übernahm den Fischladen. Ebenfalls ein guter Job, auch wenn man den Fischgeruch nach Feierabend noch mit nach Hause oder in die Disco nimmt. Waschen und Duschen halfen da nicht viel. So roch man Larry, bevor man ihn sah – was seiner Beliebtheit in der Damenwelt erstaunlicherweise keinen Abbruch tat.

Larry lebte sich schnell bei uns ein, fand aber unsere Wohnung etwas zu kahl. Abgesehen von meinem Zimmer, das ich bunt angemalt und mit Plastikpalmen dekoriert hatte. Hinter ihnen hing ein Riesenposter von einer Südseeinsel an der Wand. Aus vier Dachlatten und einem Laken hatte ich über meinem Bett zudem ein Zelt wie aus Tausendundeiner Nacht geschaffen. Auch die Küche besaß eine Besonderheit: einen Lampenschirm, bestehend aus einem rot bemalten Mayonnaise-Eimer. Ein Detail, das Larry sehr witzig fand.

Er schwärmte uns von Afrika vor. In der Republik von Bophuthatswana, einem Homeland in der Republik Südafrika (1977 bis 1994), bekomme man als Koch eine möblierte Wohnung plus Chauffeur, Dienstmädchen und großzügige Versicherungsleistungen, erzählte er. Ich war beeindruckt und überlegte, mich über Jobangebote in der Gegend zu erkundigen. Im Moment aber konzentrierte ich mich auf die Verschönerung unserer Wohnung.

Larry hatte bereits eine Idee, wie dies vonstattengehen könnte. Er wolle eine Painting-Party veranstalten, erklärte er.

Naiv erkundigte ich mich, was er damit meinte.

Nun ja, eine Malparty halt, sagte er ausweichend. Man würde schon sehen, was sich daraus entwickeln werde.

Ich hätte wohl besser nicht gefragt.

Einige Wochen später fand sie dann statt, die Party. Etwa zwanzig Köche und eine Menge Girls aus dem Service und von der Rezeption stürmten in unsere Wohnung. Jeder bekam einen Pinsel, und los ging's. Mit den von uns bereitgestellten Farben durfte sich jeder frei entfalten und unsere Wohnung nach seinem Geschmack verschönern. Alles war erlaubt. Das Bier floss in Strömen. Und bald wurde nicht nur die Wohnung angemalt, sondern auch die Frauen. Rahel war die Erste, die sich den Busen bemalen ließ, die anderen wollten ihr nicht nachstehen und taten es ihr gleich.

Wir merkten zu spät, was die Kumpel in und mit unserer Wohnung anrichteten. Die Party geriet außer Kontrolle. Farbeimer flogen gegen die Wände, die Farbe lief über die Theke in der Küche auf den Fußboden. Bertus war zu bekifft, um noch etwas von dem mitzubekommen, was um ihn herum geschah. Ich selbst war mit Rahel und ihrer Kollegin in meinem Zimmer beschäftigt, und Larry saß auf seinem Bett und diskutierte mit einer halb nackten Jüdin über die möglichen Ursachen der Intifada, während er im Zweiminutentakt Bierflaschen öffnete.

Der nächste Morgen war der Horror. Rahel war stocksauer, weil ich ihre Kollegin Limor gevögelt hatte. Daran, dass sie mit der ganzen Geschichte angefangen hatte, konnte sie sich natürlich nicht mehr erinnern. Wütend warf sie Limor, die splitternackt in der Küche saß und mit Bertus und einem mir unbekannten Typen türkischen Kaffee trank, und alle anderen raus und schmiss mir eine Flasche Bier an den Kopf. Zum Glück nur ein Streifschuss. Danach kroch sie ins Bett und heulte.

Ich zog mir etwas über und ging wieder in die Küche. Auf dem Weg dorthin schaute ich mich zum ersten Mal richtig um und wurde fast vom Schlag getroffen. Alles war versaut. Nicht eine Ecke war verschont geblieben. Es sah aus, als hätte eine Bombe eingeschlagen! Der Fußboden, die Wände – alles war kunterbunt beschmiert. Die wenigen Ansätze wirklicher Kunst gingen im Chaos unter.

Wenig später klingelte es an unserer Tür: der Personalchef. Ausgerechnet an diesem Morgen wollte er bei uns eine Inspektion durchführen. Ein äußerst merkwürdiger Zufall!

Wortlos schritt der Personalchef durch unsere Wohnung und betrachtete aufmerksam die Bemalung. Besonders schien ihn jedoch Larrys zum Trocknen aufgehängte riesige Unterhose zu interessieren. Als dann auch noch Rahel – lediglich mit einem Höschen bekleidet, den Oberkörper immer noch bemalt – aus meinem Zimmer kam, hatte er endgültig genug. Um Fassung ringend drehte er sich zu uns um, atmete mehrmals tief durch, wandte sich ab und ging.

»*Trouble*«, seufzte Larry und schlurfte unter die Dusche.

Trouble indeed.

Drei Stunden später standen Bertus, Larry und ich im inzwischen geflickten Glaskasten in der Mitte der Küche, um uns eine Standpauke des Chefs anzuhören. Er gab uns drei Tage. Drei Tage, um die Wohnung entweder in ihren Originalzustand zurückzuversetzen oder sie zu verschönern.

Nun, die Wohnung in ihren Originalzustand zurückzuversetzen war kaum möglich, da wir Kakerlaken und Tauben schließlich bereits vertrieben hatten. Sie zu renovieren sollte jedoch kein Problem sein, zumal Larry schon eine Idee hatte. Außerdem war er der Ansicht, schon viel Schlimmeres gesehen zu haben. So berichtete er mir und dem Chef, dass sie in Bophuthatswana einmal eine Strandparty veranstaltet hatten. Der Tatsache, dass es im ganzen Land keinen Strand gab, hätten sie dadurch Abhilfe geschaffen, dass sie fünf LKW-Ladungen Sand vor dem Personalgebäude in den Garten kippten. Das war dann der Beach. Diesen zu entfernen hätte mehr als drei Tage gedauert, erinnerte er sich.

»Das kann uns in Elat nicht passieren. Sand gibt's hier genug«, sagte der Chef trocken und schickte uns wieder an die Arbeit.

Und davon hatten wir genug – sowohl im Hotel als auch in unserer Wohnung. Mehr als drei Tage lang schufteten wir jeden Tag nach Feierabend, um Letztere wieder herzurichten. Die Wände im Flur übersprühten wir mit neun Dosen Silberlack und bemalten sie anschließend mit schwarzen Palmen. Elegant! In der Küche entschieden wir uns, zwei ganz tolle Malereien zu erhalten; den Rest übermalten wir weiß. Die Möbel, den Fußboden, die Kücheneinrichtung und die Dusche schrubbten wir blitzblank. Danach strichen wir die Duschwände grau, wie vorher. Die Schlafzimmer waren zum Glück nicht so arg mitgenommen: meins eigentlich gar nicht, da ich mich schon ziemlich früh mit Rahel und Limor abgesetzt hatte, und die Zimmer von Larry und Bertus mussten nur gründlich geputzt und von ein oder zwei hässlichen Graffitis befreit werden.

Das Ergebnis konnte sich sehen lassen. Auch der Personalmanager und der Sicherheitschef, die einige Tage später unangemeldet bei uns auftauchten, waren positiv überrascht. Sie besichtigten die ganze Wohnung und zischten dann wortlos von dannen. Das Feedback vom Chef kam am nächsten Tag: »Super gemacht!« Schulterklopfen und eine Flasche Sekt vor Arbeitsbeginn. Cool.

Rahel war nicht nur während der Wohnungsbesichtigung nicht bei uns gewesen – zur großen Erleichterung des Personalchefs –, sondern hatte uns ganz verlassen. Zurück in den Kibbuz. Als ich am Tag zuvor nach Hause gekommen war, hatte ich einen leeren Schrank und ein unbenutztes Bett vorgefunden. Auf dem Nachttischschränkchen lag ein kleiner Zettel: »Ich bin weg, Limor bleibt. Es war schön. Bye, Rahel.«

Ich war sauer. Rahel hatte meinen Seesack mitgenommen, obwohl – oder weil? – sie genau wusste, dass ich diesen über alles liebte. Frauen können so fies sein! Ich hörte nie wieder etwas von ihr. Wahrscheinlich ist sie inzwischen mit einem Kibbuznik verheiratet und wohnt mit ihm, ihren sieben Kindern und meinem Seesack in einer Gemeinschaftswohnung inmitten von Avocado-Plantagen.

Mittlerweile stand der israelische Sommer vor der Tür. Als man mir zu Beginn meines Israelaufenthalts gesagt hatte, dass es im Sommer in Elat sehr heiß werden könnte, hatte ich mich noch gefreut. Als aber im Januar, Februar und März die Temperaturen tagsüber schon bei fünfundzwanzig bis dreißig Grad lagen, wollte ich dann doch genauer wissen, was mit »sehr heiß« gemeint war.

Die Antwort kam vom Chef persönlich, Mit einem brutalen Lächeln meinte er: »Zwischen zweiundvierzig und fünfzig Grad Celsius tagsüber und nie unter fünfunddreißig Grad nachts.«

Na Mahlzeit!

Der Chef hatte nicht übertrieben. Es wurde so heiß, dass man sich eigentlich nur noch in klimatisierten Räumen aufhalten konnte. Ließ man einen Karton rohe Eier in einem abgestellten Auto stehen, waren sie nach fünf Stunden hart gekocht. Unglaublich! Passenderweise wurde der Nordwind auch »des Teufels Atem« genannt; er machte die heiße Luft aus der Wüste für manche tatsächlich unerträglich. Touristen aus Übersee kamen jedenfalls im Sommer keine, stattdessen waren Juli und August für die Israelis reserviert, die in Scharen nach Elat pilgerten. Für sie hatten die Hotels Spezialangebote. Die Zimmerpreise waren zum Teil um die Hälfte billiger, und wenn die Israelis Halbpension gebucht hatten und nicht im großen Speisesaal vom Büffet essen wollten, konnten sie für einen Aufpreis von ein paar Dollar in jedem Restaurant des Hotels ein Dreigängemenü essen.

Aber nicht nur für die Gäste gab's Spezialangebote, sondern auch für uns Köche. Denn wegen der Hitze wollte keiner im Open-Air-BBQ-Restaurant arbeiten. Also machte uns der Chef ein Angebot: Wer sich freiwillig für den harten Job meldete, musste nur viereinhalb Stunden pro Tag arbeiten, durfte aber neun aufschreiben. Es meldete sich dennoch keiner. Kein Wunder! Viereinhalb Stunden bei Außentemperaturen um die fünfundvierzig Grad zwischen drei Holzkohlegrills zu stehen kann tödlich sein. Genauso gut könnte man in voller Kochmontur stundenlang in der Sauna arbeiten. Als er merkte, dass sein Angebot nicht verlockend genug war, legte der Chef noch einen drauf: Für den unerschrockenen BBQ-Koch gab es pro Tag eine Kiste Bier zusätzlich.

Dem konnte ich nicht widerstehen. Ich schob meine Bedenken beiseite und meldete mich freiwillig.

Das Al Fresko hatte hundertzwanzig Sitzplätze und war ein Selbst-

bedienungsrestaurant mit einem riesigen Salatbuffet mit mindestens fünfzehn verschiedenen Sorten frisch zubereiteten Salats. Diese Salate waren immer genial. Sie wurden in der kalten Küche von einem Team aus einem riesigen Israeli und drei dürren Palästinensern produziert. Da gab es Couscous mit Koriander und Chilis, Kichererbsen an Zitronengrasdressing mit frischem Basilikum, Tomaten mit Gurken und schwarzen Oliven, Avocados und eingelegte Limonen, Grapefruit mit Ciccorino Rosso an Petersilienvinaigrette, gegrillte Zucchini, Auberginen, Peperoni, Zwiebeln mit Olivenöl und Knoblauch, Reissalat mit Currydressing und vieles mehr. Außerdem natürlich die klassischen Blattsalate mit fünf verschiedenen Saucen zur Auswahl.

Kürbiskerne, Sonnenblumenkerne, Sesam und Leinsamen, Croutons und gehackte Eier standen als Garnitur bereit und in zwei *Chafing Dishes* dampften Ofenkartoffeln. Natürlich ohne saure Sahne! Eine solche Kombination wäre nicht koscher gewesen.

All diese Köstlichkeiten stellten andere Köche bereit. Auch für die Desserts war nicht ich verantwortlich, sondern eine Handvoll Süßspeisenköche, die das Dessertbuffet bei mir draußen aufbauten. Leider mussten sie mit Kunstrahm arbeiten, weil nach jüdischem Gesetz Milchprodukte nicht mit Fleisch gemischt werden durften. Das verlieh den Speisen einen ziemlich chemischen Beigeschmack. Auch an Gelatine sparten sie nicht – andernfalls wären die Desserts innerhalb von Sekunden in sich zusammengefallen und vom Tisch gelaufen.

Wenn ich dann um 16.30 Uhr antrabte, musste ich nur noch das Fleisch zubereiten: die Truthahnspießchen und Rindersteaks marinieren und Burger, Würstchen und Pouletbrüstchen auf Bleche verteilen, und das natürlich nicht draußen in der Bruthitze, sondern in der klimatisierten Küche. Wenn ich die Saucenbehälter mit selbst gemachten Saucen befüllte, waren meine eigenen Kreationen gefragt: Homestyle Hamburger Relish, Hot Devils Mustard Dressing, Mexican Chili and Gherkin und Kräutermargarine. Diese war von Anfang an flüssig und wäre draußen sowieso innerhalb weniger Sekunden zerlaufen.

Die drei Grills wurden von einem Tellerwäscher aus Ghana täglich gereinigt und um Punkt 17.30 Uhr angezündet. Das andere Servicepersonal bestand wie immer aus israelischen Mädchen. Eine von ihnen war Limor, die zwar ab und zu bei mir schlief, aber nicht wollte, dass es die anderen Israelis wussten. Sie war der kühle Pol in der sonst so grausamen Hitze. Nachts bei mir im Zimmer war es eher umgekehrt. Ansonsten war sie so eingebildet, trug sie ihre Nase so hoch, dass sie den stahlblauen Himmel berührte, wenn sie mit mir sprach – was außerhalb meiner vier Wände nicht oft der Fall war. Aber wer versteht schon die Frauen?

Unverständlich war mir auch, warum mich Silvia nun wieder öfter besuchte. Das erste Mal kam ich gerade aus der Dusche und stieß im Flur mit Bertus zusammen.

»Silvia. In deinem Zimmer«, flüsterte er mir grinsend zu. Unsere Wohnungstür war meistens offen, wenn wir zu Hause waren, und jeder kam und ging, ohne zu klopfen. Nun war sie bereits bis in mein Zimmer vorgedrungen.

Ich zerrte das Handtuch fest um meine Hüften und machte mich auf Stress gefasst. Den gab's aber erstaunlicherweise nicht. Stattdessen wollte Silvia sich mit mir versöhnen. Sie hatte gehört, dass Rahel nicht mehr in Elat war, und wusste nichts von Limor. So versöhnten wir uns, aber es gelang mir, dass sie nicht bei mir einzog. Gut so. Nun war nur noch mein Organisationstalent gefragt, und für eine gewisse Zeit ging tatsächlich alles gut. Weder Limor noch Silvia bekamen einen Schlüssel, und ich bestand darauf, dass unsere Wohnungstür immer verschlossen blieb, auch wenn wir zu Hause waren. Das allerdings war bei Larry und Bertus ein unmögliches Unterfangen. Die beiden waren so schusselig, dass sie die Schlüssel sogar in der Wohnung verloren. Bertus war einmal in bekifftem Zustand sogar die Fassade hochgeklettert und durch sein Zimmerfenster in die Wohnung eingestiegen, nur um zu merken, dass sein Schlüssel nicht, wie er dachte, auf dem Bett im Zimmer lag, sondern bereits an einer Schnur um seinen Hals baumelte. Aber auf Larrys und Bertus Verschwiegenheit konnte ich mich wenigstens verlassen, und Überraschungsbesuche bezeichnete ich nachdrücklich als »nicht erwünscht«. Nun ja, die Hitze …

Abends gegen 18 Uhr legte ich jedenfalls meine ersten Grilladen auf die Holzkohlen. Eigentlich war es wirklich ein lockerer Job. Aber die Hitze war enorm. Das BBQ befand sich auf der Terrasse des Hauptspeisesaals und lag gegen Süden. Die Nachmittagshitze stand förmlich dort, kein Lüftchen rührte sich. Dazu kam dann noch die Glut der drei Grills. Ich schmachtete vor mich hin und war schon nach wenigen Minuten total durchgeschwitzt. Um den Flüssigkeitsverlust auszugleichen, trank ich viel Wasser, aber nichts von meiner Kiste Feierabendbier. Die wartete auf mich im Kühlschrank des französischen Restaurants, wo der Chef persönlich sie täglich deponierte.

Der erste Nachmittag lief wie am Schnürchen. Das Salatbuffet sah super aus und war schön dekoriert. Ich hatte Fleisch für mindestens hundertzwanzig Personen vorbereitet, die Tische waren festlich gedeckt. Schon gegen halb sieben standen etwa fünfzig bis sechzig Gäste vor den Glasflügeltüren, die zwei Sicherheitsmänner bewachten, weil die Leute immer wieder versuchten, auf die Terrasse zu gelangen. Ich stand am Grill, beobachtete das Gedränge und staunte.

»Sofort alle Grills voll und los!«, befahl der Chef.

Ich gehorchte.

»Los, mehr Gas geben! Mehr Fleisch auf die Grills!«

Noch immer verstand ich nicht, was sein Problem war. Es dauerte jedoch nicht lange, bis ich es merkte. Als um 19.00 Uhr die Türen geöffnet wurden, waren meine fünf *Chafing Dishes* zwar schon zum Bersten mit fertig gegrilltem Fleisch gefüllt, das aber reichte nicht lange. Die Gäste stürzten im Restaurant direkt auf mich zu, schnappten sich einen Teller und luden auf: drei bis vier Steaks, ein paar Spießchen, sicher zehn Würstchen, Burger und Pouletbrüstchen. Damit nicht genug. Unsere Gäste bauten das ganze Restaurant um. Die liebevoll arrangierten Salatschüsseln wurden vom Buffet gerissen und mit an die Tische genommen. Tische wurden zusammengeschoben, Stühle umgestellt. Man diskutierte, stritt, und einige wurden sogar handgreiflich. Als die *Chafing Dishes* schließlich nach wenigen Minuten leer waren, luden sich diese Barbaren das halb fertige Fleisch direkt vom Grill auf ihre Teller.

Das ging nicht nur mir zu weit. Der F&B-Manager wühlte sich durch das Getümmel und stellte sich direkt vor die Grills, um das Fleisch zu verteidigen. Mit einer langen Grillzange griff er es von den Tellern und warf es lautstark auf Hebräisch lamentierend zurück auf den Grill. An seinem Tonfall merkte ich, dass er ziemlich unfreundlich mit den Leuten redete.

Es war ein einziges Chaos. Überall wurde geschrieen und mit freien Händen und Füßen in der Luft herumgefuchtelt. Die Getränkekellner boxten sich zwischen den Streitenden durch und versuchten, ihre Waren anzubieten. Sie hatten keine Chance. Unsere hungrigen Gäste bestellten nichts als Eiswasser, das wir kostenlos anboten. Auch die Serviermädchen hatten alle Hände voll zu tun. Sie mussten dreckige Teller wegbringen, Scherben auffegen, saubere Gläser für das Eiswasser organisieren und bei alldem noch freundlich zu den Gästen sein. Kinder rannten zwischen den Tischen umher und behinderten das Personal und die Gäste.

Nach einer Stunde war der Spuk vorbei. Das Fleisch war aufgegessen. Die Salate, die Desserts – alles stand kreuz und quer auf der Terrasse. Nicht eine Sache stand dort, wo sie noch eine Stunde zuvor gestanden hatte. Die Tische waren mit Essensresten übersät, der Boden war nass und glitschig.

Wie auf Kommando walzten drei Ghanesen mit Putzmaterialien durch die Tür, dicht gefolgt von meinem grinsenden Chef, der mehrere Bierchen unter dem Arm trug.

Der erste Schluck war wie eine Erlösung. Was für ein Tag!

»So wie heute geht es die nächsten zwei Monate täglich zu und her«, sagte der Chef trocken. »Sind doch nette Gäste, die Israelis.«

Na bravo! Ich räumte meine Station auf, und um 21.00 Uhr stand ich mit meinem dritten Bierchen im französischen Restaurant. Die vier Köche dort steckten noch bis zum Hals in Arbeit, waren also im Kochjargon noch total »in der Scheiße«. Ich half ein wenig mit, merkte aber bald, dass es nichts brachte. Die Küche war zu eng; wir standen uns nur gegenseitig im Weg. So schnappte ich mir meine wohlverdiente Kiste Bier und verzog mich. Prost!

Und dann verliebte ich mich. In einen Engel. Einen Engel namens Lea. Ich hatte schon einige hübschere Mädchen in Israel gesehen, aber sie hatte das gewisse Etwas. Ich buhlte um sie – und wurde ignoriert. Ich versuchte mehr, ließ mir von Larry einen Gentleman-Crashkurs verpassen und gab mir sehr viel Mühe mit meinem Hebräisch. Immerhin hatte mir Rahel schon einiges beigebracht. Den ersten Satz werde ich wohl nie wieder vergessen: »Du hast einen schönen Busen.« Als ich diesen Satz an der griesgrämigen Restaurantmanagerin testete, wurde diese rot und lächelte schüchtern. In jedem anderen Land hätte ich eine gescheuert gekriegt, nicht aber hier in Israel.

Die Mädchen im Restaurant unterstützten meine Lernbemühungen und halfen mir sehr. Zugegebenermaßen hatten einige von ihnen Hintergedanken und wollten selber mehr von mir; ich aber blieb stark.

Nur so nebenbei: Ich sehe nicht besonders gut aus, komme aber gut mit Frauen klar. Und in Elat war es besonders einfach, ein Mädchen an Land zu ziehen, weil dort akuter Männermangel herrschte. Die meisten israelischen Männer zwischen achtzehn und fünfundzwanzig Jahren waren in der Armee, die jungen Frauen zog es nach Elat, weil dort was lief und man auch ganz leicht Arbeit in der Touristenbranche fand. Statistisch gesehen kamen damals auf einen Mann sieben Frauen. Dadurch war es wirklich manchmal schwer, sich einfach nur mit einem Mädchen zu unterhalten. Die Singles unter ihnen versuchten fast immer, einen anzubaggern, und die meisten gingen auch schon beim ersten Date mit einem ins Bett. Ich hatte mich mittlerweile an diese *Offenheit* gewöhnt und konnte, auch ohne beleidigend zu wirken, Nein sagen.

Bei Lea allerdings dauerte es ziemlich lange, bis sie sich endlich auf ein Date mit mir einließ, und am Ende des Abends waren wir noch meilenweit vom ersten Sex entfernt. Dafür hatte ich einiges über sie in Erfahrung gebracht. Unter anderem, dass sie noch Jungfrau war! Mit zwanzig, ein Wunder! Und sie hatte ein wenig Angst vor Sex. Schüchtern gestand sie mir dies nachts in meinem Bett.

Es dauerte ein wenig, aber dann war auch diese Hürde genommen, und wir genossen das Verliebtsein in vollen Zügen. Auch Limor, mittlerweile meine Exfreundin, hatte eine neue Beziehung – mit einem süßen kleinen Mädchen aus Herzlia.

Silvia – auch sie inzwischen meine Ex – sahen wir manchmal am Strand. Larry hatte sie ohne mein Wissen über mich und Lea aufgeklärt, als sie eines Nachts bei uns zu Hause in der Küche auf mich wartete. Inzwischen aber waren wir Freunde. Zumindest dachte ich das. Sie ging nun oft ins Fitnesscenter und auch sehr viel schwimmen. Dadurch war sie nun nicht mehr käseweiß, sondern schön gebräunt. Irgendwie war sie viel selbstsicherer geworden. Ihr Blick war nicht mehr fragend und scheu, sondern frech und herausfordernd. Um die Hüften hatte sie abgenommen. Verschwunden war das heulende kleine Mädchen, das ich aus England kannte. Sie war erwachsen geworden, im Gegensatz zu mir. Ich war noch immer ein Junge und verhielt mich entsprechend: Die Welt war meine Wohnung, Israel mein Schlafzimmer.

Larry und Lea verstanden sich bestens. Sie kochten gemeinsam bei uns in der Wohnung und sprachen über Südafrika, wo einer von Leas Brüdern lebte. Immer wieder fragten die beiden mich, ob ich keine Lust hätte, einmal in Afrika zu arbeiten.

Ich wich den Fragen aus, da ich mich in Israel wohlfühlte – vor allem seit ich nur noch halbe Tage arbeiten musste. Bisweilen vermisste ich eine anständige Wurst oder etwas Speck, sonst aber hatte ich alles, was mein Herz begehrte. Auch an Abwechslung mangelte es mir nicht, zumal ich ab und zu mit einem Kollegen nach Ägypten, in den Sinai, fuhr. Auf dem Weg dorthin kehrten wir jedes Mal im Taba Hilton ein, das den Touristen zum Frühstück Würstchen und Speck anbot. Um auch jüdischen und arabischen Gästen gerecht zu werden, stellte das Servicepersonal vor die Platten mit dem Schweinefleisch kleine Warnschilder aus Pappe, auf die sie kleine Schweinchen gezeichnet hatten. Für uns war das natürlich ein Zeichen für uneingeschränkten Genuss.

Lea weigerte sich mitzukommen. Sie hasste die Ägypter, denn ihr Heimatdorf befand sich zirka dreihundert Kilometer nördlich von Elat direkt an der Grenze. Dort hatte es in den letzten Jahren bei nächtlichen Überfällen von Terroristen immer wieder Tote gegeben.

So fuhren mein Kollege und ich allein nach Dahab. Damals gab es dort noch nicht einmal Strom, aber immerhin ein, zwei Restaurants und einige einfache Unterkünfte. Auch wurde alles noch mit dem Kamel transportiert. Die Landschaft aber war traumhaft. Wir faulenzten am Strand, gingen schnorcheln und genossen die Zeit.

Wenn wir beim Koch eines der Restaurants Essen bestellten, dauerte es meist mehr als zwei Stunden, bis wir es am Strand serviert bekamen. Kein Wunder! Sie schlachteten die Hühner nur auf Bestellung und kauften die anderen Zutaten erst, wenn sie sie brauchten. Wir mussten daher zwar immer lange warten, aber die Gerichte waren topfrisch.

Wir verbrachten viel Zeit mit ägyptischen Köchen, schrieben neue Rezepte für sie auf und brachten ihnen andere Kochmethoden bei. In ihrer einfachen Küche gab es keinen Herd, sondern lediglich ein offenes Feuer und zwei Gaskocher. Die Pfannen und Töpfe waren aus Gusseisen oder Aluminium, Kochwerkzeug aus Stahl kannten sie nicht. Auch die Tische und Arbeitsflächen waren sehr einfach – selbst gefertigt aus Holz und Plastik. Aber alles war sehr bunt bemalt, und überall lagen Flickenteppiche herum. Für uns gänzlich ungewohnt: In den Küchen der einfachen Restaurants arbeiteten nur Männer. Frauen traten in der Öffentlichkeit nicht in Erscheinung, höchstens als Touristinnen.

Umso mehr fiel uns eine wasserstoffblonde, leicht gebräunte Frau ins Auge, die betont lässig am Strand vor der Küche entlangging. Sie hatte einen Wickelrock um ihren Körper geschlungen und spazierte barfuß auf uns zu. Silvia. Nicht mehr schwarzhaarig, sondern blond gefärbt und mit Sicherheit nicht zufällig hier. Silvia wusste, dass Lea nicht mit nach Ägypten fahren und sie mich hier allein antreffen würde. Meine lieben Mitbewohner hatten mal wieder ihre Klappe nicht halten können.

Ich nahm mir ganz fest vor, standhaft zu bleiben. Ich liebte doch Lea! Aber als der Abend zur Nacht wurde und ich schon einige lauwarme ägyptische Stella-Biere intus hatte und Silvia sich an mich schmiegte, passierte dennoch, was passieren musste …

Der nächste Morgen war grauenhaft. Ich machte mir Vorwürfe, und dennoch blieb es nicht bei diesem einen Rückfall in eigentlich längst vergangene Affären.

Doch mein Kumpel und ich waren nicht nur in Dahab, um uns zu erholen. Wir hatten auch geschäftlich zu tun, im Auftrag unseres werten Kollegen Larry, der als Südafrikaner wegen der Apartheid nicht nach Ägypten reisen durfte. Er bat uns, wunderschöne Flickenteppiche, Papyrus-Malereien, Skarabäen, gestanztes Messinggeschirr und noch einiges mehr aus Dahab mitzubringen.

Während wir seine Einkaufsliste abarbeiteten, ließen wir Silvia im Jumping Kangaroo zurück. Natürlich handelten wir alles um mindestens die Hälfte herunter – und kauften taschenweise ein. Um die

Ware bis an die Grenze zu transportieren, buchten wir dann den Verwandten eines der Köche, mit dem wir Rezepte ausgetauscht hatten. Er besaß ein Peugeot-Taxi, ein motorisiertes Wüstenschiff. Von Taba aus würden wir dann alles zu Fuß nach Israel tragen müssen, da die ägyptischen Taxis nicht über die Grenze durften. Ein ehrgeiziges Unterfangen, vor allem angesichts der schieren Masse. Aber eigentlich sollte es keine allzu großen Probleme geben.

Dann erst, bei einem abendlichen Bier am Strand, weihten wir Silvia in einen Teil unseres Plans für den nächsten Tag ein. Sie sollte uns helfen, den ganzen Krempel über die Grenze zu tragen. Sie hörte mit einem Ohr zu, nickte immer wieder und trank wie wir reichlich von einer Flasche Arrak, die unser Restaurantkoch mitgebracht hatte. Es wurde eine wilde Nacht.

Am nächsten Morgen war Silvia speiübel. Es dauerte eine Stunde, bis unser Zeugs im Taxi untergebracht und Silvia wieder auf Vordermann gebracht war.

Nach drei Stunden holpriger Fahrt erreichten wir Taba. Ich war nervös. Was, wenn etwas schiefging? Durften wir die Einkäufe überhaupt nach Israel einführen? Eigentlich hatte ich keine Lust, in einem ägyptischen oder israelischen Knast zu landen!

Irgendwie schafften wir es. Die ägyptischen Zöllner hatten, wie wir es gehofft hatten, nur Augen für Silvia und halfen uns sogar noch mit der Schlepperei. Und auch die Israelis, arrogant wie immer, wollten nur mit Silvia flirten. Während die Zollbeamten in ihrem deutschen Pass blätterten und mit ihr herumschäkerten, trugen mein Kumpel und ich das Gepäck nach und nach zu einem israelischen Bus. Wir mussten viermal gehen, bis wir alles eingeladen hatten. Dabei gingen wir absichtlich langsam und versuchten, so unschuldig wie möglich auszusehen.

Als der Busfahrer signalisierte, nun endlich losfahren zu wollen, stiegen mein Kumpel und ich ein. Silvia ließen wir mit ihrer Tasche am Zoll stehen.

Zurück in Elat hüpfte Larry vor Freude über den ganzen Krempel wie ein kleines Kind von einem Bein aufs andere. Allein für diesen Anblick hatte sich die ganze Aktion gelohnt! Nachdem wir unsere Einkäufe mit Larry abgerechnet hatten, rauchten mein Kumpel und er sich noch einen Joint; ich selbst genoss lieber ein eiskaltes Bier. Ich hatte es noch nicht ganz ausgetrunken, als Lea in unsere Wohnung stürmte.

Ein Schwall von Flüchen übergoss mich. Sie nannte mich einen europäischen Schweineesser, Arschloch und Betrüger.

Ich war wie erstarrt, und noch bevor ich reagieren konnte, hatte sie auch schon ihre Siebensachen zusammengepackt und die Tür hinter sich zugeschlagen.

Erst später in der Küche fand ich heraus, was Leas Wutausbruch verursacht hatte. Der Chef persönlich stand an der Rezeption und hatte alles live miterlebt. Nachdem wir sie hatten stehen lassen, war Silvia aus lauter Ärger mit einem Taxi in unser Hotel gefahren, um Lea die Ägypten-Story brühwarm zu erzählen. Sie hatte sogar einen Beweis für ihre Geschichte – mein Kumpel und ich, wir Idioten!, hatten Silvia an der Grenze unsere Pässe ausgehändigt und im Eifer des Gefechts und angesichts des drängelnden Busfahrers vergessen, sie wieder zurückzuverlangen. Silvia hatte die beiden Pässe nun, nachdem sie Lea die Geschichte erzählt hatte, auf die Theke gelegt und war lachend weggegangen.

Ich war am Boden zerstört. Weder Lea noch Silvia wollten nach dieser Geschichte noch etwas mit mir zu tun haben. Ich fühlte mich von allen verlassen und vom Leben gestraft. Mein Pass lag zu allem Unglück noch an der Hotelrezeption, und ausgerechnet Lea hatte Dienst, als ich ihn abholte. Ohne einen Ton zu sagen, knallte sie ihn mir vor die Nase und wandte sich von mir ab. Es gab nichts mehr zu sagen.

Als Saddam Hussein in Kuwait einmarschierte, war von einem Tag auf den anderen alles anders. Von den Israelis gewarnt, leerten wir Köche sofort unsere Bankkonten, bevor sie von der Regierung eingefroren wurden, und versteckten unser Geld an allen möglichen und unmöglichen Stellen. Die einen vergruben das Geld an einem geheimen Platz in der Wüste hinter dem Haus, die anderen versteckten es in der Wohnung oder im Hotel. Jeden Abend warteten wir auf Raketenalarm, jeden Abend feierten wir eine Abschiedsparty. Eine Abschiedsparty von unserem bisherigen Leben, für den Fall, dass am nächsten Morgen Elat in Schutt und Asche liegen würde und wir keinen Job mehr hätten. Um unser Leben machten wir uns komischerweise keine allzu großen Sorgen. Wir waren jung und »bombensicher«.

Der Krieg kam nicht nach Israel. Die Touristen allerdings auch nicht mehr. Und im Herbst oder Winter sollte es noch schlimmer werden, denn die Reisebüros verzeichneten mehr Stornierungen als Buchungen. Schlechte Zeiten standen bevor. Im Hotel wurden Krisenbesprechungen abgehalten, in der Küche Gasmaskentrainings, und viele der Köche verlängerten ihren Vertrag nicht. Vor dem Einmarsch hatten alle noch bleiben wollen, doch auf einmal konnten sie nicht schnell genug wegkommen. Die Ratten verließen das sinkende Schiff. Ein deutscher Koch ließ sogar seine Frau und das gemeinsame Kind sitzen, als er seinen Marschbefehl für die israelische Armee bekam. Auch er wurde eingezogen, denn in Israel war jeder zum Wehrdienst verpflichtet, der länger als drei Jahre im Land lebte und kein Araber war.

In dieser angespannten Situation kehrte Lea zu mir zurück. Ich konnte es kaum glauben. Den eigentlichen Grund ihrer Rückkehr erkannte ich erst Wochen später: Sie wollte einen *Free Ride* nach Südafrika, ein Flugticket in den Süden. Zuerst war ich jedoch überglücklich, und als sie und Larry mir einmal wieder Südafrika schmackhaft machten, bewarb ich mich bei einem kleinen Casino-Hotel in Bophuthatswana. Ich bekam die Stelle und sah mich vor meinem geistigen Auge schon in Khaki-Kleidung, mit einer Zigarre im Mundwinkel und einem Whiskytumbler in der Hand Elefanten beobachten.

Zu meiner Freude wollte Lea mich begleiten. Vor unserer Abreise sollte ich noch ihre Eltern kennenlernen, die im Norden des Landes lebten. Damit sie nicht merkten, dass ich kein Jude war, übte ich Sabbatgebete und machte mich über die wichtigsten anderen jüdischen Bräuche schlau. Da ich inzwischen gut Hebräisch sprach, war eigentlich alles kein Problem. Der Bruder merkte zwar sofort, was gespielt wurde, hielt sich aber raus. Alle freuten sich, dass Lea zu ihrem älteren Bruder nach Johannesburg fliegen würde. Keiner interessierte sich für meinen Job in dem Casino.

Da Lea kein Geld für den Flug hatte, bot ich großzügig an, für sie mitzubezahlen. Zuerst aber wollte ich ihr meine Heimat zeigen, die Schweiz. Immerhin schuldete mir das Hotel noch einen Rückflug, den ich nicht verfallen lassen wollte.

Inmitten unserer Reisevorbereitungen bat Larry mich und meinen Kumpel, noch einmal für ihn nach Ägypten zu fahren und einzukaufen. Da ich das dabei für mich rausspringende Geld für Leas Flug in die Schweiz und die gemeinsamen Flüge nach Südafrika gut brauchen konnte, willigte ich ein. Nur Lea durfte davon natürlich nichts erfahren. Also überzeugten wir sie, dass es doch noch einmal Zeit wäre, allein zu ihren Eltern zu fahren und sich von ihnen zu verabschieden.

Es lief zunächst alles wie geplant: Wir kauften in Dahab bei unseren Köchen ein und mieteten für den Rücktransport den Cousin des Kochs mitsamt Peugeot. Beim Verladen der Ware klemmte ich jedoch mein Bein ein. Eine sehr schmerzhafte Angelegenheit! Mein Oberschenkel war zerkratzt, und ich hatte mir eine üble Prellung eingehandelt. Meine Laune war dementsprechend sehr mies.

Die mehrstündige Fahrt durch den Sinai war heiß und stickig. An der Grenze schleppten wir das Zeug vom Auto zum Zoll. Hoffentlich hatten wir nicht zu viel eingekauft! Doch die ägyptischen Zöllner kontrollierten die Papiere und unsere Visa für den Sinai nur oberflächlich; sie hatten nur Augen für zwei Mädchen, die zusammen mit uns die Grenze passierten. Und auch die Israelis verhielten sich nicht anders als bei unserer Tour acht Wochen zuvor: Sie unterhielten sich mit den Mädchen und ließen uns in der Sonne stehen. Die mitgebrachten, zum Bersten gefüllten Taschen und Säcke wollten sie gar nicht durchsuchen. Anders als zuvor aber verschwand einer von ihnen jedoch mit unseren Pässen in ein Büro. Überhaupt war die Militärpräsenz seit unserem letzten Ausflug drastisch erhöht worden. Neue Barrikaden und Zäune zierten den Grenzübergang, einige UNO-Truppen und Personal des MFO (Multinational Force and Observers) lümmelten am Rand der staubigen Straße herum und sprachen mit den israelischen Soldatinnen.

Mein Bein schmerzte. Dann endlich kam der Zöllner mit unseren Pässen aus dem Wellblechbüro, um sie meinen Freunden auszuhändigen. Zu mir kam er zuletzt. Er nickte kurz und reichte mir meinen Pass. Ohne ein Wort drehte er sich um.

Mir fiel ein Stein vom Herzen. Ganz langsam gingen wir an den Militärs vorbei zum Taxi- und Bus-Parkplatz, wo wir ein Taxi nahmen und den ganzen Krempel einluden. Larry freute sich über die Teppiche und die Papyri. In Kapstadt seien die Gold wert, sagte er. Für mich hatte die Reise sich finanziell auch sehr gelohnt.

Der nächste Deal war bereits beschlossene Sache. Aber diesmal ohne mich! Das war sicher! Am Tag nach unserer Rückkehr entdeckte ich erste graue Haare auf meinem sonst so dunklen Schopf.

Drei Tage nach meiner Rückkehr aus Ägypten kehrte Lea aus dem Norden zurück. Sie kümmerte sich liebevoll um mich und mein notdürftig verbundenes Bein und bemitleidete mich angemessen. Für sie hatte ich einen Schnorchelunfall in Israel gehabt. Den Stempel der Ägypter in meinem Pass verschmierte ich so, dass man das Datum nicht mehr erkennen konnte. So erfuhr sie nie, dass ich in Ägypten gewesen war. Auch Larry und Bertus verplapperten sich diesmal nicht.

Als der Tag unserer Abreise in die Schweiz nahte, organisierte mein Chef eine riesige Abschiedsfete für Lea und mich. Wir waren alle sturzbetrunken, und als sie und ich am nächsten Tag zum Flughafen gebracht wurden, hatte sie das heulende Elend. Sie hatte Angst, es war das erste Mal, dass sie von Israel wegflog, und auch das erste Mal, dass sie weg von der Familie war.

Es war November und entsprechend kalt und neblig, als wir in Kloten landeten. Wir wohnten eine Woche lang bei meiner Mutter im Heizungskeller. Mein dort aufgestelltes Kinderbett war eng, der Eisenrost hing durch, und bei jeder Bewegung quietschten die Federn.

Lea war alles andere als begeistert – zumal überall Fotos von Exfreundinnen herumlagen und ein Poster von Silvia an der Wand hing. Auch das Schweizer Essen passte Lea überhaupt nicht. Während ich begeistert dreimal täglich das lang entbehrte Schweinefleisch in mich hineinstopfte – Koteletts, Würste in allen Variationen, Schnitzel, Haxen, Schweinsgulasch, Schinkensteaks und Cordon bleus –, war Lea nur angewidert. Es war in Israel schon ziemlich schwierig gewesen, sie zu bekochen, doch in der Schweiz wurde sie zur Vegetarierin.

Bald darauf ging unser Flug nach Südafrika. Von Luxemburg aus flog uns Luxavia direkt nach Johannesburg. Während Lea erst einmal dort blieb, um ihren Bruder zu besuchen, reiste ich mit Bop Air weiter nach Sun City.

7

Dumela Bophuthatswana

Sun City Airport war nicht viel mehr als eine kurze Sandpiste inmitten des Buschs und eine Holzscheune, die als An- und Abflughalle fungierte. Ich war der einzige Passagier und durfte auch mein Gepäck selbst aus dem Flugzeug laden. Ein bisschen seltsam kam mir das schon vor.

Im Straßengraben daneben wartete eine Limousine auf mich. Der Fahrer stellte sich freundlich lächelnd vor. Es war Herr Bérger, der Hoteldirektor persönlich. Er fuhr zunächst auf einen kurzen Abstecher nach Sun City. Ich hatte schon in Israel ziemlich viel von diesem afrikanischen Las Vegas gehört und war sehr beeindruckt, als wir im Schneckentempo zwischen den vornehmen Hotels und den riesigen Casinos inmitten üppiger Gärten- und Poolanlagen entlangfuhren. Wahrscheinlich wollte Bérger mich ein wenig gnädig stimmen, bevor er mich durch einige verwahrloste Wellblechsiedlungen zu meinem zukünftigen Arbeitsplatz fuhr.

Das Hotel lag etwa vierzig Kilometer von Sun City entfernt. Mir war ganz schön mulmig zumute. Die Leute am Straßenrand trugen dreckige, zerrissene Klamotten, waren barfuß und starrten uns unfreundlich nach, als wir an ihnen vorbeifuhren. Überall lag Müll, und verfilzte Hunde streunten entlang der Dreckpfade. Auch war ich enttäuscht: Obwohl ich mindestens eine Giraffe oder einen Elefanten erwartet hatte, waren weit und breit keine wilden Tiere zu erspähen. Das einzige Tier, das ich außer den Hunden zu sehen bekam, war ein überfahrener Esel.

Das Casino-Hotel, ein ummauerter Gebäudekomplex, lag an der Hauptverbindungsstraße von Sun City via Rustenburg nach Johannesburg. Es erinnerte an eine Hazienda Huevos Rancheros:

eine große mexikanische Ranch, rosarot getüncht und mit Türmchen versehen, inmitten einer romantischen Garten- und Poolanlage. Direkt hinter dem Hotel breitete sich ein Township, eine riesige Ansammlung von Wellblechhütten, Lehmbauten und Fertighäusern, aus. Neben dem Hotel stand eine Industriehalle, die einen Supermarkt, einige Take-aways und eine Filiale der Standard Bank of Bophuthatswana beherbergte.

Wer ins Hotel wollte, musste an einer rot-weißen Schranke und einem Wachhaus vorbei. Für mich und meinen ungewöhnlichen Fahrer kein Problem. Zwei schwarze Afrikaner in dunkelblauen Fantasieuniformen salutierten und öffneten die Schranke per Knopfdruck, als sie den Direktor erkannten. Mich musterten sie interessiert. Ich schaute weg. Warum nur hatte ich Israel verlassen? Dort war alles sauber gewesen, und die Leute hatten immer gelacht. Ich dachte zurück an den weißen Sandstrand, die Palmen und das Rote Meer. Und an das eiskalte Maccabee-Bier. Worauf hatte ich mich nur wieder eingelassen! Hier sah es schrecklich verwahrlost aus, und die Leute schauten einen mürrisch an.

Im nächsten Augenblick öffnete sich die Zufahrt und gab hinter den Mauern den Blick auf ein kleines Paradies mit plätscherndem Springbrunnen und Swimmingpool frei. Hufeisenförmig um den Pool waren dreißig Hotelzimmer angeordnet, ein Al-Fresko-Restaurant befand sich am Ende des Gartens, der mit üppigen Phönix-Palmen bestückt war. Der Rasen war sattgrün und machte einen gepflegten Eindruck. Über dem Township dahinter lagen Rauchschwaden. Es roch nach verbrannten Autoreifen.

Der Direktor führte mich durch ein geschmackvoll eingerichtetes Restaurant in eine gemütliche Lobby, wo Personal in sehr neuen dunkelrot-weiß gestreiften Uniformen einigen Gästen zu Diensten war.

»Dumela rra, le kae?« – »Hallo, Herr, wie geht's?«, wurden wir freundlich begrüßt. Meine erste Bekanntschaft mit Setswana, der Landessprache von Bophuthatswana.

Bérger grüsste zurück, nachdem er die Begrüßung für mich übersetzt hatte. Ich versuchte zu lächeln. Es gelang mir noch nicht recht. Hier war alles so ungewohnt.

Durch eine neutrale Holztür mit poliertem Messinggriff führte er mich dann weiter in sein Büro. Er bat mich, Platz zu nehmen, und ein kurzes Telefonat später erschien ein Koch im Büro, der Kü-

chenchef, wie ich ein Schweizer.

Die Begrüßung war freundlich, aber kühl. »Grüezi, Herr Benz, willkommen in Bop. Kommen Sie, ich zeig Ihnen gleich Ihr neues Reich.«

Er zeigte mir die Küche. Sie war topmodern, sehr professionell eingerichtet und blitzblank sauber. Ich begutachtete den brandneuen Kombidämpfer, die Stahlherde und Kippkessel und war positiv überrascht. Im großen Kühlhaus lagerten die Lebensmittel sauber eingepackt da, wo es die Beschriftungen der Stahlregale vorsahen. Nach dem, was ich seit meiner Landung gesehen hatte, ein wahres Highlight.

Die Köche waren allesamt Schwarze. Sie unterhielten sich in einem seltsamen Kauderwelsch, dem Setswana, wobei sie manchmal mit der Zunge klickten. Sie schauten mich so neugierig an, dass ich mir vorkam wie im Zoo. Im Büro des Küchenchefs der erste Lichtblick: ein kühles Bier. Nach dem zweiten taute auch mein neuer Chef etwas auf. Er bot mir das Du an und erklärte mir den Arbeitsablauf, zeigte mir die Arbeitspläne und die Menükarten.

Anschließend machte ich mich auf den Weg ins Personaldorf, ein kleines Dörfchen inmitten des Townships, in dem ich nun wie der Rest der Angestellten wohnen würde. Eine drei Meter hohe Mauer umgab die rund fünfzehn Backsteinhäuschen, und wie beim Hotel wurde der Zugang über ein Wachhaus und durch ein großes Eisentor begrenzt. Auch hier gab es eine Welt vor der Mauer und eine Welt dahinter: vor der Mauer eine Einöde mit Wellblechhütten und viel Staub, dahinter grüne Wiese, Büsche, Palmen, eine Personalbar und ein Swimmingpool. Die Häuser waren idyllisch gelegen, in den Garten eingebettet. Jedes hatte eine eigene Autozufahrt, einen Vorgarten und eine Terrasse. Auch gab es einen Chauffeur, der die Angestellten zur Arbeit fuhr und nach der Schicht zurück ins Personaldorf brachte, wenn sie selbst kein Auto besaßen. Ich hatte noch nicht einmal den Führerschein.

Man wies mir ein Haus und eine Mitbewohnerin zu: Maggie. Sie kam aus Zimbabwe und war so groß und dick, dass sie Larrys Schwester hätte sein können. Ich hasste sie vom ersten Tag an. Sie war hochnäsig, eingebildet und die einzig weibliche Assistentin unter den drei Assistenten des schwulen F&B-Managers. So viel Personal für ein Hotel mit lediglich dreißig Zimmern und zwei Restaurants! Das Hotel in Elat hatte nur einen F&B-Manager mit einem Assistenten gehabt – für neun Restaurants und vierhundert Zimmer! Das Casino-Hotel aber beschäftigte neben den genannten Personen auch noch einen Rooms-Divisions-Manager mit drei Assistenten, zuständig für die Administrationsarbeit der Hotelzimmer, einen Housekeeping-Manager mit zwei Assistenten, verantwortlich für die Sauberkeit der Hotelzimmer, den Restaurantmanager, die Chefs de Service und das Servierpersonal. Dann den Chefrezeptionisten und seine Untergebenen, den Küchenchef, den Souschef und die fünfzehn Köche, die Putztruppe, den Maintenance-Manager, den Haustechniker und seine Mitarbeiter, die fünfundzwanzigköpfige Sicherheitstruppe, die Casino-Manager und Floor-Manager mit ihren Assistenten. Damit hatte das Hotel fast zweihundert Mitarbeiter. Unglaublich!

Und Larry hatte nicht übertrieben. Tatsächlich wurde den Mitarbeitern einiges geboten. In der Personalbar waren die Getränke so billig, dass dort fast jeden Abend ein Besäufnis stattfand. Ich wusste ja bereits, dass die weißen Südafrikaner sehr viel trinken konnten. Hier erlebte ich nun, dass sie auch sehr schnell tranken. Genossen der Küchenchef und ich zusammen ein Bierchen, hatte er seins schon leer getrunken, wenn ich gerade die Flasche an den Mund bekommen hatte.

Ich lebte mich schnell ein. Die Arbeit war interessant, weil wir keine Fertigprodukte verwendeten, sondern alles selbst produzierten. Die Lebensmittel waren immer superfrisch und wurden täglich geliefert. Auch hatte ich genug Zeit für die Vorbereitungsarbeiten, da immer genug Personal da war. Ich konnte kreativ arbeiten und für ein Schwätzchen zwischendurch war immer Zeit. Das hatte ich bisher noch nie erlebt.

Die anderen Köche waren mir gegenüber am Anfang zwar sehr zurückhaltend, aber als sie merkten, dass ich aus demselben Holz geschnitzt war wie sie, tauten sie langsam auf. Sie waren stolz darauf, in der Küche zu arbeiten, stolz, Köche zu sein. Essen und Kochen waren ihr Leben. Dabei war das Leben für sie als Schwarze im weißen Südafrika alles andere als einfach. Zum Teil schliefen sie sogar im Wartehäuschen der Bushaltestelle, um am nächsten Tag pünktlich zur Arbeit zu erscheinen.

Sie respektierten mich, weil ich schon in England und Israel gearbeitet und in der Schweiz gelernt hatte. Und wie die meisten Köche liebten auch sie ins Lächerliche gezogene, haushoch übertriebene Sex- und Absturzgeschichten. Als ich wild gestikulierend meine Schmuggel- und Weibergeschichten aus Israel und Ägypten zum Besten gab, war ich schnell einer von ihnen – zum Missfallen der Manager. Diese hätten es lieber gehabt, wenn ich mich mehr mit Maggie und ihren weißen Kolleginnen befasst hätte, und missbilligten meine Ausflüge in das Township und die späteren Besuche bei schwarzen Mädchen.

Das Hotel betrieb wie erwähnt neben dem Casino auch zwei Restaurants. Eines befand sich im Casinokomplex, das andere direkt neben der Lobby und der Rezeption. Das Casino-Restaurant war dreiundzwanzig Stunden täglich geöffnet und bot vor allem einfache Gerichte an. So konnten zwei Köche den Service ohne große Probleme allein bewältigen. Sandwichs, Burger, Steaks, Salate, vegetarische Nudelgerichte, Currys und verschiedene Süßspeisen wurden zu wahnsinnig niedrigen Preisen angeboten. Der Chef erklärte mir, warum: Man wollte die Spieler so lange wie möglich im Casino behalten, damit sie viel Geld ausgaben. Wenn sie dann hungrig wurden, musste das Essen schnell bereit und sehr billig sein – billiger als der Take-away beim Supermarkt neben dem Hotel. Man wollte schließlich nicht, dass die Spieler das Areal verließen. Zu diesem Zweck luden die Casinomanager die professionellen Zocker auch sehr oft zum Essen ein. Für diese Fälle gab es sogar ein eigenes Konto in der Hotelbuchhaltung.

Ein Konto bekamen auch alle Kadermitarbeiter im Hotel. Auf diesem wurde jeden Monat eine gewisse Summe gutgeschrieben, mit der sie in den Restaurants essen und trinken oder auch Gäste einladen konnten. So mussten sie nicht wie die anderen Mitarbeiter in der Personalkantine essen.

Ich selbst war ein Spezialfall. Zwar wurde mir eine Kaderunterkunft zugewiesen und ich erhielt einen Kaderlohn, aber im Hotel selbst fungierte ich als Chef de Partie. Die Absicht hinter dieser Behandlung war klar: Anders als in Südafrika gab es in Bophuthatswana offiziell keine Klassenunterschiede. Vor den schwarzen Mitarbeitern sollte es so aussehen, als wären wir gleichberechtigt. Das allerdings war nicht der Fall, denn ich bezahlte für das Haus keine Miete. Die Geschäftsführung legte mir aber nahe, dies nicht an die große Glocke zu hängen. Offiziell würde ich Miete bezahlen. Auch zogen sie mir von meinem Gehalt einen fixen Betrag für das Essen und die Verpflegung in der Kantine ab, nur um den auf Umwegen wieder auf mein Bankkonto zu überweisen. Die weißen südafrikanischen Bosse in den Büros begünstigten also ihresgleichen – für mich das erste Mal, dass ich mit dem Apartheidssystem in Berührung kam.

Ich war zwiegespalten: Ich wollte natürlich das Geld, wehrte mich aber sehr zum Ärger meiner Chefs dagegen, mich von ihnen manipulieren zu lassen.

Mein Arbeitsplatz wurde das zweite Restaurant, ein im englischen Landhausstil gehaltenes À-la-carte-Restaurant mit einem mongolischen Buffet und einer Bratenstation. Auf der Bratenstation, der *Carvery*, präsentierten wir täglich ein *Große Piece*, ein großes Stück Fleisch – Roastbeef, Truthahn oder einen ganzen Schinken, manchmal auch alle drei Fleischsorten zusammen. In rechteckigen Keramikschalen über einem *Bain Marie*, einem Wasserbad zum Warmhalten der Speisen, standen die Beilagen: glasierter Kürbis, Keniabohnen, Süßkartoffeln, Blumenkohl, Brokkoli und was sonst gerade Saison hatte. Dazu kreierten einer meiner Kollegen oder ich drei verschiedene Saucen.

In der Küche konnten wir Köche unserer Kreativität freien Lauf lassen und ausprobieren, was immer wir wollten. Wir testeten neue Kombinationen, zum Beispiel Kaffeesauce zu Truthahn, Amarula- und Rosmarin-Sauce zu Lammkoteletts oder kreierten Chutneys, Confits und Dips, die wir dann auf das Buffet stellten. Um zu sehen, wie sie bei den Gästen ankamen, beobachteten wir diese heimlich, wenn sie sie versuchten. Manchmal landeten diese Experimente direkt im Müll, aber meistens schmeckten sie den Gästen, und wir wurden sogar nach der Rezeptur gefragt.

Das mongolische Buffet hingegen fiel in den Zuständigkeitsbereich unserer Küchenmamas, wohlgenährten Tswana-Frauen, die während der Arbeit ununterbrochen und lautstark miteinander sprachen und lachten. Sie sorgten dafür, dass in den runden Eisenschalen immer wenigstens zwölf verschiedene Arten frisches Gemüse fein geschnitten auf dem Buffet bereitstanden. Dazu kamen drei verschiedene Fischsorten wie Thunfisch, King Klip oder Seelachs und vier Fleischsorten. Der Gast konnte sich einen Teller zusammenstellen, und die Köchin bereitete die Mischung dann mit einer von fünf oder sechs Saucen auf der großen Grillplatte vor dem Gast zu. Das kam so gut an, dass die meisten Gäste sich eine halbe Portion Mongolisch als Vorspeise nahmen und danach à la carte bestellten.

Die Karte wechselte alle drei Monate, Steaks aber durften nie fehlen, denn unsere Kundschaft bestand zu etwa neunzig Prozent aus weißen Südafrikanern. Und die wollten ein anständiges Stück

Fleisch auf ihrem Teller sehen. Die Entrecôtes oder Hüftsteaks wogen entsprechend zwischen zweihundertfünfzig und dreihundert Gramm, die T-Bone-Steaks und Stücke aus der *Côte de Bœuf* über fünfhundert Gramm. Etwas größer als die Miniportionen in der Schweiz. Und perfekt abgehangen, nicht ausgeblutet wie in Israel. Ich lebte auf.

Auch sonst war die Qualität der Produkte hervorragend. Das Gemüse war knackig und frisch, die maisgefütterten Hähnchen stammten aus der Kapregion und wurden zwei Mal wöchentlich in gekühlten LKWs die knapp tausendfünfhundert Kilometer zu uns hochgefahren. Da Südafrika immer noch unter internationalem Boykott stand, wurde fast alles im Land produziert. Die Hummer, Garnelen, King Klips und anderes Meeresgetier bezogen wir von kleinen Fischereiunternehmen in Kapstadt und Houtbay. Hummer war hier so billig, dass wir eine Portion Thermidor für nur neunzehn Rand anbieten konnten, damals umgerechnet etwa zehn Euro. Und der Gast bekam einen ganzen statt wie üblich einen halben Hummer.

Während der Hummerpromotion, die etwas mehr als einen Monat lief, landeten so Tausende der dunkelblauen Krustentiere in unseren Dämpfern, im Ofen oder auf dem Grill. Die Abschnitte verarbeiteten wir zu Bisque und froren sie zum Teil ein. Meine Hände waren während dieser Zeit von den vielen kleinen Schnitten und Löchern, die das Hummerzerteilen mit sich bringt, dauernd entzündet. Aber es machte Spaß, mit so guten und frischen Lebensmitteln zu arbeiten. Auch waren die Gerätschaften und Maschinen in der Küche brandneu, und wenn es einmal ein Problem gab, kam innerhalb weniger Minuten der Haustechniker und kümmerte sich darum.

Bald schon merkte ich, dass mir die Herren aus der Chefetage noch eine andere Funktion zugedacht hatten. Da ich durch meine Arbeit in der Küche direkt an der Quelle saß, versuchten sie, mich über meine schwarzen Kollegen auszufragen. Aus ihrer Sicht verständlich, denn Personalaufstände in Hotels nahmen in neunzig Prozent der Fälle ihren Ursprung in den dampfenden, heißen Küchen. Dort rotteten sich – das zumindest war die Befürchtung des Managements – die aufständischen Möchtegernrevolutionäre in uneinsehbaren Kabäuschen, Kühlhäusern oder Tellerwaschräumen zusammen und planten ihre nächste Offensive gegen die Besitzer oder Manager eines Betriebes. Mein Küchenchef hatte mich schon vorgewarnt, trotzdem wunderte ich mich über die seltsamen Fragen des F&B-Managers. Er fragte mich zum Beispiel, was die anderen Köche zu dem Referendum vom 17. März des kommenden Jahres in Südafrika meinten, in dem es um die Abschaffung des Apartheidsystems ging.

Ich reagierte wie immer: trotzig, und sagte gar nichts mehr. Bald merkte ich, dass sie wirklich Angst hatten, dass sich ihre Mitarbeiter gegen sie verschwören könnten. Südafrika stand kurz vor dem großen Umbruch. Mandela war aus dem Gefängnis entlassen worden, und einige konservative Weiße hofften auf einen gezielten Anschlag, durch den sie den verhassten Anwalt endlich loswerden könnten. Die ANC-Partei war nun bereits legal, und die Schwarzen wünschten und erhofften sich eine neue und bessere Zukunft und sprachen schon vom »neuen Südafrika«.

Im Hotel waren die Meinungen geteilt. Viele schwarze Afrikaner – die meisten von ihnen Setswanas – trauten Mandela nicht, weil er kein Stammesangehöriger war. Die wenigen Zulus, Shangan oder Shona, die aus Natal, Zimbabwe, Lesotho oder Swaziland eingewandert waren, behielten ihre Meinung für sich. Die weißen Mitarbeiter wollten keinen Schwarzen als ihren Präsidenten. Sie waren vorwiegend Nachfahren der Holländer, die im 17. Jahrhundert Kapstadt in Richtung Norden verlassen und den Busch besiedelt hatten. Ihre Vorfahren waren die *Vortrekker* gewesen, und noch immer trugen viele Weiße Namen, die damals Geschichte gemacht hatten: van der Merve, Malaans, Krüger, Verwoerd.

In unserem Township und der Umgebung wohnten etwa hunderttausend Menschen, davon waren etwa neunzig Personen weiß, der Rest war entweder schwarz, *coloured* oder indisch. Die nächste weiße Siedlung war Rustenburg, damals noch hinter der Landesgrenze von Bophuthatswana, in Südafrika. Eine typische afrikanische Kleinstadt, von der noch keiner etwas gehört hatte. Erst nach der Fußballweltmeisterschaft 2010 sollte Rustenburg weltweit bekannt werden. Das Royal Bafokeng Stadium wurde für diesen Riesenanlass komplett neu gebaut.

Die Farbunterscheidung mag heute merkwürdig anmuten, damals waren diese Farbdefinitionen aber nicht nur normal, sondern auch sozial maßgebend. Für mich aber – das gebe ich bereitwillig zu – war nur eins wichtig: dass aus den Mischehen die schönsten Kinder stammten, damit auch die attraktivsten Frauen …

Wie zu meinen Stationen in England und Israel hatte ich auch nach Südafrika meine Messer mitgebracht. Es waren mittlerweile an die vierzig – etwa so viele, wie ich Narben an den Händen und Armen habe, Narben von der Arbeit, versteht sich. Wie jeder Koch habe ich immer irgendwelche Verbrennungen, Schnitte oder offene Risswunden, die je nach Größe und Tiefe bleibende oder vergänglichere Narben hinterlassen. Und wie alle Köche zeige und zeigte ich meine neuesten Verbrennungen und Verstümmelungen gerne den anderen Mitarbeitern, vornehmlich beim Essen. Wie die eiternden, verkrusteten Wunden unter nassen, gammeligen Pflastern vor sich hinrotten, ist allemal einen Blick wert.

Im Hotel waren wir angewiesen, bei der Arbeit Handschuhe zu tragen. Doch versuchen Sie mal, Karottenjuliennes mit Gummihandschuhen zu schneiden! Entweder hat man nachher kleine Gummistücke im Salat, oder es gibt keine Juliennes, weil der Koch frustriert in der Kneipe verschwunden ist. Also trugen wir nur bei den vorher angemeldeten Kontrollen Handschuhe und verzichteten sonst illegaler- wie praktischerweise darauf.

Wenn sich in Südafrika einer in der Küche schnitt, brach jedoch jedes Mal Panik aus. Keiner wollte sich mit fremdem Blut besudeln. Alle hatten Angst vor Aids. Die Krankheit war überall präsent: im Fernsehen, auf Postern, im Radio. In Südafrika steckten sich täglich Zehntausende mit der Krankheit an, viele starben. Alle befürchteten eine Epidemie – und doch wollte niemand Kondome verwenden. *Meat on meat* war die verbreitete Devise: »Fleisch auf Fleisch«. Sahen

sie aber frisches Menschenblut in der Küche, suchten die Köche und Küchenhelfer blitzschnell das Weite. Der Abendservice konnte noch so stressig sein, der Drucker noch so hektisch rattern, sie hauten dennoch ab. Als ich das Spektakel zum ersten Mal miterlebte, blieb ich als Einziger in der Küche und versuchte, die Mahlzeiten allein zu schicken. Es ging einigermaßen. Nach dem Service wischte ich das getrocknete Blut des verletzten Koches von der Anrichte und kontrollierte in Ruhe meine *Mise en place* für den nächsten Tag.

Danach beobachteten mich meine Küchenkollegen mehrere Wochen lang äußerst misstrauisch. Hatte ich seltsame Flecken auf der Stirn, eine Erkältung, die nicht besser wurde? Viele dachten offenbar, Aids würde innerhalb von Tagen oder sogar Stunden nach der Ansteckung mit HIV ausbrechen. Sie konnten sich nicht vorstellen, dass man über Jahre hinweg den Virus in sich tragen und viele andere anstecken konnte, ohne es zu wissen. Sie waren der Ansicht, dass man sich krank fühlen musste, um krank zu sein – und außerdem ging keiner freiwillig zu einem modernen Arzt.

Fühlte sich einer meiner schwarzafrikanischen Kollegen einmal krank, wählte er stattdessen zuerst die traditionelle Lösung: Er besuchte einen Hexendoktor. Von denen gab es unzählige. Sie hausten meist in dunklen Wellblechhütten, rauchten Haschpfeifen und trugen von Motten zerfressene falsche Leopardenfelle. Rostige Dosen mit geheimen Tinkturen, Salben, Kräutern, Pulvern und Destillaten zierten die aus alten Ölfässern gefertigten Möbel in ihrer Hütte. Von der Decke hingen diverse undefinierbare Objekte, verdorrt und schwarz vom Rauch unzähliger Heilungsfeuer. Meistens standen zudem einige handgeschnitzte Figuren verloren zwischen dem Zivilisationsmüll herum. Und natürlich verschiedene heilige Knochen und die *muti*, die Spezialmedizin, ohne die ein Hexendoktor nichts wäre.

Muti gehört zu den dunkelsten Kapiteln nicht nur von Bophuthatswana, sondern auch der nördlichen Nachbarländer, speziell Botswana. Offiziell wurde nicht darüber geredet, aber noch immer wurden – im harmlosesten Fall! – Kindern die Finger und Zehen abgeschnitten und den Hexendoktoren zur Herstellung von *muti* verkauft. Im schlimmsten Fall wurden Kinder oder auch Erwachsene getötet und die Organe und Körperteile ausgesaugt und zu dem angeblichen Heilmittel verarbeitet.

Die Patienten der Sangomas, wie man die Hexendoktoren nannte, wurden zuerst von einer hübschen Helferin – meistens eines der vielen Kinder, die der Doktor mit seinen Frauen hatte – in die verrauchte Hütte geführt. Dann warf der Doktor eine Handvoll Kräuter ins Feuer, murmelte vor sich hin und rasselte mit den vergilbten Knochen. Er warf diese vor dem Patienten auf den staubigen Lehmboden, und dann erläuterte er seine Diagnose.

Unser Restaurantmanager zum Beispiel litt wochenlang an Bauchschmerzen. Der Hexendoktor fand heraus, dass sich ein kleiner grüner Kobold in seinem Magen eingenistet hatte. Er verabreichte dem Manager ein natürliches Brechmittel, und nachdem sich dieser mehrmals übergeben hatte, kroch tatsächlich ein kleines grünes Männchen aus dem Erbrochenen heraus. Der Doktor schlug den Kobold bewusstlos und schmiss ihn singend und betend ins Feuer. Der Manager wurde nach dieser Tortur mittels eines schriftlichen Attests des Hexendoktors drei Tage krankgeschrieben. Der Restaurantmanager, sonst ein sehr westlich orientierter, moderner Mann mit Hotelfachschulabschluss, bestätigte, den Kobold gesehen zu haben. Und die Bauchschmerzen waren verschwunden. Er war geheilt.

Viele glaubten leider auch, dass man auf diese Weise so Krankheiten wie den Tripper oder Syphilis heilen konnte. Oder eben auch Aids.

So verging die Zeit. Auch in Afrika rückte Weihnachten näher. Nachdem der 25. Dezember im Jahr zuvor sang- und klanglos ohne eine Feier vorübergegangen war, freute ich mich nun umso mehr auf das Fest. Schon ab Ende November dekorierten die F&B-Assistenten das Hotel mit Tannengrün aus Plastik, Kugeln, Styropornikoläusen, Sternen, Engelchen und vielem mehr. Aus Sun City liehen wir uns einen thailändischen Gemüseschnitzer, der die ausgefallensten Weihnachtsfiguren und Sterne aus Styropor schnitzen konnte. Da er schon einmal da war, produzierte er auch gleich noch die Osterdekoration für das kommende Jahr: übergroße gelbe Quietscheentchen, bunte Hasen und Riesenkarotten.

Auch die Menüs für Weihnachten standen schon fest; etwas Traditionelles war angesagt. Und so sollte es mit Salbei und Zwiebeln gefüllten Truthahn geben, einen ganzen glasierten Schinken, Ofenkartoffeln, Pastinaken sowie Kürbis mit Honig und Mandelsplittern. Mince Pies und Christmas Pudding mit Brandysauce durften natürlich nicht fehlen.

Ich war für die Gesamtvorbereitung zuständig – und stand vor einer nicht unerheblichen Herausforderung. Noch nie hatte ich eine Füllung für Mince Pies – kleine, runde Mürbeteigküchlein, gefüllt mit einer Mischung aus Dörrfrüchten, Zitronat, Orangeat und Gewürzen – zubereitet. Natürlich gibt es von diesem Grundrezept Zigtausende Ableitungen, Familienrezepte, Omarezepte und Neukreationen. Eigentlich konnte man also nicht viel falsch machen. Und doch schmeckten meine Mince Pies keinem. Ein Skandal! Ausgerechnet der Schweizer Koch, für teures Geld nach Südafrika importiert, war nicht in der Lage, genießbare Mince Pies herzustellen! Eine Schande.

Schmollend verkroch ich mich in mein Zimmer. Zugegeben: Meine Kreation – süß-scharfe Chili Mince Pies – war für die traditionellen Südafrikaner wahrscheinlich doch etwas zu gewagt. Sogar mein Chef musste nach der ersten Degustation tief durchatmen, danach aber mochte er sie. Wir zwei waren allerdings auch die Einzigen, die sie aßen. Wahrscheinlich war ich der Zeit einfach voraus. Mittlerweile gibt es nämlich noch verrücktere Ableitungen davon, zum Beispiel mit Schokolade und Curry. Sehr lecker!

Dann kam Weihnachten und mit dem Fest auch Lea, die sehr zu Maggies Missfallen in meinem Zimmer wohnte. Die beiden mochten sich nicht. Und ich mochte die beiden nicht. Nicht mehr – auch wenn ich mich eines Nachts in betrunkenem Zustand von Maggie hatte verführen lassen. Lea hatte sich in den letzten Monaten verändert, war selbstsicherer, aber leider auch arrogant geworden. Oder hatte ich mich verändert? Jedenfalls wich ich beiden Frauen aus und ging abends nach der Arbeit mit dem Küchenchef und Bertl, dem neuen österreichischen F&B-Assistenten, direkt ins *Staff Pub*, wie die Bar im Personaldorf genannt wurde.

Obwohl Lea am nächsten Morgen zurück nach Johannesburg fuhr und ihr Bruder auf meine Versuche, die Sache telefonisch zu klären, sehr abweisend reagierte, flogen wir später auf Kurzurlaub nach Kapstadt. Zu dritt – denn außer Lea und mir war auch Bertl mit von der Partie. Wir schlemmten uns von Restaurant zu Restaurant, aßen afrikanische, malaysische und europäische Spezialitäten und besichtigten das berühmte Mount Nelson Hotel, in dem Larry die Lehre gemacht hatte. Wir fuhren nach Paarl, Franschhoek und Stellenbosch und besuchten die dortigen Winzer. Von Degustation zu Degustation, von einem reichhaltigen Mahl zum nächsten. Mein neuer Kollege Bertl kam aus der Steiermark und hatte Kellner gelernt. Nach seiner Lehre hatte er in der Schweiz gearbeitet und danach in den Vereinigten Staaten eine Hotelmanagementschule absolviert. Viel gelernt haben kann er dort jedoch nicht, denn er fragte mich ständig über alle möglichen bürotechnischen Angelegenheiten aus. Wie berechnet man die *Food Cost*, die Herstellungskosten eines Gerichtes, in der prozentualen Relation zum Verkaufspreis? Was genau ist eine Rendite? Und so weiter und so weiter. Außerdem hatte er Schwierigkeiten, eine Frau zu finden – ein Problem, das ich überhaupt nicht nachvollziehen konnte.

Vor allem Lea turnte ihn total an, besonders nach ein paar Gläschen Rotwein. Sie aber fand ihn abstoßend und ließ ihn das auch spüren. Wie auch mich. Besonders genervt war sie, weil Bertl und ich die meiste Zeit angeheitert waren und immer nur vom Essen redeten. Irgendwann, als wir einmal wieder total vollgefressen mit einer Flasche Pinotage von Nederburg an einem romantischen Holztisch in Franschhoek saßen, kam uns eine fantastische Idee. Wir hatten mal wieder über den Rand gelästert, der im Ausland immer mehr von seinem Wert verlor. In Südafrika selbst blieb der Kaufwert hoch, aber sobald man das Geld umtauschen wollte, machte man Verlust. Warum also sparen? So beschlossen wir, in Zukunft unseren gesamten Lohn zu verprassen – und zwar nicht in Kneipen, sondern auf Safaris. Wir wollten den wilden, schwarzen Kontinent kennenlernen.

Pläne schmiedend verbrachten wir die letzten Tage unseres Kurzurlaubs mit Prospekten und Broschüren von Safariunternehmen. Schnell waren wir uns einig: Wenn wir erst wieder etwas Geld angespart hätten, sollten die Viktoriafälle in Zimbabwe und Sambia unser erstes Ziel sein.

Während sich Lea in Johannesburg wortlos von uns entfernte, fuhren Bertl und ich mit einem Taxi zu einem Kollegen in Sandton. Dieser nahm uns am nächsten Tag mit nach Rustenburg, wo er geschäftlich zu tun hatte. Von dort marschierten wir mitsamt unserem Gepäck zu Fuß zurück in unser Personaldorf. Auf dem beschwerlichen Weg durch unwegsamen Busch und über die grüne Grenze nach Bophuthatswana schmiedeten wir noch einen weiteren Plan: Wir würden entweder Maggie aus »meinem« Haus ekeln oder aber ein anderes Doppelhaus im Komplex bekommen, das wir fortan in einer WG bewohnen wollten.

Es dauerte eine Weile, doch wenige Monate später hatten wir es tatsächlich geschafft: Wir bekamen ein Haus. Maggie hatte sich aus »meinem« nämlich nicht vertreiben lassen. Sie war zäher, als wir vermuteten. Dabei hatten wir uns echt ins Zeug gelegt: Mitten in der

Nacht kam Bertl mit kistenweise Bier zu Besuch, und wir schauten uns lautstark CNN-Nachrichten im Fernsehen an. Wir verdreckten die gemeinsame Küche und ließen Aschenbecher halb gefüllt mit Bier und Kippen in der Spüle stehen. Essensreste fermentierte ich im Hotel vor, und als sie so richtig stanken, überführte ich sie in unseren privaten Kühlschrank.

Wenn Maggie sich bei Bertl, mit dem sie im Hotel zusammenarbeitete, über mich beschwerte, tat er so, als wäre ich der böse, böse Koch und er der nette Kollege, und versprach ihr, nicht mehr mit Bier zu Besuch zu kommen. Tat er auch nicht – dafür brachte er fortan seine schwarze Kollegin mitsamt Freundin mit. Maggie hielt auch diese Katastrophe irgendwie durch, wir aber dachten nicht daran, unsere Mission aufzugeben.

Dass ich mich auf eine Affäre mit der Ehefrau eines Casinomitarbeiters einließ, hatte jedoch nichts mit unserem Plan zu tun. Nichtsdestotrotz war Maggie zutiefst schockiert, als sie eines Tages unerwartet früh von der Arbeit zurückkam und mich und meine Geliebte auf ihrer Couch vorfand. In eindeutiger Situation. Natürlich konnte Maggie ihre Klappe nicht halten und nutzte die günstige Gelegenheit, um mir meine vorangegangenen Unverschämtheiten zurückzuzahlen. Sie erzählte alles brühwarm einer Kollegin aus dem Casino, wodurch es natürlich nicht lange dauerte, bis der Gehörnte von der Sache erfuhr. Als wir eines Nachts im Pub aufeinandertrafen, wurde der Bure nach anfänglicher lauter Diskussion handgreiflich und vermöbelte mich nach Strich und Faden. Seine Frau verarztete mich am nächsten Morgen, während er wieder auf der Arbeit war. Dennoch beendeten wir die Affäre, zumindest für ein paar Tage …

Das gemeinsame Haus bekamen Bertl und ich schlussendlich, weil sein Mitbewohner nach Sun City versetzt worden war. Das ganze Affentheater mit Maggie war also reine Zeitverschwendung gewesen!

Als am 15. Januar 1991 der erste Golfkrieg ausbrach, saßen Bertl und ich daher zusammen vor dem Fernseher und schauten uns die Bombenabwürfe über Bagdad live an. Wie Millionen anderer auch. Ich dachte an die Kumpels in Israel – und an Lea. Da ich lange nichts mehr von ihr gehört hatte, rief ich ihren Bruder in Johannesburg an und fragte ihn, was los sei. Er erzählte mir, dass sie die letzten Wochen mit einem Holländer durch den Krüger Park ge-

tourt war und nun, da ihr Vaterland sie brauchte, zurück nach Israel geflogen war, um dort ihre olivgrüne Uniform wieder anzulegen und ihre Galil zu schultern, die in Elat immer schussbereit neben meinem Bett gestanden hatte. Er legte auf. *Shalom.*

Shalom, tatsächlich. Meine große Liebe war sang- und klanglos zu Ende gegangen, und dennoch war ich erstaunlicherweise gar nicht so traurig. Als auch der aus der Ferne beobachtete Golfkrieg Routine wurde, konzentrierten Bertl und ich uns auf unsere bevorstehende Reise an die Viktoriafälle. Wir hatten schon fast alles organisiert und planten, nicht nur die Wasserfälle zu besuchen, sondern drei Tage Angelurlaub am Lake Kariba und eine Kurzsafari im Hwange National Park anzuschließen. Der Lake Kariba ist der größte Stausee Afrikas und war damals voll von Tigerbarschen, kleinen, kämpferischen Gesellen, die das Herz eines jeden Fliegenfischers höher schlagen lassen. Ich war zwar kein Fliegenfischer, aber Bertls Enthusiasmus war sehr ansteckend.

Im Hotel war zu dieser Zeit sehr wenig los. Die sommerliche Gluthitze und die siebzigprozentige Luftfeuchtigkeit schlugen den Menschen aufs Gemüt, und es war schwer, sie aus den klimatisierten Wohnzimmern ins Hotel oder ins Casino zu locken. Da halfen auch die verschiedenen Promotionaktionen wenig.

Einige Bankette fielen dennoch an. Meistens handelte es sich dabei um riesige Salatbuffets, ganze Lämmer, am Spieß gebraten, und meterlange *Buurewors*. Bei diesen Anlässen trat der Chef persönlich in Erscheinung. Stundenlang stand er neben den sich am elektrischen Spieß über einem Holzkohlegrill drehenden Lämmern im Hotelgarten unter einem großen Sonnenschirm, schlürfte sein

Castle oder Olson Lager und beobachtete die Mädchen im Pool. Neben ihm auf dem *Mise-en-Place*-Tischchen standen eine große Schüssel mit der Marinade und eine Veterinärsspritze bereit. Alle zehn Minuten sog er die Spritze voll und injizierte den Lämmern die Flüssigkeit an allen möglichen und unmöglichen Stellen. Was er dabei dachte, vermag ich nicht zu sagen. Jedenfalls schmeckte das Fleisch danach tatsächlich unwahrscheinlich gut.

War der Chef fertig, rollten wir die gebratenen Lämmer mitsamt Grillwagen neben das Salatbuffet und tranchierten sie vor den Gästen. Der Chef, nach fünf oder sechs Stunden Vollbeschäftigung im Hotelgarten erschöpft, setzte sich lallend ab. Die Hitze und das Bier vertrugen sich wohl doch nicht so gut. Umso mehr schwärmte der Chef von den Banketten in Sun City, bei denen sie ganze Ochsen am Spieß gegrillt hatten. Der Koch hatte das Tier vorher aufgeschlitzt und die vier Beine an den Ecken eines mit Maschendraht bespannten Rahmens befestigt. Dann wurde dieser über eine Kohlengrube gelegt und brutzelte – gut bewacht von einem Sicherheitsbeamten – vierundzwanzig Stunden vor sich hin. Damit dem Mann bei seiner Wache nicht langweilig wurde, musste er alle fünfzehn Minuten mit einem Mopp Marinade auf den Ochsen klatschen. Das Endresultat war eine Delikatesse!

Während mir die sommerliche Hitze nicht viel anhaben konnte, jammerten meine schwarzen Küchenkollegen und beschwerten sich über die Gluthitze. Sie konnten nicht verstehen, dass diese ausgerechnet mir nichts ausmachte. Nun ja, nach zwei Monaten BBQ-Dienst in der Hitze Elats konnte mich wohl wirklich nicht mehr viel erschüttern.

Sonst war nicht viel zu tun. Als in Sun City ein großes Bankett anstand, meldete ich mich daher freiwillig. Doch außer uns Köchen wurde vor allem zusätzliches Personal im Service gesucht. Um das aufzutreiben, schickte das Management einen Busfahrer los, der in den umliegenden Townships Leute anwerben sollte. Er kam mit einem Bus voll Landbewohner zurück, und das Management versuchte nun, in wenigen Stunden aus Buschbauern in zerrissenen T-Shirts und Shorts schicke und aufmerksame Kellner zu machen. Sie wurden gewaschen und rasiert und in Socken, Schuhe und Uniformen gesteckt; den Ablauf des Anlasses erklärte ein Kollege auf Setswana. Sie nickten verstehend und palaverten ungerührt lautstark weiter.

Als ich die Details hörte, schluckte ich: Erwartet wurden fünftausend (!) Gäste, die das Essen auf Tellern angerichtet serviert bekommen sollten. Das allein erforderte normalerweise eine Riesenplanung und einen perfekt ausgetüftelten Ablaufplan. So etwas mit ungelernten Arbeitskräften zu stemmen ist eigentlich unmöglich, aber die Bosse hatten den Abend sehr clever geplant. Ich war beeindruckt. Von den verschiedenen Essensschöpfstationen, die rund um den monströsen Ballsaal verteilt waren, führten bunte, auf den Boden geklebte Linien zu den fünfhundert runden Tischen. Die Kellner hatten Sticker in einer bestimmten Farbe auf ihren Jacketts und mussten nur der gleichfarbigen Linie am Boden folgen. Sie wurden angewiesen, immer links von der Linie zu gehen, die Teller am Tisch abzuladen, umzukehren und auf der gleichen Linie, wieder auf der linken Seite, zurückzugehen.

Es hätte funktionieren können. Da aber einige der älteren Neukellner schlecht sahen und andere offensichtlich farbenblind waren, gab es hier und da Probleme. Einige Zusammenstöße waren nicht zu vermeiden, und so gingen einige Teller schon zu Bruch, bevor sie am Tisch ankamen. Im Großen und Ganzen hielten sich die Verluste aber in Grenzen. Ein paar Hundert Messer, Gabeln, Löffel und Gläser verschwanden spurlos, man zählte etwa dreihundertfünfzig zerbrochene Teller, und einige Uniformen wurden vermisst und später in Discos oder auf Hochzeiten wiedergesehen, wo ihre neuen Besitzer sie voller Stolz trugen. Einige Köche litten am nächsten Tag an einem schweren Kater, und mehrere Spülmaschinen mussten in Revision gebracht werden.

Bankette mit so vielen Gästen waren allerdings die Ausnahme.

Normalerweise kochten wir in unserem Hotel für kleinere Gruppen, meist weniger als hundert Personen. So auch an jenem Tag. Wir erwarteten eine Gruppe von sechzig Leuten, die Wild essen wollten. Wir hatten das Fleisch wie immer früh genug beim Metzger bestellt. Dieses Mal aber war es auf dem Weg zu uns irgendwie verloren gegangen. Es hatte die Metzgerei zwar verlassen, tauchte aber nie bei uns auf. Notgedrungen klemmte der Chef sich hinter das Telefon und bat Kollegen und Küchenchefs im Umkreis von hundert Kilometern um Hilfe. Wir hatten Glück. Im Pilanesberg Nationalpark hatte just an diesem Tag ein Tourist ein Kudu überfahren. Und trotz seines tragischen Tods hatte der Kudubock noch so viel brauchbares Fleisch auf den Knochen, dass wir nach mehrstündigem Gemetzel aus ihm einen anständigen Eintopf kochen konnten.

Am Wochenende danach lud mich Paul, einer unserer Köche, zu seiner Hochzeit ein. Er hatte schon fünf Kinder von drei verschiedenen Frauen und nun endlich die Liebe seines Lebens gefunden – ein junges Mädchen aus seinem Heimatstädtchen Lobatse, gerade vierzehn Jahre alt.

Die Hochzeit sollte nun, wie es üblich war, bei der Familie der Braut gefeiert werden. Meine ebenfalls eingeladenen Kollegen und ich mussten also nach Lobatse, das ein paar Hundert Kilometer nördlich von Rustenburg, in Botswana, liegt. Der Ehemann einer unserer Küchenhilfen kam uns zu Hilfe. Er bot uns an, uns für fünfzehn Rand pro Nase mit seinem sogenannten Kaffertaxi – einem Minibus, der offiziell fünfzehn Sitzplätze hatte, meist aber wesentlich mehr Passagiere beförderte – nach Botswana und zurück zu chauffieren. Wir nahmen das Angebot an und fuhren am Freitag vor der Hochzeit, abends nach der Arbeit los. Einige von uns sollten am Samstag um fünfzehn Uhr schon wieder arbeiten. Eigentlich unmöglich, das zu schaffen. Aber Afrika ist ja immer gut für Überraschungen.

Bis zur Grenze lief alles wie am Schnürchen. Der Bus war nicht allzu überfüllt: neben dem Fahrer und meiner Wenigkeit lediglich siebzehn fröhliche Gesichter. Man sang afrikanische Volkslieder und schunkelte, dass der Bus wackelte. An der Grenze mussten alle aussteigen und die Papiere vorweisen. Meine Mitreisenden zeigten ihre mehr oder weniger gammelig aussehenden Grenzübertrittspapiere vor. Solche Dokumente bekam man nur, wenn man in Bophuthatswana wohnte und Einheimischer war. So konnten die vielen Pendler

relativ schnell von Botswana in die Homelands nach Südafrika oder in entgegengesetzter Richtung reisen.

Als einziger Weißer in der Reisegesellschaft besaß ich auch als Einziger einen gültigen Reisepass. Die weißen Zöllner begutachteten mich misstrauisch. Sie waren es offensichtlich nicht gewohnt, einen wie mich in einem traditionellen Taxi zu sehen. Sie fertigten uns dennoch sehr zügig ab, und weiter ging's zum Botswana-Zoll, wo wir nicht nur ein Formular ausfüllen, sondern auch Bestechungsgelder verteilen mussten, um die nötigen Stempel zu bekommen.

Als wir zwei Stunden später endlich die Erlaubnis bekamen loszufahren, sprang der Motor des Busses nicht mehr an. Kurz entschlossen stiegen wir Männer wieder aus und schoben das Vehikel über die Grenze, wo es sich dann doch entschloss, uns noch ein Stück weiterzufahren. So erreichten wir am Samstagmorgen endlich Lobatse. Die Stimmung war überschwänglich. Alle sangen und tanzten vor Freude auf das kommende Fest. Nur mir war etwas mulmig zumute. Schon die Anfahrt hatte einige Stunden länger gedauert als vorgesehen. Die Chancen, noch am gleichen Tag wieder in Rustenburg zu sein, schwanden.

Aber was sollten wir machen? Wir hatten keine Möglichkeit, im Hotel anzurufen, und die Feierlichkeiten waren schon in vollem Gange. Der Häuptling und die Dorfältesten saßen an einer festlich gedeckten Tafel, ebenso alle Verwandten der Braut und des Bräutigams sowie Freunde, Onkel, Tanten, Cousinen und Cousins aus Botswana, Bophuthatswana, Südafrika, Lesotho, Swasiland, Zimbabwe und sogar aus Malawi. Ein gewaltiges Buffet mit Unmengen von Leckereien lud zum Schlemmen ein: exotische Früchte, Nüsse, Gemüse, Fleisch und Geflügel. Es wurde getanzt, gesungen und gelacht. Ich fühlte mich wie zu Hause.

Auf den mit bunten Tüchern gedeckten Tischen standen Salate aus Avocados, außerdem Tomaten, Gurken, Süßkartoffeln, Karotten, Rote Bete, Rettich und vieles mehr. Ein Riesenkessel mit Hühnercurry brutzelte auf einem Holzkohlefeuer, und überall auf den Tischen verteilt lagen Kokosnüsse, Ananas, Mangos, Papayas und Passionsfrüchte. Die Frauen hatten köstliche Kuchen mit Schokolade, Bananen, Ananas, Hafer und Zitronen gebacken, und auch für Getränke war gesorgt. Überall standen Eimer mit zuckersüßer Limonade. Einige halb blinde alte Männer hatten zudem Palmwein mitgebracht. Dieser »Wein« wird aus dem Saft der Elfenbeinpalme gewonnen – man schneidet die Stämme der Palmen an und sammelt die Flüssigkeit in Bottichen zu je zwanzig Litern, lässt ein junges, nicht pubertäres Mädchen in die Bottiche pinkeln und die Flüssigkeit abschließend für ein paar Tage gären. Eine etwas gewöhnungsbedürftige Mischung also.

Die Männer offerierten mir grinsend ein Gläschen. Ich probierte und musste mich beherrschen, keine Grimasse zu schneiden. Das Gebräu war lauwarm und schmeckte sehr sauer, beinahe wie Sake – auch wenn jeder Japaner diesen Vergleich als persönliche Beleidigung ansehen und mich mit einem Samurai-Schwert entzweischlagen würde.

Der Palmwein hatte neben seinem gewöhnungsbedürftigen Geschmack zweierlei Nebenwirkungen: Neutrinker bekamen fast immer anschließend Durchfall, und Langzeitkonsumenten erblindeten mit den Jahren. Die Herren, die den Wein aus Maun im nördlichen Botswana mitgebracht hatten, waren entsprechend teilweise schon sehr sehgeschädigt. Das hinderte sie natürlich nicht daran, mir viel über Botswana und die alten Traditionen zu erzählen, so auch über die Elfenbeinpalmen, die nur entlang der großen Elefantenpfade wachsen. Ihre Früchte, tennisballgroße Nüsse, sehen aus wie Elfenbeinkugeln und können nur keimen, nachdem sie in einem Elefantenmagen schon einmal vorverdaut wurden.

Auch wenn ich nach dem dritten Glas Wein und einigen unvergesslichen Geschichten ziemlich beschwingt war, behielt ich die Uhr im Blick. Gegen ein Uhr machte ich meine Kollegen darauf aufmerksam, dass wir eigentlich in Richtung Bophuthatswana aufbrechen sollten. Ohnehin war die Wahrscheinlichkeit äußerst gering, dass wir es noch pünktlich zur Arbeit schaffen würden, aber ich wollte es zumindest versuchen. Keine Chance. Meine Kollegen lachten mich aus und zerrten mich auf die Tanzfläche. Eine Polonaise wurde organisiert, ich wankte hinter dem Bräutigam her. Paul lachte mich an und fragte, wie mir seine Braut gefalle. Ich klopfte ihm auf die Schulter und sagte: »Das schönste Mädchen von ganz Botswana!« Sie war wirklich ganz niedlich. Aber doch noch ziemlich jung.

Etwa eine Stunde später hatten es meine Mitarbeiter dann plötzlich doch sehr eilig, so bald wie möglich zurückzufahren. Nun war ich derjenige, der ratlos war. Was hatte ihren Sinneswandel bewirkt?

Auf einmal ging alles sehr schnell: Paul und seine Braut gaben uns allen noch einmal die Hand, um sich für die Geschenke zu bedanken. Kurze Zeit später, nachdem wir den Fahrer gefunden hatten, alle im Taxi saßen und auch nach der dritten Zählung immer noch keiner fehlte, ging's los. Unter Jubelschreien und lautem Gekreische der Reisegesellschaft röchelte das Minibüschen mühsam in Richtung Zeerust, Südafrika.

Sogar den Dümmsten war mittlerweile klar geworden, dass es unmöglich war, um 15.00 Uhr in Thlabane zu sein. Nichtsdestotrotz gab sich der Fahrer alle Mühe, auf der staubigen Sandpiste einen neuen Rekord aufzustellen, und drückte das Gaspedal durch. Da wir bis zur Grenze kein anderes Auto zu Gesicht bekamen und die Lastesel, die sonst mit ihren kleinen Wägelchen die Straße verstopften, am Samstag nicht arbeiten mussten, war das weniger gefährlich, als es scheinen mag. Was auch immer wir dadurch an Zeit gutgemacht haben sollten, verloren wir jedoch an der Grenze. Dort filzten einige Soldaten, die auf dem Hinweg noch nicht dort gewesen waren, den Bus. Wie zu erwarten war, fanden sie nichts Interessantes. Außer mir.

»You, Sir, come along!«, befahl mir ein gut genährter Soldat. Sein Gewehrlauf zeigte auf den staubigen Boden vor mir. Ich musste mit ins Büro. Meine Proteste halfen nichts. Ich wurde gegrillt. Sie merkten, dass ich nicht ganz nüchtern war.

»Sir, did you consume any drugs in Botswana?« Ein Soldat fixierte mich mit starren Augen. Er fragte nach meinem Drogenkonsum und warnte mich: *»As you should be well aware off, it's against the law to do so and will be severely punished!«*

Ich erklärte ihnen, dass ich auf einer Hochzeit gewesen war und Palmwein getrunken hatte. Keiner glaubte mir.

Ich bat sie, die Kollegen im Taxi zu fragen. Doch die Soldaten lachten nur und deuteten aus dem Fenster. Das Taxi war weg, mitsamt meinen Kollegen. Scheiße! Die hatten mich doch tatsächlich sitzen lassen! Von ihnen war also keinerlei Hilfe zu erwarten.

Erst nach zwei Stunden im Grenzwachhäuschen ließen mich die Soldaten laufen. Ich war nicht einmal sauer, zumindest nicht auf sie. Aber ich verstand die Welt nicht mehr.

Zu Fuß marschierte ich über die Grenze nach Südafrika. Die Zöllner dort staunten nicht schlecht, als sie mich mit Flip-Flops, Shorts und T-Shirt bekleidet auf sich zukommen sahen.

Natürlich fragten sie mich aus. Ich erklärte die Sachlage.

Die weißen Zöllner lachten.

»Ja, man, that is typical for the blacks«, meinten sie in ihrem stark akzentuierten Englisch.

Scheißrassisten, diese Zöllner!, dachte ich und marschierte los, weiter in Richtung Heimat. Mein Kopf schmerzte, und der heiße Wüstensand verbrannte mir die Füße. Doch ich hatte Glück, denn nach wenigen Minuten hielt ein staubiger Toyota Land-Cruiser neben mir. Ein bärtiges Gesicht grinste mich an. Wohin ich unterwegs sei, fragte der Bure in Afrikaans.

»Rustenburg«, antwortete ich.

»Get in. My direction.«

Da sein Englisch so schlecht war wie mein Afrikaans, unterhielten wir uns während der Fahrt kaum. Mein Retter fuhr jedoch nicht auf gerader Strecke nach Rustenburg, sondern besuchte auf dem Weg dorthin noch zwei abgelegene Farmen. Während er dort Bestellungen für Tierfutter von den Bauern entgegennahm oder sich mit den Landarbeitern unterhielt, wartete ich im Auto. Eilig hatte ich es nun auch nicht mehr.

Erst gegen zehn Uhr abends erreichten wir so das Hotel, wo der Bärtige mich absetzte. Mit schlechtem Gewissen schlich ich mich am Portier vorbei zum Hintereingang. Ich war nicht nur Stunden zu spät, sondern hatte natürlich auch keine Arbeitskleidung dabei.

Im Büro erwartete mich der Souschef. Er blätterte mürrisch in einer Zeitschrift, und als er mich sah, verschlechterte sich seine Laune noch mehr. *»Don't say anything. I don't want to know!«*, knurrte er mich an und begutachtete meine staubigen Klamotten. Er wollte gar nicht wissen, was passiert war, sondern verwarnte mich mündlich und wies mich an, eine seiner Ersatzuniformen anzuziehen. Die war zwei Nummern zu groß und schlackerte um meinen schmalen Leib.

In der Küche gab es nicht mehr viel zu tun, nur noch ein paar Aufräumarbeiten. Die anderen waren zwar auch zu spät zur Arbeit gekommen, aber natürlich viel früher als ich. Auch sie schienen einen Anschiss bekommen zu haben, denn die Stimmung war gedrückt. Niemand fragte mich, wie ich zurück nach Thlabane gekommen war, keiner entschuldigte sich, dass sie nicht auf mich gewartet hatten.

Wortlos räumte ich das Buffet auf, warf die verkochten Kürbiswürfel in den Schweineeimer, sammelte die Schälchen mit den Saucen und Dips ein, sortierte die Fleischabschnitte und füllte die Salate in saubere Plastikgefäße um. Um halb zwölf ging ich dann nach Hause, heute ohne Feierabendbier.

Am nächsten Morgen bestellte mich der General Manager zu sich. Der nächste Rüffel. Der schwule F&B-Manager grinste hämisch.

Gesenkten Hauptes ging ich in die Küche.

Mein Chef sagte nichts, sondern wies mir nur die üblichen Aufgaben zu. Immer noch mit dickem Kopf vom Palmwein machte ich mich an die Arbeit. Die Rezeptur der Monkeygland-Sauce war auf rätselhafte Weise verschwunden. Normalerweise hing sie am Rezeptständer neben dem Herd in der Küche. Zum Glück hatte ich sie schon so oft zubereitet, dass ich sie auswendig konnte. Hinzu kamen Béarnaise, Rotwein- und Zwiebelsauce, Süßkartoffelsuppe, Lauchgratin, glasierte Karotten und Zuckererbsen, Schlangenbohnen, grillierte Maiskolben, gefüllte Tomaten, Lammkeulen und Rindergulasch.

Ich kochte und kochte und wurde immer unzufriedener. Die Tage tröpfelten so vor sich hin. Irgendwie hatte ich mir mein Leben in Afrika doch etwas anders vorgestellt. So mit Zigarre im Mundwinkel und Whiskytumbler in der Hand …

Um etwas Abwechslung in unser Leben zu bringen, durchwanderten Bertl und ich an unseren freien Tagen die Umgebung von Rustenburg, wo es einen kleinen Nationalpark mit Campingplatz gab. Wir kletterten auf den Felsen herum und folgten dem kleinen Bach bis hinauf auf das Hochplateau. Dort beobachteten wir die Antilopen, Giraffen und Paviane. Abends grillten wir über einem Lagerfeuer auf unserem beim Bach versteckten Eisenrost Fleisch, das wir aus dem Hotel hatten mitgehen lassen, tranken Bier, spielten Backgammon und führten Männergespräche. Bertl erzählte mir von seiner Exfreundin in Sun City, einer Schwarzen, von der er sich getrennt hatte, weil man ihn ihretwegen wie einen Aussätzigen behandelte. Seine Kollegen wollten ihn privat nicht mehr treffen und mobbten ihn während der Arbeit. Für uns als Europäer unglaublich: all das nur, weil er mit einer Schwarzen zusammen war.

Er schämte sich, mit ihr Schluss gemacht zu haben.

Ich nannte ihn trotzdem einen Feigling. Erst später erkannte ich, dass ich wirklich keine Ahnung hatte. Die Zeiten änderten sich nur langsam, und noch war das Apartheidssystem weit verbreitet.

Trotz dieser kleineren Reibereien genossen wir unsere freien Tage und vergnügten uns auf unsere Weise. Manchmal scheuchten wir auch Giraffen durch die Gegend oder warfen Steine nach den Pavianen, die den Campingplatz belagerten. Keine gute Idee, denn die Affen waren sehr clever und warfen die Steine zurück; kam man ihnen zu nahe, wurden sie aggressiv und griffen an.

Als sie hörten, wo wir uns herumtrieben, waren die meisten Kollegen entsetzt. Wie konnten wir uns nur in die Wildnis wagen! Sie alle hatten Angst – vor den wilden Tieren und vor allem vor den Schlangen. Wir aber bekamen nicht oft Schlangen zu Gesicht, höchstens die ein oder andere Puffotter. Vor denen hatten zugegebenermaßen auch wir Respekt, denn Puffottern gehen Menschen nicht wie andere Schlangen aus dem Weg und beißen sofort zu, wenn man ihnen zu nahe kommt. Zum Glück kannte Bertl sich mit diesen Viechern gut aus. Er hatte auf dem Golfplatz in Sun City schon Königskobras gejagt und zusammen mit anderen Köchen eine Riesenpython weggetragen. Die war laut Bertl fünf Meter lang gewesen und hatte sich unter das Vordach des Haupteingangs des Main-Hotels gelegt, um dort ihr dreiwöchiges Verdauungsschläfchen abzuhalten. Dort aber konnte sie beim besten Willen nicht bleiben: Die meisten Hotelgäste hatten wie unsere Kollegen furchtbare Angst vor Schlangen und wussten nicht, dass eine vollgefressene Würgeschlange absolut harmlos ist.

Irgendwann nahm Bertl dann doch wieder Kontakt mit seiner Exfreundin in Sun City auf. Er rief sie nachts aus der Telefonzelle neben der Personalkneipe an, wo ihn keiner sah oder hörte. Nur ich. Ich stand daneben und staunte über Bertls Fantasie. Er fischte die traurigsten, herzerweichendsten Geschichten aus seiner Lügentruhe. Er sei so einsam und verlassen, träume jede Nacht von ihr. Es ginge ihm so schlecht, und er würde sie so gerne wiedersehen. Mir wurde fast schlecht, aber er erreichte sein Ziel. Er hatte ein Date. Und ich ebenfalls, und zwar mit der besten Kollegin seiner Ex, einem Zulu-Mädchen, zwei Jahre älter als ich und kinderlos, was in Bop eher eine Ausnahme war.

Die beiden Frauen arbeiteten zusammen im gleichen Casino in Sun City als Croupiers. Beide dealten Black Jack, Roulette, Bakkarat und Punto Blanco. Bertl hatte sie zum Lunch in unser Hotel eingeladen und stellte sich damit bewusst dem Risiko, nun auch hier geschnitten zu werden. Ich war mir sicher, dass diese Einladung für uns nicht ohne Folgen bleiben würde, aber für das neue Südafrika war ich bereit, mich der Herausforderung zu stellen.

An einem Montagmittag war es dann so weit. Ich hatte den Frühdienst übernommen und wartete nun in der Küche darauf, dass Bertl mich rief. Endlich, gegen zwölf Uhr, kam eine Kellnerin in die Küche und überbrachte mir die gute Nachricht: Man erwartete mich im Coffee Shop zum Lunch. Schnell zog ich meine Schürze aus, und nach einem skeptischen Blick in die spiegelnde Stahlverkleidung eines Dämpfers marschierte ich mit langen, selbstsicheren Schritten durch die Schwingtür ins Restaurant. Zur Feier des Tages hatte ich mich morgens extra noch rasiert und mir die Haare mit Brillantine zu einem Entenschwanz gekämmt.

Bertls Eierkopf entdeckte ich sofort – und staunte. Ihm gegenüber saß eine kaffeebraune Schönheit im Lederkostüm. Das hätte ich Bertl gar nicht zugetraut! Was mich jedoch beinahe zu Fall brachte, war das Mädchen neben Bertls Exfreundin. So eine Süße hatte ich schon lange nicht mehr gesehen! Völlig verzückt von dem Anblick, der sich mir da bot, blieb ich an einem Tischbein hängen, stolperte an meiner Lunchverabredung vorbei und legte mich fast lang. Erst im letzten Augenblick konnte ich mich an der Tischkante des Nachbartisches festhalten. Ich entschuldigte mich bei den vier Herren, die dort saßen, und ging dann langsam um den Tisch herum, um Bertl und die zwei Damen zu begrüßen. Alle drei konnten sich das Grinsen kaum verkneifen.

Ich lächelte schüchtern.

Noch bevor Bertl uns einander vorstellte, war es um mich geschehen. Ich verliebte mich Hals über Kopf. Einmal mehr.

Bertl und ich gingen nun öfter nachts zu Fuß nach Thlabane, um auf unseren »Kulturexpeditionen« das Township zu erkunden. Da wir immer wieder Mitarbeiter des Hotels trafen und diese ihren Freunden und Kollegen erzählten, wer wir waren, dauerte es nicht lange, bis uns hier jeder kannte und uns die Menschen auf der Straße freundlich zuwinkten. Wir haben nie eine negative Erfahrung gemacht, trotz der übertriebenen Geschichten, die uns andere Weiße im Hotel erzählt hatten. Man hat uns nie überfallen oder belästigt.

Mit der Zeit gewöhnte ich mich an den Müll und Gestank. Nach und nach nahm ich die stinkenden Haufen am Straßenrand nicht mehr wahr, und auch der Rauch der Kochfeuer störte nicht mehr. Die abgemagerten Hunde und Katzen, die überall herumstreunten, scheuchte ich zur Seite, wie ich es von den Einheimischen gelernt hatte. Was uns am Anfang elend und verwahrlost vorgekommen war, störte uns wenig später nicht mehr. Auch die großen Kontraste fielen uns nicht mehr so ins Auge. Und die gab es an jeder Ecke: So lebte einer meiner Kollegen in einem Haus, dessen Lehmboden nur notdürftig mit Teppichen bedeckt war; im gleichen Raum, in dem er eine ultramoderne Stereoanlage mit Fernseher und Videorekorder aufgebaut hatte, befand sich auch die offene Feuerstelle, auf der in einem gusseisernen Topf das Teewasser zubereitet wurde. Vor der Hütte stand der ganze Stolz der Familie: eine Mercedes-Limousine.

Meine neue Freundin Bumali war die Einzige in ihrer Familie, die Arbeit hatte. Mit ihrem Lohn unterstützte sie die restlichen siebenundzwanzig, so gut es ging. Natürlich kauften sie alles auf Pump, sodass nach Abzug der monatlichen Raten für Kühlschränke, Fernseher, Videorekorder, Gasherde, Dieselgeneratoren und ihr Auto der Lohn fast aufgebraucht war. Als Croupier verdiente sie zwar sehr gut, für einen Urlaub mit mir und Bertl reichte es aber nie.

So fuhren wir weiter allein durchs Land – und waren ehrlich gesagt auch nicht besonders traurig darüber. Wie wir schon in Kapstadt geplant hatten, sollte uns unsere nächste größere Reise nach Zimbabwe und Sambia führen. Schon vorher hatten wir dazu auf dem Schwarzmarkt Zimbabwe-Dollars organisiert. Offiziell gab es die außerhalb von Zimbabwe nicht, weil Mugabe wollte, dass Besucher des Landes harte Währung in sein Land brachten, und es verboten war, die Landeswährung auszuführen. Aber wie alle Verbote wurde auch dieses natürlich fleißig umgangen, sodass wir die Zimbabwe-Dollars in Südafrika bei Pendlern aus Zimbabwe für die Hälfte des normalen Preises kaufen konnten. Bertl schmuggelte diese dann in seinen Schuhen unter der Einlegesohle nach Harare. Wir hätten uns gar nicht so viel Mühe geben müssen, das Geld zu verstecken, denn die Zollbeamten verzichteten darauf, uns zu durchsuchen, sodass wir relativ schnell zum wartenden Bus neben dem Flughafengebäude gehen konnten. Bertl schwitzte dennoch. Er war wirklich nicht zum Schmuggler geboren!

Harare stellte sich als große, dreckige, heruntergekommene, von Robert-Mugabe-Postern übersäte, typisch afrikanische Metropole heraus. Polizei und Armee waren allgegenwärtig, die Straßen waren mit Vehikeln aller Art verstopft. Unser Hotel, das Monamotapa, befand sich mitten im Chaos. Wir checkten ein, warfen unsere Taschen auf das Bett und teilten die Dollars unter uns auf. Ihr ungewöhnlicher Transport hatte Spuren hinterlassen – weniger auf den Geldnoten als an Bertls Socken. Sie waren nun hellblau und wiesen deutlich lesbar den Schriftzug der Nationalbank von Zimbabwe auf.

Dessen ungeachtet machten wir uns sofort auf den Weg ins Hotelrestaurant. Wir wussten zwar von unseren weißen Kollegen in Südafrika, dass es in Zimbabwe wenig Nahrungsmittel, kaum Fleisch und ein sehr beschränktes Gemüseangebot gab. Doch natürlich galt diese Einschränkung nicht für das größte Fünfsternehotel von Harare. Hier schien es alles im Überfluss zu geben. Als Vorspeise reichte uns die hübsche Serviererin eine Suppe aus weißem Mais mit Riesencrevetten, dazu frisch gebackenes Brot mit Fenchelsamen und Kümmel. Herrlich! Danach servierte sie einen Barsch aus dem Kariba-See in Weißwein mit Zitronensauce, Gemüsestreifen und Hirseklöpsen. Fantastisch!

Der Hauptgang bestand aus einem rosa gebratenen Lammfilet mit Streifen von Warzenschweinschinken, Feigen und Papayastückchen, Portweinjus, Süßkartoffeln und gefülltem Patisson. Der Warzenschweinschinken schmeckte ähnlich wie Bündner Trockenfleisch in der Schweiz, das aber aus Rind hergestellt wird. Der Patisson war knackig, und die Füllung aus Petersilie, Koriander und Tomatenwürfeln erinnerte mich an mexikanische Gerichte, passte aber sehr gut zum Rest der Mahlzeit.

Danach waren wir so satt, dass wir das Dessert kaum noch herunterbekamen: Vanilleeis mit gerösteten Pecannüssen und Karamellfudge. Die Teller waren fantasievoll angerichtet und wunderschön mit gesponnenem Zucker und Fruchtschnitzereien dekoriert.

Ja, hier konnte man es sich wahrlich gutgehen lassen! Dennoch flogen wir am nächsten Morgen weiter zu unserem eigentlichen Ferienziel, zum Kariba-See, dem größten Stausee Afrikas, zweihundertzwanzig Kilometer lang und vierzig Kilometer breit. Fünf Jahre hatte es gedauert, bis sich der See mit dem Wasser des Sambesi-Flusses gefüllt hatte. Später setzte die Regierung Karpente im See aus, sardinenartige Fische, die ursprünglich aus dem Tanganjika-See stammten. Sie waren als Nahrung für die einheimische Bevölkerung und als Futterfische für die berühmten Tigerbarsche des Sambesi-Flusses gedacht, damit sich diese schnell im neuen See ausbreiteten. Und wir wollten den Tiger fangen!!

Unsere Bleibe stellte sich als gediegenes Feriendomizil im afrikanischen Stil heraus. Nur der Name, Cutty Sark, war etwas seltsam. Ein Brite mit Heimweh führte das Hotel und hatte es nach dem bekanntesten Teeclipper aus seiner alten Heimat getauft.

Bertl und ich hatten uns in Harare noch die passenden Klamotten für unsere »Expedition Kariba« gekauft: rote Polyestersandalen,

Khakishorts und kurzärmelige Hemden mit unzähligen Taschen und Munitionslaschen. Den perfekten Hut fand ich in der Souvenirauslage des Hotels: eine Fidel-Castro-Mütze mit der Aufschrift »Lake Kariba«. Wir sahen aus wie Comicfiguren und fühlten uns pudelwohl. *Das* war das wahre Leben!

Voller Tatendrang stachen wir am nächsten Morgen in See. Wir hatten ein Boot gemietet – und den dazugehörigen Bootsführer, einen Einheimischen namens Rojas. Das Warnschild am Ufer – *Beware of Crocodiles and Bilharzia:* Achtung vor Krokodilen und Bilharziose – belächelten wir ein wenig. Was sollte uns schon passieren! Wir waren jung und fühlten uns unsterblich.

Mit dem Bootsführer verstanden wir uns prächtig. Er fuhr mitten auf den See und erklärte uns, auf was man beim Tigerfischen achten musste. Wir sollten frische Kapenta-Fische, die er mitgebracht hatte, als Köder verwenden, diese ein Stück sinken lassen und dann langsam wieder einholen. Sobald ein Tiger biss, mussten wir uns allerdings beeilen, weil dann der kleine Barsch zu kämpfen anfing.

So konnte es endlich losgehen. Dachte ich. Denn schon beim Auswerfen der Angel rutschte ich aus und landete im kühlen Nass des Sees. Als ich prustend wieder auftauchte, war das Bötchen schon einige Meter entfernt. Ich bin ein relativ guter Schwimmer, also lachte ich und schwamm in Richtung Boot.

Bertl aber fuchtelte wie wild mit den Armen, während Rojas mit aller Kraft versuchte, das Boot zu wenden. Ich hörte nur Bertls Warnschreie. »Krokodil rechts!!! Da!«

Tatsächlich schwamm etwas in meine Richtung. Sehr langsam zwar, aber unaufhaltbar. Was sollte ich machen? Ich hatte gehört, dass man auf keinen Fall strampeln oder plantschen sollte, wenn Krokodile angreifen. Deshalb bemühte ich mich, mich so ruhig wie möglich zu verhalten, und wartete verzweifelt auf das Boot. Konnte Rojas nicht ein wenig mehr Gas geben? Trotz der Kälte des Wassers schwitzte ich.

Das Krokodil kam immer näher. Da endlich war Rojas mit dem Boot neben mir und reichte mir die Hand. Vorsichtig zog er mich an Bord.

Bertl lachte über meine Ungeschicklichkeit. Ich aber fand es überhaupt nicht lustig.

Jetzt erst erklärte Rojas mir, dass in den tiefen Wassern des Sees

keine Krokodile unterwegs waren. Sie hielten sich nur in Ufernähe auf, im Gras oder den Mangrovensümpfen. Und so war auch meine Lebensgefahr nur vermeintlich gewesen: Das gefährliche Krokodil entpuppte sich als harmloser Baumstamm.

Nun, in einer verschilften Bucht vor Fothergill Island, fingen wir schließlich einige Tigerbarsche. Dennoch war ich ein wenig enttäuscht. Ich hatte auf mehr Action gehofft. Alles, was geschah, wenn die kleinen Biester anbissen, war ein Ruck in der Angel, auf den man sofort reagieren musste. Nach einigem Hin und Her konnte man die Barsche dann ohne große Kraftanstrengung einholen.

Auf einem Feuer aus Treibholz brieten wir sie zum Mittagessen. Rojas outete sich als Spezialist für Buschgerichte und erklärte uns, mit welchen wilden Kräutern man sie würzen konnte und welche giftig waren. Auf diese Weise lernte ich in den folgenden Tagen einiges über die Vielfalt der afrikanischen Buschküche. Ich war fasziniert, und mir wurde schmerzlich bewusst, dass ich mich im Hotel in Thlabane eigentlich langweilte. Ich erinnerte mich wieder an meinen Enthusiasmus während meiner Lehrzeit, in der ich nur eins im Kopf gehabt hatte: die große weite Welt zu sehen. Jetzt aber war ich durch seltsame Umstände in diesem kleinen Casinohotel in Bophuthatswana gelandet und drohte dort zu versacken. Auf einmal wusste ich, was ich wollte: Safarikoch werden!

Vor unserer Rückreise nach Südafrika zog es Bertl und mich aber noch zu den Viktoriafällen. Wir wanderten über die Eisenbahnbrücke nach Livingstone in Sambia. Dort tauschten wir die eigens zu diesem Zweck mitgebrachten T-Shirts und Kugelschreiber aus Sun City gegen Eisenholzschnitzereien, bestachen die Zöllner mit den üblichen hundert Quatschas im Pass und schleppten die eingetauschten Waren über die Grenze und in unser Hotel, das weltberühmte Victoria Falls Hotel. Dort waren wir abends beim Dinner mit Abstand die Jüngsten. Pensionierte Kolonialbeamte saßen zusammen und unterhielten sich, eine Band spielte im Gartenpavillon, und auf der Terrasse bauten Köche in schneeweißen Uniformen mit Schlapptoque und Messingkette als Schürzenaufhängung ein Buffet auf. Wie vor hundert Jahren, zu Escoffiers Zeiten. Ich lächelte.

Die Platten und Schüsseln, die sie heranschleppten, sahen sehr verlockend aus. Fischpasteten, Fleischterrinen, gefüllte Hummerschwänze, glasierter Lachs, geräucherte Fische, Würste, Aufschnitt und Salate – immer mehr wurde aufgetragen. Ich schaute fasziniert zu und erfuhr nebenbei von einem Tischnachbarn, dass Köche in Zimbabwe eine dreijährige Lehre absolvierten. Eine absolute Ausnahme! Wie bei uns in Thlabane war das Küchenpersonal in Afrika sonst meist ungelernt.

Endlich forderte der Maitre d'Hotel uns auf, zum Buffet zu gehen und uns zu bedienen. Natürlich ließen wir uns das nicht zweimal sagen. Wir pilgerten etliche Male an den Speisen vorbei, beluden unsere Teller und waren immer wieder aufs Neue überrascht, wie fantastisch alles schmeckte. Ich merkte, dass hier ein französischer Küchenchef zugange sein musste, der die klassische Küche liebte. Die Saucen waren mit viel Butter zubereitet und ohne Hilfsmittel wie Saucenpulver oder Instant-Saucenpaste gekocht. Man schmeckte wirklich die frische *Demi Glace* oder den *Fond de Poisson* heraus. Die Wildterrinen aus Kudu und Warzenschwein gespickt mit Pistazien und Pecannüssen waren mit Gewürznelken, Kardamom und Zimt raffiniert gewürzt und auf gehacktem Portweingelee angerichtet.

Als wir so satt waren, dass wir beim besten Willen nichts mehr essen konnten, bestellten wir eine Flasche Whisky und zwei Gläser, packten unsere Zigarren aus, die wir just für so einen Abend aufbewahrt hatten, und lehnten uns in unseren Sesseln zurück. Die

Band spielte *New York, New York*, die Nacht war lau, und in der Ferne hörten wir das Donnern des Sambesi-Flusses. Am Himmel funkelten Millionen Sterne. Die Zikaden zirpten. Aus der Hotelbar drang das Gelächter betrunkener Männer. Das war es! So hatte ich mir Afrika immer vorgestellt. Genau so.

Unsere letzte Nacht in Zimbabwe verbrachten wir dann im Hwange National Park. Eine kleine Maschine von Air Zimbabwe flog uns von Hemingways Bar am Victoria Falls Airport direkt dorthin. Tatsächlich war die Bar am Flughafen von Victoria Falls das einzige Gebäude. Sogar die Wartelounge bestand nur aus einigen alten Korbstühlen am Rande der Piste. Das Flugzeug rollte einem direkt vor die Füße, und man musste das Gepäck selbst einladen.

In Hwange logierten wir in der Game Lodge mitten im Park. Nur ein breiter Graben trennte das Hotel von der Steppe. In der Ferne schlenderten Elefanten umher, ein Warzenschwein rannte mit hoch erhobener Rute kreuz und quer durch das lange braune Buschgras. Am Wasserloch hinter dem Graben sammelten sich frühmorgens und bei Sonnenuntergang Löwen, Geparden, Hyänen und das übliche Sammelsurium afrikanischer Wildtiere, um zu trinken, erklärte uns der Barmann.

Neugierig schaute ich mich etwas im Hotel um – und landete prompt in der Küche. Der diensthabende Koch stammte aus Neuseeland und zeigte mir bereitwillig sein Reich. Die Gerätschaften ähnelten denen, die ich zuletzt in England gesehen hatte: ziemlich alt und primitiv, Tische und Arbeitsflächen aus Pressholz gezimmert. Da hatte ich es in Thlabane doch um einiges besser.

Er sei früher Koch bei einem Safariunternehmen gewesen und habe in Namibia ein Camp betreut, erzählte mir der Koch. Dort habe er für reiche Amerikaner und Europäer mitten im Busch einfache Gerichte auf dem offenen Feuer zubereitet und eine Menge Spaß gehabt. Jede Nacht hätte er mit den Gästen gefeiert und sei auch noch dafür bezahlt worden.

Seine Erzählungen klangen verlockend.

Er gesellte sich nach Feierabend zu uns an die Bar, und während er weiter von seinen Erlebnissen berichtete, bezahlte ich ein paar Runden. Ich war begierig, mehr zu hören. Bertl aber war skeptisch und fand meine Idee, sich als Buschkoch zu betätigen, nicht gerade verlockend. Mich hingegen packte das Fieber.

Mitten in der Nacht weckte mich ein Tumult im Hof des Hotels. Ich wankte auf den Balkon und glaubte meinen Augen kaum. Eine Horde von Elefanten stand im Hotelgarten und riss mit dem Rüssel die Äste der Morula-Büsche herunter und verspeiste die Beeren. Einige Einheimische hatten sich mit langen Stangen bewaffnet und versuchten, die Elefanten aus dem Hotelareal zu verscheuchen. Sie hatten keine Chance. Ungerührt fraßen die Elefanten weiter.

Ich zog mir schnell etwas über und schlich mich aus dem Zimmer. Endlich wilde Tiere! Die wollte ich aus nächster Nähe sehen. Und tatsächlich: Bis auf wenige Schritte konnte ich mich den Elefanten nähern. Vorsichtig berührte ich den Hinterlauf eines Riesen. Überrascht blickte die Elefantenkuh auf mich herunter. Sie drehte sich leicht ab und beschnüffelte mich mit ihrem Rüssel. Dann posaunte sie laut los. Ich erschrak und sprang hinter die Büsche in Deckung. Doch nichts geschah. Erst nachdem die meisten Morula-Beeren verzehrt waren, schlenderten die Tiere über die Brücke zurück in den Park.

Immer noch aufgekratzt schlich ich mich zurück in unser Zimmer, wo Bertl immer noch tief und fest schlief. Als ich ihm die Geschichte am nächsten Morgen beim Frühstück erzählte, glaubte er mir kein Wort. Für mich aber hatte die unvergessliche Zeit in Zimbabwe mit einem Abenteuer geendet.

In Thlabane holte uns der Alltag schnell wieder ein. Ich bewarb mich heimlich bei einigen Safariunternehmen als Koch, aber da ich keinen Job bekam, blieb ich in unserem Township und frequentierte nun täglich die Personalbar.

Im Hotel und in der Küche war es sehr ruhig. Mein Lieblings-

mitarbeiter Meshak vergaß, das Rindfleisch ins Gulasch zu geben, weil er sein Date nicht verschlampen wollte. Zum Glück bemerkte ich dies noch rechtzeitig und kochte ein neues Gulasch. Herman servierte zu den Apfelkuchen statt Vanillesauce eine Sauce hollandaise, und Mama Betty ging eines Abends nach der Arbeit nach Hause und gebar ihr siebtes Kind.

Ich langweilte mich und heckte entsprechend Streiche aus. So streute ich eines Morgens Mehl über eine Arbeitsfläche in der Küche und machte mit meiner Hand kleine Abdrücke, die Babyfüßchen ähnelten. Dann rief ich meinen Kollegen Giles.

»Schau mal, die Fußspuren!« Ich senkte die Stimme zu einem Flüstern: »Eben habe ich Tokoloshe gesehen.«

Noch nie hatte ich Giles so schnell rennen sehen. Schreiend lief er durch die ganze Küche. Auch die anderen Mitarbeiter ließen alles liegen und stehen und machten sich aus dem Staub. Die Nachricht, dass der kleine Kobold im Haus war, verbreitete sich schlagartig im ganzen Hotel. Viele Tswana, aber auch Weiße verließen das Hotel fluchtartig.

Ich war erstaunt. Mit so viel Aberglauben hatte ich nicht gerechnet. Die Strafe ließ nicht lange auf sich warten: Ich bekam von Bérger persönlich den größten Anschiss meiner Afrika-Laufbahn, und mein Küchenchef brummte mir zur Strafe zusätzlich eine Doppelschicht auf.

»Das ist die unverantwortlichste, ja dümmste Sache, die ich in diesem Hotel je erlebt habe!«, schrie mich der Manager in seinem Büro an.

Kurze Zeit später verließ mich Bertl, der einen neuen Job in Kenia gefunden hatte. Ausgerechnet ihn, der nie für ein Safariunternehmen arbeiten wollte, zog es in eine Game Lodge, eine Touristenherberge mitten in einem Wildpark. Seiner Freundin erzählte er nichts. Ich wurde auch zu Stillschweigen verdonnert. Es war also dem Zufall zu verdanken, dass uns ausgerechnet am Tag von Bertls Abreise Bumali und Victoria besuchten. Sie wunderten sich über das

Gepäck vor der Haustür. Zuerst dachten sie, dass Bertl in Urlaub fahren würde. Als er dann beichtete, was er vorhatte, rastete Victoria aus. Sie verfluchte ihn und warf die geschnitzten Holzfiguren aus Sambia und Zimbabwe im Wohnzimmer herum. Bumali versuchte, sie zu beschwichtigen. Ich wollte helfen, erntete aber nur böse Blicke. Kurze Zeit später lagen sich Victoria und Bertl heulend in den Armen, während Bumali mich weiter ignorierte.

Dann war auch schon der Zeitpunkt für den endgültigen Abschied gekommen. Unser Chemikalienvertreter aus Johannesburg hatte Bertl versprochen, ihn mit zum Jan Smuts Airport zu nehmen, und stand nun vor der Tür. Minuten später war Bertl weg. Bumali kehrte mit Victoria nach Sun City zurück und brach den Kontakt zu mir ab.

Nun war ich wirklich von aller Welt verlassen.

8

Der Regentänzer

Ereignislos gingen die Wochen ins Land. Ich war frustriert und hatte die Hoffnung auf eine Safari schon fast aufgegeben. Dann auf einmal meldete sich ein Safariunternehmen aus Johannesburg bei mir – eine glückliche Fügung, die ich Bertl zu verdanken hatte. Er hatte vor nicht allzu langer Zeit Besuch von einem Kollegen aus Zimbabwe bekommen, der für Safariunternehmen in Botswana, Zimbabwe und Sambia als Tourguide und Fahrer arbeitete. Und ebendiesem Kollegen hatte ich meine Bewerbungsunterlagen mitgegeben. Sie hätten einen Job für mich, informierte er mich nun zu meiner großen Freude, zwar nicht für immer, aber immerhin für drei Wochen. Ich sollte eine Safari nach Botswana, Zimbabwe und Sambia begleiten. Dafür erhielte ich zwar keinen Lohn, aber ich dürfte umsonst mitreisen.

Ich jubelte und beantragte im Hotel sofort Urlaub. Das konnte ich mir schließlich nicht entgehen lassen. Ich verriet natürlich nicht, dass ich in dieser Zeit für ein anderes Unternehmen arbeiten wollte, sondern erklärte meinem Chef, ich brauche endlich mal eine Pause von unserem Hotel und hätte in einem Reisebüro in Rustenburg eine Safari gebucht. Er genehmigte den Urlaub, ohne weiter nachzufragen, und so begann ich sofort mit den Vorbereitungen für das kommende Abenteuer. Schon morgens früh vor der Arbeit buk ich auf unserem Personalgrillplatz Brot auf dem offenen Feuer, kochte Suppe, Nudeln, Reis und Gemüse. Ich hatte zwar schon in vielen Küchen gearbeitet, aber natürlich bisher immer auf einem mehr oder weniger funktionierenden Herd. Trotzdem war ich optimistisch, den Job zu meistern. Schließlich war ich jung und motiviert. Ich hatte mir in der Bücherei in Rustenburg ein Buch über afrikanische Buschküche gekauft, und Rojas in Zimbabwe hatte mir auch schon einige Tricks und Kniffe gezeigt.

So fing ich an zu experimentieren. Am Anfang haperte es zugegebenermaßen sehr. Das Brot war außen verbrannt und innen roh. Als ich mit unserem Spaghettitopf aus der Privatküche Wasser über dem Feuer kochte, schmolz der Kunststoffgriff und tropfte auf die darunter brutzelnden Gemüsespießchen und in die Glut. Das verursachte nicht nur einen beißenden Rauch, sondern machte auch die Spießchen ungenießbar. Ich bekam einen Hustenanfall, und der Spaghettitopf landete danach im Müll.

Was hingegen zu meiner Überraschung fast immer gelang, waren Kuchen, gedämpfte Kuchen. Diese Art von Kuchen kannte ich bereits aus England, wo sie *Steamed Pudding* genannt wurden. Der Kuchenteig kam in einen geschlossenen Topf, den man vorher dick mit Butter ausgeschmiert und mit Mehl eingestäubt hatte, und wurde in heißem Wasser gegart. Dadurch kann er natürlich schon von sich aus nicht verbrennen – ein Riesenvorteil, wenn man auf offenem Feuer kocht. Diese Methode des Backens stammt noch aus der Zeit, als man keine Backöfen hatte. Ich musste also bloß einen Topf Wasser auf die Glut setzen und einen kleineren Topf mit Kuchenteig vorsichtig in das Wasser hineingleiten lassen. Dort dümpelte der Kuchen dann eine Stunde vor sich hin. Danach fischte ich den Topf aus dem Wasser, öffnete ihn, und schon strömte mir der Duft von frisch gebackenem Kuchen entgegen. Lecker!

Da sich bald herumgesprochen hatte, dass es morgens bei mir frisches Brot und Kuchen zu degustieren gab, mangelte es mir nie an Testessern; meine Kollegen im Personaldorf waren dankbare Abnehmer – und strenge Juroren.

Dann endlich war es so weit. Der Tag meiner Abreise war gekommen. Wie mit dem Reiseunternehmen vereinbart, fuhr ich mit dem Bus nach Johannesburg, wo die Safari beginnen sollte.

Meine neuen Chefs hielten sich nicht lange mit Formalitäten auf. Sofort ging es los. Zusammen mit John, dem Reiseleiter, fuhr

ich auf den Großmarkt, um Lebensmittel, Wein und Wasser für drei Wochen und einundzwanzig Personen einzukaufen.

John hatte eine Rieseneinkaufsliste dabei. Sie fing bei Anchovis an und hörte bei Zonneberg-Riesling auf. »Wir werden nur in Bulawayo die Möglichkeit haben, Frischfleisch zu kaufen. Da kommen wir aber erst am sechzehnten Tag der Reise vorbei«, erklärte er, legte einen

großen Berg gefrorenes Fleisch zu unseren übrigen Einkäufen und lagerte es anschließend in der Tiefkühltruhe des Safarivehikels ein.

Das also war das Gefährt, das uns in den nächsten drei Wochen durch die Gegend kutschieren sollte: ein umgebauter Mercedes-Lastwagen mit achtzehn Sitzplätzen hinten, Stauraum für zehn Zweierzelte, zwanzig Klappstühle, Tiefkühler und Kühlschrank, Schaufeln, Besen, Abschleppseile, Küchenutensilien und noch tausend andere kleine Dinge, die uns das Leben im Busch so angenehm wie möglich machen sollten. Auf dem Dach des Lastwagens waren Metallkästen befestigt, die mit Werkzeug und Sitzkissen für die Klappstühle beladen waren. Die Kästen hatten darüber hinaus eine andere wichtige Funktion: Sie dienten als Sitzbänke bei Wildbeobachtungen. Auf das Dach gelangte man durch eine Luke im hinteren Teil des Lastwagens oder über eine Leiter auf der Fahrerseite.

Natürlich war der Lastwagen wie alle anderen Autos in Südafrika auch rechtsgesteuert. An der Außenwand der Beifahrerseite hing ein Klapptisch, der als Frühstücksbüffet oder als Arbeitsfläche für den Koch genutzt werden konnte. Während der Fahrt konnte man den Tisch hochklappen, und weil das Fahrzeug sehr hoch war, verdeckte der Tisch keines der Fenster.

Ich war angetan und freute mich auf die Reise. Es machte doch alles einen sehr professionellen Eindruck. Auch sonst war alles gut vorbereitet. Wir übten in der Garage der Firma den Auf- und Abbau der Zelte, und ich wurde aufgefordert, die gesamten Küchenutensilien zu reinigen und mir die Küche so einzurichten, wie es mir am besten passte. Das war wegen der Enge gar nicht so einfach. Schließlich räumte ich den Grillrost, die Grillplatte, die Wasserkocher und Hängetöpfe in eine große Aluminiumkiste, ebenso eine zusammenklappbare dreibeinige Gusseisenkonstruktion, mit deren Hilfe man die Töpfe über das Feuer hängen konnte. Grillzangen, Schöpflöffel, Schneebesen, Holzspachtel, diverse Messer und Schneidebretter verstaute ich in kleineren Kästen, die unter dem Fahrzeug angebracht waren. Ich hatte zur Sicherheit einige meiner eigenen Messer mitgebracht. Diese versteckte ich zuunterst in der Aluminiumkiste, eingewickelt in ein altes Handtuch. Ich wollte nicht eines Morgens aufwachen und jemanden mit einem meiner Messer beim Holzhacken oder Kokosnussöffnen erwischen.

Wir hatten nur diesen einen Tag Zeit, alles für die Reise herzurichten, und arbeiteten entsprechend konzentriert. John ging mit seinen Checklisten stundenlang hin und her, murmelte vor sich hin, strich Sachen ab und gab mir und George, dem anderen Safarihelfer, Anweisungen, was wir zu tun hatten. Abends um zehn hatten wir endlich alles verladen. Jetzt mussten wir nur noch Lastwagen und Reservekanister mit Diesel füllen und die beiden Ersatzräder noch einmal checken. Zeit für ein kaltes Feierabendbier.

»Also, ich muss euch sicher nicht extra sagen, dass der Gast bei uns König ist«, erklärte John die Spielregeln für die kommende Reise. »Und wir sind für ihre Sicherheit verantwortlich. Wir haben noch nie einen Kunden auf einer Safari verloren – trotz Angriffen von Löwen, Hyänen und anderen wilden Tieren. Und das soll auch so bleiben.« Er schaute in meine Richtung. »Bisher hat sich auch noch niemand eine Lebensmittelvergiftung eingehandelt.«

Ich nickte. Das war doch selbstverständlich!

Fünf Frauen und elf Männer sollten in den folgenden drei Wochen unsere Gäste sein. Zwei Personen hatten die Reise in letzter Minute noch gecancelt. Es war eine bunte Reisegruppe: eine Journalistin aus Baltimore, zwei Schwestern aus Holland, eine Gehörlose aus Frankreich und eine Österreicherin, zwei Männer aus Australien, einer aus Deutschland, zwei aus der Schweiz, drei aus England, einer aus Kanada und zwei aus Norwegen.

John war froh, dass keine Russen oder Italiener mit von der Partie waren. Keiner fragte, weswegen.

Als ich mich wie John und George wenig später neben dem Wagen in meinem Schlafsack für die Nacht bereit machte, dachte ich über die bevorstehende Safari nach. Ich war froh, dass ich mich so gut vorbereitet hatte. Eigentlich konnte nichts schiefgehen. Trotzdem dauerte es ziemlich lange, bis ich einschlief. Ich ging die Checklisten im Kopf noch einmal durch und prägte mir genau ein, was ich wann kochen wollte.

Am nächsten Morgen holten wir die Gäste schon um sechs Uhr vor einem der großen Hotels in Sandton ab, wo sie die Nacht vor der Safari verbracht, nett gefrühstückt hatten und von einer Mitarbeiterin des Reiseunternehmens auf den letzten Stand der Dinge gebracht worden waren. Wir wurden schon erwartet. Männer und Frauen jedes Alters, gekleidet in Safariklamotten, blumige Shorts oder Designerjeans, an den Füßen Wanderschuhe, Flip-Flops oder Sneakers. Diverse Kopfbekleidungen wie Strohhüte, Baseballcaps und Piratentücher rundeten das Bild ab. Das also waren unsere Gäste.

Nach Johns knapper Begrüßung verstauten die Gäste ihr Gepäck rasch im Wagen. Sie hatten zwar allesamt viel Geld für die Reise bezahlt, waren aber dennoch für ihr Gepäck selbst verantwortlich. Zum Glück passten die Taschen meistens unter den Sitz des Vordermannes oder der Vorderfrau. Was nicht unter einen Sitz passte, warf John kurzerhand hinter den Stauraum beim Tiefkühler. Das meiste Gepäck hatte die amerikanische Journalistin mitgebracht. Sie war auch die hübscheste der anwesenden Frauen. Doch da zu Johns Spielregeln gehörte, dass man nicht mit der Kundschaft flirtete, schaute ich eilig weg, als sie mich anlächelte. Das konnte ja heiter werden!

Natürlich wussten alle, dass uns eine lange Reise bevorstand, denn als Ziel unserer ersten Etappe war Francistown, Botswana, angesetzt, das etwa fünfzehn Fahrstunden von Johannesburg entfernt lag. Als die Fahrt losging, lehnten sich alle bequem zurück und hörten sich Georges Informationsrede an. Er erklärte die Verhaltensregeln in Nationalparks, die Vorgehensweise bei Grenzübertritten, wie wir die Zelte aufzubauen hatten, welcher Route unsere Reise folgen würde und vieles mehr. Die meisten Infos hatten die Gäste vor Antritt der Reise schon in schriftlicher Form bekommen. Umso ermüdender war für sie offensichtlich Georges Redestil. Schon nach einer Stunde – der Hälfte seines Vortrags – schlief die Hälfte der Anwesenden. Auch ich war entspannt, da mein erster Einsatz erst um die Mittagszeit gefragt war. Dann aber, John hatte kaum am Straßenrand gehalten, sprang ich aus unserem Bus und klappte den Tisch herunter. Ich packte Rohkostgemüse, kaltes Roastbeef, Brötchen, verschiedene Saucen und Margarine aus und richtete sie auf einem kleinen Büffet an. George brachte kühles Wasser und einen Fünfliterkarton Weißwein herbei.

Wir plauderten, aßen Lunch und lernten uns langsam kennen. Doch die Pause war kurz, John drängte zur Weiterfahrt. Auf den staubigen Pisten von Botswana konnten John oder George nämlich nur knapp sechzig Kilometer pro Stunde fahren, und wir hatten noch einen weiten Weg vor uns.

Wir schafften es dennoch rechtzeitig nach Francistown. Auf einem dunklen Rastplatz außerhalb der Kleinstadt übten John und George mit unseren Gästen, die Zelte aufzustellen. Sie lernten relativ schnell. Man musste nur das Zelt ausrollen und auseinanderfalten, mit den Laschen nach oben natürlich. Dann steckte man die Metallstangen überkreuz zusammen durch die Laschen, zu zweit bog man die Stangen nach oben, und schon stand das Zelt. Jetzt musste man nur noch die Stangen in den Bodenlaschen des Zeltes einfädeln. Für den Fall, dass es regnen würde, gab es noch ein Überzelt, aber da das Wetter fantastisch war, blieb dieses nicht nur an unserem ersten Abend im Lastwagen. Wenn das Zelt stand, konnte man eine Seite mit einem Reißverschluss aufmachen, sie nach oben klappen und, ohne sich zu bücken, ins Zelt gehen. In den First des

Zeltes hängte man seine Taschenlampe, im Safarislang »Kronleuchter« genannt.

Ich genoss es sehr, unseren Gästen zuzuschauen, und amüsierte mich darüber, dass sie so viel Geld bezahlt hatten und dennoch auf ihrer Reise mitarbeiten mussten.

Während unsere Reisegäste noch übten, entfachte ich ein Lager-

feuer und begann mit der Zubereitung des Abendessens. Ich grillte Würste und Steaks, servierte Wein und Wasser, schöpfte Kartoffelsalat auf die mir entgegengestreckten Teller und unterhielt die Gäste mit den üblichen Geschichten aus den Küchen, in denen ich schon gearbeitet hatte. Da wir am nächsten Morgen allesamt sehr früh aus den Federn mussten, wurde es nach dem Essen bald ruhig. Und auch ich rollte meinen Schlafsack auf dem Dach des Lastwagens aus, um zu schlafen. Durch die Wedel der Elfenbeinpalmen konnte ich das Kreuz des Südens sehen. Die Geräusche der Nacht drangen zu mir hoch. In einem der Zelte schnarchte jemand so laut, als säge er einen ganzen Wald ab. Der Tiefkühler im Lastwagen schaltete sich automatisch ein. Im hohen Gras raschelte es. Eine Schlange oder eine Ratte? Ich war zufrieden und glücklich, dass ich mich entschieden hatte, mich auf das Abenteuer Safari einzulassen. Hier fühlte ich mich wohl.

Schon um vier Uhr morgens weckte mich John. Er hatte schon ein Feuer angezündet, auf dem ich nun Kaffee und Tee kochte und das Frühstück vorbereitete. Speck und Eier brutzelten in der Bratpfanne, und auf dem Klapptisch, der auch als Frühstücktafel diente, hatte ich schon die Marmeladen, die Margarine, den Marmite-Brotaufstrich für die Australier, das Brot, die Chili- und Knoblauchpaste für John sowie Besteck und Teller bereitgestellt.

Als er sah, dass ich die Vorbereitungen abgeschlossen hatte, weckte George die zahlende Kundschaft. Auch der nämlich war während der Tour nicht mehr Schlaf vergönnt. Schließlich sollten unsere Gäste nicht schlafen, sondern etwas erleben. Die Australier freuten sich über ihr Marmite, obwohl sie eigentlich Vegemite bevorzugt hätten.

Aber da es das außerhalb von Australien nicht gab, mussten sie mit der englischen Version der Gemüsewürzpaste vorliebnehmen.

An diesem Tag führte uns die Fahrt durch flaches, aber dennoch unwegsames Gelände in die Nxai-Salzpfanne. Die Straße war übersät von Schlaglöchern und Schlammfurchen. Keiner von uns hatte je eine solch gewaltige Salzpfanne gesehen – dabei gehörte diese mit ihrer Fläche von knapp zwanzig Quadratkilometern in Botswana noch zu den kleineren. Die Vegetation änderte sich abrupt. Außerhalb der Pfanne hatten noch vereinzelt Mopane-Wäldchen aus Schirmakazien und Baobabs die Graslandschaft bereichert. In der Salzpfanne selbst wuchs nichts außer Gras. Der Salzgehalt des Bodens war für die meisten anderen Pflanzen einfach zu hoch. Dennoch war die Pfanne in der Regenzeit ein Paradies für Tiere, da sich im harten Boden viele Wasserlöcher bildeten und das Gras saftig und nährreich war. Was für ein Anblick!

In einem Mopane-Wäldchen neben der Piste bauten wir unser Camp auf, luden den Wagen ab, richteten eine Koch- und Feuerstelle ein und bauten die Zelte auf. Diesmal ging's schon schneller. Doch während die anderen sich dann mitsamt Bus auf die Suche nach wilden Tieren aufmachten, musste ich als Einziger im Camp zurückbleiben und eine Latrine ausheben. Tolle Arbeitsteilung!

Ich war wenig begeistert und machte mich fluchend daran, in der knochentrockenen, salzigen Erde eine Grube auszuheben. Auf einmal hörte ich ein tiefes Knurren, nicht weit entfernt von mir. Mir stockte der Atem. Das konnte doch nicht …

Langsam schlich ich mich zu den Zelten. Rojas hatte mir erzählt, dass die meisten Wildtiere Angst vor Feuer hatten. Daher zündete ich nun mit zitternden Fingern das an der Feuerstelle aufgeschichtete trockene Holz an. Wer auch immer sich im Busch hinter mir herumtrieb – er sollte gewarnt sein. Es raschelte erneut. Vorsichtig drehte ich mich. Ein Löwe! Und was für einer: ein ausgewachsenes Männchen mit dunkler Mähne und funkelnden Augen. Ohne sich an mir weiter zu stören, strich er gemächlich zwischen den Zelten

umher. Mehr als ich interessierte ihn die Kühlbox, die ich neben einem der Zelte abgestellt hatte. Der Löwe schnüffelte neugierig am Deckel neben der Box. Auf ihn hatte ich in einem Vakuumbeutel eingefrorenes Fleisch zum Auftauen gelegt.

Jetzt endlich loderte mein Feuerchen auf; eine dünne Rauchwolke stieg gen Himmel. Auch der Löwe schien den Rauch zu wittern, wurde nervös und ließ knurrend vom Vakuumbeutel ab. Ich versuchte währenddessen verzweifelt, mit dem Boden eins zu werden – was natürlich nicht klappte. Der Löwe sah mich und wusste ganz genau, dass ich Angst vor ihm hatte. Einige Sekunden fixierte er mich unschlüssig. Dann wandte er sich ab und verschwand so leise, wie er gekommen war, zwischen den Dornenbüschen. Ich blieb erst einmal, wo ich war, und wagte kaum durchzuatmen. Erst nach ein paar Minuten traute ich mich aufzustehen. Unsicher ließ ich den Blick schweifen. Offensichtlich war mein wilder Besucher tatsächlich weg.

Doch da hörte ich in der Ferne ein dumpfes Brüllen. Schnell kletterte ich auf eine Schirmakazie. Und sah es: ein ganzes Rudel Löwen! Mein Besucher war also nicht allein zum Camp gekommen. Doch ich hatte Glück. Die Wildkatzen entfernten sich bereits vom Camp.

Erleichtert rutschte ich vom Baum herunter. Fluchend darüber, dass ich mir dabei auch noch die nackten Beine zerkratzt hatte, sammelte ich so schnell wie möglich weiteres Holz zusammen und fütterte das Feuer weiter an. Es sollte nur ja nicht ausgehen! Anschließend schaufelte ich die Latrine im Schnelltempo aus und hängte die mobile Dusche – einen Wasserbeutel mit Schlauch und Brause – an einen der tief herabhängenden Äste eines Baumes auf. Den Spaten mit der Toilettenrolle stellte ich zehn Meter vor der Latrine auf. Dies war unser Zeichen dafür, dass die Toilette frei war.

Zeit für ein kaltes Bier. Ich holte eine meiner eigenen Dosen aus meiner Tasche und nahm einen tiefen Schluck. Kalt war das Bier natürlich nicht, aber gut war es trotzdem. Langsam beruhigte ich mich. Eigentlich hatte ich die Situation ja doch ganz gut gemeistert. Was aber sollte ich den anderen erzählen, wenn sie zurückkamen?

Weil die Glut so schön heiß war, fing ich schon einmal mit der Zubereitung des Abendessens an. Auf einem Termitenhügel hatte ich riesige wilde Tellerchampignons gesehen. Ich schnitt sie ab, säuberte sie und kochte sie dann, wie Rojas es mir gezeigt hatte, mit Wasser und viel Salz. Nach ein paar Minuten schüttete ich das Wasser ab und marinierte die Pilze mit Öl, Pfeffer und Currypulver. Danach schlug ich acht Eier auf und verquirlte sie zusammen mit Knoblauchpaste, die ich in einem Glas mitgebracht hatte. Die Pilze stäubte ich mit etwas Mehl und wendete sie in der Eimasse. Dann stellte ich eine Bratpfanne auf einen Rost über die heiße Glut und briet die Champignons in ein wenig Fett an. Ich holte die großen Rinderrippensteaks, die der Löwe zum Glück nicht geraubt hatte, packte sie aus dem Vakuumbeutel und würzte sie. Danach brachte ich den Grillrost zur Weißglut und grillte die Steaks schon einmal vor. Dann füllte ich meinen Aluminiumkochkessel zur Hälfte mit Wasser und grobem Maismehl. Wie ich es von unseren Tswana-Köchen gelernt hatte, kochte ich das Gemisch langsam auf. Das Millipap, wie die Einheimischen dieses polentaähnliche Gericht nennen, musste ich immer wieder umrühren und etwa vierzig Minuten leicht köcheln lassen.

Als die Pilze von allen Seiten braun gebraten waren, legte ich sie zu den Steaks auf ein Tablett, kippte das übrige Fett in den Sand und röstete in der noch heißen Pfanne geschnittene Zwiebeln, später auch Knoblauch und Ingwer aus meinem Vorrat. Eine Dose Tomatenmark und drei Liter Rotwein aus einem Karton kamen hinzu. Ich würzte mit Chilipaste, Salz und Pfeffer nach, zog die Pfanne von der Glut und wartete, bis die Soße nur noch leicht vor sich hin köchelte. Mit einem Eisenhaken verteilte ich die Glut neben der Feuerstelle, stellte die Pfanne mit der Soße darauf und legte die Rindersteaks vorsichtig hinein. Mit Alufolie deckte ich die Pfanne ab. Der Maisbrei war mittlerweile auch schön eingedickt. Ich rührte

nochmals um und schmeckte ab. Wenn das mal nicht ein prächtiges Essen wurde!

Ab und zu blickte ich mich um und lauschte in den Busch hinaus. Es war ruhig. Nur das Zirpen der Zikaden und das Rascheln des Windes im Geäst waren zu hören. Auch ich wurde immer ruhiger. Die Gefahr schien gebannt zu sein.

Mit Mehl, Kümmel- und Fenchelsamen, Salz, Wasser und Backpulver bereitete ich einen Teig zu. Ich stellte die zweite Gusspfanne in die Glut, schmolz ein wenig Fett. Als das Fett leicht rauchte, wusste ich, dass es heiß genug war. Schnell zerteilte ich den Teig in vier gleich große Rollen und platzierte diese im heißen Fett. Sofort setzte ich den Deckel auf und zog die Pfanne von der Glut. Ich hatte in Thlabane schließlich lange genug geübt und wusste, was ich tat. Fünfzehn Minuten später konnte ich den Teig wenden. Die untere Seite war, wie sie sein sollte: goldgelb und knusprig gebacken. Nun kam die Pfanne wieder drei Minuten auf die Glut, danach ruhte sie eine weitere Viertelstunde neben dem Feuer. Zeit genug, um das Fleisch zu kontrollieren. Die Soße war schön dick geworden und schmeckte würzig. Das Fleisch war rosa. Perfekt!

Jetzt nur noch die Beilagen. Ich schnitt die Pilze in große Streifen und platzierte sie rund um das mittlerweile fertig gebackene Brot in der Gusspfanne. Auch der Maisbrei schien fertig zu sein. Schnell rührte ich um und zog ihn vom Feuer.

Weil das Essen auf jeden Fall heiß gegessen werden sollte, ließ ich die Töpfe und Pfannen nahe am Feuer stehen, während ich den Klapptisch deckte. Nun konnten die Safarigäste kommen. Ich war bereit.

Schon von Weitem hörte ich wenig später den Lastwagen. Es war nicht zu übersehen, dass unsere normalerweise so muntere Reisegesellschaft keine Löwen zu Gesicht bekommen hatte. Die Stimmung war deutlich gedämpft; die Australier erzählten nicht wie am Tag zuvor ununterbrochen Witze, und auch die anderen Teilnehmer saßen nur ruhig da, starrten in die Luft und zogen lange Gesichter.

Ihre Laune änderte sich allerdings schlagartig, als sie die Töpfe und Pfannen sahen. Es war ein langer Tag gewesen, und natürlich hatten alle unheimlichen Kohldampf.

Während sich die Damen noch schnell frisch machten und die Herren schon einmal ein Bier oder ein Glas Wein tranken, nahm John George und mich zur Seite. »Wir versuchen es morgen vor dem Frühstück noch einmal. Irgendwo müssen die Tiere ja sein«, erklärte er. »Also sollten wir alle so früh wie möglich in die Zelte abtauchen und schlafen.«

»Vielleicht kommen die Tiere ja zu uns«, sagte ich schulternzuckend.

Die beiden schauten mich fragend an. »Warum denn das?«

»Weil heute Nachmittag ein Rudel Löwen hier war«, antwortete ich und berichtete, was ich erlebt hatte.

John erschrak. »Da hast du ja Glück gehabt! Und richtig reagiert! Gott sei Dank hast du ein Feuer entfacht, sonst wäre das ganze Rudel ins Camp eingefallen und hätte unsere Vorräte geklaut! Und dich wahrscheinlich auch noch getötet! Das wäre ganz schlecht fürs Geschäft gewesen!« Ich wusste natürlich, dass John bloß Spaß machte.

George hatte es offensichtlich die Sprache verschlagen. Er schaute mich nur erstaunt an.

Nach kurzem Nachdenken entschied John, dass George und er abwechselnd am Feuer Nachtwache halten würden. »Du sagst unseren Gästen nichts. Ich möchte nicht, dass sie unnötig beunruhigt sind. Falls die Löwen noch mal in die Nähe des Camps kommen, sehen wir weiter. Klar?«

Dann trommelte er die Gäste zusammen und übergab mir das Wort. »Während wir auf Tour waren, hat Felix hier schon unser Abendessen zubereitet. Was gibt es denn?«

Ich fasste mich kurz, erklärte, was es zu essen gab, und begann sogleich zu schöpfen. Sie alle waren begeistert, und ich war stolz und freute mich riesig, dass meine einfache Kreation so viel Begeis-

terung auslöste. Auch John klopfte mir auf die Schultern. »Gut gemacht!«

Von den Löwen hörten und sahen wir nichts mehr. Weder nachts noch am nächsten Morgen, als John und George noch einmal mit den Gästen hinausfuhren. Wieder blieb ich allein zurück im Camp. Diesmal war ich noch wachsamer und stieg ab und zu auf einen Baum, um die nähere Umgebung zu kontrollieren. Ich räumte unser Lager auf und bereitete das Frühstück vor. Als der Lastwagen kurz vor sieben wieder ins Lager rumpelte, war ich bereits fertig.

Nach dem Frühstück brachen die jeweiligen Zeltpartner ihr Zelt ab, luden das Gepäck selbstständig ein und saßen schon auf ihren Stammplätzen im Innern des Mercedes, während John und George die Landkarte studierten. Unsere Route stand zwar von Anfang an grob fest, aber die Stellen, an denen gecampt wurde, waren flexibel. John war per Funk mit anderen Safarifahrzeugen in Kontakt und tauschte sich mit anderen Wildführern über Wildtieraktivitäten und Straßenzustand, lokales Wetter und andere wichtige Hinweise aus. Sobald einer von ihnen etwas Interessantes sah, fuhren alle an die jeweilige Stelle, um den Touristen die Tiere zu zeigen. Natürlich dachten die, dass es in Botswana nur so von Wild wimmeln musste. Das war sicher nicht ganz falsch – nur zu sehen bekam man die Tiere selten. Dafür trafen wir immer wieder auf andere Safarifahrzeuge. Kein Wunder, wenn alle an denselben Stellen Wild suchen!

So merkte ich rasch, dass Wildtiertourismus gar nicht so wild war. Wie überall standen auch hier viel Kalkül und Organisation hinter dem Abenteuer. Ein wenig desillusioniert räumte ich meine Sachen zusammen, schaufelte die Latrine zu und sammelte den Abfall ein. Dann stieg auch ich in den Bus, rollte mich unter dem Beifahrersitz zusammen und schlief selig, während wir von der Nxai-Pfanne in nördliche Richtung weiterfuhren.

Noch vor dem Mittag erreichten wir Maun, unser nächstes Etappenziel. John blieb mit unseren Gästen am Flughafen, um die Rundflüge über das berühmte Okavango-Becken zu koordinieren, George und ich fuhren währenddessen den Lastwagen in eine Bucht des riesigen Okavango-Flusses. Hier standen für unsere Reisegesellschaft schon zehn Makoros bereit, schlanke Einbäume, die die Einheimischen benutzten, um sich in den Sümpfen fortzubewegen. Die Besitzer der Makoros begrüßten uns freudlich und halfen uns, die Zelte und das Küchenmaterial in die Einbäume zu verladen.

Und wo – und vor allem wie? – sollte ich hier noch Platz finden? Ich schaute mich ein wenig ratlos um und entschied mich dann, Georges Beispiel zu folgen. Ich stieg vorsichtig in eines der Boote und setzte mich dann flach auf das am Boden ausgebreitete Stroh. Ja, so musste es gehen.

Und schon ging es los. Die Einheimischen standen hinter uns und staken die Einbäume mit langen Stangen durch das hohe Sumpfgras. Hier ins Wasser zu fallen wäre wirklich nicht angenehm gewesen – zu den Hauptbewohnern des Deltas gehörten nämlich Krokodile. Die bekamen wir zwar nicht zu Gesicht, dafür aber Nilpferde und Wasserbüffel. Das klingt zwar nicht besonders spektakulär, beide Arten sind jedoch noch gefährlicher als Krokodile.

Auf einer Insel unter Elfenbeinpalmen bauten wir schließlich unser Camp auf. Ich schaufelte wieder die Latrine, während George die Makoros entlud. Die Einheimischen halfen uns sporadisch, standen die meiste Zeit aber nur herum und palaverten auf Setswana. George sprach zwar fließend Ndebele, eine Sprache, die man vor allem in Zimbabwe und in Teilen Südafrikas sprach, aber keine andere afrikanische Sprache, nicht einmal Afrikaans. Als ich jedoch ein paar Wörter mit einem der Schwarzen wechselte, wurden sie alle plötzlich sehr hilfsbereit. Sie freuten sich offensichtlich, dass ich ihre Sprache konnte. Zugegeben: Ich konnte natürlich nur einzelne Wörter und Satzfetzen wie *»Leina la gago ke mang?«* (»Wie heißt du?«), *»Dumela«* (»Hallo«) und *»Tswee tswee«* (»bitte«), aber das reichte schon. Sie sammelten Holz zusammen, bereiteten die Feuerstelle vor und kehrten mit Ästen das gesamte Campingareal. Dabei staubten sie zwar alle Zelte ein, aber der Platz sah nachher makellos gepflegt aus.

Für den Abend – George hatte den Rest unserer Reisegruppe zwischenzeitlich aus Maun abgeholt – hatte John eine Tour auf dem Okavango organisiert. Während ich kochte und das Dinner vorbereitete, zeigte er den Touristen die bevorzugten Trinkstellen der Antilopen, Gnus und Zebras. Insgeheim hoffte er natürlich, dass sie den Angriff eines Löwen oder Geparden live mitverfolgen konnten.

Und diesmal enttäuschte sie Botswana nicht. Voller Enthusiasmus schilderten unsere Gäste nach ihrer Rückkehr das erlebte Abenteuer.

Ich hörte mit halbem Ohr zu und konzentrierte mich auf die Arbeit. Ein Krokodil hatte ein junges Zebra mit ins Wasser geschleift und es vor den Augen der begeisterten Zuschauer zerfleischt. Großartig! Es war nicht zu übersehen, dass sich die Freude über die erlebte Gewalttat bei den Damen in Grenzen hielt. Die Amerikanerin war richtig angewidert von ihren männlichen Mitreisenden. Sie setzte sich kopfschüttelnd mit einem Klappstuhl in meine Nähe und schaute mir beim Kochen zu.

Als ich sie fragte, ob sie einen *Croctail* als Vorspeise wünsche, schaute sie mich zuerst verdattert an. Ich erklärte es ihr. Ein *Croctail* war ein Krokodil-Schwanz-Cocktail. *Croc* (Krokodil) und *Tail* (Schwanz), als Wortspiel *Croctail* genannt und mit derselben Soße wie ein Crevetten-Cocktail angerichtet, Sauce Marie Rose. Ich lächelte unterwürfig.

Sie durchschaute mich und grinste. »Nein danke.«

Die Männer wurden immer lauter und abenteuerlustiger, je mehr sie getrunken hatten. Sie beschlossen, nach dem Essen noch einmal in die Nähe einer Wasserstelle zu fahren, um weitere Tiere zu beobachten.

Die Frauen und ich blieben im Camp. Ich räumte mal wieder auf und spülte die Teller und das Besteck. Einige der Damen halfen mir dabei und erzählten ein wenig von sich. Die anderen saßen auf den Klappstühlen und lasen oder schauten uns bei der Arbeit zu.

Beschwingt von ihren Erlebnissen setzten die Männer nach ihrer Rückkehr ein Wetttrinken an. Ein Australier hatte mehrere Flaschen Jägermeister mitgebracht und überredete mich mitzumachen. Da John froh war, dass ich die Küche so gut managte, gab er mir den Abend frei und verdonnerte George dazu, am nächsten Morgen den Frühstücksdienst zu übernehmen. Ich konnte also ausschlafen – und hatte es auch dringend nötig, denn ich hatte mich tapfer geschlagen, auch wenn ich anschließend so betrunken gewesen war, dass ich mit brennender Zigarette im Mundwinkel eingeschlafen war. Mitten im Schilf, am Ufer des Okavango, nachdem wir alle sturzbetrunken im Dunkeln schwimmen gewesen waren. Zu meinem Glück waren die Australier, von denen einer das Wetttrinken gewonnen hatte, noch nüchtern genug, um mich zurück ins Camp zu tragen. Wer weiß, ob sonst nicht vielleicht ein experimentierfreudiges Krokodil Gefallen an einem Koch à la Jägermeister gefunden hätte …

Der nächste Morgen war für mich und die anderen Männer jedenfalls die Hölle. Allesamt waren wir verkatert, und ein Norweger übergab sich noch während des Frühstücks. Die Frauen waren natürlich angeekelt. Ich konnte es ihnen nicht verübeln. In gewissen Situationen können Männer wirklich unangenehm sein.

Während der nächsten Tage hatte ich keine freie Minute mehr. Nachdem die Einheimischen uns mit ihren Makoros von der Insel abgeholt hatten, fuhren wir mit unserem Reisemobil weiter, wieder via Maun, in Richtung Savuti-und-Chobe-Nationalpark. Da John einen kleinen Malariaanfall erlitt, mussten George und ich die wilde Truppe durch den Busch kutschieren. George war der Fahrer, während ich den Reiseleiter mimte. George bemühte sich erfolgreich, keinem Schlagloch auszuweichen. Gleichzeitig versuchte ich, den Gästen aus einem Reiseführer Informationen über die Gegend vorzulesen, in der wir uns befanden – bei Georges Fahrstil ein durchaus schwieriges Unterfangen.

In Maun schickten wir unsere Gäste zum letzten Mal einkaufen. Was sie jetzt nicht hatten, darauf würden sie in der nächsten Woche fernab der Zivilisation verzichten müssen. Auch wir sorg-

ten vor, tankten unser Vehikel und die Ersatzkanister noch einmal randvoll auf und füllten auch Trinkwasser nach. Dann holten wir in Savuti einen Parkwächter namens Batsuane ab, der uns nun die ganze Zeit begleiten und aufpassen würde, dass wir das Wild nicht zu sehr bedrängten, auf den markierten Pisten blieben und unseren Müll wieder mitnahmen. Ohne den Ranger hätten wir den Park nicht befahren dürfen.

Es folgten unheimlich lange, anstrengende Tage. Schon morgens um vier fing ich mit der Arbeit an, kochte Tee und Kaffee, bereitete das Frühstück vor und räumte das Camp auf, während John und George mit den Gästen gegen fünf Uhr zu ihrem ersten *Gamedrive*, ihrer ersten Wildtierfahrt, aufbrachen. Da es noch dunkel war, hatten sie ihren großen Scheinwerfer auf dem Dach des Vehikels angemacht. Je nachdem, ob sie Tiere zu sehen bekommen hatten, kehrten sie früher oder später zum Frühstück zurück. Ich ließ mir ihre Geschichten von Löwen, Büffeln, Geparden mit Jungen, Königskobras und so weiter erzählen, sah im Camp selbst aber außer ein paar Puffottern und unseren Dauergästen, den Hyänen, kein einziges wildes Tier.

Wenn nach dem Frühstück alle ihre Siebensachen zusammengepackt, die Zelte abgebrochen und alles im Wagen verstaut hatten, ging die Reise schon weiter. Mittags schmierte ich Brote für alle, oder es gab ein Salatbuffet mit aufgeschnittenem Braten, Käse und Schinken. John versuchte immer, vor vier Uhr nachmittags im nächsten Camp zu sein, damit ich genug Zeit hatte zu kochen und die Gäste sich für den nächsten *Gamedrive* noch frisch machen konnten. Noch bevor es dunkel wurde, brachen sie nämlich noch einmal auf, um nach Tieren Ausschau zu halten – die Zeit vor der Dämmerung war nach Johns Erfahrung einfach die beste, um Wildtiere zu beobachten.

Auf dem Weg in den Norden zum Caprivi-Zipfel wurde es immer heißer. Die Regenzeit war in diesem Jahr in Botswana sehr kurz gewesen, und auch jetzt war es sehr trocken. So trocken, dass eines Abends beim Kochen und Erzählen einer meiner Mitreisenden scherzhaft fragte, ob denn keiner einen Regentanz aufführen könnte, damit diese Trockenperiode endlich zu Ende ginge.

»Natürlich«, sagte ich. Schließlich hatte ich als Kind viele Indianerfilme gesehen und wusste, wovon ich sprach.

Allgemeines Gelächter. Natürlich glaubte mir keiner. Ich spielte das Spiel weiter. »Ihr könnt ja mit mir wetten«, schlug ich vor. »Noch heute werde ich zu den Regengöttern tanzen. Sollte in den nächsten vierundzwanzig Stunden kein Regen fallen, habe ich die Wette verloren und verschenke meine gesamten Biervorräte an die anwesenden Herren und Damen. Wenn es aber regnet, müssen die Herrschaften mich einen Abend lang bekochen.«

Sie gingen die Wette ein. Und als es dunkel war, tanzte ich unter dem Kreuz des Südens den Regentanz. Der Tanz dauerte fast eine halbe Stunde. Wie ich es in den alten Schwarz-Weiß-Western gesehen hatte, hüpfte ich von einem Bein aufs andere und beugte meinen Oberkörper vor und zurück. Dazu stöhnte ich laut gen Himmel, schrie zwischendurch: »Ayahh, Ayahh, Ayahh!«

Die Anwesenden klatschten und johlten. Natürlich glaubte keiner an meinen Erfolg. Nur ich.

Zuerst schienen meine Wettpartner recht zu behalten. Der nächste Morgen war wolkenlos; ein strahlend blauer Himmel spannte sich von Zimbabwe im Osten bis Namibia im Westen. Unsere Reisegäste und auch John und George belächelten mich und freuten sich offensichtlich schon auf das Bier. Nur Batsuane, unser Ranger, schwieg und nickte mir heimlich zu.

Der Tag wurde einer der heißesten während der Safari. Die Sonne brannte vom Himmel. Im Lastwagen war die Hitze so unerträglich, dass alle jammerten. Und dass sich den ganzen Tag lang keine Tiere blicken ließen, verbesserte die gereizte Stimmung ebenfalls nicht. John, der sich mittlerweile von seinem Malariaanfall erholt hatte, kurvte fluchend entlang der trockenen Piste durch den Busch und versuchte per Funk andere Safarivehikel zu erreichen, um zu erfahren, ob es irgendwo in dieser gottverlassenen Gegend noch Tiere gab.

Wir waren inzwischen so weit im Norden angelangt, dass Angola schon beinahe in Sichtweite lag. Und aus dem Norden kam er dann auch: der große Regen. Am späten Nachmittag entdeckte einer der Norweger die Wolken zuerst. Sie waren wie aus dem Nichts aufgetaucht und türmten sich bereits hoch über dem Horizont auf.

John runzelte die Stirn und schaute mich prüfend an.

Ich kramte in meiner Tasche, zog demonstrativ meine Regenkombi heraus und tat so, als hätte ich seinen Blick nicht bemerkt.

Mittlerweile hatten die anderen Mitfahrer die schwarzen Wolkenberge ebenfalls gesehen. Sie waren auch nicht zu übersehen, denn die Sonne war mittlerweile verschwunden, und es wurde immer dunkler. Die Luft war zum Schneiden dick.

Batsuane hatte den größten Teil des Nachmittags in der hintersten Reihe unseres Reisegefährts geschlafen. Jetzt aber meldete er sich zu Wort. Wir sollten besser das nächste Camp ansteuern und die Zelte aufbauen, riet er.

Kleine Staubwirbel flogen vor uns in den Himmel. Die Elfenbeinpalmen bewegten sich sanft im aufkommenden Wind. Offenbar stand uns wirklich ein Unwetter bevor. Zum Glück war das nächste Camp nur eine halbe Stunde Fahrzeit entfernt. Als wir es erreichten, fielen bereits die ersten dicken Tropfen in den trockenen Sand. Es war mittlerweile fast dunkel. In der Ferne sahen wir Wetterleuchten, der Wind frischte auf.

Da wir schon einige Routine im Zeltaufbauen hatten, dauerte es nicht lange, bis die Zelte standen. John händigte unseren Gästen Überzelte und zusätzliche Heringe aus. Eigentlich hätten diese nicht zum Einsatz kommen sollen. John beobachtete mich grimmig. Ich zuckte mit den Schultern und grinste. Gestern hatten sie gewollt, dass ich tanzte. Nun mussten sie mit den Konsequenzen leben.

Eine starke Windböe ließ die Zeltwände flattern. Dann brach

das Unwetter über uns herein. Sintflutartige Regengüsse stürzten von einer Sekunde zur anderen auf uns herab. Ich kannte so heftige Wolkenbrüche aus Thlabane, und auch für John, George und Batsuane waren sie nichts Besonderes, wohl aber für unsere Gäste. Wir hatten Glück, dass unser Camp etwas erhöht lag, denn der trockene Boden konnte die Wassermassen nicht aufnehmen. Obwohl das Wasser von den Zelten weglief, war in kürzester Zeit alles nass. Auch der Lastwagen, dessen Dach ein Leck hatte. John und George hatten das vorher gewusst, aber nicht mit einem solchen Regenguss gerechnet. Eigentlich war es auch egal – Hauptsache, die Zelte blieben trocken!

Die Lebensmittel befanden sich zum Glück im trockenen Teil des Vehikels. Ich zwängte mich hinter die letzte Sitzreihe und schmierte Brote. Heute würde es nur eine kalte Mahlzeit geben. Bei dem Regen hatte ich keine Chance, ein Feuer in Gang zu bringen, um zu kochen. Für solche Fälle hatte der clevere John aber vorgesorgt und einen kleinen Campingkocher bei den Ersatzkanistern verstaut. So konnte ich wenigstens Tee und Kaffee kochen.

Trotz des Regens wurde es dann doch noch ein einigermaßen gemütlicher Abend. John spannte eine Regenplane vom Lastwagen zu einem Baum, sodass wir alle zusammen an einem trockenen Ort essen konnten. Und alle gratulierten mir zur gewonnenen Wette. Ich bedankte mich und servierte freudig die Sandwichs. Meinen Wettgewinn wollte ich an einem anderen Abend einlösen.

Es regnete die ganze Nacht und den ganzen nächsten Tag, was die anfängliche Freude der Reisegesellschaft über den Regen deutlich dämpfte. Da sich die Sandpisten innerhalb weniger Stunden in Schlammpisten verwandelt hatten, waren Johns und Georges ganze Fahrkünste gefragt, und dennoch ging es nun sehr langsam voran. Im Innern des Lastwagens war mittlerweile alles feucht; langsam wurde es zudem so kalt, dass unsere Gäste ihre wärmeren Klamotten auspackten. Kurz bevor wir das nächste Camp erreichten, blieben wir zu allem Unglück auch noch im Schlamm stecken. Es gab kein Vor und kein Zurück mehr. Sogar der sonst so coole John hatte Sorgenfalten im Gesicht.

Die einzige Chance, uns aus dieser misslichen Lage zu befreien, bestand darin, das Vehikel leichter zu machen. Also luden wir zusammen die schweren Sachen aus: die Reservekanister, die Lebensmittel, den Wein, die Wasserkanister und noch einiges mehr. Wir stapelten alles im Sumpf am Pistenrand und deckten es zu, so gut es ging. Dann schaufelten wir abwechselnd nassen Sand unter die vier Räder, und John versuchte noch einmal, die Kiste aus dem Schlammloch zu fahren. Irgendwann bekamen wir den Lastwagen tatsächlich frei.

Als es endlich weiterging, war es schon fast dunkel. Den ganzen Tag über hatten wir nicht ein Tier gesehen, und es regnete immer noch weiter. Kein Wunder, dass die Stimmung an Bord am nächsten Morgen am Boden war. Alle froren, die Kleider waren feucht, alles stank. Mit dem Campingkocher hatte ich am Abend zuvor noch eine Suppe gekocht. Danach war mir aber das Gas ausgegangen, sodass sich zum Frühstück diesmal alle mit kaltem Saft begnügen mussten.

Am Mittag des zweiten Regentages fragte mich schließlich einer der Australier, ob ich auch einen Antiregentanz kennen würde.

Ich nickte wie selbstverständlich. »Klar!«

Ob ich den nicht am Abend tanzen könnte, flehten alle mich an.

»Natürlich, kein Problem.«

John sah mich wieder einmal von der Seite an und schwieg. Im Rückspiegel aber sah ich Batsuane lächeln.

Als ich schließlich im Dunkeln den Antiregentanz tanzte, regnete es immer noch. Und es regnete weiter, als wir in die mittlerweile schon ziemlich feuchten Schlafsäcke krochen.

Am nächsten Morgen wusste ich zuerst nicht, was fehlte. Alles war so ruhig. Dann erkannte ich es: der Regen. Es hatte aufgehört zu regnen. Der Himmel war fast klar. Die Zelte dampften in der ersten Morgensonne, und es war auch schon wieder viel wärmer als am Tag zuvor. Beim Blick auf die Uhr merkte ich, dass ich schon spät dran war, so sprang ich rasch auf und bereitete eilig das Frühstück vor. Nach und nach krochen auch die anderen aus den Zelten – und freuten sich wie die Kinder. Endlich wieder Sonne!

John entschied kurzerhand, einen Ruhetag einzulegen, damit alle ihre Kleider zum Trocknen aufhängen konnten. Während unsere Gäste herumsaßen, lasen, erzählten und ab und zu die nassen Klamotten in der Sonne wendeten, nutzte ich die Zeit, um die Küchenutensilien und meine Lebensmittel zu überprüfen. Der Tiefkühler und der Kühlschrank waren nicht nass geworden und liefen noch einwandfrei. Alles in Ordnung also. Auch das Fallholz trocknete sehr schnell, sodass schon bald ein Feuer in unserer Feuerstelle loderte.

Am späten Vormittag trommelte John dann die Truppe zusammen und bot einen weiteren *Gamedrive* an. Diesmal durfte endlich auch ich einmal mitkommen. Es war fantastisch. Nach dem üppigen Regen hatten sich überall kleine Tümpel und Seen gebildet. Wir sahen Giraffen, Kudus, Gnus, Zebras, Springböcke, Oryxantilopen, Warzenschweine und – in der Ferne – Elefanten. Das war Afrika!

Von nun an verlief die Reise unter einem glücklichen Stern. Die Sonne schien vom wolkenlosen Himmel, auf Schritt und Tritt begegneten uns wilde Tiere. Am zu Namibia gehörigen Caprivi-Streifen entlang des Ufers des Linyanti, eines Ausläufers des Cuando-Flusses zwischen Angola und Botswana, wimmelte es nur so von Wasserbüffeln, Reihern und anderen exotischen Wasservögeln. Gleichzeitig hörten wir in der Ferne manchmal das dumpfe Grollen von einschlagenden Geschossen der Minenwerfer oder Stakkatosalven der AK-47-Gewehre von Jonas Savimbis Rebellen in Angola. Obwohl im Mai zuvor die regierende MPLA mit den UNITA-Rebellen einen Friedensvertrag geschlossen hatte, war in Angola noch keine Ruhe eingekehrt.

Unsere Gäste lösten ihre Wettschuld wie versprochen ein und bekochten mich und sich selbst in einem romantischen Lager kurz vor der Grenze zu Zimbabwe. Über das Ergebnis kann auch ich als Koch nicht klagen. Als Vorspeise reichten sie eine große Salatplatte mit gekochten Wachteleiern, danach Spaghetti mit Kräuterrahmsauce als Hauptgericht. Das Dessert hatten sie aus dem Tiefkühler

geholt: Vanilleeis mit Beeren und Rum. Ich genoss es, mich einmal zurücklehnen zu können und mich verwöhnen zu lassen.

Woher ich gewusst habe, dass der Regen kommen würde, wollten sie wissen.

Ich beteuerte, nur meine Arbeit getan zu haben, als ich den Regentanz aufführte. »Ich habe die Götter um Regen angefleht. Und sie erhörten meinen Wunsch«, erklärte ich.

Keiner wollte mir so recht glauben. Und der verschwiegene Batsuane lächelte weiterhin nur vielsagend. Doch von nun an nannten sie mich *Raindancer*.

Am nächsten Morgen verließen wir den Nationalpark und mussten uns damit auch von Batsuane verabschieden. Er zwinkerte mir zum Abschied noch einmal zu. Ohne ihn wäre ich nie zum Raindancer geworden. Er hatte nämlich von seinem »Medizinmann«, dem Botswana-Radio, gewusst, dass und wie lange es regnen würde, und hatte wie ich viel Spaß an den Spekulationen und Diskussionen unserer Reisegäste über den Sinn und Unsinn eines Regentanzes gehabt.

Langsam, aber sicher ging unsere Reise dem Ende entgegen. Wir fuhren über die Grenze nach Zimbabwe und unternahmen eine Schifffahrt auf dem Sambesi-Fluss, besuchten die Victoriafälle und kehrten im berühmten Victoria Falls Hotel ein, wo wir das offizielle kulinarische Highlight der Reise erleben durften: das große Dinner. Unsere Reisegäste hatten eigens dafür schicke Kleidungsstücke eingepackt. Die Köche gaben sich an diesem Abend besondere Mühe. Die Gerichte ähnelten jenen meines ersten Besuchs, aber da diesmal nicht nur pensionierte Kolonialbeamte und Angestellte eines Hotels in Südafrika, also Bertl und ich, sondern auch reiche Weiße von anderen Kontinenten anwesend waren, dekorierten die Köche die Platten und Schüsseln dieses Mal wunderschön und tischten als Highlight ein ganzes gegrilltes Warzenschwein auf. Stolz trugen zwei Köche das noch dampfende Tier auf einer riesigen Platte quer durch das Restaurant und deponierten es als Prachtstück auf dem Buffet. Ich genoss es, ihnen bei der Arbeit zuzuschauen, und schlemmte wie meine Reisegefährten.

Am nächsten Morgen fuhren wir nach Bulawayo, wo ich mein vorbestelltes Fleisch abholen konnte. Endlich gab es auch in meiner Lagerküche wieder Frischfleisch! Zur Feier des Tages briet ich zum Dinner ein ganzes Rinderfilet auf dem offenen Feuer. Dazu reichte ich Süßkartoffeln und Patisson. Der Wein floss in Strömen, alle waren gut gelaunt. In den letzten Wochen waren wir eine richtige Familie geworden. Wir tauschten Adressen und Telefonnummern aus und versprachen einander, in Kontakt zu bleiben.

Als wir in Messina die Grenze passierten, hatte uns die Zivilisation wieder. Ein seltsames Gefühl. Die Straße war geteert, die Tankstelle rund um die Uhr geöffnet. Überall gab es kaltes Bier zu kaufen. Dennoch machte sich eine bedrückte Stimmung breit. Es war eine fantastische Zeit gewesen, und wie die anderen hatte auch ich den Alltagstrott komplett vergessen. Jetzt drohte dieser mich wieder einzuholen.

John und ich waren vor allem müde. Die kurzen Nächte, die langen Fahrten, das Erzählen, Erklären und Diskutieren hatten seit einiger Zeit an unserer Substanz gezehrt. Für uns war diese Reise durchaus nicht nur Urlaub gewesen. Nachdem wir am zwanzigsten Tag unserer Reise Johannesburg erreichten, luden wir die Gäste daher nach einer kurzen Verabschiedung vor ihrem Hotel ab und fuhren danach zum Sitz des Safariunternehmens.

Für uns hieß es jetzt aufräumen. John hatte darauf genauso wenig Lust wie ich, und George hatte sich schon in Bulawayo von uns verabschiedet, da er in der Nähe wohnte. Obwohl wir daher nur zu zweit waren, hatten wir es am zweiten Abend unserer Ankunft geschafft. Der Lastwagen war zur Kontrolle beim Mechaniker, das gesamte Material gesäubert und im Lager verstaut. Die Zelte hingen zwecks Entlüftung auf einem Drahtseil, das quer durch die große Garage des Reiseveranstalters gespannt war. Tiefkühler und Kühlschrank waren fast leer gewesen. Ich hatte also gut gerechnet.

»Gut gemacht«, sagte John. Dann nahm er mich mit ins Büro der Firma, um mich der Chefin persönlich vorzustellen.

Er schwärmte von meinem Können, meinem Fleiß und meiner Belastbarkeit.

Mir war das sehr peinlich. Aber er erreichte, was er wollte. Sie griff in eine Schublade und händigte mir eine Handvoll Scheine aus: tausend Rand. Damit hätte ich nie gerechnet. Der Deal war schließlich von Anfang an klar gewesen: Ich würde nicht für die Reise zahlen müssen, dafür aber für die Reisegruppe kochen.

Zurück in Thlabane verfiel ich schnell wieder dem alten Trott. Während ich auf Safari gewesen war, war ein neuer Mitbewohner bei mir eingezogen, ein Engländer, Bodybuilder und ehemaliger SAS-Soldat, also Exmitglied einer Eliteeinheit der britischen Armee. Mit ihm verstand ich mich von Anfang an hervorragend – obwohl er kein Bier trank, sondern Whisky. Eine Flasche täglich.

Meine Idee, Safarikoch zu werden, hatte ich nach dem Trip in den Norden verworfen. Es war zwar eine gute Zeit gewesen – aber für immer … nein danke! Was ich sehen wollte, hatte ich bereits gesehen. Und neue Eindrücke würde ich auch bei weiteren Reisen nicht sammeln können, denn die Reiserouten der Safariunternehmen änderten sich eigentlich nicht, weshalb ein Safarikoch immer die gleichen Touren fahren musste. Das Einzige, was sich ändern würde, waren die Gäste, und so war es sehr wahrscheinlich, dass bereits nach ein oder zwei Fahrten Routine aufkommen und die ganze Geschichte langweilig werden würde.

Obwohl ich mittlerweile wieder mit Bumali zusammen war, wollte ich eigentlich sowieso nur noch weg. Weg vom Hotel und auch weg aus Südafrika. Mich störten die zunehmenden Gewalttätigkeiten und Unruhen, und im Hotel war es langweilig, weil die Gäste ausblieben. Einmal mehr arbeitete ich nicht nur am Küchen-, sondern auch an einem Krisenherd.

So wurde ich immer unzufriedener – bis mich eines Tages unsere Bardame im Personalpub ans Telefon rief.

Ein Mann aus Toronto war am Apparat. »Ich habe einen Job für Sie«, sagte er. »Auf den Bermudas.«

»Den Inseln in der Karibik?« Ich konnte es nicht glauben.

»Im Atlantik«, belehrte mich der Anrufer. »In einem Fünfsternehotel, einem der *Top Ten Resorts*.«

Einem der zehn besten Hotels der Welt also. Was sollte ich da sagen? Ich wollte den Job und bekam ihn auch.

Nach dem Telefongespräch setzte ich mich an die Theke und bestellte ein Bier. Und ein zweites. Das musste ich erst einmal verdauen. Der Mann aus Toronto war Mitarbeiter einer Arbeitsagentur, bei der ich mich Monate zuvor blind beworben hatte, um meinen Marktwert zu testen.

Nun, mein Marktwert war wohl gar nicht so schlecht. Wenige Wochen später lagen die Unterlagen zu seinem Jobangebot in meiner Postbox in Rustenburg. Meine neuen Arbeitgeber verlangten viel: Röntgenbilder von meinem Brustkorb, ein Arztzeugnis, Referenzen bezüglich meines Charakters, Arbeitszeugnisse und einen Auszug aus dem Strafregister von Südafrika. Zum Glück hatte ich Bill, meinen neuen Mitbewohner. Er half mir, den Arbeitsvertrag des Hotels und die ganzen Einwanderungsunterlagen auszufüllen. Bermuda war offiziell noch immer eine Kolonie des Vereinigten Königreiches, als Bürger desselben kannte sich Bill mit dem Papierkram aus, und ich kaufte ihm eine Flasche Whisky, was ihn enorm motivierte.

Die Zeit des Abschiedes war kurz. Das Hotelmanagement bedauerte meine Kündigung, zumal ich ziemlich ruhig und gewissenhaft gearbeitet hatte, seit ich von der Safari zurückgekehrt war. Eigentlich hatten sie mich befördern und nach Sun City versetzen wollen, erklärten sie. Nun, daraus wurde nun leider nichts.

Als mein Arbeitsvertrag und die Aufenthaltsgenehmigung von Bermuda via DHL eintrafen, organisierte ich eine Riesenabschiedsfete. Die Nacht endete in einem katastrophalen Besäufnis und damit, dass ich zusammen mit Bumali und Victoria im Bett landete. Am nächsten Morgen fuhren die zwei Frauen mit dicken Augen und ungeschminkt nach Sun City. Ich packte meine Taschen.

Während ich meine letzte Mahlzeit in Thlabane zu mir nahm – eine Riesenschüssel Grenadilla Joghurt –, spielte Radio Fünf den Hit *Everywhere you go, always take the weather with you*! Durchaus passend für einen geprüften Regen- und Sonnentänzer wie mich!

9

Im Land der Bermudashorts

Meine Zeit auf den Bermudas begann mit einer unangenehmen Überraschung: Mein Gepäck war woandershin geflogen. Ich tröstete mich mit dem Gedanken, dass es irgendwann irgendwo wieder auftauchen musste, und winkte ein Taxi heran. Dieses Mal wartete kein Chauffeur auf mich. Der Taxifahrer war schwarz, wie neunzig Prozent der anderen Bermuder auch, und trug Boxershorts. Sein Englisch war für mich, um es neutral auszudrücken, gewöhnungsbedürftig. Er sprach amerikanischen Slang mit karibischem Einschlag. Jeden Satz beendete er mit *»Mon«*.

Ein seltsames Gefühl breitete sich in mir aus. Eine Vorahnung? Etwas Bedrohliches? Ich hatte so was noch nie gespürt. Ich riss mich zusammen und versuchte, mich auf das bevorstehende Abenteuer zu freuen. Immerhin würde ich ab jetzt auf einer Trauminsel arbeiten. Ich hätte auf mein Gefühl und das Omen des verschwundenen Gepäcks hören sollen. Später wurde mir bewusst, dass sich tatsächlich schon jetzt abgezeichnet hatte, was in den kommenden Monaten auf mich zukommen sollte.

Als ich in Somerset, vierzig Kilometer von St. Georges entfernt, aus dem Taxi stieg, zuckte ich zusammen. Ein lautes, pfeifendes Geräusch erfüllte die Luft um mich herum.

»Das sind die Baumfrösche«, erklärte der Taxifahrer, der meinen irritierten Gesichtsausdruck sicherlich schon von anderen Fahrgästen kannte. »Die sitzen überall in den Bäumen um uns herum und pfeifen in allen Tonlagen.«

Die Hotelanlage, die sich vor mir ausbreitete, war vom Feinsten: Auf einer privaten, hügeligen Landzunge mit fünf Stränden standen siebenundsiebzig Bungalows. Der älteste war über dreihundert Jahre alt, wie mir der Hotelmanager später stolz erklärte. Und allesamt waren die Bungalows rosa gestrichen und hatten weiß getünchte, stufenförmige Dächer. Das Haupthaus mit Restaurant, Rezeption und großer Terrasse lag eingebettet in tropische Vegetation auf der zur Hauptstadt liegenden Hügelseite. Ein Traum!

An der Rezeption erkannte ich, dass nicht nur mein Taxifahrer Bermudashorts trug. Auch die Kellner und männlichen Hotelangestellten kombinierten Hemd und Anzugsjacke, schwarze Schuhe und Kniestrümpfe mit – Bermudashorts. Alles war farblich aufeinander abgestimmt. Und damit nicht genug: Später merkte ich, dass auch Polizei, Feuerwehr, Banker, Büroangestellte und überhaupt alle kurze Hosen anzogen. In Südafrika hatten die meisten Leute nur in ihrer Freizeit Shorts getragen. Auf Bermuda passte ich von Anfang an gut ins Bild, da ich meine Kakishorts und ein Safarihemd trug.

Der Resident-Manager empfing mich sehr reserviert. Auch er war mit Shorts bekleidet. Er zeigte mir die Küche und stellte mich dem französischen Küchenchef vor. »Chef, darf ich vorstellen: Herr Benz, der neue Koch aus Südafrika.«

»*Bonjour,* aha, ein neuer Junge für unseren Kindergarten!«, begrüßte mich mein neuer Chef schmunzelnd. Seine Augen waren leicht gerötet, und er erinnerte mich ein wenig an Jean Reno. Nur war er korpulenter.

Die Küchenbrigade war kunterbunt gemischt: Jamaikaner, Franzosen, Engländer, Belgier und Amerikaner. Sie allerdings trugen keine Shorts, sondern normale Kochuniformen. Hygiene- und sicherheitstechnisch gesehen eine sehr vernünftige Entscheidung.

Sofort fühlte ich mich heimisch: Die Küche dampfte und war erfüllt von leckeren Düften. Ich roch Knoblauch, der in Olivenöl geröstet wurde, angebratene Knochen, Zwiebeln und Gemüse mit Tomatenmark, den typischen Geruch von frisch aufgesetztem Fond, brauner Butter, Estragonreduktion für Béarnaise und frisch gehackten Kräutern.

Ein Koch legte gerade lebende Hummer auf einen Stahltisch, ein zweiter schnitt ihnen die Gummibänder von den Scheren und warf die sich windenden Gesellen ins kochende Wasser. Ein dritter Koch rührte in einem großen Topf herum und lachte, als er mich sah. Irgendwie kam er mir bekannt vor. Und tatsächlich kannten wir uns – aus meiner Lehrzeit in Zürich. Ronny Evans war damals Praktikant gewesen und hatte mit Kelly eine Wohnung geteilt.

Wir begrüßten uns herzlich.

»Mann, Alter, was machst du denn hier? Haben sie dich auf diese Insel strafversetzt? Oder leistest du Entwicklungshilfe für Ihre Majestät?«, fragte ich ihn scherzend.

»Nee, ich bin nur hier, wenn das Pub geschlossen hat und ich Langeweile habe. Mann, cool, dass du hier bist! Wir treffen uns heute Abend. Ich kenn da 'ne geile Kneipe!«

Der Manager war wenig begeistert von unserer Wiedersehensfreude. Er räusperte sich vernehmlich, um unser Gespräch zu unterbrechen, und drängte zum Aufbruch. Schweren Herzens riss ich mich von Ronny los und folgte dem Manager auf dem Rundgang durch die anderen Räumlichkeiten des Hotels. Was für ein Luxus! Die Zimmer der Bungalows waren mit antiken Möbeln ausstaffiert, überall standen frische Blumen und Früchtekörbchen; die Böden aus poliertem Hartholz waren von persischen Läufern bedeckt, die Türklinken und Armaturen im Bad aus Messing. An den Wänden hingen Ölgemälde, die die kleinen weißen Sandbuchten der Insel abbildeten.

Direkt am nierenförmigen Swimmingpool lag ein riesiges Restaurant, in dem die Gäste beköstigt wurden. Überall standen uralte, mit Baummoos behangene Bäume; bunt blühende Sträucher und Bodendecker waren in Gruppen auf den saftig grünen Rasen gepflanzt. Zudem bestückten gerade zwei Einheimische die romantischen kleinen Sandbuchten am Meer mit hölzernen Liegestühlen und Badehandtüchern. Sonnenschirme und kleine Tischchen standen schon bereit.

Die ganze Anlage bestach durch gepflegte Weitläufigkeit. Und auch für uns Köche war gesorgt, wenn auch ein wenig außerhalb und deutlich weniger luxuriös. Das erfuhr ich, als der Resident-Manager mich zum Abschluss des Rundgangs mit einem hoteleigenen Golfwägelchen in einen weiteren kleinen Park außerhalb des Hotelgeländes fuhr. Dort, inmitten großer Bunya-Bäume und Hibiskushecken, standen zwei im landesüblichen Stil errichtete Häuser.

Mein neues Zuhause, die Personalunterkunft.

Der Manager zeigte mir mein Zimmer, händigte mir noch die Hausordnung aus und ließ mich dann allein. Was für eine Umstellung! Von einem Haus im trockenen Transvaal in ein kleines Zimmer im feuchten Bermuda, von einem eigenen Badezimmer zur Gemeinschaftsdusche auf dem Flur. Dennoch machte ich es mir zuerst einmal gemütlich. Da ich nur mein Handgepäck hatte, war das Zimmer sehr schnell eingerichtet. Ich warf meine Tasche in die Ecke, nachdem ich mein Etui mit den Toilettenartikeln auf den einzigen Stuhl gestellt hatte. Das Zimmer maß etwa zwei mal drei Meter. Nun lebte ich also wie unser Untermieter damals in England. Nicht einmal ein Waschbecken hatte ich für mich allein.

Da ich den Rest des Tages freihatte, zog ich sogleich los, um die Gegend zu erkunden. Was für ein Panorama. Das Personalhaus lag ein wenig höher als die anderen Gebäude, und von der Straße aus konnte man quer über die Bucht bis zur Hauptstadt Hamilton sehen und aufs offene Meer hinaus. Am öffentlichen Strand, der nur wenige Gehminuten von meinem neuen Zuhause entfernt war, lieh ich mir ein Kajak und stach sogleich in See.

Von meinem unerwarteten Safarilohn hatte ich mir in Rustenburg eine brandneue Kamera gekauft. Sie lag nun zwischen meinen Beinen und wartete auf ihren ersten Auftrag. Und das ungute Gefühl, das ich schon am Flughafen hätte wahrhaben sollen, bestätigte sich erneut: Eine Welle schwappte ins Boot, und meine Kamera war vollkommen nass. Als ich sie öffnete, entdeckte ich, dass sogar der neue 36er-Film vor Wasser triefte. Stinksauer paddelte ich zurück zum Ufer. Das fing ja gut an!

Ich brauchte ein Bier. Schnurstracks begab ich mich ins nächste Pub, The Village Inn, meine zukünftige Stammkneipe. Der Innkeeper, Virgil, servierte mir wie gewünscht ein kühles Miller Draft und empfahl mir auf meine Klagen, in die Hauptstadt zu fahren, wo er einen Fotospezialisten direkt gegenüber dem Hafen kannte. Wenn der die Kamera nicht flicken könnte, hätte er wenigstens immer die neuesten Modelle auf Lager, und die könne man zu einem Superpreis und steuerfrei erwerben.

Wie nach meiner morgendlichen Taxifahrt war ich auch jetzt entsetzt, als ich die Rechnung bekam. Das Bier war horrend teuer und kostete fünfmal so viel wie in Südafrika. Nur besser als das afrikanische war das dünne amerikanische Gebräu nicht.

Mit dem nächsten Tag begann mein neuer Alltag. Früh am Morgen schlüpfte ich in die Kochuniform, die mir der Resident-Manager geliehen hatte, und begab mich in die Hotelküche. Zwar hatte die Fluggesellschaft meine Messer und mein restliches Gepäck mittlerweile am JFK-Flughafen in New York wiedergefunden; bis die Sachen bei mir waren, sollte es aber noch einige Tage dauern. Die geliehene Uniform hing an mir wie ein Sack; die Hose musste ich hochkrempeln und mit einem Stück weißer Küchenschnur um die Taille festbinden, weil keiner einen Gürtel übrig hatte.

Der erste Tag in der Küche war ein kleiner Schock für mich. Hier musste man ja richtig arbeiten! Anders als in Afrika waren sämtliche Küchenmitarbeiter gelernte Köche, keine Aushilfen oder Gemüserüster. Und es gab kein Putzpersonal. Die Köche mussten selbst sauber machen – nach der anderen Arbeit. Und davon gab es reichlich. Das Hotelrestaurant bot eine kleine Mittagskarte, ein Roomservice-Menü und abends entweder ein À-la-carte-Gericht oder ein Buffet an, Letzteres immer montags und donnerstags.

Zuständig für den Roomservice war ein Jamaikaner mit einem Walkman und Rastalocken. Was er in der Restaurantküche zubereitet hatte, brachten Servicemitarbeiter mit Golfwägelchen zu den

Bungalows. Die À-la-carte-Gerichte änderten sich täglich, wiederholten sich aber wöchentlich. Eine wirklich gute Idee – da die meisten Gäste nicht länger als eine Woche blieben, hatten sie täglich eine andere Auswahl an Gerichten, und es wurde ihnen nicht langweilig. Die Mehrzahl der Gäste verließ das Hotel ohnehin nur, um in Hamilton einzukaufen oder wenn sie abreisten. Die restliche Zeit verbrachten sie in ihrem Bungalow, an einem der Strände oder im Restaurant am Pool.

Zum Dinner spielte eine Band, und wenn es das Wetter zuließ, speisten die Gäste auf der Terrasse. Zu den Aufgaben des Managements gehörte es auch, dass einer der Mitarbeiter um 17.00 Uhr die Wettervorhersage im Radio hörte. Lag die Regenwahrscheinlichkeit unter fünfzig Prozent, bekam der Service grünes Licht, die Terrasse einzudecken. Meistens hatten wir Glück, manchmal aber überraschte auch ein tropischer Schauer die fröhliche Gesellschaft. Dann flüchteten die Gäste Hals über Kopf in den Speisesaal. Die Kellner mussten dann so schnell wie möglich alles umräumen und umdecken – während bei uns in der Küche das Essen kalt wurde. Was wir konnten, wärmten wir auf; den Rest kochten wir neu.

Die À-la-carte-Menükarten waren immer gleich aufgebaut: Es gab zwei warme und drei kalte Vorspeisen, eine Kaltschale, drei Suppen, einen Salat, drei Fischgerichte und drei Fleischgerichte. Zur Auswahl standen zum Beispiel Garnelenfrikassee mit Limonensauce und Wildreis sowie Spargelpastetchen an Wildpilzsauce als warme Vorspeisen, eine Zitrusterrine mit Himbeeren und Grand Marnier, ein pochiertes Ei in Sauternes-Gelee und russisches Lachstörtchen in kalter Buttersauce als kalte Vorspeisen. Bei den Suppen durfte die traditionelle Bermuda-Fisch-Chowder nie fehlen; eine Gemüsecreme und eine klare Rinderbrühe mit Sherry und Brandteigerbsen ergänzten die Suppenauswahl. Als Kaltschalen boten wir eine Früchte- oder Pilzcremesuppe an. Die Fischgerichte, allesamt heimische Fischarten wie Thunfisch, Wahoo oder Schwertfisch, wurden gegrillt, pochiert oder gebraten mit diversen Beilagen offeriert.

Bei den Fleischgerichten kam dann der Einfluss des französischen Küchenchefs zum Vorschein: gebratener Kapaun mit Gemüsemousse an leichter Buttervelouté, Streifen von Ente an Honig-Zitronen-Sauce oder Rindertournedos an Pommerysenfsauce mit Gemüsetartelettes. Die »leichte« Buttervelouté bestand aus fünfundzwanzig Prozent Butter, ein wenig Geflügelfond und Sahne. Die restlichen Saucen bestanden sogar zu fünfzig Prozent aus Butter, abgesehen natürlich von der Sauce béarnaise, die der Chef persönlich jeden Tag selbst machte. Er schaffte es, mit zehn Eigelben ganze vier Kilo geklärte Butter abzubinden. Dazu rührte er sie mit einem riesigen Schneebesen mehr als eine Stunde lang in einer großen Stahlschüssel über einem *Bain Marie.* Aber eine so gute Sauce béarnaise hatte ich vorher auch noch nie gegessen. Ein wahres Kunstwerk! Sie war fast so dick wie Mayonnaise und schmeckte nach frischer Butter und säuerlichem Estragon. Den ganzen Abend war der Chef bemüht, die Sauce auf fünfzig Grad zu halten, damit sie nicht kalt wurde oder gerann. Sein Hauptjob.

Die Käse- und Dessertauswahl wurde auf zwei Wägelchen präsentiert. Selbstverständlich bot das Hotel daneben auch Vegetariern eine Auswahl an Speisen an, und wer auf der Karte nichts fand, das er mochte, konnte auch zusätzliche Spezialitäten des Hauses wie frischen Hummer aus Schottland, australischen Lammrücken oder ein Chateaubriand bestellen.

Für die zahlreichen älteren Hotelgäste boten wir eine sogenannte Spa-Cuisine an, verschiedene, nach unterschiedlichen Gesichtspunkten zusammengestellte Diäten, die zum Beispiel cholesterinfrei, sodaarm, fettarm oder für Diabetiker geeignet waren.

Was auch immer die Gäste bestellten, alle Gerichte waren sehr aufwendig. Die Zutaten mussten topfrisch sein, die Gerichte allesamt am selben Tag zubereitet werden. Zudem bestand der Chef darauf, dass wir nur die allerbesten Zutaten aus der ganzen Welt verarbeiteten. Die Butter importierte er aus Neuseeland, die einzeln nach Größe verpackten Kartoffeln kamen aus Idaho, Joghurt aus Frankreich, Wurstwaren aus Deutschland. Die Fische kaufte er fangfrisch bei den einheimischen Fischern. Sonst in vielen Küchen verwandte Hilfsmittel wie Saucenpulver oder Fertigprodukte waren tabu. Pasteten, Galantinen und Terrinen produzierten wir selbst, und den Nudel- und Pastetenteig stellten die beiden französischen Patissiers und Bäcker ebenso selbst her wie das Brot. Unsere Küche war in französischer Hand, sodass wir nur ein einziges landestypisches Gericht auf der Karte hatten: die Fisch-Chowder, die man in vielen Hundert Variationen auch auf den Menükarten der einheimischen Restaurants fand. Dort bereiteten die Köche lokale Fischgerichte mit Süßkartoffeln und Chilies und andere einfache Gerichte zu, zum Teil Adaptionen aus der Karibik wie Hähnchenfußsuppe oder Ziegencurry. Meistens servierten sie dazu Reis.

Ich war beeindruckt von dem, was den durchschnittlich hundertvierzig Gästen in unserem Hotel geboten wurde. Aber das alles hatte natürlich auch seinen Preis. Eine Übernachtung kostete im Schnitt tausend US-Dollar pro Person. Entsprechend trugen die Gäste oft illustre Namen wie Rockefeller oder Perot. Letzterer, ein texanischer Multimillionär, gehörte zu denen, die mit unserer Speisekarte nicht viel anfangen konnten. Sein Geschmack war deutlich schlichter: Er bestellte meist Cheeseburger mit extra vielen Pommes frites. Selbstverständlich bekam auch er, was er wollte.

Die Zusammensetzung unserer Gäste hatte auch zur Folge, dass meine Kenntnisse in koscherer Küche auf einmal wieder gefragt waren. In unserem Hotel logierten nämlich auch einige vermögende Juden aus den USA. Sie freuten sich, dass es in ihrem Urlaubsdomizil einen Koch gab, der nicht nur Hebräisch sprach, sondern auch noch israelische Spezialitäten zubereiten konnte. Um ihren Wünschen gerecht zu werden, bereitete ich die Saucen, die zu Fleisch gereicht wurden, ohne Milchprodukte zu – für die Franzosen ein Dilemma! Eine Sauce ohne Butter oder Sahne sei wie Meerwasser ohne Salz, meinten sie. Und ich kochte eine Version von *Gefillte Fisch* für ein Abendbuffett. Auch dieses Rezept begutachteten die Franzosen skeptisch. Den Gästen immerhin schmeckte es.

Außer meinem Kollegen Ronny traf ich eines Tages auch einen ehemaligen Gast aus vergangenen Zeiten wieder. Er aß noch immer sehr gerne *Baked Beans on toast*, hatte noch weniger Haare als einige Jahre zuvor – und er erinnerte sich auch noch an mich. Wenigstens tat er so. Scheinbar hatte er nicht vergessen, wie unfreundlich ich ihn damals in England angeschnauzt hatte. Doch als ich mich bei Phil Collins für mein damaliges Benehmen entschuldigen wollte, winkte er nur ab und lachte.

Aus den ersten Tagen wurden Wochen. Ich lebte mich gut ein, telefonierte aber weiterhin ab und zu mit Bumali. Wie lange ich noch in Bermuda bleiben wollte, fragte sie jedes Mal. Wann ich denn endlich zurückkäme. Ich beschwichtigte sie. Denn eigentlich gefiel es mir auf den Bermudas sehr gut, und ich verspürte keinen Drang, zurück ins Township zu ziehen. Hier war es doch wesentlich schöner als in der Gegend um Thlabane. Auch hatte ich mich schnell mit drei anderen Köchen angefreundet: mit Ronny, den ich bereits von früher kannte, Jerry, einem deutschsprachigen Belgier, mit dem ich in der Kalten Küche zusammenarbeitete, und Giovanni, einem Italiener, der die frische Pasta und Gemüsebeilagen kochte und dessen Englisch einen lustigen Mafiaakzent hatte.

Die Franzosen in der Küche hatten sich zu einer anderen Clique zusammengeschlossen und sprachen untereinander nur Französisch. Ronny und Giovanni verstanden kein Wort, und Jerry wollte nichts verstehen. Er sprach nur mit ihnen, wenn es nicht anders ging.

Da ich wie meine Freunde flexibel sein wollte, kaufte ich mir für hundertfünfzig Dollar ein kleines, gebrauchtes Peugeot-103-Mofa. Und nach ein paar Fahrstunden mit den Kumpels auf Bermudas kurvenreichen Straßen und der erwartungsgemäß im ersten Anlauf bestandenen Fahrprüfung machten wir vier Köche die engen Straßen der Insel unsicher, bis Giovannis Motorrad eines Nachts das Öl ausging. Da alle Tankstellen geschlossen hatten, war guter Rat teuer. Dann aber kam uns eine Idee. Wir fuhren ins Hotel und besorgten uns dort eine Flasche Olivenöl. Das musste doch eigentlich auch funktionieren.

Vorsichtig füllten wir das Öl in den Tank des französischen Zweitakters und warteten gespannt, ob sich das Mofa starten ließ. Und tatsächlich: Das Mofa roch zwar etwas seltsam und knallte ab und zu; doch davon abgesehen fuhr es wie immer. Wenn nicht sogar etwas schneller.

An unseren freien Tagen trieben wir uns tagsüber am Strand herum, abends im Village Inn. Am Strand genossen wir das Leben und die Aussicht – außer uns aalten sich auch die hübschesten Mädchen mit den knappesten Bikinis und Tangas in der Sonne. Und wenn es gegen halb acht langsam dunkel wurde und wir im Pub ein paar Bierchen intus hatten, frönten wir unserem neuen Hobby: Karaoke.

Eines Abends merkte ich, dass die Popsongs, die ich sang, bei den amerikanischen und kanadischen Soldaten im Publikum nicht besonders gut ankamen. Also wählte ich aus Spaß einen Song von Elvis Presley in einer Fassung von Willy Nelson: *Always on my mind*.

Bei der ersten Strophe beachtete wie so oft keiner, was ich tat. Beim Refrain aber merkte ich, dass es im Pub totenstill geworden war. Leicht erstaunt, aber unbeirrt sang ich weiter. Meine Stimme passte sich automatisch der Musik an, plötzlich hatte ich einen Südstaatenakzent. Dann, beim letzten Ton setzte der Applaus ein, ein Tosen und Klatschen; die Leute standen auf und johlten mir zu. So etwas hatte ich noch nie erlebt. Auf einmal konnte ich all die Musiker verstehen, die von sich sagen, sie seien süchtig nach Liveauftritten.

»*Thank you, Willy!*«, rief einer der kanadischen Soldaten.

Ich strahlte und ging zurück an den Tisch, an dem ich mit meinen Freunden saß.

»Hey, woher kannst du denn auf einmal Countrymusic?«, wollte einer von ihnen wissen.

»Keine Ahnung.« Ich zuckte mit den Schultern. Es war mir selbst ein Rätsel.

Von diesem Tag an sang ich nur noch Songs wie *Green, green grass of home*, *Country Roads* und *Lucille*. Eigentlich mochte ich diese Musik nicht besonders, aber singen konnte ich die Lieder offenbar so gut, dass meine Freunde mich bei einem Karaoke-Wettbewerb anmeldeten – in der Kategorie Country and Western.

Am Tag des Wettbewerbs war ich so nervös, dass ich mich vor meinem Auftritt mit schwarzem Rum stärkte, den ich sonst nie trank. An den Auftritt selbst kann ich mich nicht erinnern. Trotz meiner Nervosität jedenfalls gewann ich den ersten Preis mit *Always on my mind*: ein Wochenende für zwei Personen in New York. Unglaublich!

Während auf der Bühne alles rundlief, war es auf der Arbeit alles andere als perfekt. So machte mich mein Kumpel Jerry eines Tages darauf aufmerksam, dass wir jede Woche zwanzig Dollar weniger verdienten, als uns vertraglich zugesichert war. Das durfte nun wirklich nicht sein! Aber war das nur bei uns so? Um das herauszufinden, zogen wir Erkundigungen ein. Tatsächlich: Allen ausländischen Köchen wurde weniger ausgezahlt, als im Vertrag stand. Das konnte so nicht bleiben.

Der Chef versprach zwar auf unsere Bitte, sich darum zu kümmern, doch längere Zeit passierte nichts. So beschlossen wir, dem Management mit Streik zu drohen, sollte sich an unserer Bezahlung nichts ändern. Der Resident-Manager schaltete sich ein und zeigte uns überdeutlich, dass er unserer Drohung keinen Glauben schenkte. Als er aber die schlechte Stimmung in der Küche sah, berief er dann doch eine Notfallsitzung ein, zu der wir Jerry als Abgesandten der Köche schickten. Zu unserer Freude erreichte er, dass die Geschäftsführung jedem von uns das Geld überwies, das sie seit Vertragsbeginn zu wenig bezahlt hatte. Unsere Chefs hatten in der Zwischenzeit die Bücher geprüft und dabei anscheinend herausgefunden, dass der Chefbuchhalter das fehlende Geld hinterzogen hatte. Er hatte offensichtlich mit der Dummheit der Köche gerechnet und nicht gedacht, dass einer von uns Saufköpfen je die Gehaltsabrechnung kontrollieren könnte. Natürlich waren Spielchen wie diese damals noch einfacher, weil alles noch von Hand und ohne PC gemacht wurde. Bei Ronny, der schon länger da war, machte die Nachzahlung so viel aus, dass er sich ein neues, großes Motorrad kaufen konnte.

Beim Management des Hotels hatten wir uns durch unsere Aktion natürlich nicht besonders beliebt gemacht. Das aber sollte ich erst später zu spüren bekommen. Zunächst einmal hatte ich anderes im Sinn: wieder einmal die Liebe. Denn im Restaurant arbeitete ein hübsches Inselmädchen, mit dem ich mich sehr gut verstand: Mally. Ich lud sie ins Kino ein, und sie willigte zu meiner Überraschung sofort ein. Da auf meinem Mofa kein Platz für eine Lady war, borgte ich mir Ronnys neue Maschine aus und fuhr mit ihr am Abend unserer Verabredung an der Straßenkreuzung vor, an der Mally auf mich wartete. Ich war völlig hingerissen. Sie trug einen hautengen Minirock, schwarze Boots, eine schwarze Netzbluse und eine Lederjacke mit großen Nieten. Eine richtige Motorradbraut! Wow!

So donnerten wir mit Ronnys Motorrad nach Hamilton, sahen uns im Kino einen Film an und tanzten danach in einer Disco, bis Mally mich irgendwann frühmorgens zur Seite zog und mir erklärte, dass sie jetzt nach Hause zu ihren Kindern müsse.

Kinder? Ich dachte zuerst, ich hätte mich verhört. Dennoch nickte ich und folgte ihr nach draußen, wo ich ihr zu verstehen gab, dass ich sie nicht richtig verstanden hätte. Hatte ich wohl doch. Denn jetzt gestand sie, dass sie drei Kinder von zwei Männern habe, mit ihrem Freund im Streit auseinandergegangen sei und außerdem in Scheidung lebe. Ihr ältestes Kind, ein Junge, sei sechs, die anderen beiden seien Zwillingsmädchen und würden demnächst drei Jahre alt.

Mein Gesichtsausdruck auf ihre Enthüllung muss sie wohl genervt haben, denn sie sagte nicht mehr viel, bis wir das Motorrad erreichten. Die Gegend um die Disco herum war nicht die beste, und ich hatte an der Hauptstraße geparkt, damit Ronnys gutes Stück nicht gestohlen oder beschädigt wurde.

Schweigend fuhren wir zurück nach Somerset. Ich lud sie an derselben Kreuzung ab, an der ich sie aufgelesen hatte, und fuhr davon, ohne viele Worte zu verlieren. Ich war sprachlos. Am nächsten Tag aber versuchte ich, mich für mein Benehmen bei Mally zu entschuldigen und ihr zu erklären, dass ich einfach nur überrascht war, dass ein so junges Mädchen schon so viel erlebt und schon drei Kinder haben konnte. Ich muss dabei in irgendein neues Fettnäpfchen getreten sein, denn Mally sprach eine weitere Woche keinen Ton mit mir.

Ich ließ mich davon jedoch nicht entmutigen und fragte Mally immer wieder, ob ich sie und die Kinder denn einmal zusammen treffen könnte. Schließlich mochte ich sie sehr und wollte sie unbedingt näher kennenlernen. Irgendwann gab sie meinem Drängen tatsächlich nach, und eines Nachmittags trafen wir uns mitsamt der Kinder am Strand. Die drei waren supersüß, und vor allem die zwei Mädchen schloss ich sofort ins Herz. Der Junge war mir gegenüber allerdings eher abweisend. Er sagte keinen Ton und unterbrach seine Mutter jedes Mal, wenn sie mit mir sprach. Nun, eigentlich war das verständlich. Schließlich war in seinem bisherigen Leben alle paar Monate ein anderer Mann aufgetaucht, der versuchte, den Vater zu spielen. Nun war ich an der Reihe – und zu allem Unglück auch noch ein Weißer.

Das Experiment gelang dennoch, und Mally und ich verbrachten immer mehr Zeit miteinander. So auch in jener Nacht, in der Mally zum ersten Mal bei mir übernachtete. Wir waren zuvor in der Disco gewesen und bei der Heimfahrt in der ersten Kurve mit dem Motorrad weggerutscht und in der Böschung gelandet. Zum Glück waren wir beide unverletzt, nur das Motorrad hatte etwas gelitten. Wir hatten es am Straßenrand zurückgelassen und den Rest der Strecke zu Fuß zurückgelegt.

Als Mally am nächsten Morgen ging, holte ich das Motorrad und untersuchte es. Das konnte doch nicht sein! Ich war nicht einfach so aus der Kurve gerutscht! Irgendjemand hatte mir einen Reifen zerschnitten! Aber warum? Auf einmal fielen mir die feindseligen Blicke in der Disco wieder ein. Auch erinnerte ich mich daran, dass Mally mir erklärt hatte, dass viele der Anwesenden Freunde ihres Exfreundes waren. Sabotage also? Ein wenig mulmig war mir schon zumute. Hatte der zerschnittene Reifen etwas mit Mallys Ex zu tun?

Ich hatte natürlich keine Beweise und versuchte mir einzureden, dass es doch nur ein gewöhnlicher Unfall gewesen war, ein Nagel auf der Straße oder etwas Ähnliches. Dann aber stand eines Nachts ein Einheimischer in der Einfahrt des Hotels. Er hatte mich offensichtlich erwartet. Denn als ich an ihm vorbeifuhr, stieß er mich mit Gewalt vom Mofa und packte mich am Kragen. »Das ist nur eine Warnung«, sagte er. »Lass deine Drecksfinger von Mally.«

So machte ich mit Fred Bekanntschaft, Mallys Exfreund. Natürlich erzählte ich Mally von der unheimlichen Begegnung. Als ich das Aussehen meines Angreifers beschrieb, bestätigte sie mir, dass es sich tatsächlich um Fred handelte.

Sie war wütend und versprach, sich darum zu kümmern, dass so etwas nicht noch einmal passierte.

Einige Tage später sah ich sie zusammen mit Fred. Er lächelte mich hämisch an. Ihre Augen aber blitzten vor Wut. Was hatte Fred ihr nur erzählt? Ich wusste natürlich inzwischen, dass Mally Fred verlassen hatte, weil er Drogen nahm. Er hatte ihr zwar immer wieder versichert, dass er clean sei, aber offensichtlich log er sie an. Das jedenfalls hatte Mally mir immer wieder erzählt – auch, dass er ihr ständig nach der Arbeit auflauerte, um sie zurückzugewinnen.

Ich wartete einige Tage ab und stellte sie dann vor die Wahl. Sie selbst solle entscheiden, wen von uns beiden sie bevorzugte, erklärte ich. So ginge es nicht weiter. Das hätte ich wohl besser nie gesagt.

Und ich machte noch einen weiteren, noch größeren Fehler: Ich nahm ein anderes Mädchen mit zu meinem Karaokewochenende nach New York. Schon als wir St. Georges verließen, hatte ich mal wieder eine Vorahnung und war mir sicher, dass diese zwei Tage der Horror werden würden. Meine Begleitung hieß Babyjo und sah auch so aus: blondes Haar, blaue Augen, Schmollmund. Sie war eine Bermuderin, eine Kollegin von Mally, die ich aus dem Village Inn kannte.

Der Flug mit Continental dauerte nur knapp zwei Stunden, und dennoch war Babyjo sturzbetrunken, als wir in Newark landeten. Notgedrungen lud ich sie auf einen Kofferwagen und gab dem Gepäckträger fünf Dollar, damit er sie bis auf den Parkplatz vor den Flughafen brachte. Sie lallte, sang, lachte und kicherte den ganzen Weg. Ich dankte Gott dafür, dass die Flüge von den Bermudas in die Vereinigten Staaten als Inlandsflüge behandelt wurden, denn so mussten wir nicht durch den Zoll. Dort hätten wir wegen Babyjos Zustand bestimmt Ärger mit einem Airmarshall bekommen. So mussten wir nur die wartende Limousine finden. Diese stellte sich zu meiner Enttäuschung als Yellow Cab mit einem unfreundlichen Pakistani-Chauffeur heraus. Er jammerte die ganze Strecke nach New York City über die anderen Autofahrer, die reichen New Yorker sowie Gott und die Welt und lud uns schließlich vor einer Absteige in Queens, einem alten Brownstone-Gebäude mit Feuertreppe an der Hausfassade, aus. Vor dem Eingang stapelten sich Müllsäcke, und das Gebäude daneben war mit Absperrgittern gesichert. »Vorsicht, Einsturzgefahr«, warnte ein gelbes Schild.

The Star Singer Hotel, so hieß unsere Herberge, sah von innen noch schäbiger aus als von außen. Staubige alte Sperrholzmöbel standen auf einem ehemals wohl roten, verschlissenen Teppich. Die braunen Backsteinwände waren unverputzt, irgendwann hatte wohl einmal jemand angefangen, sie zu streichen. Der Versuch muss aber schon vor Jahren eingestellt worden sein, denn die Farbe blätterte bereits herunter. Im Foyer stand ein Flipchart mit der Aufschrift: *»Welcome to the great winner of the Bermudian Karaoke Competition«*. Damit war wohl ich gemeint.

Passend zu meiner üblichen Liedauswahl wies der Portier uns die Elvis-Suite zu. Abgesehen von einem Poster des King of Rock 'n' Roll, das eine Wand des Raums zierte, erinnerte der Raum jedoch eher an ein Zimmer in einem Stundenhotel als an eine Suite. Was für eine Beleidigung für Mr. Presley! Während Babyjo sich hinlegte, um ihren Rausch auszuschlafen, begab ich mich an die Bar, wo der Hotelmanager mich bereits erwartete. Er gehörte zu den letzten echten Hippies und hatte in den Sechzigern wahrscheinlich schon während des ersten Woodstock-Festivals Schokoladenmilch verkauft. Nun aber präsentierte er mir meine Agenda für die kommenden vierundzwanzig Stunden.

Ich war erstaunt, hatte ich doch bis jetzt nicht gewusst, dass mich ein regelrechter Stundenplan erwartete.

Er klärte mich bereitwillig auf und sagte, wo ich mich wann einzufinden hatte. Das Highlight des Tages sollte mein Gastauftritt im Star Singer Karaoke Club sein, im Keller des Hotels. Wenn der genauso aussah wie der Rest des Hotels … Ich war wenig begeistert, doch umso überraschter, als mir der Hotelinhaber schließlich den Club zeigte. Der Keller war wie eine Minikonzerthalle ausgebaut, mit Bühne, Lichtshow, Verstärkeranlagen und Sitzplätzen für fast fünfhundert Personen. Und damit nicht genug: An der Eingangstür des Clubs hing ein Poster, auf dem mit meinem Namen für den Abend geworben wurde. »Special Guest Star: Felix Benz«.

Langsam wurde mir doch ein wenig mulmig. Und diese Unruhe verstärkte sich im Laufe des Abends. Mein Auftritt war für 22.00 Uhr angesetzt, der Club war jedoch schon um acht brechend voll. Ein Auftritt jagte den nächsten, und die meisten Sänger hatten tolle Stimmen, sahen blendend aus und hatten auch ihr Outfit dem Liederstil angepasst. Ich hatte natürlich keine Westernklamotten. Zum Glück wusste Jimmy, der Hippie, bei dem ich den ganzen Nachmittag an der Bar verbracht hatte, Abhilfe. Er organisierte mir aus seinem Fundus verstaubte Cowboystiefel, Lederhosen, ein Hemd, eine Lederweste mit Fransen und einen Stetson. Aus einer Truhe holte er zudem eine Perücke mit Zöpfen. Alles in allem sah ich damit wirklich ein wenig wie Willy Nelson aus – zumindest von Weitem. Von Nahem stank ich vor allem wie eine Mottenkugel.

Als ich in meinem neuen Outfit in unsere Suite zurückkehrte und Babyjo aus dem Bett warf, erschreckte die sich fast zu Tode. Sie dachte offensichtlich, ein Fremder wolle sie vergewaltigen, und schlug mir mit aller Macht die Faust aufs Auge.

»Mann! Was soll das!?«, schrie ich sie an und rannte ins Bad. Vor meinen Augen entwickelte sich ein prächtiges Veilchen. Na wunderbar!

Grummelnd verließ ich das Zimmer wieder und tröstete mich an der Bar mit dem einen oder anderen Bier. Dadurch mutiger geworden wechselte ich anschließend in den Star Singer Club. Dort drückte mir der Bühnenmanager, allem Anschein nach ein pensionierter Hells Angel, einen Zettel mit den Liedern, die ich singen musste, in die Hand. Zum Glück waren es nur zwei, eines davon mein Paradestück *Always on my mind.*

Ein Elvis-Doppelgänger mimte den Showmaster. Gestenreich und mit vor Begeisterung überschlagender Stimme stellte er die jeweiligen Sängerinnen und Sänger vor und holte sie nacheinander auf die Bühne. Als Erste kletterte eine spindeldürre Frau mit blonder Perücke auf die Bühne und gab *Burning Ring of Fire* von June Carter und Merle Kilgore zum Besten. Sie hatte eine rauchige Bombenstimme und erntete tosenden Beifall. Danach sang ein Afroamerikaner *Sweet little sixteen*, einen alten Hit von Chuck Berry. Er hüpfte auf der Bühne herum und spielte zwischendurch Luftgitarre, machte aber einige Fehler und verhaspelte sich zweimal im Text. Trotzdem tobte die Menge. Als schließlich die letzten Noten von Abbas *Waterloo* aus dem Mund einer bunt bekleideten Inderin verklungen waren, war ich an der Reihe.

Elvis stellte mich vor. »Und jetzt, Leute, unser Stargast, angereist aus dem fernen Bermuda, nur hier und nur heute Nacht! Der Gewinner der *Bermuda Karaoke Competition*! Viiiiiliis Pöööööööns!«

Felix Benz. Nicht einmal ich verstand meinen eigenen Namen, so wie er ihn in die Menge geschrien hatte.

Der Saal tobte. Ich fühlte mich gut. Wirklich gut! Ich hatte mein erstes Lied, *Georgia*, zwar in Somerset erst ein paar Mal geübt. Aber es klappte dennoch. Die Zuschauer klatschten. Sie waren zwar nicht völlig aus dem Häuschen, aber sie buhten mich immerhin nicht aus. Mein Siegeslied, *Always on my mind*, brachte die Halle jedoch zum Tosen. Bei den ersten Strophen war die Menge langsam ruhig geworden, als aber mit *»always on my mind«* die letzten Worte verklangen, explodierte die Stimmung im Saal. Die Zuschauer sprangen von ihren Sitzen und stürmten die Bühne. Ich konnte mich dem Ansturm nicht entgegensetzen und wurde überrannt.

Als es dem Bühnenmanager endlich gelang, die Leute von der Bühne zu scheuchen, raffte ich mich auf, um zu gehen. Doch keine Chance. Noch immer tobte die Menge und forderte eine Zugabe. Ohne Gnade zerrte der Pseudo-Elvis mich vors Mikrofon, mein Siegeslied lief nochmals an, und ich musste noch einmal singen. Und damit noch immer nicht genug: In den nächsten drei Stunden wurde ich noch fünf Mal auf die Bühne geholt, um zu singen, immer den gleichen Song. Natürlich musste nicht nur ich wiederholt auf die Bühne, sondern auch die anderen Teilnehmer. Die spindeldürre Blonde hatte ein riesiges Repertoire und sang jedes Lied perfekt. Eigentlich war sie viel besser als ich mit meinen verstaubten Countryschnulzen.

Während mir die begeisterten Zuschauer eine Runde nach der anderen ausgaben, verschwand Babyjo irgendwann mit einem Exil-Bermuder, den sie im Gewühl getroffen hatte. Der war nur zum Karaokeabend gekommen, weil er annahm, einen seiner Freunde von der Insel zu treffen. Er war sehr überrascht, dass ausgerechnet ich, der Koch und Gastarbeiter, den Wettbewerb gewonnen hatte.

Auch ohne Babyjo war die Nacht für mich noch lange nicht zu Ende. Zwei in die Jahre gekommene Cowgirls schleppten mich in einen Countryclub nach Brooklyn, wo ich auf einer Bühne mit einer Hobbyband singen sollte. Dies ging gehörig daneben, weil ich meinen Text nicht wie gewohnt von einem Bildschirm oder einer Leinwand ablesen konnte. So lallte ich so vor mich hin, dass sie mich mitsamt der Mädchen aus dem Club warfen.

Als ich am späten Sonntagvormittag im Apartment der Cowgirls aufwachte, brummte mir der Schädel. Ich hatte keine Ahnung, wo ich war, und konnte mich nur noch schwach an den vergangenen Abend erinnern. Die beiden Frauen sahen nicht weniger mitgenommen aus als ich und waren froh, als ich mich so schnell wie möglich verdrückte und ein Taxi zurück ins Hotel nahm.

Der Hippie war naturgemäß wenig erfreut, als er merkte, dass ich seine Perücke und den Stetson verloren hatte, wollte aber kein Geld annehmen. Der Samstagabend war dank meiner Auftritte ein voller Erfolg gewesen, der Umsatz hatte seine kühnsten Erwartungen übertroffen, und so entschied er sich dann doch, mir auch so zu verzeihen.

Babyjo war mitsamt ihrem Gepäck verschwunden, und auch ihr Flugticket, das in meiner Jackentasche gesteckt hatte, war weg. Ich seufzte, doch eigentlich war mir alles egal. Mir war schlecht, ich hatte stechende Kopfschmerzen und ein blaues Auge, und meine Stimme erinnerte an das Krächzen eines sterbenden Hahns, doch ich hatte keine Zeit, mich auszuruhen. Schon fuhr die versprochene Limousine vor dem Hotel vor, um mich abzuholen und zum Flughafen zu bringen. Auch diesmal handelte es sich dabei um ein Yellow Cab, wieder fuhr mich der Pakistani, der uns am Tag zuvor in Newark abgeholt hatte. Als er mich sah, verfinsterte sich sein Blick deutlich. Aber als er merkte, dass ich allein war, wurde er freundlicher. Diesmal sprach er sogar mit mir, ohne die ganze Zeit vor sich hin zu fluchen.

In Newark schlurfte ich in die Wartehalle und döste auf einem unbequemen Sessel, bis mein Flug aufgerufen wurde. Ich begab mich zum Check-in und danach direkt in die wartende Maschine. Von Babyjo weiterhin keine Spur. Wo sie nur blieb?

Egal. Die Maschine startete schließlich auch ohne Babyjo.

In Somerset warf ich mich direkt auf mein Bett und schlief binnen Sekunden ein. Ich wachte erst wieder auf, als ein kalter Wasserstrahl in mein Gesicht plätscherte. Mein Kumpel Ronny stand vor mir und erinnerte mich daran, dass wir zur Arbeit mussten.

Als Mally in die Küche kam, wendete ich gerade Pouletschenkel für das Mitarbeiteressen. Sie rastete völlig aus, schrie mich an und bewarf mich mit Zwiebeln. »Du Mistkerl! Ich hasse dich! Gemeines Schwein!«

Während ich versuchte, den Wurfgeschossen, so gut es ging, aus dem Weg zu gehen, bemühte sich der Küchenchef, Mally zu beschwichtigen, und führte sie schließlich aus der Küche heraus. Offenbar hatte einer meiner Kollegen seinen Mund nicht halten können, wodurch Mally gehört hatte, dass ich mit Babyjo nach New York geflogen war. Mir war mittlerweile sämtliche Lust auf Streit oder Diskussionen vergangen. Daher verdrückte ich mich nach Feierabend direkt ins Village Inn, um meinen Kumpeln mein Leid zu klagen.

»Du lässt besser die Finger von ihr«, rieten sie. »Fred rastet sonst total aus. Außerdem machst du dir sicher keine Freunde auf der Insel, wenn du dich weiterhin mit ihr einlässt.«

Da mir trotz dieser Warnung der Sinn nach einer Aussprache stand, schwang ich mich – schon wieder leicht betrunken – auf mein Mofa und fuhr zu Mallys Häuschen. Keine Mally weit und breit, dafür aber Fred. Er schlug mir die Faust auf mein noch heiles Auge und befahl mir, mich zu setzen und ihm genau zuzuhören.

Während er wirres Zeug redete, schwoll mein Auge langsam zu. Manchmal lachte er hysterisch. Kein Zweifel, er musste schon wieder Drogen genommen haben. Irgendwann ließ sein Redeschwall endlich nach, und er schloss die Augen für immer längere Zeit. Plötzlich stand er auf, torkelte ein, zwei Schritte und stürzte dann mit voller Wucht auf den Holzfußboden, wo er regungslos liegen blieb.

Ich suchte Mally im ganzen Haus, konnte sie aber nicht finden. Noch immer lag Fred wie tot am Boden. Es musste etwas geschehen. Also lief ich rasch zur nächsten Telefonzelle, um anonym die Polizei anzurufen und die Sachlage zu erklären. Danach fuhr ich nach Hause und legte mich auf mein Bett. In was für eine Scheiße war ich da geraten?!

Ich muss wohl eingeschlafen sein, denn als mich Ronny unsanft aus dem Bett zerrte und mich zur Telefonkabine neben unserem Haus brachte, war es schon wieder hell. Der Hörer baumelte hin und her, und als ich ihn nahm und mich meldete, kreischte mir Mallys Stimme entgegen.

Zuerst verstand ich nur Bahnhof. Was wollte sie? Als ich versuchte, sie zu beruhigen, schrie sie nur noch lauter. Irgendwann verstand ich, was sie sagen wollte: In ihrem Haus hatte die Polizei Drogen beschlagnahmt, und Fred war wegen einer Überdosis Crack ins Krankenhaus eingeliefert worden. Sein Zustand war schlecht, man befürchtete, er würde einen Hirnschaden davontragen. Mally befand sich nun zum Verhör auf dem Polizeiposten. Und als sie von dem anonymen Anruf gehört hatte, hatte sie gleich an mich gedacht. Jetzt fragte sie, ob ich die Polizei zu ihr geschickt habe.

Mit einem einfachen Nein hätte ich mich schön aus der Sache herausziehen können, aber ich sagte Ja. Natürlich wurde auch ich auf das Polizeirevier bestellt. Was ich mit der ganzen Drogensache zu tun habe, wollten die Beamten wissen. Zum Glück erkannten sie bald, dass ich nur durch Zufall in die Sache hineingerutscht war. So rieten sie mir zwar nur zur Vorsicht, gaben mir aber auch deutlich zu spüren, was sie von Ausländern hielten, die sich mit einheimischen Mädchen einließen.

Ich fühlte mich gedemütigt und war stinksauer. Womit hatte ich das verdient? Ich wollte doch nur ein wenig Spaß. Außerdem arbeitete ich hart für mein Geld und war nicht irgendein dahergelaufener Tourist oder ein Flüchtling, der dem Staat auf der Tasche lag.

Mally sah ich von nun an nur noch auf der Arbeit. Ihre Blicke trafen mich wie Giftpfeile. Und auch der Hotelmanager war alles andere als begeistert, als die Polizei sich wegen der Drogensache gemeldet hatte. Der Resident-Manager grollte uns Köchen ohnehin noch wegen des Miniaufstands wenige Wochen zuvor und genoss es sichtlich, einem von uns eins auswischen zu können. Er zitierte

mich in sein Büro, ließ mich strammstehen, erteilte mir eine mündliche Verwarnung und drohte mit Kündigung. »Noch eine krumme Geschichte, dann bist du fällig.« Er grinste herausfordernd.

Ich verstand. Von nun an war Vorsicht geboten. Ich hatte mir ohnehin bereits geschworen, von nun an mit keiner Frau mehr etwas anzufangen und mich stattdessen voll und ganz auf die Arbeit zu konzentrieren.

An meinen freien Tagen begleitete ich fortan Andy, einen Fischer, auf seinem Boot und half ihm beim Angeln. Dafür musste ich früh aufstehen, denn Andy verließ den Hafen schon um halb vier Uhr morgens, und davor mussten das Schiff fertig gemacht und die Köder eingeladen werden.

Es dauerte etwa drei Stunden, bis wir in unserem Boot die Fischgründe erreichten – zwei Männer in einem kleinen Motorkutter mitten auf dem wilden Atlantik. Zu dieser Zeit wurde es gerade hell, und rings um uns gab es nichts als meterhohe Wellen und blauen Himmel.

»Nun sind wir mitten im bekannten Bermudadreieck«, informierte Andy mich bei unserer ersten gemeinsamen Tour. »Hier haben die großen Thunfisch- und Wahooschwärme ihr Jagdrevier.« Dann erklärte er mir, was ich zu tun hatte.

Auf seinem Boot hatte Andy vier Hochseeangeln nebeneinander in Stahlhalterungen an der hinteren Reling befestigt, sogenannte Schleppangeln, die mit bunten Gummitintenfischködern und Haken an langen Nylonschnüren hinter dem Boot hergezogen wurden. Sie sollten die Fische anlocken. Außerdem hielt Andy auf dem Deck einige Eimer mit Fischabfällen bereit, die er über den Fischschwärmen über Bord kippen wollte. Dies sollte die großen Raubfische anlocken.

Es gab so viel zu tun, dass ich gar keine Zeit hatte, seekrank zu werden. Gefischt wurde mit den vier Angeln gleichzeitig, und meine Aufgabe war es, die Fische mit der Leine einzuholen. Damit ich dabei nicht über Bord ging, schnallte Andy mich auf einem schwenkbaren, an Deck geschraubten Stuhl fest.

Jedes Mal, wenn ein Fisch anbiss, riss Andy geschwind die Angel aus ihrer Halterung und drückte sie mir in die Hände. Ich hakte sie dann an meinem Hüftgurt fest und begann sofort, die bis zu hundert Meter lange Schnur einzuholen.

Andy erkannte auf den ersten Blick, ob ein Thunfisch oder ein wesentlich leichterer Wahoo am Haken hing. Kein Wunder! Die Wahoo wogen schließlich nur zwischen zehn und zwanzig Kilo, die Thunfische aber bis zu hundertfünfzig.

Rasch vergaß ich die Sorgen, die mich auf der Insel geplagt hatten, und kümmerte mich um meine neue Aufgabe. Diese erwies sich als extrem anstrengend, denn wir befanden uns in einem reichen Fischgrund: Sobald ich einen Fisch herausgezogen hatte, biss der nächste auch schon an.

Andy zog sie mit einem langen Haken an Bord, schnitt ihnen den Bauch auf, entfernte die Innereien und warf die ausgenommenen Fische in den mit Eis gefüllten Laderaum des Kutters, während ich mit dem nächsten Riesenfisch kämpfte. Das Boot wühlte sich währenddessen im Autopilot durch die meterhohen Wogen. Gischt sprühte mir ins Gesicht. Bald tat mir der rechte Arm weh. Es fiel mir immer schwerer, die Leinen einzuholen, ohne dabei die Fische zu verlieren.

Als ich wieder einmal eine Leine einholte – fast war es mir schon gelungen, sie ganz ans Boot zu ziehen –, spürte ich plötzlich einen heftigen Ruck. Die Angel wurde mir aus der Hand gerissen. Ich schnappte sie mit einer schnellen Bewegung – und merkte im selben Augenblick, dass am anderen Ende kein Widerstand mehr war. Zuerst dachte ich, ich hätte nichts mehr an der Angel. Als ich aber die Leine einholte, baumelte an ihrem Ende ein halber Thunfisch.

Andy grinste und zeigte auf die messerscharfe Bissstelle, die den Fisch hinter dem Kopf halbmondförmig entstellte. Offensichtlich hatte ein Mako-Hai den Thunfisch durchgebissen und sich seinen

Teil geschnappt. Das Reststück wog zwar noch fünfzehn Kilo, aber nun wusste ich, dass dies kein guter Ort war, um über Bord zu gehen …

Es gab auch Tage, an denen kein Fisch anbiss. Dann dümpelten wir den ganzen Tag über den Atlantik, bis Andy die Nase voll hatte und die Aktion abblies. An guten Tagen fingen wir dafür zwanzig bis dreißig Wahoo und manchmal sogar zehn oder mehr Thunfische. Der größte wog hundertzwanzig Kilo. Meine Kollegen staunten nicht schlecht, als Andy an jenem denkwürdigen Tag den Fisch in die Küche brachte und den anwesenden Köchen erklärte, dass nicht er, sondern ich das Prachtexemplar gefangen hatte.

»Der ist nicht nur im Meer ein guter Fischer, sondern angelt sich auch an Land ziemliche Brocken«, kommentierte mein Chef den Fang trocken. Er deutete auf meine immer noch sichtbaren Veilchen: »Aber an Land sind die Fische gefährlicher als im Meer.«

Als Meisterangler durfte ich den Thunfisch dann höchstpersönlich in der Küche zerlegen und das erste Stück Sashimi essen. Ich genoss es mit Sojasauce und Wasabi. Fantastisch! Der Rest des Fisches wurde von einem Franzosen zerlegt. Er schnitt Steaks zu je dreihundert Gramm für den À-la-carte-Service zurecht und ließ ein etwa sechs Kilo schweres Stück übrig, das dann im Ofen gegart und auf dem Buffet angeboten wurde.

Irgendwann gab die Hoteldirektion bekannt, dass das Hotel wie in den vergangenen Jahren auch dieses Mal im Winter geschlossen würde. Einige von uns würden ins Partnerhotel nach Barbados geschickt, die anderen müssten bis März Urlaub machen.

Da ich mir keinen so langen Urlaub leisten konnte, hätte ich wohl oder übel nach Barbados gehen müssen. Daher erkundigte ich mich bei meinen Kollegen, die schon den letzten Winter dort zugebracht hatten, wie es auf Barbados arbeitstechnisch aussehe. Schlecht, sagten die anderen Köche. Es sei denn, ich wolle vierundzwanzig Stunden am Tag mit langsamen, bekifften Rastas zusammen am Herd stehen. Wirklich keine Traumvorstellung!

Ein irischer Kellner gab mir jedoch einen Tipp. Er schrieb mir die Adresse einer Dame in Auckland auf und empfahl mir, meine Referenzen dort hin zuschicken. In Neuseeland suchten sie nämlich massenhaft Schweizer Köche, weil diese die beste Ausbildung mitbrachten, anscheinend bekannt für ihren Fleiß waren und sehr gutes Englisch sprachen.

»Dadurch kannst du eventuell zwei Fliegen mit einer Klappe schlagen: den Winter überspringen und Problemen mit Mally aus dem Wege gehen.«

Gar keine so schlechte Idee, denn die Probleme mit Mally waren aktueller als zuvor.

Ein paar Wochen später war die Sommersaison endgültig vorbei. Wir hatten weniger Gäste und weniger Arbeit, feierten dafür aber umso mehr Feste und Partys im Personalgebäude. Ich beteiligte mich mit Elan.

Eines Nachts müssen wir es wohl so übertrieben haben, dass die Nachbarn sich beim Resident-Manager über den Lärm beschwerten. Der ging der Sache nach und stand plötzlich zu unserem Schreck vor uns. Jerry hatte gerade seine Marius-Müller-Westernhagen-Kassette eingelegt, sang in voller Lautstärke sein Lieblingslied *My best friend Johnny Walker* und tanzte dazu auf dem Dach des Gebäudes. Ein paar Serviceangestellte reichten einen Joint rum, während ein gut gebautes Mädchen vor ihnen strippte und gerade im Begriff war, auch das letzte Kleidungsstück abzulegen. Zwei schwule Kellner tanzten eng umschlungen über den kurzen Rasen. An einem

Tisch wurde Poker gespielt, und einige Hundert Dollar lagen auf einem Stapel in der Mitte zwischen den Spielern. Zwei leere Flaschen Whisky standen daneben. Überall lagen Bierdosen und Essensreste. Auf dem Grill rauchten zwei vergessene Bratwürste vor sich hin.

»Jetzt reicht's!« Der Resident-Manager gab nur einen kurzen Kommentar ab und verschwand.

Wir feierten unbeirrt weiter.

Das dicke Ende folgte am nächsten Tag. Wir mussten alle im Büro des General Managers antanzen. »Ihr Benehmen schadet dem guten Ruf des Hotels«, herrschte er uns an. Wir sollten uns doch ein wenig zusammenreißen – vor allem die verrückten Köche, die auf den Dächern herumtorkelten und Whisky tranken. Auch sei es auf Bermuda nicht üblich, splitternackt zu tanzen. Hatten Jerry und ich zuvor die Anspielung auf unser Verhalten eher ignoriert, lief das deutsche Mädchen, das die Nacht zuvor gestrippt hatte, rot an.

»Es bleibt mir leider nur eine Möglichkeit, zukünftige Probleme abzuwenden«, drohte der Manager, »und zwar ein Partyverbot auf dem Gelände der Personalgebäude. Wer dieses Verbot missachtet, wird fristlos gekündigt.«

Wir nahmen das Verbot gelassen entgegen und waren froh, dass wir keine weiteren Konsequenzen zu tragen hatten. Mit dem Verbot konnten wir gut leben – die Insel war schließlich groß, und es gab viele einsame Strände für Feste und Partys.

So gingen wir beruhigt zurück an die Arbeit – und trafen in der Küche auf einen stockbetrunkenen Entremetier. Ihm war durch Suff und Hitze so schlecht geworden, dass er seinen Kopf in einen der Kühlschränke gesteckt hatte. Seine dicke rote Nase hing in einem Schälchen neuseeländischer Butter, sein Kinn ruhte auf einem Gitter. Mit vereinten Kräften zogen wir ihn vorsichtig aus dem Kühlschrank, putzten ihm die Nase, schleppten ihn ins große Gemüsekühlhaus und betteten ihn dort auf ein paar Salatkisten. Hier sollte er erst einmal ausnüchtern.

Dann machten wir uns an die Arbeit. Es war einer der Tage, an denen zum Dinner ein großes Buffet angeboten wurde. Trotz der vergangenen Nacht produzierte ich mit Elan die fünfzehn Salate, Pasteten, Terrinen und Entengalantinen, die auf meinem Arbeitsplan standen. Vor allem die Entengalantinen bereitete ich gerne zu. Ohne ins Fleisch zu schneiden, befreite ich die Enten von allen Knochen. Danach stellte ich eine Füllung aus Schweinefleisch, Entenleber, Sahne, Cognac, wenig Salz, Pfeffer, Muskat, Muskatblüte, Koriandersamen und grünem Madagaskarpfeffer her. Ich füllte die Farce in die ausgebeinte und gewürzte Ente und schob diese für etwa eine Stunde in den Ofen.

Die Terrinen waren zum Teil schon fertig und mussten nur noch geschnitten und auf großen, rechteckigen Spiegeln angerichtet werden. Außerdem kochte ich drei schottische Hummer und kreierte aus ihnen einen Hummersalat, die roten Schalen und Scheren verwendete ich anschließend, um die Meeresfrüchteplatte zu dekorieren. Ich holte aus dem Kühlhaus, in dem der Entremetier immer noch selig schlief, eine Dose Malossol-Kaviar und verteilte das schwarze Gold großzügig auf der Platte. Dann machte ich mich an die Currys und Eintöpfe. Da ich in Afrika einige Erfahrung mit der Zubereitung dieser Gerichte gesammelt hatte, war ich auch auf Bermuda hierfür zuständig – allerdings erst, seitdem die anderen Köche mein afrikanisches Haifischcurry versucht hatten. Die meisten europäischen Köche kannten Gewürze wie Fenchelsamen, Kreuzkümmel, Koriandersamen, Kardamom oder Bockshornklee nicht. Auch mit Tamarindenpaste, Zitronenblättern, Zitronengras oder Galgant-Wurzel wussten sie nichts anzufangen. Daher beobachteten sie mich anfangs äußerst misstrauisch, wenn ich Knoblauch mit Ingwer und Zwiebeln anröstete und die exotischen Gewürze hinzugab, die ich extra dafür bei einem Inder in Hamilton gekauft hatte.

Bereitwillig zeigte ich ihnen, wie man Currypasten herstellt, und klärte sie über die verschiedenen Verwendungsmethoden auf. Während die meisten anderen begeistert waren, hielten sich die Franzosen deutlich zurück. Sie kannten zwar die französische Küche aus dem Effeff, doch alles Fremde war ihnen suspekt. Als sie beim ersten Mal mitbekamen, dass ich die Lammwürfel roh in die kochende grobe Sauce gab, warfen sie entsetzt die Hände in die Luft. Wie konnte ich nur das Lamm hineingeben, ohne es vorher anzubraten!

Ich erklärte ihnen den Grund: Die noch offenen Poren des Fleischs sollten die würzige Sauce aufnehmen, das Fleisch seinerseits den Eigengeschmack abgeben und eine Symbiose mit der Sauce eingehen.

Es ließ sich nicht vermeiden, dass nach einer Weile das ganze Hotel nach meinem Curry roch. Das rief sogleich den Manager auf den Plan. Es stinke wie auf einem Markt in Neu Delhi, beschwerte er sich. Das durfte nicht sein, denn eigentlich war das Hotel für feine französische Küche bekannt. Aber als der Manager dann die positiven Gästekommentare hörte, ließ er mich weitermachen. Sogar für die Mitarbeiter durfte ich nun die Eintöpfe zubereiten.

An Buffetabenden wie diesem kochte ich meine milden bis scharfen Poulet-, Rinds-, Lamm- und vegetarischen Gerichte mittags vor und wärmte sie am Abend nur schnell auf. Dadurch konnte ich nachmittags eine kurze Pause einlegen.

Als ich an besagtem Abend wieder zur Arbeit kam, hatte sich der Entremetier schon aus eigener Kraft aus dem Kühlhaus bewegt und wärmte seine blaugefrorenen Finger am Gasherd. Dennoch begrüßte er mich, als sei nichts geschehen. Seine Nase war noch röter als zuvor und von lila Äderchen durchzogen. Ich nickte ihm zu und wandte mich ab. So wie er wollte ich auf keinen Fall enden.

An diesem Abend ging es besonders festlich zu, denn ein bekannter Autor residierte im Hotel, und sein neuestes Werk, *Beast*, war gerade auf Bermuda vorgestellt worden – unter anderem weil die Handlung dort spielte. In einer Szene beschrieb er sogar unseren Buffetabend, die Köstlichkeiten und die im Hintergrund spielende Band. Da er auch den Namen unseres Hotels nannte, behandelte ihn das Management nun umso fürsorglicher.

Peter Benchley – so hieß der Autor – fand offensichtlich nicht nur am Hotel im Allgemeinen, sondern auch an meinen Eintöpfen und Salaten Gefallen. Als er zum zweiten Mal zu mir ans Buffet kam, sagte ich etwas schüchtern, dass eines seiner Bücher, *Der Weiße Hai*, früher einmal mein Lieblingsbuch gewesen sei und dass ich natürlich alle Verfilmungen gesehen habe.

Er schmunzelte. Das sei nun doch schon eine Weile her, seit er diesen Bestseller geschrieben habe, und doch verfolge der Hai ihn noch immer.

Später brachte er mir ein signiertes Exemplar seines neuen Buches. Ich freute mich riesig und brachte es sofort in mein Zimmer. Leider verschwand das Buch später unter mysteriösen Umständen.

Wenige Wochen nachdem ich mich in Neuseeland beworben hatte, flatterte eines Morgens ein Brief aus Auckland in die Küche. Genauer gesagt: Der Resident-Manager händigte ihn mir mit fragender Miene aus. Kein Wunder, dass er neugierig war – immerhin trug der Umschlag als Absender den Namen und die Adresse einer Jobagentur.

Ich nahm den Brief kommentarlos entgegen und arbeitete erst einmal weiter. Erst in der Abgeschiedenheit meines Zimmers riss ich den Umschlag auf – und stieß spontan einen Freudenschrei aus. Drei Jobangebote aus Neuseeland! Angeboten wurden mir Stellen in verschiedenen Hotels: in einem Mittelklasseschuppen im vulkanischen Rotorua, in einem Ski- und Wanderhotel auf dem Mount Cook in den südlichen Alpen und in einem Viersternekasten in der Hauptstadt Wellington. Letzteres interessierte mich am meisten, weil es nicht irgendwo in der Pampa lag, sondern in einer Stadt. Ich hatte genug vom Landleben und von der Natur und wollte einmal wieder in eine Großstadt. Hätte ich Wellington damals schon gekannt, hätte ich es mir sicher anders überlegt.

Sogleich machte ich mich auf ins nächste Reisebüro, um Informationsmaterial über Neuseeland zusammenzusammeln. Bis dahin nämlich wusste ich lediglich, dass es dort zwar viele Schafe, aber

nur wenige Menschen gab. Was ich in der Folgezeit las und auf Fotos sah, faszinierte mich jedoch so, dass ich mich bei der Agentur in Auckland meldete. Eigens zu diesem Zweck hatte ich mir eine internationale Telefonkarte mit einem Guthaben von fünfzig Dollar gekauft. Damals war manches wirklich noch sehr kompliziert.

Die freundliche Frau in Auckland stellte sich als Linda vor. Kaum

hatte ich mein Interesse an der Stelle in Wellington bekundet, organisierte sie ein telefonisches Vorstellungsgespräch mit dem Wellingtoner Küchenchef für mich. Dieses sollte um ein Uhr nachts Bermuda-Zeit stattfinden.

So stand ich in einer sehr windigen, regnerischen Nacht im September in Somerset in einer Telefonzelle am Straßenrand. Die Baumfrösche pfiffen ihr nächtliches Konzert, an das ich mich mittlerweile schon so gewöhnt hatte, dass ich es während der zwei Tage in New York vermisst hatte. Pünktlich um ein Uhr steckte ich die Karte in den Schlitz und wählte die Nummer. Es knackte in der Leitung. Eine tiefe Stimme meldete sich. Der Küchenchef. Er fragte, was wir in Bermuda denn so kochen würden. Ich erklärte es ihm und redete immer weiter, während er sich jeglichen Kommentars enthielt. Als ich nach zwanzig Minuten auflegte, war das Guthaben auf der Karte auf drei Dollar und zwanzig Cent geschrumpft, aber ich hatte einen neuen Job. Wahnsinn!

In Feierlaune ging ich zurück in unsere Personalunterkunft. Dort war die Stimmung gedämpft. Denn die Geschäftsführung hatte Jerry nahegelegt zu kündigen. Während meine Kumpel nicht verstanden, was die Hotelleitung gegen Jerry hatte, ahnte ich den Grund für ihre Ablehnung: Jerry hatte zu viel Gewerkschaftsmentalität in sich und wiegelte die Köche ständig gegen das Management auf. Zuerst hatte er sich dafür eingesetzt, dass wir alle den Lohn bekamen, der uns zustand, und seit einiger Zeit setzte er sich auch für einen neuen Schichtplan ein, nach dem die Köche ohne Zimmerstunde arbeiten konnten. Auch dass er sein Haar sehr lang trug, gefiel dem Resident-Manager gar nicht.

Nun, nach einigem Überlegen kündigte Jerry tatsächlich am nächsten Tag. Vorher rasierte er sich aber aus Protest noch eine Glatze. Ich folgte seinem Beispiel und schnitt mir ebenfalls die Haare ab. Nur mit der Kündigung wartete ich zwei Tage länger – bis ich mit Linda in Auckland telefoniert und die Details des Wellington-Deals unter Dach und Fach gebracht hatte.

Um die Geschäftsführung zu ärgern, kauften Jerry und ich in einem Laden in Hamilton zwei Baseballkappen mit eingenähten Haarteilen. Jerry fand eine im Farbton seiner Haare. Bei meiner stimmte die Farbe nicht so genau, aber das störte mich nicht. Am nächsten Tag trugen wir die neuen Mützen bei der Arbeit. Als der Resident-Manager uns im Vorbeigehen sah, lief er rot an und verließ im Eiltempo die Küche. Kurz darauf klingelte das Haustelefon.

Der Chef ging dran, schaute mit zusammengekniffenen Augen zu uns herüber, nickte und legte auf. *»Bureau, mes enfants.«*

Im Büro des Managers erwartete uns nicht der Rüffel, mit dem wir natürlich gerechnet hatten. Stattdessen reichte der Manager jedem von uns ein rosarotes Blatt Papier mit der goldenen Inschrift des Hotels. Unsere Zeugnisse. Schlechte Zeugnisse. Ganz schlechte. Schlampige Arbeitsmoral, nicht teamfähig, ungenügende Kochkenntnisse, Unpünktlichkeit – diese Begriffe und noch einige mehr sprangen mir ins Auge, als ich den Wisch überflog.

»So sehen Ihre Zeugnisse aus, wenn Sie nicht sofort diese beknackten Mützen von den Schädeln nehmen und sich wie erwachsene Menschen benehmen«, knurrte er.

Nun ja, er hatte nicht ganz unrecht – und ein schlechtes Arbeitszeugnis riskieren wollten wir eigentlich auch nicht. So zogen wir die Mützen aus und gingen zurück in die Küche.

Am nächsten Tag rief der Agent aus Kanada an, der mir seinerzeit den Job auf Bermuda vermittelt hatte. Er war sauer, weil ich gekündigt hatte und er nun einen Teil seiner Provision zurückzahlen musste. Dennoch offerierte er mir mit leiser Stimme sogleich einen neuen Job – wahrscheinlich dachte er, dass einer vom Hotelmanagement neben mir und dem Telefon stand und uns zuhörte oder dass die Telefone abgehört wurden.

»Wie wäre es denn mit einer Stelle als Souschef in einem Fünfsternehotel in Kairo?«, fragte er. Ich könne sofort anfangen.

Ich lachte kurz und lehnte dankend ab.

218 In den letzten vier Wochen konzentrierte ich mich auf die Arbeit. Mally war ohnehin noch immer böse auf mich – umso mehr, seit sie mein Telefonat mit dem Jobvermittler mitbekommen und gemerkt hatte, dass ich wegwollte. Auch ging ich nun nicht mehr so oft in meine Stammkneipe, da ich für die Flüge in die Schweiz und weiter nach Neuseeland sparen musste – weil ich derjenige gewesen war, der gekündigt hatte, zahlte mir das Hotel nämlich den Heimflug nicht.

Dann kam der letzte Arbeitstag und mit ihm mein Arbeitszeugnis, das mir der Resident-Manager feierlich überreichte. Ich war überrascht, dass es nicht so schlecht war, wie ich erwartet hatte.

»Nun ja, Ihre Arbeit war immer einwandfrei. Nur Ihr Privatleben und Ihre Einstellung passen nicht zu uns«, sagte der Resident-Manager. »Ich wünsche Ihnen alles Gute.« Er verabschiedete sich mit Handschlag.

Für den Feierabend hatten meine Freunde eine kleine Party in der Küche organisiert. Sie hatten Gänseleberpastete mit Trüffeln, Kaviar, Entengalantine, Rinderfiletsteaks, Hummer und zwei Kisten Miller Lager im Kühlhaus deponiert.

Der Entremetier war schon um 21.00 Uhr zu betrunken, um noch geradeaus zu schauen. Er lallte die Bestellungen vor sich hin, bis er gar nicht mehr sprechen konnte und einer der Franzosen den Job übernahm. Wir anderen brachten den Entremetier zu seinem provisorischen Bett im Kühlhaus, wo er inzwischen öfter schlief. Die Spätschicht weckte ihn dann um Mitternacht, sodass er nach Hause gehen konnte. Seine Frau dachte bestimmt, es sei alles in Ordnung und ihr Mann erledige wie immer seine Arbeit.

Wir Köche versuchten jedenfalls, ihn gemäß Kochcodex zu decken, so gut es ging. Fragte jemand nach ihm, war er gerade auf der Toilette, in einer Besprechung oder im Keller, um die Bestellungen zu erledigen. Das funktionierte recht gut, denn außer uns ging niemand ins Kühlhaus. So sah ihn niemand, wenn er einen schlechten Tag hatte.

Die Party in der Küche dauerte bis spät in die Nacht. Wir grillten die Rindersteaks und kochten die Hummer, nachdem wir die Vorspeisen gemütlich auf Gemüsekisten sitzend und lachend verspeist hatten.

Nach der Party blieben mir noch zehn Tage in Bermuda. Die meiste Zeit davon lag ich am Strand und las. Mein Mofa hatte ich verkauft, durfte es aber noch bis zu meinem Abflug benutzen. Abends saß ich mit den anderen Köchen im Garten des Personalhauses.

10

Die Welt ist ein Dorf

 Endlich, nach einer durchzechten Nacht, fuhr ich an einem regnerischen Herbstmorgen im Taxi zum Flughafen nach St. Georges. Jerry war bereits einige Tage vor mir abgeflogen, zu seinem neuen Job auf den Malediven. Und so winkte mir keiner meiner Freunde zum Abschied, als ich das Hotel verließ. Nur Fred – Zufall oder nicht – stand grinsend am Straßenrand und hob seine Hand zum Gruß. Er freute sich offensichtlich sehr, dass ich Bermuda und damit auch Mally verließ.

Auch ich war guter Dinge: Meine Koffer waren gepackt, meine Messer endlich wieder vollzählig. Im August war mir eines auf unerklärliche Weise abhandengekommen, aber es war mir gelungen, es mir an meinem letzten Arbeitstag wieder zurückzuholen. Sein neuer Besitzer hatte zwar schon seinen Namen eingraviert, aber ich wusste auch so, dass es meins war.

Als ich endlich in der Boeing 767 der Continental Airlines saß, fiel mir ein Stein vom Herzen. Irgendetwas hatte in Bermuda nie gestimmt, anders als in Afrika hatte ich mich hier nie so richtig wohlgefühlt. Ich hatte zwar wieder einiges dazugelernt – zumindest küchentechnisch –, aber die Begeisterung und der Enthusiasmus, die ich nach meiner Lehre gespürt hatte, waren ziemlich abgeflaut.

Um den Abschied von Bermuda zu feiern, holte ich eine der beiden Flaschen Gosling's Black Rum aus meinem Handgepäck und nahm einen ersten, tiefen Schluck. Mehr brauchte ich bei der Zwischenlandung in Newark. Ich hatte nicht daran gedacht, dass in Nordamerika fast Winter war, und fror in meinen Bermudashorts und dem Zimbabwe-T-Shirt jämmerlich. Um auf dem Weg zu meinem Terminal nicht zu erfrieren, kaufte ich mir rasch einen dicken Kapuzenpullover mit dem Logo der New York Giants. Auch trank ich immer wieder ein Schlückchen von meinem Rum, um mich zu wärmen. Ich hatte ohnehin nur bis Zürich Zeit, um die erste Flasche zu leeren. Was ich bis dahin nicht getrunken hatte, würde ich wegwerfen müssen, denn man durfte in die Schweiz nur einen Liter dieses köstlichen Getränks einführen.

Meine Füße waren dennoch kalt, und ich rutschte auf dem nassen Betonboden des Flughafens mit meinen Flip-Flops mehrmals fast aus. Als ich mit tief ins Gesicht gezogener Kapuze auf den Shuttlebus zum Anschlussflugzeug wartete, rempelte mich plötzlich jemand von hinten an. Ich wollte schon losfluchen, doch da erkannte ich den Rempler. Eine Remplerin: Babyjo. Das Leben besteht aus Zufällen, dachte ich.

Sie lachte mich an und war mir allem Anschein nach nicht mehr böse. »Hey, Felix!«

Wir umarmten uns, stiegen gemeinsam in den Bus, wo auch sie einen tiefen Schluck aus meiner Rumflasche nahm – sehr zum Missfallen des Busfahrers. Und dann erzählte sie. Sie war seit dem Karaokewochenende mit mir in New York geblieben, zuerst mit dem Bermuder, danach allein, hatte sich mit mehreren Jobs über Wasser gehalten und in einem Wohnheim für junge Frauen gewohnt. Sie hatte drei Tage in der Woche in einem Coffee Shop an der Wallstreet gearbeitet und sich dann in einen Banker verliebt. Jetzt war sie auf dem Weg nach London, wo sie den Banker heiraten wollte.

Wie romantisch, dachte ich. Und doch war ich skeptisch. Märchen wie diesen traute ich nicht mehr. Zu viel hatte ich in den letzten Jahren erlebt. Babyjo aber schien glücklich zu sein, und ich wollte ihr die gute Laune nicht verderben.

Als das Flugzeug nach einiger Wartezeit endlich abhob, wusste ich bereits, dass ich den Anschlussflug in London verpassen würde. Babyjo und ich hatten dennoch viel Spaß. Wir hatten zwei Sitzplätze nebeneinander bekommen und lachten uns krumm über meine Erlebnisse mit den beiden Cowgirls in New York und den denkwürdigen Karaokeabend. Als ich ihr von Mally und Fred erzählte, nickte sie wissend. Sie kannte die beiden nur zu gut.

Stunden später – die Flasche Rum hatten wir inzwischen freundschaftlich geteilt – landeten wir in London. Mein Anschluss war natürlich lange weg, doch dankenswerterweise hatte die Fluggesellschaft mich auf einen Flug am nächsten Morgen umgebucht und bot mir ein Zimmer im Flughafenhotel an.

Ich nahm das Angebot an und erzählte Babyjo laut lachend, dass ich früher schon einmal in dem Hotel gearbeitet hatte. Sie begleitete mich noch bis zur Rezeption. Dann verabschiedete sie sich und machte sich auf den Weg zu ihrem Verlobten, während ich eincheckte und mein Gepäck im Zimmer ablud.

Dann ging ich hinab in die Küche. Nichts hatte sich verändert, alles war wie vor drei Jahren: Das Wasser stand den gummibestiefelten Köchen bis zu den Knöcheln, und sie waren total im Stress. Die deutschen Servicemädchen rannten rein und raus, eines saß heulend in der Ecke.

»Ah! Felix!« François, der französische Souschef, erkannte mich sofort. »Schön, dich zu sehen. Was machst du denn hier?«

Wir klopften einander auf die Schultern. Erst als er mich mit ins Büro nahm, bemerkte ich, dass er gar nicht mehr Souschef war, sondern inzwischen Küchenchef. Freudig gratulierte ich ihm zur Beförderung. Er aber schüttelte nur mit dem Kopf. Er war schon zum dritten Mal befördert worden – jedes Mal, wenn das Hotel keinen Chef hatte. Hatte das Hotel einen Nachfolger gefunden, stuften sie ihn wieder herab. Das Spielchen hatte sich jedes halbe Jahr wiederholt. Nun war er bereits seit drei Monaten wieder Chef – so lange an einem Stück wie noch nie zuvor.

Ich erzählte ihm von meinem Werdegang, seit ich England verlassen hatte. »Und nun ist mein Anschlussflug weg, und man hat mich diese Nacht hier eingebucht«, endete ich.

Er lachte. »Und? Hast du schon was vor mit dem angebrochenen Abend?«

Ich verneinte, und eine halbe Stunde später stand ich mit geliehenen Klamotten an meinem alten Arbeitsplatz. Die Menükarte war noch immer dieselbe – von Apple Pie bis Zabaglione. Nie hätte ich gedacht, dass ich noch einmal in dieser Küche arbeiten würde. Nie!

Die Serviermädchen waren allesamt neu und lächelten mich schüchtern an. Um der unerwarteten Aushilfe zu helfen, zeigten sie mir die Schubladen und erklärten, wie ich die Teller anzurichten hatte. Aus naheliegenden Gründen fiel es mir zu ihrem Erstaunen nicht schwer, mich zurechtzufinden. Woher ich das alles konnte, verriet ich jedoch nicht.

Dann krachte auf einmal ein Teller zu Boden. Was war denn da los? Ein unachtsamer Kellner? Nein, eine überraschte alte Bekannte: Nadja, die beste Freundin meiner Exfreundin Silvia. Sie starrte mich an. Ich winkte ihr zu. Dann verschwand sie wieder im Gästeraum.

Später, als der große Stress vorbei war, kam sie zu mir in die Küche und ich klärte sie bei einem gemeinsamen Bier auf, was ich hier machte. Als François mich gegen elf Uhr mit einem großen Dank für meine Hilfe entließ, begleitete Nadja mich ins Pub. Sie stehe noch immer mit Silvia in Kontakt, erzählte sie, auch wenn diese längst nicht mehr in England arbeite, sondern mittlerweile in einem großen Geschäftshotel in Frankfurt am Main.

Gerade als ich mich von Nadja verabschieden wollte, stürmte eine weitere Bekannte ins Pub: eine in Tränen aufgelöste Babyjo. Sie rannte auf mich zu und fiel mir um den Hals. »Der … der …«, schluchzte sie mir ins Ohr.

Es bedurfte einiger Mühe und zahlreicher Nachfragen, bis ich endlich verstand, was passiert war: Der Banker hatte Babyjo verarscht. Er war bereits verheiratet und hatte ihr in New York ein Märchen aufgetischt. Mich überraschte dies zwar eigentlich nicht allzu sehr, aber ich ließ es mir nicht anmerken.

Babyjo hatte sich gerade ein wenig beruhigt, als sie Nadja sah. Das hatte einen erneuten Heulkrampf zur Folge. »Ach, was erzähle

ich ausgerechnet dir das! Du bist genauso. Kaum ist die eine Frau weg, schnappst du dir eine neue«, beschuldigte sie mich.

Das wollte sich Nadja offensichtlich nicht antun. Sie winkte mir nur noch einmal zu und verschwand dann wortlos. Nun war ich allein mit Babyjo. Ich tröstete sie, so gut ich konnte, doch sie brach immer wieder in Tränen aus. Ihre letzten Ersparnisse waren für den Flug nach London draufgegangen. Sie war pleite. Ich konnte und wollte ihr nicht helfen, zumindest nicht mit Geld. Was ich aber machen konnte, war, mit François zu reden. Der war zum Glück noch in der Küche. Ich erklärte ihm die Situation und stellte ihm Babyjo vor.

Er musterte kurz ihr verheultes Gesicht, etwas länger ihre Figur und war insgesamt äußerst angetan. »Okay, kein Problem. Ich verschaff dir einen Job bei uns«, versprach er ihr.

Zur Feier des Tages gingen wir drei in mein Hotelzimmer und öffneten die zweite Flasche Gosling's. Derart versorgt, erholte sich Babyjo schnell von ihrem Schock, und wenig später verschwanden sie und François schwankend in einem anderen Hotelzimmer.

Am nächsten Morgen kam ich gerade noch rechtzeitig zum Check-in und stieg als letzter Passagier in die Maschine. Trotz meiner Beinahverspätung waren die Flight Attendants sehr freundlich und wiesen mich in die erste Klasse. Ich war der Einzige und fühlte mich hundeelend. Auf dem Flug über den Kanal wurde mir sogar so schlecht, dass ich das üppige englische Frühstück ablehnte, auf das ich mich schon gefreut hatte. Erst als ich unter mir die Stadt Waldshut und den Rhein vorbeiziehen sah, wusste ich, dass die Tortur bald ein Ende haben würde, und atmete auf. Ein weiteres Abenteuer war überstanden.

Einmal mehr landete ich in Zürich bei knappen fünf Grad Celsius. Wie schon in England zog meine sommerliche Kleidung auch hier viele seltsame Blicke auf sich. Mir war das egal. Ich wollte nur eins: in ein Bett fallen und schlafen – und das am besten zu Hause. So rief ich von einer Telefonzelle aus meine Mutter an.

Eine Dreiviertelstunde später entdeckte ich sie endlich in der Ankunftshalle. Sie sah sich suchend um, erkannte mich aber nicht. Erst als ich ihren Namen rief, schaute sie mich genauer an und schüttelte den Kopf. »Wie siehst du denn aus?«, seufzte sie.

Ich blieb nicht lange in der Schweiz, denn die Zeit drängte wieder einmal. Ich hatte zwar einen neuen Job, musste aber noch ein Visum bei der neuseeländischen Botschaft in Genf beantragen und ein möglichst billiges Flugticket nach Wellington organisieren. Außerdem drängte meine Mutter, dass ich endlich meinen Kram aus ihrem Keller räumte.

So verwendete ich einen ganzen Tag darauf, mein altes Jugendzimmer auszuräumen. Ich füllte einen ganzen Abfallcontainer mit Spielsachen, Schulordnern und alten Fotos. Dabei warf ich leider auch alle Liebesbriefe von Marion, meiner alten Flamme aus Paderborn, mit auf den Müll. Ich behielt nur das Nötigste: den Fernseher, die Biergläsersammlung und die Silbermünzen, die ich den Gästen während meiner Kellnerzeit abgeluchst hatte.

Dann packte ich meine Sachen für Neuseeland. Obwohl ich wusste, dass ich auch diesmal länger nicht in meine Heimat zurückkehren würde, nahm ich noch weniger mit als bei meiner letzten Abreise. Langsam wusste ich, was ich zum Leben brauchte. Am wichtigsten waren die Kochmesser – und die waren natürlich mit dabei. Außerdem nahm ich meine Lieblings-T-Shirts aus Zimbabwe mit, die alte Bomberjacke aus England, auch wenn sie im feuchten Keller meiner Mutter leider ein wenig Schimmel angesetzt hatte, ein Fotoalbum mit Fotos aus England, Israel, Südafrika und nun auch einigen aus Bermuda und natürlich meinen Lebenslauf und meine Zeugnisse.

Einen Tag früher, als ich zum Weiterflug nach Neuseeland in Frankfurt hätte sein müssen, fuhr ich nach Deutschland. Ich wollte dort noch einen Kumpel treffen und mit ihm noch ein wenig durch die Kneipen ziehen – mit dem Hintergedanken, vielleicht Silvia wiederzusehen.

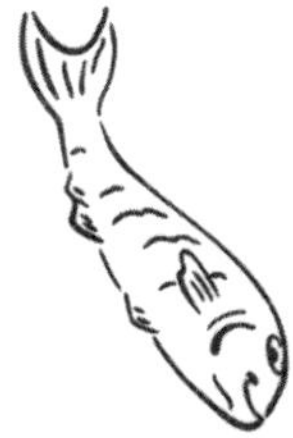

So zogen Daniel und ich von Kneipe zu Kneipe und amüsierten uns prächtig. Ich erzählte ihm von Israel, Südafrika und Bermuda. Er gab Anekdoten aus seiner Zeit in Schweden und Deutschland zum Besten. Irgendwann kamen wir – rein zufällig, versteht sich – an dem großen Hotel vorbei, in dem laut Nadia Silvia arbeiten sollte. Ich spähte durch die großen Glasscheiben zur Rezeption, er-

blickte Silvia jedoch nicht.

»Geh doch einfach rein und frag, ob sie da ist«, riet mein Kollege.

Ich überlegte und entschied mich dann dagegen. Vor wenigen Monaten hätte ich es vielleicht noch getan, aber nach dem Debakel mit Mally war ich vorsichtig geworden. Immerhin konnte es auch gut sein, dass Silvia nicht sonderlich glücklich wäre, mich wiederzusehen.

So wandten wir uns ab und gingen weiter, um in einem gemütlichen Gewölbekeller noch einen letzten Absacker zu genießen. Kurz bevor der Wirt die Kneipe schließen wollte – mein Kollege und ich hatten schon bezahlt –, stand Silvia auf einmal in der Tür. Sie sah gut aus. Die schwarzen Haare reichten ihr bis weit über die Schultern, ihr schlanker Hals steckte in einem Rollkragenpullover. Sie sah uns. Ihre Augen verrieten, dass sie mich erkannt hatte, aber das ließ sie durch keinerlei Reaktion erkennen.

»Ich schließe jetzt!«, rief der Wirt hinter der Theke.

Sie wandte sich ab, und auch mein Kollege und ich verließen den Keller. Auf der Straße schaute Silvia mich erneut an, bis sich ihr Begleiter an sie wandte und sie etwas fragte. Sie schüttelte den Kopf und ging mit ihm weg.

Ich sah, dass mein Kollege auf mich einredete, verstand aber kein Wort. Was war das gerade? Warum sprach Silvia nicht mit mir? Verwirrt sah ich Silvia und ihrem Begleiter nach, bis sie um die nächste Ecke verschwunden waren.

»Heh! Was ist denn mit dir los?« Mein Kollege stieß mich an. »›Was gaffst du denn die Alte so doof an?‹, habe ich gefragt.«

Ich schüttelte nur den Kopf. Auf einmal erkannte ich, wie sehr ich

Silvia verletzt haben musste – und die anderen Frauen in meinem Leben. Ich dachte zurück an England und Israel. Ich hatte meine Freundinnen immer nur benutzt. Sie waren mir gefolgt, wohin ich ging, und hatten mich getröstet, wenn ich allein war und mich schlecht fühlte. Sobald es mir besser gegangen war, hatte ich sie mit Füßen getreten. Auch diesmal – das musste ich mir eingestehen – hatte ich insgeheim gehofft, die Nacht mit Silvia verbringen und die Angst vor dem Alleinsein in Neuseeland bei ihr abladen zu können. So konnte es nicht weitergehen.

Grübelnd verbrachte ich die Nacht bei meinem Kumpel auf der Couch. Kurz bevor ich endlich einschlief, schwor ich mir, in Neuseeland einen neuen Weg einzuschlagen: den Weg der Tugend und des Fleißes.

11

Im Land der langen weissen Wolke

Nach einem turbulenten Flug nach Los Angeles – dem allerletzten Raucherflug in der Geschichte von Air New Zealand, während dem es in den hintersten drei Reihen zugegangen war wie auf dem Oktoberfest –, dem Weiterflug nach Auckland und schließlich nach Wellington überflogen wir den Vulkan Mount Ruhapehu und landeten kurz nach Sonnenaufgang in der Kiwi-Metropole.

Es war kurz vor neun Uhr, als ich meine Tasche vom Förderband zog und meinen Namen über die Lautsprecheranlage hörte. Ich sollte mich an einem Schalter von Air New Zealand melden, hieß es. Einer so freundlichen Aufforderung musste ich natürlich nachkommen. Offenbar erwartete man mich. Und tatsächlich: Am Schalter stand ein großer dicker Mann und musterte mich abschätzend. »Sie sind sicher Felix Benz?«, begrüßte er mich fragend.

Ich nickte. Es war der Küchenchef persönlich. Ich erkannte seine Stimme von unserem Telefonat in Somerset.

Er nahm einen Teil meines Gepäcks und führte mich zu einem wartenden Wagen. Ein kalter Wind pfiff uns um die Ohren – meine erste Bekanntschaft mit dem rauen Klima von Neuseeland.

Nun ging alles sehr schnell. Schon eine kurze Fahrt vorbei an wilden Klippen und einer sandigen Bucht später waren wir in der Stadt, in deren modernstem und höchstem Gebäude sich das Hotel befand. Das ganze Gebiet um es herum hatten die Stadtväter dem Meer abgerungen, indem sie in jahrzehntelanger Arbeit die Bucht mit Schutt gefüllt und so die Stadt zum Meer hinaus vergrößert hatten. Und noch immer war Wellington eine Riesenbaustelle. Ein Nationalmuseum war in Planung, mehrere neue Geschäftshochhäuser im Bau.

»Lassen Sie sich davon nicht täuschen«, sagte der Küchenchef, als er meinen neugierigen Blick sah. »Im Moment steckt Neuseeland in der Rezession – entsprechend ist die Stimmung.«

Na super. Da hatte ich mir einmal wieder genau das richtige Land ausgesucht! Hoffentlich war wenigstens die Stimmung in der Küche gut.

Ohne mehr vom Hotel oder meinen neuen Kollegen erzählt zu haben, lud mich mein neuer Chef kurze Zeit später an der Rezeption ab und ließ mir eine Zimmerkarte geben. Ich solle mein Gepäck hochbringen und nachher in die Küche kommen, wies er mich an. Eine Woche dürfe ich im Hotel wohnen, dann solle ich eine Bleibe gefunden haben.

Mir schwante Böses. Irgendwo hatte ich diesen Satz schon einmal gehört – in England.

Wenig später zeigte Monica, das Mädchen von der Rezeption, mir mein Zimmer und begleitete mich in die Küche. Diese lag einmal mehr unter der Erdoberfläche, war weiß gefliest und heiß wie die meisten Produktionsküchen. Köche hetzten hin und her, sie schrien einander an, schoben kleine, mit Lebensmitteln gefüllte Wägelchen vor sich her oder rührten in einem Kochtopf; sie schnitten Gemüse und Fleisch oder füllten Kühlschränke und Tiefkühler auf. Was ich sah, war ein typischer Montagmorgen: Die Lieferanten waren offenbar soeben gekommen, und die Köche hatten sich auf die frischen Lebensmittel gestürzt, als gäbe es morgen keine mehr.

Fasziniert schaute ich mich um. Das also war meine neue Wirkungsstätte. Drei Umluftöfen keuchten vor sich hin, in zwei großen Kippbratpfannen brutzelten Zwiebeln und Rindfleisch. Auf jeder der acht Gasflammen der zwei Herde standen dampfende Töpfe und Pfannen. An der Wand neben dem Büro des Küchenchefs hingen die Bestellformulare für die Bankette. Auf ihnen waren die Menüvorbestellungen notiert, interessante Kombinationen wie Truthahnbraten mit Kaffeesauce oder Hirschfilet an Haselnusscreme. Ich erinnerte mich an Südafrika, wo ich einmal Truthahn mit Kaffeesauce gekocht hatte. Aber dort wollte es keiner essen. Hier waren die Gäste wohl schon ein wenig fortschrittlicher.

»Wir kochen hier jeden Tag etwa tausend Mahlzeiten«, erklärte Monica. Sie lächelte mich an.

»Ja, ja, ist schon gut. Mach dich wieder an die Arbeit.« Mit einem Wink schickte der dicke Chef Monica von dannen. Dann stellte er mich den anderen Köchen vor und wies auch mir gleich eine Aufgabe zu. Zeit, meinen Jetlag auszukosten, hatte ich nicht; stattdessen arbeitete ich bis zum Abend auf dem Gemüseposten mit.

Als ich abends entsprechend müde in den Lift stieg, um in mein Zimmer zu fahren, fing mich Monica an der Rezeption ab: »Wie ist es? Lust, heute Abend mit mir essen zu gehen? Ich lad dich ein.«

Ich hatte eigentlich gar keinen Hunger, konnte ihrer Überredungskunst aber nicht widerstehen. So ging ich nur rasch duschen und traf sie anschließend an der Rezeption wieder. Wenige Minuten später saßen wir in einem chinesischen Restaurant in der Nähe des Hotels. Monica lebte eigentlich in Auckland und war nur für eine Woche nach Wellington gekommen, um hier als Aushilfe zu arbeiten. Da sie wie ich ein Zimmer im Hotel hatte, zog es uns nach dem Essen nicht in eine Kneipe in der Stadt, sondern an die Hotelbar. Dort saß bereits – wenn auch ohne den Chef – die ganze Küchenbrigade. Ihr Ziel: einen neuen Tequila-Wurm-Rekord aufstellen. Dazu leerten sie ein Tequila-Fläschchen nach dem anderen. Das wäre an sich nicht so schlimm gewesen, aber in jedem schwamm eine weiße Made. Wem es gelang, fünfzig von den Dingern zu trinken, der bekam ein Wochenende im Hotel geschenkt.

Ich hatte noch nie Tequila-Würmer getrunken und hielt mich daher sehr zurück. Monica weniger. So dauerte es nicht lange, bis sie ernsthaft betrunken war – und ich sie nicht mehr davon abhalten konnte, in meinem Zimmer zu übernachten. Vor lauter Müdigkeit war mir mittlerweile alles so egal, dass ich sie in mein Bett ließ und ich mich mit dem Sofa begnügte. Ich war fix und fertig. Der lange Flug, der Schlafmangel und der Klimawechsel hatten mich völlig ausgemergelt.

Auch am nächsten Morgen, als ich mich pünktlich zum Dienst in der Küche meldete, war ich nicht wirklich fit. Dafür aber wütend auf mich selbst. Wäre ich doch früher ins Bett gegangen! Dunkel erinnerte ich mich an meinen Schwur in Frankfurt. Tugendhafter wollte ich werden und fleißiger. Nun ja.

Die erste Woche verging wie im Fluge. Tagsüber konzentrierte ich mich auf den völlig chaotischen Küchenbetrieb und versuchte verzweifelt, nebenbei eine Wohnung zu finden und ein Bankkonto zu eröffnen. Abends traf ich Monica. Als sie am folgenden Samstag nach Auckland zurückkehrte, atmete ich auf. Sie war mir ziemlich auf die Nerven gegangen, aber ich hatte es nicht übers Herz gebracht, es ihr zu sagen.

Ich hatte die Schnauze absolut voll. Ab sofort würde es keine Frauengeschichten mehr geben. Ende, aus, vorbei. Ohnehin hatte ich genug zu tun, denn in der Küche herrschte ein noch größeres Chaos als in England. Und das soll etwas heißen. Viel zu wenig Personal versuchte, die anfallenden Arbeiten so gut wie möglich zu erledigen – mit dem traurigen Resultat, dass alle genervt waren und die Qualität der Speisen zu wünschen übrig ließ. Die Saucen waren wässrig, das Fleisch entweder zäh oder verkocht. Die Fische schwammen in den Kühlschubladen in altem Eiswasser, weil niemand Zeit hatte, die Schubladen zu putzen und mit neuem Eis aufzufüllen. Das schöne frische Gemüse wurde zuerst im Steamer vorgegart und nachher in Bouillon und Butter fertig gemacht. Da jedoch der zuständige Koch das Gemüse im Steamer meistens vergaß, war es schon verkocht, bevor es aufgewärmt wurde. Der normalerweise grasgrüne Brokkoli war grau, der Blumenkohl bräunlich, die Bohnen matschig. Doch das störte keinen. Es wurde einfach eine dicke Mornay-Sauce darübergeklatscht, dann sah und schmeckte man das Gemüse nicht mehr. Den Gästen war es offensichtlich ebenfalls egal, denn Reklamationen gab es keine, oder sie wurden nicht in die Küche weitergeleitet.

Die Einrichtung der Küche erschwerte uns die Arbeit zusätzlich. Die Kühlhäuser waren zu weit weg, sodass man viel Zeit verlor, wenn man etwas brauchte und es von dort holen musste. Die Apparate und Maschinen standen wahllos verteilt in der Küche herum. Dass die verschiedenen Postenköche sich die Kühlschubladen teilen mussten, hatte natürlich unnötige Diskussionen zur Folge. Die Köche standen sich gegenseitig auf den Füßen und mussten dauernd ihre Pfannen von einer Seite des Herdes zur anderen schieben und um den Herd herumlaufen, weil es zu wenig Herdplatten für alle gab. Der Küchenarchitekt gehörte erschossen. Wie so oft war auch hier in Neuseeland einer am Werk gewesen, der von den Bedürfnissen einer professionellen Küche keine Ahnung hatte. Da das Hotel eigentlich noch relativ neu war, wunderte ich mich sehr über den schlechten Zustand der Gerätschaften. Die Hälfte der Maschinen funktionierte nicht, die anderen waren nur notdürftig geflickt.

Ein alter Australier klärte mich über diesen Widerspruch auf. Das Hotel sei vor einem Jahr umgezogen, erläuterte er, und zwar aus einem alten Gebäude auf der anderen Seite der Stadt in das neue Hochhaus. Daher seien die Zimmer und Restaurants allesamt brandneu. Aus finanziellen Gründen hätten die Inhaber sich jedoch entschieden, die Küche mit umzuziehen und keine neuen Herde oder sonstigen Geräte zu kaufen. Auch sei die Küche nicht vergrößert worden, obwohl das Hotel nun doppelt so viele Zimmer hatte und dreimal so viele Bankette beköstigen müsse.

Zu allem Ungemach kam hinzu, dass der andere Koch, der mit mir hätte anfangen sollen, noch nicht eingetroffen war. Er war am selben Tag wie ich in Frankfurt losgeflogen, hatte die Erde aber in die andere Richtung umrundet. Er hatte sich zwar inzwischen beim Chef gemeldet, aber lediglich erklärt, er sei in Bangkok, wo es ihm so gut gefalle, dass er eine Woche später nach Wellington komme.

Der Chef war stinksauer und ließ uns das auch spüren. Einen

nach dem anderen schiss er zusammen. »Du blöder Hund, warum machst du nicht endlich mal ein wenig schneller!«, herrschte er den einen an. »Faule Sau, beweg deinen Arsch, schau dir mal deinen Posten an!«, bekam der Zweite zu hören. »Mann, du Nichtskönner, deine Sauce schmeckt nach Scheiße!«, war die Beurteilung des dritten Kollegen.

Wenn er besonders wütend war, warf der Chef Pfannen und Töpfe mit oder ohne Inhalt an die gefliesten Wände. Dann ging er nach Hause, um sich seinem verregneten Garten zu widmen.

»Kannst du dich schon mal dran gewöhnen«, erklärte mir einer meiner neuen Kollegen, weil ich anfangs wohl etwas irritiert wirkte. »Das kommt öfter vor.«

Schön. Schon wieder ein Hotel mit Highlights der besonderen Art.

Mein persönliches Unwohlsein steigerte sich noch, als ich nach meiner ersten Woche im Hotel provisorisch in eine stinkende Pension umziehen musste. Eine Wohnung hatte ich auf die Schnelle nicht gefunden, und hier kostete mich ein Zimmer nur hundert Dollar in der Woche. Doch auch das war noch zu viel: Die Matratze stank nach faulen Eiern, und das Gemeinschaftsbadezimmer auf dem Flur war bis unter die Decke mit schwarzem Schimmel überzogen. Hinzu kam, dass mein Zimmernachbar, ein alter Italiener, statt normaler Seife Schmierseife verwendete, wenn er duschte. Zusammen mit den anderen Aromen des Hauses ergab dies einen Geruchsmix, vor dem mir graute. Vor lauter Ekel konnte ich nur schlafen, wenn ich vorher einige Stunden im benachbarten Pub ferngesehen und ein paar Bierchen zur Beruhigung getrunken hatte.

Irgendwann fand der bislang vermisste deutsche Koch dann auch den Weg zu uns. Natürlich schiss ihn der Chef zur Begrüßung vor versammelter Mannschaft einmal richtig zusammen. »So, da nun auch der neue Schwachkopf direkt aus dem Puff in Bangkok seinen Weg zu uns gefunden hat, können wir ihn ja auch gleich gemeinsam begrüßen. Hier in dieser Küche wimmelt es ja nur so von Schwachköpfen. Da passen Sie ja gut zu denen. Herzlich willkommen in Neuseeland.«

Der größte Schwachkopf bist ja wohl du selbst, dachte ich mir. Dann schickte er den Neuen an die Arbeit.

Dass Uwe nun bei uns im Team war, sollte in meinem Leben einige Weichen neu stellen. Zunächst einmal suchten und fanden mein neuer Kollege, eine österreichische Konditorin und ich eine gemeinsame Wohnung. Damit hatte meine Zwischenmiete in der gammligen Pension endlich ein gutes Ende gefunden. Wie ich kurz zuvor kaufte sich Uwe ein Mofa, um mobil zu sein, und nutzte es sofort, um sich eine neue Stelle zu suchen. Wenige Wochen später hatte er eine in einem lockeren Beachcafé. Er ließ seine Arbeitsbewilligung auf den neuen Arbeitgeber umschreiben, und nach gerade einem Monat im Hotel zeigte er eines Morgens dem Chef den Stinkefinger und warf ihm die Kochjacke an den Kopf. »He Alter, ich kündige. Kannst mich mal!«

Während Uwe im Beachcafé sofort zum Chef ernannt wurde, weil der Besitzer normalerweise auf einer Bohrinsel arbeitete, ging mein Leben im Hotel weiter wie zuvor. Die Wochen vergingen, und meine Laune verschlechterte sich zusehends. Kurz vor Weihnachten hatte ich einen neuen Tiefpunkt erreicht. Täglich standen mehr Bankette auf dem Arbeitsplan, und ich steckte eigentlich nur noch in der Scheiße. Morgens früh filetierte ich frische Fische wie Red Snapper, John Dory, Trevally und Hoki – allesamt von hervorragender Qualität. Doch was nützte das alles? Kaum hatte ich die Fische vorbereitet, nahm sie einer der neuseeländischen Köche entgegen. Er marinierte sie mit Essig, Salz und Pfeffer, bestäubte sie mit Mehl, warf sie in einen Bierteig und frittierte sie. Wie im billigsten Fish-'n'-Chips-Shop. Dabei waren Red Snapper und John Dory geradezu perfekt dafür geeignet, in Butter oder Olivenöl in der Bratpfanne mit frischen Kräutern zubereitet zu werden. Trevally und Hoki schmeckten eigentlich pochiert am besten. Dazu passte eine leichte Safran-Dill-Velouté oder frische Tomaten-Concassé. Aber hier wollten alle nur frittierten Fisch. Schade.

Ich bereitete die Saucen für den Truthahnbraten zu, ebenso die Weihnachtsgans, die Hirschfilets und den Schinken. Und das alles mit eingeschränktem Budget: Für zwanzig Liter Frangelico-Sauce händigte der Küchenchef mir gerade einmal eine Espressotasse voll Likör aus. Ich hatte eher an zwei Flaschen gedacht. Als ich mehr verlangte, schnauzte er mich an, ich solle gefälligst Haselnüsse rösten und auf dieser Basis meine Sauce kochen.

Auch sonst erfand unser Chef täglich neue Schikanen. Wir durften nur noch einmal täglich unsere Bestellung aus dem Keller abholen, und falls wir etwas vergaßen oder noch irgendetwas zusätzlich brauchten, mussten wir den Schlüssel beim Chef abholen, der ihn nur sehr widerwillig und mit böser Miene aushändigte. Und natürlich nicht, ohne seinen Unmut darüber kundzutun, indem er uns Köche als *»Nobrainers«* und »unbrauchbare Sackgesichter« betitelte.

Als wir einmal zu einer seiner berühmten Mannschaftssitzungen in seinem Büro saßen, um die von ihm verlangten Menüvorschläge zu präsentieren, rastete er völlig aus. »Ihr Schafseckel, gottverdammte!«, schrie er, schleuderte den Bürostuhl gegen die Wand und zerknüllte unsere beschriebenen Bögen. »Von heute an könnt ihr eure Arbeitspläne selbst schreiben! Ich habe keinen Bock mehr, auch nur einen Finger für euch krumm zu machen. Ich will endlich Resultate sehen!«

Wir waren sprachlos. War er jetzt total durchgeknallt, oder verstanden wir ihn nur nicht richtig? Was sollte dieser Ausbruch? Und hatte er das wirklich ernst gemeint?

Er hatte. Eine halbe Stunde später hingen tatsächlich nur noch Blankoarbeitspläne am Anschlagbrett.

Gut, wenn er wollte, konnte er das haben. Euphorisch gab ich mir gleich vier Tage frei und machte mich von dannen. Nichts wie weg!

Als ich in unsere neue Wohnung kam, erhielt meine Freude jedoch einen Dämpfer. Ein kleiner Bach ergoss sich unter der Badezimmertür durch ins Wohnzimmer. Innerhalb weniger Sekunden wuchs sich das Rinnsal zu einer kleinen Flutwelle. Ich stürmte ins Bad, schaute mich panisch um und entdeckte sofort den Ursprung des Dramas: Wie es in Neuseeland üblich war, pumpte die Waschmaschine das Dreckwasser in den Spülstein. Nur hatte Uwe das offensichtlich nicht gewusst und seine Wäsche zum Einweichen ebendort liegen lassen. Aus Mangel an anderen Möglichkeiten pumpte die Waschmaschine nun das Dreckwasser auf den Badezimmerboden, von wo es sich weiter ausbreitete. Kurz entschlossen schmiss ich die Wäsche in die Badewanne und zog den Stöpsel im Spülstein, sodass das Wasser ablaufen konnte. Allerdings zu spät. Das Wohnzimmer, die Küche und natürlich das Bad waren bereits nass; der Teppich im Wohnzimmer glich einem Sumpf.

Dass das immer mir passieren musste! Fluchend machte ich mich daran, mit Bettlaken, Handtüchern und allem, was ich finden konnte, das Wasser aufzusaugen. Dann stellte ich die Gasheizung auf die höchste Stufe und zündete den Gasbackofen und den Herd an. Die Fenster öffnete ich zur Hälfte, sodass der Dampf abziehen konnte.

Als Uwe nach Hause kam, ließ ich meine schlechte Laune zuerst einmal an ihm aus. »Hallo Pickelface, schau dir mal die Schweinerei hier an!«, schrie ich ihm ins Gesicht.

»Nimms leicht, Alter, kein Stress am frühen Abend! Trink erst mal ein Bierchen«, versuchte er, mich zu beschwichtigen. Doch ich war noch nicht bereit, mich zu beruhigen. Als alles nichts half, lud er mich auf ein Bier in Flanagan's Pub ein. »Wenn du so unzufrieden bist – warum suchst du dir nicht einfach einen neuen Job?«, schlug er vor. »So etwas Ähnliches wie bei mir gibt es doch sicher noch mal.«

Ich winkte ab. Eigentlich hatte ich überhaupt keine Lust, länger hierzubleiben. Keine Lust auf den ewigen Regen, keine Lust auf den kalten Wind, keine Lust auf die primitive Küche, den nervigen Chef und überhaupt alles. Neuseeland gefiel mir nicht. Jetzt im Dezember sollte eigentlich Sommer sein. Nur hatte ich bis jetzt reichlich wenig davon bemerkt. Noch nie war das Thermometer über dreizehn Grad gestiegen.

Während Uwe weiter munter vor sich hinplapperte und von seinem lockeren Job, von den Studentinnen, die bei ihm servierten, und seinen Plänen erzählte, beobachtete ich abwesend den Großbildschirm, der über der Theke befestigt war. Wie so oft lief auch heute Rugby. Ich schaute mit einem Auge zu und blies Trübsal. Eine Werbepause wurde eingeblendet, doch anstatt meine Aufmerksamkeit nun wieder ganz Uwe zuzuwenden, schaute ich auf einmal genauer hin. Ein Spot bewarb ein Feriendomizil in der Südsee, genauer gesagt auf den Cook Islands. Ich hatte noch nie von ihnen gehört, doch es mussten paradiesische Zustände herrschen. Das Mädchen im Spot trug einen Bikini aus Kokosnussschalen und ein Hularöckchen. Sie stand an einem weißen Sandstrand, während sich im Hintergrund Palmen in einer sanften Brise neigten.

Ein Schauer lief mir über den Rücken. In meinem Zimmer in Elat hatte ich ein Poster von einer Südseeinsel an der Wand neben meinem Bett hängen gehabt. Sie hatte genauso ausgeschaut wie die Cook Islands im Fernsehen.

»Wow!«, entfuhr es mir.

»Schön da«, stimmte Uwe zu. Er kannte den Werbespot bereits und wusste auch, wo sich die Koch-Inseln, wie er sie nannte, befanden.

Am nächsten Morgen klapperte ich die Reisebüros in Wellington ab und ließ mir sämtliche Broschüren von den Cook Islands, den Fidschis, von West Samoa, Vanuatu, Tahiti und Neukaledonien geben. Hier wollte, hier *musste* ich hin!

Ich besorgte spontan Papier und Umschläge, kopierte meine Arbeitszeugnisse und setzte in der immer noch feuchten Wohnung ein Bewerbungsschreiben auf. Wenig später brachte ich insgesamt dreißig Umschläge mit meinen Unterlagen zur Post. Ich erwartete zwar eigentlich keine Antwort auf meine Blindbewerbungen, aber vielleicht … Träumen durfte man ja noch.

Als ich nach meinen vier freien Tagen wieder ins Hotel zurückkam, pfiff mich der Dicke sofort in sein Büro. Dort redete er zuerst ruhig, dann immer lauter auf mich ein. »Herr Benz, nie, nie, nie wieder möchte ich so etwas von Ihnen geboten bekommen! Was haben Sie sich dabei gedacht, vier Tage am Stück freizunehmen? Geht es Ihnen noch gut? Ticken Sie eigentlich noch richtig?«

Zum Schluss schrie er so laut, dass ihn noch meine Kollegen in der Konditorei hören konnten. Alle schauten in unsere Richtung, doch der Chef schrie unbeirrt weiter, fast zehn Minuten lang.

Ich hatte ihn während der ganzen Zeit nur freundlich angelächelt. Jetzt, als er endlich ruhig wurde, um nach Luft zu schnappen, fragte ich ihn zuckersüß, ob dies alles gewesen sei.

Er nickte kurz und winkte mich aus dem Büro. Als ich mich umdrehte, sah ich auf seinem fleischigen Gesicht ein leichtes Lächeln. Es machte ihm offensichtlich Spaß, die Leute anzuscheißen. Na warte!

In den nächsten Tagen ließen meine Kochkünste zu wünschen übrig. Ich wollte es dem Chef heimzahlen. Ich hatte eine neue Praktikantin auf meinem Posten: Charly, ein großes, schlankes Mädchen von neunzehn Jahren, recht hübsch und mit einem überdimensionalen Busen gesegnet. Meine Kollegen schielten und glotzten die ganze Zeit auf ihre Brüste. Sie schien daran gewöhnt zu sein und ignorierte sie. Nur mir als ihrem Vorgesetzten schenkte sie Beachtung; sie himmelte mich beinahe an und nannte mich bei jeder Gelegenheit »Master Felix«. Und als solcher hatte ich die Aufgabe, ihr das Kochen beizubringen. Was ich auch tat.

Großmütig ließ ich sie sofort selbst an den Herd. Das gefiel ihr unheimlich gut, hatte jedoch einen riesigen Nachteil: Was sie kochte, war ungenießbar. Denn leider war Charly völlig untalentiert und hatte zudem keinen Geschmackssinn, was man ihren Saucen und Suppen auch anmerkte. Ich vermied dennoch, diese zu probieren und abzuschmecken, und schickte sie stattdessen unverändert ins Restaurant und in die Bankettsäle.

Die Beschwerden ließen naturgemäß nicht lange auf sich warten. Trotzdem war ich ein wenig überrascht, weil bis dahin auch noch kein Gast irgendetwas reklamiert hatte. Aber Charlys Essen schmeckte wirklich ganz schön schlecht.

Der Chef schrie nach mir. »Benz! In mein Büro!« Der Anschiss jedoch fiel für seine Verhältnisse sehr kurz aus. Was das solle, wollte er wissen.

Ich erklärte ihm freundlich, dass die neue Praktikantin die Saucen und Suppen gekocht habe, ich anderweitig beschäftigt gewesen sei und keine Zeit gehabt habe, auch noch ihre Gerichte zu kontrollieren.

Er schaute mich misstrauisch an. Langsam nickend entließ er mich in die Küche. »Die Praktikantin schickst du mir sofort ins Büro!«

Am Abend danach stand Charly vor meiner Wohnungstür. Ich war ehrlich gesagt nicht sonderlich begeistert. Mir reichte, wenn ich sie während der Arbeit sah. Aber ich hatte auch ein schlechtes Gewissen, weil ich sie beim Küchenchef hatte auflaufen lassen, und ließ sie hinein.

Sie bat mich, ihr Zusatzunterricht zu geben. Wie ich schon vermutet hatte, hatte der Chef sie im Büro zusammengestaucht, weil ihr Essen den Gästen nicht geschmeckt hatte. Jetzt schaute sie mich mit ihren großen rehbraunen Augen an: »Bitte, Master Felix.«

Ich seufzte, unterrichtete sie aber fortan, so gut es ging. Schließlich war sie wirklich nur eine Praktikantin und verdiente es, dass ich mir in der Küche ein wenig Mühe mit ihr gab. Aber es war sehr schwierig, weil sie tatsächlich wenig schmeckte und offenbar auch nicht viel von dem verstand, was ich ihr erklärte. Sie kam von einer Farm im Norden, war nicht unintelligent, aber Köchin war offenbar nicht der geeignete Beruf für sie. Oft starrte sie mich mit ihren riesigen Augen an wie einen Außerirdischen. Da dies auch meinen Kollegen nicht entging, dauerte es nicht lange, bis die anderen Köche sie hinter ihrem Rücken nachäfften und sich über sie krumm- und schieflachten. Ich fand es nicht lustig. Denn auch nach Feierabend klebte sie so an mir, dass ich sie fast nicht loswurde. Wenn ich mit meinem Mofa wegfuhr, um bei Flanagan's ein Bier zu zwitschern, stand sie nach einer Viertelstunde neben mir am Tresen, bestellte sich ebenfalls einen Pint und wollte mit mir über ein Rezept oder ein Gericht diskutieren.

Als der Chef sie eines Abends zu sich ins Büro rief, atmete ich erleichtert auf. Endlich konnte ich mich einmal unbehelligt davonmachen. Am nächsten Morgen erschien Charly allerdings nicht mehr zur Arbeit, ebenso wenig an den Tagen danach. Natürlich wollte jeder wissen, wo sie steckte, doch ich ignorierte die Fragen der anderen Köche. Auch ich hatte keine Ahnung, was los war, und der Chef hüllte sich in Schweigen.

Erst nach Weihnachten erfuhr ich, warum unsere Praktikantin auf einmal verschwunden war. Nach einem arbeitsintensiven, extrem frustrierenden Fünfzehnstundentag fand ich in meinem Briefkasten einen Brief von Charly. Der Chef habe sie am Tag vor ihrer Abreise noch kurz in sein Büro gebeten, erklärte sie. Dort habe er sie so brutal zusammengestaucht, dass sie heulend aus dem Büro gelaufen und noch in der gleichen Nacht zu ihren Eltern auf die Farm im Norden zurückgekehrt war. Es fiele ihr schwer, dies zu schreiben, aber nach langem Nachdenken habe sie sich dazu entschlossen, fuhr sie fort. Auch dem Management des Hotels habe sie einen Brief geschrieben.

Ich hatte dem Chef ja viel zugetraut, aber dass er dieses junge Mädchen so behandelte, hätte ich nicht gedacht. Ich war wütend und machte mir schwere Vorwürfe. Wenn ich auf Charly gewartet hätte, wäre vielleicht nichts passiert.

Immer noch wütend stürmte ich am nächsten Morgen ins Büro des Chefs, zum Äußersten bereit. Zu meiner Überraschung saß jedoch anstelle des Küchenchefs der Souschef , den wir Flaky nannten, weil er an Psoriasis litt und immer Schuppenstückchen von seinem Kopf rieselten, in dessen Sessel. »Der Dicke ist kurzfristig und anscheinend grundlos suspendiert worden«, sagte er. »Das ist auch für mich völlig überraschend.«

Ich ahnte zwar, warum der Chef weg war, schwieg aber. Natürlich hatte die Direktion schnell auf Charlys Brief reagiert.

Zwei Tage später erreichte mich ein zweiter Brief, abgestempelt auf den Cook Islands. Ich öffnete ihn behutsam. Das hätte ich in meinen kühnsten Träumen nicht erwartet! Man offerierte mir eine Stelle als Küchenchef in einem kleinen Boutique-Hotel mit zwanzig Bungalows und zwei Restaurants und lud mich zu einem Vorstellungsgespräch ein. Ein Mitbesitzer des Hotels, so informierte mich der Brief, sei gleichzeitig der Konsul für die Cook Islands in Neuseeland und erwarte mich in seiner Residenz im Botschaftsviertel in Wellington. Vor Freude tanzte ich durch die ganze Wohnung.

Früh am nächsten Morgen rief ich unter der angegebenen Telefonnummer an. Die Dame am anderen Ende der Leitung wusste sofort Bescheid und verband mich mit dem Konsul. Ich war furchtbar nervös, da ich noch nie mit einem Konsul gesprochen hatte. Er aber war sehr freundlich und lud mich noch für denselben Tag zu sich aufs Konsulat ein.

Ich rasierte mich sorgfältig, zog meine Fliegerjacke an und fuhr mit dem Mofa ins Botschaftsviertel. Das Konsulat war in einer stattlichen Villa untergebracht. Im gepflegten Vorgarten blühten zwei große Pohutukawa-Bäume, riesige Rosmarinbüsche wucherten über eine Natursteinmauer. Eine breite Steintreppe führte zur ausladenden doppelflügeligen Holztür mit polierten Messingbeschlägen und hübschen Art-déco-Fensterchen.

Da ich nirgendwo eine Klingel entdeckt hatte, klopfte ich zaghaft mit dem Türklopfer, einem Löwenkopf aus Messing.

Der rechte Flügel der Tür öffnete sich. Eine dunkelhäutige Dame mit tätowierten Lippen musterte mich ausgiebig. Sie wollte einen Ausweis sehen. Ich zeigte ihr meinen Pass. Dann erst führte sie mich in einen großen hellen Raum. »Nehmen Sie doch Platz.«

Ich setzte mich vorsichtig auf einen verschnörkelten, mit Samt bezogenen Stuhl und schaute mich um. Der Raum war mit antiken Möbeln ausgestattet, an den Wänden hingen Gemälde von Edwin Shorter. Natürlich wusste ich damals noch nicht, dass er ein berühmter Maler von den Cook Islands war. Seine Bilder ähneln denen von Paul Gauguin: nackte Polynesierinnen mit kleinen Kindern auf den Schultern, Palmen im Hintergrund, oder dicke, bunt

bekleidete Mamas auf Mofas.

Wenige Minuten vergingen, dann betrat ein kleiner Mann den Raum und stellte sich vor, der Konsul. »Ich habe noch nie ein Vorstellungsgespräch mit einem Koch geführt.« Er lachte. »Sagen Sie mir doch, was ich fragen soll.«

Ich lachte ebenfalls. Das Eis war gebrochen.

So fragte er mich nur eine einzige Frage: »Können Sie kochen?«

Ich bejahte. Und bekam den Job.

Dann verlangte er, meinen Reisepass zu sehen. Zum Glück hatte ich ihn mitgebracht. Der Konsul blätterte den Pass kurz durch und nickte dann. »Sie haben ja mehr Stempel im Pass als ich.«

Tatsächlich war mein Pass fast voll. Auf jeder Seite prangte mindestens ein Stempel oder Sticker irgendeines Landes. Mit gerade vierundzwanzig Jahren hatte ich schon einiges in der Welt gesehen.

Er bat mich, einen Augenblick zu warten, und verschwand in einem Nebenraum. Ich setzte mich wieder auf meinen Stuhl. Ich zitterte vor Vorfreude. Schon als Kind hatte ich den Wunsch gehabt, auf einer einsamen Insel im Südpazifik zu leben. Anscheinend sollte mein Kindheitstraum nun endlich in Erfüllung gehen.

Wenige Minuten später kam der Konsul mitsamt meinem Pass wieder zurück. »Bitte sehr.« Er hielt mir den Pass entgegen. Eine Seite war aufgeschlagen. Unter dem kleinen Ausreisevisum von Botswana befand sich ein neuer Stempel: die Arbeitsbewilligung für die Cook Islands. So schnell hatte ich noch nie ein Visum bekommen.

»Der Manager des Hotels meldet sich bei Ihnen, und dann kann es losgehen«, meinte der Konsul freudig. »Wie viele Tage Kündigungsfrist haben Sie denn?«

»Im Moment nur einen Tag, da ich noch in der Probezeit bin. Aber ab Januar einen Monat«, antwortete ich.

»Na, dann kündigen Sie am besten sofort«, sagte er. »Anfang Januar sind Sie wahrscheinlich bereits in Rarotonga, der Hauptinsel der Cook-Gruppe, und arbeiten in meinem Hotel.« Lächelnd verabschiedete er sich.

Einen Augenblick später stand ich noch immer zitternd neben meinem Mofa. Ich konnte mein Glück kaum fassen. Ich schaute mir nochmals den Stempel an. Es handelte sich wirklich um eine Arbeitserlaubnis, gültig ab Datum der Einreise auf den Cook-Inseln. Das neuseeländische Trauerspiel sollte also bald ein Ende haben.

Mein letzter Arbeitstag, der Silvesterabend, begann wie alle anderen. Ich steckte einmal wieder bis zum Hals in Arbeit. Wir erwarteten vierhundert Gäste. Im Ofen brutzelten bereits sechzehn Truthähne vor sich hin, gefüllt mit meiner Zwiebel-Salbei-Füllung. Frische Preiselbeeren waren aus Kanada eingetroffen und warteten auf ihre Verarbeitung; riesige Mengen von Rosenkohl und Kartoffeln wurden auf dem Gemüseposten gerüstet und zubereitet. Schon verteilten die Vorspeisenköche vierhundert Teller auf großen Stahlblechen, arrangierten Räucherlachs, Meerrettichsauce, kleine Mischsalate, Garnituren und Miniantipasti darauf. Dann deckten sie die Bleche mit Frischhaltefolie zu, schoben sie auf einen großen Wagen und diesen in den Kühlraum. Die Bäcker buken ihre Brötchen, die Konditoren bereiteten das Dessertbuffet vor.

Im Hintergrund schrie einmal wieder der Chef herum. Er war nur zwei Tage weg gewesen. Seither saß er wieder dick und fett in seinem schmierigen Büro und benahm sich, als gehöre ihm die Welt.

Soeben hatte offensichtlich irgendein neuer Koch Rotwein für die Rotweinsauce verlangt, denn der Chef erklärte dem Neuling lauthals, dass man Rotweinsauce in seiner Küche auch ohne Rotwein machen könne.

Ich kochte innerlich. Das konnte doch alles nicht wahr sein! Mitten im Abendservice, also im größten Küchenchaos, zog ich langsam meine Schürze aus und ging auf den Chef zu, der gerade an der Durchreiche stand. Hinter meinem Rücken hielt ich eine Flasche Ketchup versteckt. Ich stellte mich vor den Dicken und warf ihm wortlos meine dreckige Schürze vor die Füße.

Augenblicklich war es in der sonst so lauten Küche sehr still. Was nun geschehen würde, wollte offensichtlich keiner verpassen. Ich zog die Ketchupflasche hinter meinem Rücken hervor, nutzte den Überraschungsmoment und spritzte ihm ins Gesicht. »Ich kündige. Sofort.«

Seine Reaktion war unmissverständlich. Er hob die rechte Hand und wischte sich das Ketchup aus den Augen. Mit der linken holte er weit aus und schlug zu.

Ich duckte mich und entging dem Hieb.

So unmittelbar es kurz zuvor mucksmäuschenstill geworden war, so plötzlich brach nun ein Tumult aus. Meine Kollegen stürzten sich auf den Dicken und zerrten ihn zu Boden. Sie bewarfen ihn mit Süßkartoffeln und Rosenkohl, kippten Fischbrühe über seine Hose und schmierten ihm rohe Eier in die Haare. Danach zogen sie ihn in die Patisserie und wälzten ihn im Mehl. Niemand lachte. Allen war es ernst. Jeder meiner Kollegen war schon mindestens einmal gedemütigt oder grundlos zusammengeschissen worden, und jetzt war der Moment der Vergeltung gekommen. Der Dicke wehrte sich nicht. Er hielt die Hände über den Kopf und flehte uns an, ihn nicht zu schlagen.

Der Sicherheitsdienst des Hotels brachte die Meute schließlich zur Besinnung. Um ihn von uns zu trennen, schleiften sie den Dicken in sein Büro. Inzwischen hatte jemand an das Türfenster einen Zettel geklebt: »Drecksschwein«.

Ich drehte eine letzte Runde durch die mittlerweile völlig im Chaos versunkene Küche und stellte die Herde, Öfen und Kippbratpfannen aus. Die anderen Köche hatten inzwischen ihre Schürzen ausgezogen und beobachteten mich neugierig. Sie wirkten verunsichert; offensichtlich wusste keiner, was nun geschehen sollte. Auch die Sicherheitsleute wussten nicht, was sie machen sollten. Einer versuchte verzweifelt, den General Manager ans Telefon zu bekommen.

Der Chef de Service schaute mir mit offen stehendem Mund zu, als ich die Wärmelampen an der Durchreiche ausknipste. Auch die Kellner, die bereitstanden, um die Vorspeisen zu servieren, wirkten verwirrt. Dann zog mein Kollege aus der Patisserie lächelnd seinen Hut, deutete eine Verbeugung an und löschte das Licht in seinem Reich. Der Chef-Entremetier folgte seinem Beispiel und löschte die restlichen Lichter in der Küche.

»Die Küche ist geschlossen«, verkündete ich feierlich, nachdem ich mich umgeschaut hatte. *»A Happy New Year to you all.«*

Während meine Kochkollegen nach und nach in den Gängen hinter der Küche verschwanden, verließ ich das Hotel durch den Haupteingang. Ein letztes Mal ging ich durch die festlich geschmückte Halle, in der die Gäste gerade die Neujahrshymne *Auld lang sine* sangen und sich wunderten, dass noch keine Vorspeise den Weg zu ihrem Tisch gefunden hatte.

Ich setzte meinen Helm auf und fuhr mit dem Mofa nach Hause. Im Wohnzimmer saß Uwe und wünschte mir ein frohes neues Jahr. Er war auch eben erst von der Arbeit gekommen.

»Hast du Lust, mit mir ein Paar Tage die Nordinsel unsicher zu machen?«, fragte er, nachdem ich ihm meine Geschichte erzählt hatte. Er habe einen alten Toyota gekauft, mit dem wir zusammen durch die Gegend fahren könnten.

Natürlich hatte ich Lust. Und Zeit. Immerhin blieben mir auf jeden Fall noch einige Tage, bis ich Neuseeland in Richtung der Cook Islands verlassen würde.

Schon am nächsten Tag luden wir das Auto voll mit Bier und fuhren los. Uwe wusste nicht, dass ich keinen Führerschein besaß, und ich verriet es ihm erst, als wir kurz vor Masterton die erste Panne hatten und er genervt verlangte, dass nun ich weiterfahren sollte. »Du bist der Fahrer. Ich trinke das Bier«, unterbreitete ich ihm meine Vorstellung von Arbeitsteilung. Er grummelte zwar kurz, hatte aber letztlich keine Wahl. Und so blieb es während der ganzen Woche auf unserer Tour durch die Nordinsel: Ich trank Bier, er fuhr. Wir zuckelten via Rotorua nach Tauranga, wo wir eine Freundin von Uwe besuchten, die dort in einem Fischrestaurant arbeitete.

Es regnete viel. So viel, dass wir unterwegs von den heißen Quellen nicht viel mitbekamen, da wir kaum aus dem Auto ausstiegen. Vor Tauranga hielt uns ein Polizist an und verkündete, dass wir mit unserer Hippieschüssel nicht in seine Stadt fahren durften. Nach minutenlanger Diskussion ließ er uns dann aber trotzdem ziehen. Ihm war wahrscheinlich langweilig gewesen, und er wollte sich mit jemandem unterhalten.

Das Auto hielt durch. Wir hatten inzwischen herausgefunden, dass man alle hundert Kilometer Öl nachkippen musste. Dann lief die Kiste, zwar mit viel Lärm und Gestank, aber ohne Probleme. Sie diente uns auch als Bett und – da es unterwegs außer ein paar Fish-'n'-Chip-Shops keine erwähnenswerten Restaurants gab – als Speisewagen.

Nach unserer Rückkehr lag mein neuer Arbeitsvertrag im Briefkasten. Wenige Tage später landete ich auf der Insel, die mich fast fünf Jahre faszinieren und mein Leben komplett verändern sollte. Auf der Insel, auf der ich meine alte, meine wahre Liebe wiederfinden sollte.

12

Ein Koch im Paradies

Es war morgens früh, zwei Uhr, als wir auf dem Rarotonga International Airport landeten. Unterwegs hatten wir die internationale Datumslinie überflogen, sodass ich nun dreiundzwanzig Stunden gewonnen hatte. Ich kam mir vor wie Bill Murray in *Und täglich grüßt das Murmeltier*. Ich durfte denselben Tag nochmals erleben. In der Empfangshalle sang – wie schon seit mehr als zwanzig Jahren – Jake Numanga polynesische Volkslieder und spielte Ukulele. Die Luft war so feucht wie auf den Bermudas, sodass mir nach wenigen Minuten das alte T-Shirt aus Zimbabwe am Leib klebte.

Ich atmete auf. Ich war gelandet, mit allem, was ich für mein neues Kochleben auf den Cook Islands brauchte. Auch meine Messersammlung war unbeschädigt angekommen. Ausnahmsweise hatte ich die dieses Mal im Koffer und nicht im Handgepäck transportiert. Meine Sammlung war inzwischen auf siebenundvierzig Stück angewachsen, obwohl mir eine Kollegin in Wellington meine Spatula geklaut hatte. Dafür hatte ich jetzt ihren Austernöffner und ein altes Fleischmesser mit zwanzig Zentimeter langer Klinge und einem Kunststoffgriff, auf dem ihre Initialen eingraviert waren. Ein neues Kochsouvenir.

Wie bei meinen vergangenen Stationen holte mich auch jetzt mein zukünftiger Chef vom Flughafen ab, trotz der unchristlichen Zeit ein putzmunteres Kerlchen mit schütterem Haar und dicker Brille, das sich sogleich als John vorstellte und mich ins Hotel fuhr, zu meinem neuen Arbeitsplatz. Schwach zeichneten sich die Silhouetten der Kokospalmen am Firmament ab, sonst sah ich im Dunkeln nur wenig von der Anlage. Es war gespenstisch still. Nur das Rauschen der Brandung in der Ferne war zu hören.

»So, dann bringe ich dich direkt zu deinem Studio«, sagte John und führte mich auf einem sandigen Pfad ums Haupthaus herum auf die Rückseite des Gebäudes. »Dann sehen wir uns zum Frühstück im Strandrestaurant.«

Ich stimmte zu, ging aber trotz der späten Stunde noch nicht zu Bett, sondern beschloss, noch ein wenig fernzusehen. Ich drückte auf den Knopf der Flimmerkiste und setzte mich auf ein altes, abgewetztes Sofa davor. Gebannt schaute ich auf die schwarze Mattscheibe und wartete. Die Kiste war offensichtlich sehr alt und würde mit Sicherheit einige Zeit brauchen, bis ein Bild zu erkennen war. Tatsächlich wuchs aus dem schwarzen Nichts langsam ein weißer Punkt, der sich zu einem schwarz-weißen Flimmern auswuchs. Das war's dann allerdings auch schon. Ich drehte zwar an dem alten Schalter, erreichte aber nur, dass nun zusätzlich ein schwarzer Balken über den Bildschirm wanderte. Resigniert schaltete ich das Gerät aus und entschied mich doch, schlafen zu gehen.

Das Bett roch wie meine alte Matratze auf Bermuda: nach feuchtem Schimmel und Moder. Und an der Decke saßen zwei helle Geckos und warteten auf – am besten mit meinem Blut gefüllte – Moskitos. Vor meinem Fenster krähte ein Hahn, obwohl die ersten Sonnenstrahlen des Tages noch auf sich warten ließen. Ich schloss die Augen und stellte mir die geografische Lage dieses kleinen Paradieses vor: Rarotonga, ein Fliegenschiss mitten im Pazifischen Ozean, zehntausend Kilometer südlich von Hawaii und dreieinhalbtausend Kilometer nordöstlich von Neuseeland. Weiter weg von der Schweiz war nur noch der Mond. Ich war ein wenig nervös und konnte es auch noch gar nicht richtig glauben: ich, Felix Benz, Küchenchef in der Südsee.

Ich grübelte vor mich hin und überlegte, ob ich für diesen neuen Posten auch vorbereitet war. In Neuseeland hatte ich in den vergangenen Wochen täglich Menüideen zu Papier gebracht – natürlich ohne zu ahnen, wie beschränkt das Angebot an Nahrungsmitteln hier sein würde. Auch hatte ich mein Hirn nach dem durchforstet, was ich in meiner Lehre gelernt haben sollte, und meine alten Unterlagen über Kalkulationen, Renditen und Foodcosting rausgesucht. Dabei hatte ich gemerkt, dass mein Hirn einiges bereits in den Papierkorb verschoben haben musste und auch der übermäßige Alkoholkonsum der letzten Jahre einige Lücken hinterlassen hatte, denn ich konnte mich beileibe nicht mehr an alles erinnern. Aber es würde irgendwie auch so gutgehen.

Als ich ein paar Stunden später aufwachte, war es bereits hell. Ich schaute aus dem Fenster und sah Kokospalmen und rot blühende Hibiskushecken. Vor der Flügeltüre des Studios, die direkt in den Garten führte, grunzte etwas. Neugierig öffnete ich die Tür und entdeckte ein mehrfarbig geschecktes Schwein, das vor meinem Studio saß und mich verwundert ansah. Überall auf der kleinen Rasenfläche vor der Tür lagen Mangos, die offensichtlich von den ausladenden Ästen eines riesigen Mangobaumes heruntergefallen waren, die sich direkt über dem Dach meines neuen Heims ausbreiteten. Ein anderes Schwein fraß seelenruhig an einer halb faulen Mango herum und grunzte vergnügt. Wo die wohl hergekommen waren? Sie waren jedenfalls ziemlich stressresistent und ließen sich von mir nicht stören.

Ich sah mich um. Hinter der Hecke am Rande des Gartens stand ein kleines blaues Häuschen. Ein alter Mann saß davor und sprach zu ein paar Hühnern. Er winkte mir freundlich zu.

Ich hob die Hand und grüßte zurück, während eines der beiden Schweine gemütlich in seine Richtung trabte und sich neben den alten Mann setzte. Der kraulte es hinter dem Ohr und redete auf es ein.

Ich genoss noch ein wenig den Anblick meiner neuen Umgebung, bevor ich mich ins Bad begab. Ich schaute in den trüben Spiegel. Vierundzwanzig verschwommene Jahre schauten zurück. Alt war ich geworden. Seufzend rasierte und wusch ich mich. Dann machte ich mich auf den Weg zum Strandrestaurant. Ich schlenderte einmal durch die ganze Anlage und entdeckte, dass der Hotelkomplex aus zwölf Doppelbungalows bestand, außerdem aus einem Haupthaus, in dem die Rezeption, ein Restaurant, das Lager, die Wäscherei und mein Studio untergebracht waren, und dem Strandrestaurant. Die Wege zwischen den Bungalows bestanden aus feinem weißem Sand; sie wurden von Lilien, Hibiskus, Gloriosen und Weihnachtssternen gesäumt. An einem Süßwasserpool vorbei führte ein Pfad direkt zum Strandrestaurant. Dahinter war nichts als Meer. Es leuchtete in allen Blautönen, in der seichten Lagune türkisfarben, weiter draußen hinter dem Riff nachtblau. Der weiße Sandstrand war menschenleer. Landeinwärts türmten sich schroffe, von Dschungel überwucherte Berge bis in den Himmel. Die Bergspitzen verschwanden in den Wolken.

Das am Strand gelegene Restaurant des Hotels bestand aus sechs in den Sand gerammten Baumstämmen und einem mit geflochtenen Kokoswedeln gedeckten Holzdach. Um ins Innere zu gelangen, musste ich mich leicht bücken. Hier sah ich, dass auch der Boden naturbelassen war. Feiner weißer Sand rieselte in meine rosaroten Flip-Flops.

Zwei hübsche Polynesierinnen begrüßten mich. Eine von ihnen erkundigte sich nach meiner Zimmernummer. Offensichtlich hielt sie mich für einen neuen Gast. Das war nicht weiter verwunderlich. Immerhin hatte ich die Blumengirlanden, die ich in der Nacht zuvor am Flughafen bekommen hatte, wieder umgehängt, um ins Umfeld zu passen.

Ich war froh, dass sie mich auf Englisch ansprach. Mit den wenigen Brocken Maori, die ich in Neuseeland gelernt hatte, würde ich hier nicht weit kommen. »Ich logiere im Studio hinter der Rezeption«, erklärte ich ebenfalls auf Englisch. »Ich bin der neue Koch … pardon: Küchenchef.«

Dem Mädchen fiel der Kiefer herunter, und sie wurde puterrot. »So jung … und so dünn …«, stotterte sie.

Ich lächelte. »Nicht alle Küchenchefs sind dick und alt.«

Immer noch ein wenig verunsichert führte sie mich an einen freien Holztisch mit Sicht auf die Lagune und das Meer. Wenige Minuten später brachte sie mir eine Kanne frisch gebrühten Kaffee.

Die Bohnen kämen von der Insel Atiu, etwa sechshundert Kilometer weiter nördlich, erklärte sie mir.

Aus meinem Reiseführer wusste ich, dass sich die Cook-Gruppe aus fünfzehn Inseln mit einer Landmasse von etwa zweihundertfünfzig Quadratkilometern zusammensetzt und diese nicht etwa nach einem berühmten Koch, sondern nach dem Entdecker James Cook benannt sind. Die Inseln liegen weit verstreut im Pazifischen Ozean und haben insgesamt achtzehntausend Einwohner, von denen damals etwa achttausend auf Rarotonga wohnten. Als ich von Israel nach Bophuthatswana aufgebrochen war, hatte ich so gut wie nichts über die Republik Südafrika gewusst, nun hatte ich mich besser vorbereitet.

Ich trank meinen Kaffee und rauchte genüsslich. Alle paar Minuten huschten Einheimische vorbei und sahen scheu in meine Richtung. Sie trugen allesamt gelb-schwarze Hawaiihemden mit mehr oder weniger gerade daran befestigten Namensschildern, aber weder Schuhe noch Strümpfe. Das war mir schon bei der hübschen Polynesierin in der Küche aufgefallen. Auch sie hatte mich barfuß bedient.

Hinter meinem Rücken wurde in Maori gelacht und getuschelt. Ich verstand nur Bahnhof. Natürlich waren alle nur meinetwegen aufgetaucht, und jeder wusste seinen Senf über den Neuen abzugeben, der gekommen war, um Coconut Will zu ersetzen. John hatte mir am Telefon bereits erzählt, dass der Küchenchef vor mir zwar beim Personal sehr beliebt gewesen war, es aber mit den Vorräten leider nicht sonderlich genau genommen hatte. Während seiner Zeit im Hotel waren viele Lebensmittel aus der Vorratskammer verschwunden. Um nicht noch einmal ähnliche Probleme zu bekommen, hatte John bei unserem ersten Telefonat genau wissen wollen, woher ich gewusst habe, dass sie einen neuen Küchenchef suchten. Er war sehr erleichtert, als er erfuhr, dass ich es nicht gewusst, sondern mich bei zahlreichen Hotels einfach so beworben hatte und nur deshalb auf dieser Insel gelandet war, weil er der schnellste gewesen war. Einen Freund oder Bekannten von Coconut Will wollte er auf keinen Fall einstellen. Es hatten sich natürlich noch andere Köche beworben, aber er hatte sich für mich entschieden. Der Grund dafür waren nicht meine Zeugnisse gewesen, wie er mir Jahre später lachend mitteilte, sondern mein Geburtsdatum. Ich hatte am selben Tag wie er Geburtstag.

Nach und nach trudelten weitere Gäste ein, und irgendwann kam auch John mit einer hübschen Brünetten im Schlepptau ins Restaurant. Lachend begrüßte er die Gäste und das Personal. Alle schienen sich zu freuen. Er strahlte eine natürliche Freundlichkeit aus, die ansteckend war. »Guten Morgen, Felix«, sagte er schließlich. »Darf ich vorstellen? Das hier ist meine Partnerin Jeannie.«

Gemeinsam mit ihr fuhr John mich nach dem Frühstück um die ganze Insel. Normalerweise hätte dies etwa zwei Stunden in Anspruch genommen. An diesem Tag aber dauerte es den ganzen Tag, denn John und Jeannie hielten alle paar Kilometer an, um mir irgendein Hotel, ein Haus, einen Laden oder eine Tankstelle zu zeigen und mich ihren Besitzern vorzustellen. Alle waren enorm freundlich und sprachen sehr gut Englisch – bei den meisten kein großes Wunder, denn einige waren Neuseeländer oder Australier, die auf Rarotonga lebten und Geschäfte betrieben. Ich ließ es mir gutgehen, nahm von den angebotenen Getränken und Früchten und bewunderte die wunderschöne Landschaft und die nicht minder hübschen Mädchen.

Spätnachmittags erreichten wir die Hauptstadt von Rarotonga, Avarua, wo ich in Johns Stadtbüro seine Sekretärin kennenlernen sollte. In Avarua zu sein war wie ein Traum. Bunte Häuser säumten die Straßen, üppige Gärten mit blühenden Lilien, Ingwer, Strelitzien und der Nationalblume der Cooks, der *Tiare Maori* oder Polynesischen Gardenie. In der Mitte des einzigen Kreisverkehrs der Insel stand ein riesiger Flammenbaum. Von hier bis ans Ende der Shoppingmeile Rarotongas war die Straße durch einen bepflanzten Mittelstreifen mit Parkplätzen getrennt. Verschiedene Palmenarten wuchsen hoch über die Straße hinaus, und im Hintergrund leuchtete verheißungsvoll das nachtblaue Meer.

John und Jeannie zeigten mir das Hauptpostamt, die beiden Banken und das letzte Kino der Cooks, das Empire Theatre. Früher hatte es auf Rarotonga fünfzehn Kinos gegeben, aber seit der Erfindung des Videos waren alle außer dem Empire verschwunden.

Gegenüber dem Kino, direkt am Meer thronte eine andere Ikone der Cooks: Captain Tims, ein berühmt-berüchtigtes Seafood-Restaurant. In meinem Reiseführer hatte ich schon darüber gelesen: Es war bekannt für die frischen Fische und Meeresfrüchte, aber berüchtigt wegen der Trinkgelage und der Unfreundlichkeit von Tim, dem Besitzer, sowie wegen der wilden Partys mit den vielen Seglern, die hier auf ihren Segeltörns zwischen Neuseeland und Tahiti einen Halt einlegten. Als sie meine großen Blicke sahen, luden John und Jeannie mich zum Lunch bei Captain Tims ein. Es war enttäuschend: Mein Shrimpsalat war mit einer einfachen Sauce Marie Rose angemacht, Ketchup und Mayonnaise mit ganz wenig Brandy. Die Shrimps waren schon an der Grenze ihrer Haltbarkeit, aber immerhin noch nicht so verdorben, dass man von ihnen eine Eiweißvergiftung bekommen konnte – höchstens leichte Magenschmerzen. Obwohl ich also wusste, dass es nicht besonders schlau war, aß ich tapfer auf und nickte, als der Kellner fragte, ob alles gut gewesen sei. An meinem ersten Tag auf der Insel wollte ich auf keinen Fall negativ auffallen oder als Schnöselkoch angesehen werden.

Bevor ich mein Dessert – Chocolat Cookie Icecream mit Bananensalat – aß, verschwand ich jedoch kurz auf der Toilette und übergab mich in eine der versifften Kloschüsseln. Warum hatte ich jedes Mal so ein Pech, wenn ich in einem Restaurant Meeresfrüchte aß? Auch in England hatte ich mir einmal eine Lebensmittelvergiftung zugezogen. Damals hatte ich am Leicester Square eine Pizza Marinara gegessen und danach bei Silvia eine Woche lang flachgelegen, wodurch ich wiederum die einmalige Gelegenheit verpasste, ein Autogramm des Schauspielers Benny Hill zu ergattern.

Nach unserer Pause bei Captain Tims besuchten wir den *Mad Butcher*, den verrückten Metzger Clive. Er war auf der ganzen Insel für seine Wurstspezialitäten bekannt, darunter Schweinswürste mit Ananas, Lammbratwürste mit Minze und Rindswürstchen mit getrockneten Tomaten. Das Werbeschild über seinem Geschäft zeigte ein handgemaltes Bildnis eines Schlachters, der in der einen Hand

ein Ferkel und in der anderen ein Beil hielt. Ich freute mich schon, frisches Fleisch von Clive zu verarbeiten. Das sah doch zur Abwechslung einmal gut aus.

Schon beim Rundgang durch die anderen Geschäfte von Avarua ahnte ich, dass die Auswahl an Lebensmitteln eher beschränkt war. Später bekam ich des Öfteren zu spüren, dass es auf der Insel nicht selten Engpässe gab, und das nicht nur bei Lebensmitteln, sondern bei allem, angefangen von Zahnpasta über Schuhe bis hin zu Benzin und Toilettenpapier. Der positive Nebeneffekt: Dadurch wurde die Kreativität der Köche gefordert. Auch aus wenig konnte man immerhin mit ein wenig Fantasie sehr viel machen. Schon jetzt freute ich mich auf meine Arbeit und meinen neuen Wirkungsbereich. Doch die Küche hatte ich noch nicht gesehen – und ich würde sie an diesem Tag auch nicht zu sehen bekommen. Denn zuerst zeigten mir meine neuen Chefs alles andere, das es auf der Insel zu sehen gab, und als wir die Insel endlich umrundet hatten, wurde es bereits dunkel.

Ich wollte nun eigentlich endlich einen Blick in die Küche werfen und sagte das auch, hatte aber keine Chance.

»Später. Wir sind noch zum Dinner eingeladen«, vertröstete John mich.

Langsam wurde ich ungeduldig – und befürchtete das Schlimmste. Da war doch etwas faul! Wie recht ich mit dieser Vorahnung haben sollte, ahnte ich jedoch nicht.

Erst spät in der Nacht chauffierte mich John zurück in mein Studio. Die Küche war schon abgeschlossen, und es brannte kein Licht mehr. Auch jetzt würde ich also nicht sehen, was mich in der Küche erwartete. Resigniert legte ich mich schlafen.

Am nächsten Morgen zog ich die Badehose an und ging in der Lagune schwimmen. Es war fantastisch. Das Wasser hatte sich schon auf sechsundzwanzig Grad aufgewärmt, und es wimmelte von tropischen Fischen. Sie schossen zwischen meinen Beinen durch und verschwanden unter den vielen bunten Korallen. Nach einem kurzen Sonnenbad schlich ich mich vorbei an der Jacuzzi-Hütte durch den Hotelgarten in Richtung Küche. Ich wollte mein zukünftiges Reich endlich sehen. Fast hätte ich es auch geschafft, denn ich kam bis zur mit Fliegengittern bespannten Außentür und erhaschte einen kurzen Blick durch das verschmierte Fenster ins Innere. Doch ich erkannte nichts; es war einfach zu dunkel. Außerdem schob mich im gleichen Augenblick eine kräftige braune Hand zur Seite. Ein finsteres Gesicht starrte auf mich hinunter. Die andere braune Hand zeigte energisch auf ein Schild an der Tür: *»Staff only* – nur für Mitarbeiter.«

Ich wollte etwas sagen, wurde aber von Johns Stimme unterbrochen. »Lass ihn los«, wies er die gigantische Frau an.

Sie kam seiner Aufforderung nach, ihre finstere Miene hingegen hellte sich nicht im Geringsten auf.

»Komm jetzt, Felix.« John komplimentierte mich von der Küchentür weg.

Ich protestierte vehement, denn ich wollte endlich die Küche sehen. John aber beruhigte mich und erklärte, dass wir noch eine wichtige Sitzung mit einem Teilhaber des Hotels hätten. Vorher wolle er noch mit mir frühstücken.

Also ging ich schnell zurück zu meinem Studio, um mich umzuziehen. Als ich wenig später ins Strandrestaurant kam, wartete John schon auf mich, ebenso die hübsche Polynesierin vom Vortag, Aline. Sie lächelte mich scheu an. Ich grinste zurück und schöpfte mir eine große Portion Rührei mit Speck aus dem dampfenden Chafing Dish.

John schenkte mir eine große Tasse Atiu-Kaffee ein. *»Another day in paradise«*, meinte er. Noch so ein Tag im Paradies.

Ich pflichtete ihm bei und krönte mein Frühstück mit viel Ketchup. Dass John daraufhin die Stirn runzelte, freute mich. Genau das hatte ich beabsichtigt. Wie viele Leute pflegte John offensichtlich das Vorurteil, dass Köche kein Tomatenketchup essen – was natürlich völlig falsch ist. Viele Köche behaupten zwar, dass sie kein Ketchup essen. Sie tun es aber trotzdem – heimlich. Oder sie stürzen nachts nach Feierabend noch schnell in ein Fast-Food-Restaurant und bestellen sich einen doppelten Burger mit extra Käse, weil sie während ihrer Arbeit in der Küche keine Zeit hatten, selbst etwas zu essen.

Beiläufig fragte ich John, wer denn zurzeit für die Gäste koche und ob er einen guten Koch in der Küche habe.

»Eigentlich haben wir im Moment gar keinen Koch«, antwortete er. »Alle kochen ein wenig mit. Meine Partnerin, die Zimmermädchen, die Angestellten von der Rezeption und die anderen auch. Der Tellerwäscher macht die Salate, der Poolboy schält die Kokosnüsse und raspelt das Kokosfleisch. Einen Moment …« John holte eine alte Speisekarte meines Vorgängers. Sie war nicht schlecht – das muss ich zugestehen –, nur war sie schon seit über einem Jahr nicht verändert worden. Kein Wunder, dass alle die Gerichte auswendig kochen konnten!

Der Rest des Tages verlief ähnlich wie zuvor. John führte mich rum, stellte mich zahlreichen Freunden und Geschäftspartnern vor, und es wurde wieder sehr spät. Dieses Mal jedoch versprach John mir, dass wir am folgenden Morgen zusammen mit Jeannie die Küche besichtigen würden.

»Stell dir aber ja nicht zu viel darunter vor«, warnte er mich vorsorglich. »Wir können auch noch ein bisschen in Geräte oder Hilfsmittel investieren.« Das Hauptrestaurant, der Bounty Room, sei schon seit Wochen geschlossen, solle aber in den nächsten Tagen wieder in Betrieb genommen werden. »Es gibt noch einiges zu tun.«

Am nächsten Morgen war mir speiübel, mein Schädel fühlte sich an, als wolle er zerplatzen. Sogar die Kakerlaken im Badezimmer suchten das Weite, als sie mich sahen. Was war geschehen? Eigentlich nichts Außerordentliches. Ich hatte lediglich Bekanntschaft mit dem berüchtigten Cooks Lager gemacht, dessen Flaschen nach französischem Vorbild auf siebenhundertfünfzig Milliliter geeicht waren. Fünf Fläschchen Bier – meine übliche Dosis – waren daher wesentlich mehr, als ich es gewohnt war. Dazu kamen die leichte Unreinheit des Bieres und der hohe Alkoholgehalt von 5,5 Prozent.

Entsprechend verkatert schlich ich nun mit leichter Verspätung zum Frühstück. John und Jeannie warteten schon auf mich und merkten sofort, wo der Hund begraben war. »Cooks Lager«, bemerkte John verständnisvoll.

Ich versuchte zu nicken, aber mein Kopf drohte zu explodieren. Um meine raue Kehle zu besänftigen, stürzte ich mehrere Gläser Orangensaft herunter. Mein Magen rebellierte zwar, aber ich behielt den Saft bei mir. Auf Essen verzichtete ich wohlweislich.

Ausgerechnet jetzt meinte John, es sei an der Zeit, mir die Küche zu zeigen. Zuerst führte er mich in den etwa drei mal drei Meter großen Hof hinter der Küche. Dort standen zwei große Gasflaschen und – direkt daneben – der Abfall. Natürlich wurde nichts getrennt; außer den leeren Bierflaschen wanderte alles in eine Tonne.

John grinste. Ich aber verzog keine Miene. So weit war ich gestern auch schon gekommen: bis zum Fliegengitter.

Und dann öffnete John kommentarlos die Tür. Ich hielt die Luft an und ging langsam hinein. Es war so dunkel, dass meine Augen ein paar Minuten brauchten, um sich an das Zwielicht zu gewöhnen. So erkannte ich zunächst nur, dass rechts neben der Tür eine Doppelspüle aus Edelstahl stand, über der ein Durchlauferhitzer befestigt war.

Dann, als John einen Lichtschalter betätigte und zwei Neonröhren flackernd zum Leben erwachten, präsentierte sich die Küche in ihrer ganzen Pracht – oder eher ihrem ganzen Elend: Der Boden war mit grauem Linoleum ausgelegt und wellig an der Wand hochgeklebt. Die Regale neben der Spüle waren mit Pfannen, Töpfen und Plastikkisten gefüllt, in Letzteren befand sich ein wildes Sammelsurium von Kellen, Löffeln, Schaumsieben, Schneebesen und Holzschneidebrettern. Die Regale waren aus Spanplatten zusammengezimmert und teilweise aufgequollen wie Weetabix auf einem Frühstücksteller.

Ich atmete vorsichtig aus. Deshalb also hatte John bislang verhindert, dass ich die Küche zu Gesicht bekam. Mein Blick schweifte

durch den Raum. Suchend. An einer anderen Wand stand ein alter Eisentisch, ein Herd stand verloren an der Wand zu meiner Linken. Die Gasleitung verschwand in einem viel zu großen Loch dahinter und endete – richtig! – draußen im Hof bei den Gasflaschen. Vergeblich suchte ich nach anderen Installationen oder Geräten wie einem Steamer oder einem Konvektomat. Nichts. Und es gab auch keine Spülmaschine. Es gab eigentlich gar nichts in dieser Küche. Ich war schockiert. Das durfte doch nicht wahr sein!

Um wenigstens irgendetwas zu tun, sah ich mir den Herd genauer an: ein alter Fisher & Paykel mit vier Brennern und einem Backofen. Ich kannte solche Herde aus England, Südafrika und Neuseeland. Sie waren nicht für Hotel- oder Restaurantküchen, sondern für Privathaushalte gebaut und für meine Zwecke völlig unangemessen. Der Backofen ließ sich nicht akkurat heizen, da er über kein Thermostat verfügte. Und weil die Hitze im hinteren Teil des Ofens wesentlich höher war als vorne, musste man beim Backen das Backgut ständig drehen. Das Beste an diesem Herd war noch die eingebaute Grillschublade oberhalb des Backofens. Mithilfe der Oberhitze konnte man dort getoastete Sandwichs und Aufläufe zubereiten – wenn auch nur in geringer Zahl.

Ich zweifelte ernsthaft daran, dass man mit dieser Küche ein À-la-carte-Restaurant bedienen konnte, und schaute mich fragend nach John um.

Er stand verlegen neben der Spüle und zuckte mit den Schultern, als wolle er sagen: »Ich weiß, aber so ist es nun einmal.« Dann führte er mich in einen Raum hinter der Küche, ins Economat, den Vorratsraum, der normalerweise eher kühl sein sollte. Doch in diesem bewegte sich die Temperatur an der Vierziggradgrenze – aufgrund der Abwärme der Kühl- und Tiefkühlschränke. Auch hier waren überall Regale angebracht. Sie waren gefüllt mit Dosen, zum Teil ohne Etiketten und verrostet. Das wurde ja immer schöner! Resigniert hob ich den Deckel einer Tiefkühltruhe. Das hätte ich besser nicht getan. Mit glasigen Augen starrte mir der gefrorene Kopf eines Thunfischs entgegen. Weder eingepackt noch vakuumiert lag er auf einem Bett von gefrorenen Hähnchen, Kastenweißbrot und Eisbehältern. Ich schloss den Deckel vorsichtig. Alles, nur nicht den Fisch zu neuem Leben wecken!

Auch im Vorratsraum war der Boden mit klebrigem grauem Linoleum ausgelegt. Ich entdeckte kleine schwarze Krümel. Rattenscheiße! Kein Wunder, dass sich die Tiere hier wohlfühlten! Im alten Rattenbahnhof hinter der Tiefkühltruhe fehlte der Köder; die Kartonfalle war aufgeweicht und vom Schimmel befallen. Offenbar hatten meine neuen Kollegen den Kampf gegen die Viecher schon aufgegeben.

Zurück in der Küche begutachtete ich den Pass, die Durchreiche zum Restaurant. Zum Glück trennte eine zusätzliche Tür den Restaurantbereich von der Küche. Bei dem Anblick hätte wohl kein Gast hier freiwillig gegessen! Auch die Theke war aus Spanplatten zusammengezimmert und mit grauer Lackfarbe gestrichen. Das Bonbrett bestand aus drei Holzlatten, die über Kreuz an den Beinen der Theke festgenagelt waren. Auf der ganzen Länge waren im Abstand von zehn Zentimetern von hinten Nägel hineingeschlagen worden, auf deren mittlerweile verrosteten Spitzen das Servierpersonal die Bestellungen spießen konnte. Der Raum hatte keine Lüftung, und die zwei winzigen Fenster ließen keine Luft durch, da sie mit verklebten Fliegengittern bespannt waren. Spinnweben und Hinterlassenschaften von Geckos bedeckten die Fensterbänke.

Ich atmete noch einmal durch. Ich hatte während meiner Laufbahn als Koch schon einiges gesehen. Aber so eine Küche war mir bislang noch nicht untergekommen.

John stand wieder neben der Spüle und nagte an seiner Unterlippe. Er beobachtete mich. Natürlich wusste er genau, was ich dachte. Deswegen also hatte er mir die ganze Insel gezeigt, bevor er mich in dieses Loch gebracht hatte! Sonst wäre ich wahrscheinlich schon in der ersten Nacht geflüchtet. Fragt sich nur, wie und wohin: mit einem Floß nach Tahiti? Oder mit dem nächsten Flieger nach Samoa oder Hawaii?

Ich überlegte einen Augenblick, entschied mich aber schnell, trotz der schlechten Ausgangslage zu bleiben. Die Insel gefiel mir unheimlich gut, die Menschen schienen auch nett zu sein, und die Küche hatte immerhin Entwicklungspotenzial. »Gut, ich bleibe«, sagte ich. »Aber hier muss sich noch einiges ändern.«

John lachte sichtlich erleichtert. Wie ein Wasserfall redete er auf mich ein. »Wir haben bereits einen Blue-Seal-Herd und einen Grill in Neuseeland bestellt, und das Personal ist angewiesen, die Küche in den nächsten Tagen auf Vordermann zu bringen.«

Ich nickte, war aber noch skeptisch. Vor allem die Spanholzplatten störten mich. Was für ein Paradies für Bakterien und Insekten! Und die Rattenfallen mussten wohl auch reaktiviert werden.

Das Restaurant, in das mich John anschließend führte, bot zum Glück ein etwas anderes Bild. Der Bounty Room, wie es genannt wurde, war mit dem üblichen Schiffsschnickschnack dekoriert: Alte Glasbojen baumelten von der dunklen Holzdecke, und in verschiedenen Vitrinen wurden Seekarten und alte Bilder von der *Bounty* zur Schau gestellt. Sogar eine Kopie eines Briefes von Kapitän Cook, der der Inselgruppe ihren Namen gegeben hatte, hing gerahmt an einem mit Schiffstauen umwickelten Holzpfeiler. Es gab keine Fenster, nur Holzladen, die man mithilfe eines Seilzugs hochziehen konnte. Neben dem Haupteingang stand eine kleine Bar in Form eines Beiboots.

»Wir wollen das Restaurant in einer Woche betriebsbereit haben«, erklärte John. Bis dahin würden wir vom Strandrestaurant aus arbeiten.

Ich stimmte zu und entschied, in der Küche persönlich mit Hand anzulegen. Ich wollte so schnell wie möglich anfangen zu kochen – schon am nächsten Tag.

Damit ich auch auf der Insel mobil war, musste ich meinen Mofaführerschein aus Bermuda auf dem Polizeiposten in Avarua umschreiben lassen. Meine Chefin Jeannie fuhr mich persönlich dorthin, und als mich die Polizistin am Schalter fragte, ob ich auch Auto fahren wolle, schubste mich Jeannie von hinten, bevor ich verneinen konnte. So nickte ich und bejahte die Frage. Die Polizistin händigte mir daraufhin ohne weitere Fragen das abgestempelte Formular aus. Ich musste noch kurz in die Linse einer Kamera blinzeln, und zehn Minuten später hatte ich meinen Führerschein in der Hand, gültig für Motorräder und Personenwagen bis zu drei Tonnen Gesamtgewicht. Und das alles, ohne je eine Prüfung abgelegt zu haben! So bin ich wahrscheinlich so ziemlich der Einzige, der erst nach Erhalt des Führerscheins mit den Fahrstunden anfing. Und weil ich mir ein paar Jahre später in Neuseeland einen internationalen Führerschein ausstellen ließ, hätte ich auch in Europa nie eine Fahrprüfung ablegen müssen. Wahrscheinlich deshalb fahren auch heute noch meine Kollegen nur ungern mit mir im Auto, wenn ich am Steuer sitze …

Nach meiner erfolgreichen »Führerscheinprüfung« schleppte mich Jeannie noch durch zahlreiche Geschäfte und ließ mich überall Unterschriftskarten ausfüllen, damit ich später, wenn meine Küche betriebsbereit war, meine Einkäufe bargeldlos tätigen konnte. Danach kauften wir ein paar Kleinigkeiten für das Strandrestaurant ein. Mich wunderte, dass wir nirgendwo frischen Fisch bekamen. Angeboten wurde lediglich gefrorene Ware aus Neuseeland und Australien. Als ich mich an der Kasse eines Supermarkts danach erkundigte, schaute mich der Kassierer wie einen Außerirdischen an. »Hier auf den Cook Islands gibt es keinen frischen Fisch«, sagte er.

Das konnte ich nicht glauben. Daher fragte ich später, als ich meine Einkäufe in der Strandküche einräumte, Aline, ob es wirklich keinen frischen Fisch auf Raro gebe. Ja, das sei wirklich so, erklärte sie mir. Es gebe nämlich nur sehr wenige professionelle Fischer auf der Insel, und diese fischten nur, wenn sie Geld bräuchten.

Na super, dachte ich, da haben die hier das Paradies vor der Tür und sind zu faul, sich daran zu bedienen.

Die Strandküche war wesentlich einfacher eingerichtet als die Hauptküche. *Noch* einfacher! In der Ecke standen ein Toaster und ein Herd mit zwei Brennern. Ein kleiner Kühlschrank brummte vor sich hin, zwischen ihm und dem winzigen Arbeitstisch standen eine kleine Spüle und ein Durchlauferhitzer. Mehr Gerätschaften gab es nicht. Oder doch! In einer Ecke stand immerhin noch eine elektrische Bratpfanne – ein tolles Teil, teflonbeschichtet und mit vier Füßen ausgestattet. Fassungsvermögen: etwa vier Liter. Zehn Hitzestufen. Schloss man sie an den Strom an, war sie sofort heiß, und ihr Boden war eben und nicht gewellt und verbeult wie die restlichen Aluminiumtöpfe in der Küche. Ich konnte also in der Pfanne Fleisch anbraten, ohne dass es anklebte, und sogar Spiegeleier sahen aus wie richtige Spiegeleier, nicht wie ein kaputtes Omelett.

Die Küche war wie das Restaurant buchstäblich auf Sand gebaut und hatte keinen festen Fußboden, und zu meinem großen Unmut waren die Regale und Arbeitsflächen wieder aus Spanplatten zusammengezimmert. Aber immerhin waren die Rattenfallen gefüllt, wenn nicht mit erlegten Ratten, so doch zumindest mit Ködern.

Als ich alle meine Einkäufe eingeräumt hatte, war der kleine Kühlschrank zum Bersten voll. Aline und ein zweites Mädchen namens Tua beobachteten mich skeptisch. Ich wusste genau, was Tua dachte: *Kommt da so ein dahergelaufener Papa'a* – das Wort hatte ich bereits gelernt: »Hellgesicht« – *und mischt sich einfach in die Küchenangelegenheiten, ohne vorher irgendwas zu sagen.*

Mir war bewusst, dass die Mädchen sehr gut ohne mich zurechtgekommen waren, aber darauf konnte ich jetzt keine Rücksicht nehmen. Ich hatte einen Job zu erledigen. Außerdem hatte ich den

Eindruck, dass sie sich nicht allzu viel Mühe gaben, denn die Küche war auch hier am Strand ziemlich dreckig und ungepflegt.

Am nächsten Morgen schlüpfte ich schon vor sieben Uhr in meine Kochuniform und machte mich auf den Weg ins Restaurant. Die Sonne war gerade erst aufgegangen, der Strand war schneeweiß, und in der Ferne krachten die großen Brecher über das Riff, bevor sie als kleine Wellen kraftlos im Sand versickerten. Die Lagune strahlte türkisfarben, und eine leichte Brise kühlte meine Haut, als ich barfuß durch den Sand stapfte.

Aline und Tua saßen bereits auf den Barhockern an der Theke und tratschten miteinander. Als sie mich sahen, lächelten sie mich an und begrüßten mich freundlich. Ich lächelte zurück und inspizierte das Frühstücksbuffet. Es sah wider Erwarten grundsätzlich nicht schlecht aus, nur ließ die Präsentation zu wünschen übrig: Papayas, Mangos, Bananen, Guaven, Passionsfrüchte, Ananas und junge Kokosnüsse lagen auf mit Alufolie bespannten Kunststoffplatten. Die Früchte waren zum Teil ganz belassen oder lediglich in grobe Stücke geschnitten, sodass die Gäste selbst mit dem großen Küchenmesser herumhantieren mussten, das achtlos auf der bunten Tischdecke lag. Ich wusste aus Erfahrung, dass die meisten Menschen ungern mit großen Messern werkeln – und schon gar nicht kurz nach dem Aufstehen im Urlaub. Das musste sich ändern.

Doch das war noch nicht alles. Neben den Früchten standen Pressholzschalen mit Cerealien und Joghurt. Die Schalen waren zwar noch mit Folie abgedeckt, aber dennoch waren die Ränder schon mit eingetrocknetem Joghurt verschmiert. Daneben standen – sehr zur Freude der Ameisen – auf einem Holzbrett ein Toaster und geschnittenes Weißbrot. Ich beobachtete, wie die kleinen Tierchen sich unter dem Toaster mit Brotkrumen beluden und in einer nicht enden wollenden Ameisenstraße über das Frühstücksbüffet marschierten. Das Kabel des Toasters war an einem Ende mit rotem Isolierband geflickt, der Toaster selbst war verrostet, das Krümelauffangblech voll. Nun, wenn die Ameisen weiterhin so fleißig wären, sollte zumindest dieses Problem bis zum Mittag gelöst sein.

Ich hatte einen Block und einen Stift mitgebracht und notierte nun, was ich verändern musste. Das Lächeln verschwand aus den Gesichtern meiner Mitarbeiterinnen und wich offenem Misstrauen.

In der Küche herrschte ein Riesenchaos. Überall lagen Lebensmit-

tel herum, offene Saftbehälter standen von Ameisen übersät in der kleinen Spüle. Was ausgeschenkt wurde, war kein frischer Fruchtsaft, sondern aus Konzentrat hergestellter Saft »made in New Zealand«. Ich konnte es kaum fassen. Überall, wo ich hinschaute, wuchsen die prächtigsten Früchte, aber statt diese zu Saft zu verarbeiten, servierte man Importware. Das konnte doch nicht sein! Schnell füllte sich das erste Blatt meines Notizblocks.

Auf dem kleinen Arbeitstisch saßen zwischen den Lebensmitteln einige Beos und pickten genüsslich auf den Papayas herum. Ich verscheuchte die Vögel mit einem wütenden Wink und begann aufzuräumen. Ich hasse es aufzuräumen, besonders wenn es um die Schweinereien anderer geht. Aber was für eine Wahl hatte ich? Irgendwie musste ich dieses Drecksloch ja in einen Arbeitsplatz verwandeln.

Anschließend machte ich mich direkt ans erste Mittagsmenü: Hähnchenbrust mit Kokossauce, Butternudeln mit Gemüsestreifen und gebratene Bananen. Das mag einfach klingen, aber auf die Schnelle war dies das Einzige, das ich auf die Reihe bekam. Schande über den Koch! Ich war nicht sonderlich stolz auf das, was ich an diesem Mittag zustande brachte, aber dem Personal schmeckte es – ebenso dem einzigen Gast.

Von nun an kochte ich täglich in der Strandküche und half außerdem beim Aufräumen der Hauptküche. Ich zeigte den Mitarbeitern, wie man eine richtige *Mise en place* erstellt und wie man besser auf die Hygiene achtet. Außerdem gestaltete ich das Frühstücksbüffet nach meinen Vorstellungen neu. Die Früchte wurden von nun an geschnitten und auf Bananenblättern präsentiert auf dem Büffet platziert. Die gepressten Holzschalen, in denen bisher Joghurt und

Frühstücksflocken angeboten worden waren, verbrannte ich in der nächsten *Island Night* und brachte dafür einen Satz Glasschüsseln aus dem Bounty Room mit nach unten. Den alten Toaster hatte ich – natürlich aus Versehen – fallen gelassen, und als er danach noch immer funktionierte, ließ ich ihn in der Spüle mit Wasser volllaufen. Dann kaufte ich in Avarua einen neuen. Ich half Aline und Tua beim Kochen und bei den Schneidearbeiten. Sie waren zwar erst sichtlich beleidigt über meine Einmischung, doch bald schon waren wir ein gut eingespieltes Team.

Von meinem letzten Geld kaufte ich mir eine alte Yamaha 80 cc, auf deren Gepäckträger ich einen rechteckigen Korb aus einem alten Tiefkühler montierte, den ich auf dem Müllhaufen gefunden hatte. So ausgestattet fuhr ich alle zwei Tage nach Avarua, um einzukaufen. Die Geschäfte boten zwar auch an, die Ware direkt ins Hotel zu liefern, aber ich hatte bereits nach einigen Tagen gemerkt, dass es besser war, wenn ich die Frischwaren persönlich abholte. Zwei Säcke mit Kartoffeln hatte ich bereits auf den Kompost gekippt, weil sie total verfault bei mir abgeliefert worden waren. Der Fahrer des Lieferautos hatte sich dünnegemacht, bevor ich die Ware kontrollieren konnte. Das würde mir nicht noch einmal passieren.

Auch für meine zugelaufene Katze besorgte ich das Futter in der Stadt. Als ich eines Tages mit einem Zehnerpack Chef-Katzenfutter durch den Hotelgarten ging, fragte mich ein Gast, was ich denn heute kochen würde. Ich lachte, zeigte auf das Katzenfutter und antwortete: »Lasagne à la Chef.« Der Gast verstand den Witz und lachte mit.

So vergingen die ersten Monate. Täglich schrieb ich eine neue Menükarte von Hand und ließ sie an der Rezeption von Haumata oder Tere abtippen und vervielfältigen. Die Hauptküche war mittlerweile sauber, doch der versprochene Blue-Seal-Herd war immer noch nicht eingetroffen. Er stand stattdessen im Laderaum der *Ngamaru 3*, dem einzigen Frachter, der von Neuseeland via Niue nach Rarotonga fuhr. Normalerweise brauchte er sieben Tage für eine Überfahrt, länger, wenn irgendetwas dazwischenkam. Da es auf Niue keinen Hafen gab, wurde die Ladung des Frachters dort in Tender umgeladen und an Land transportiert. War der Frachter in Neuseeland falsch beladen worden, mussten die Hafenarbeiter die Fracht zuerst umsortieren – eine ziemlich mühselige Arbeit, bei der es vorkam, dass Teile der Fracht auf Niue ausgeladen wurden, obwohl sie eigentlich für

Rarotonga bestimmt waren. Mein neuer Herd zum Beispiel. Er blieb ein paar Wochen in einem leer stehenden Haus in Alofi und wartete auf den Weitertransport nach Rarotonga.

Vor meiner Ankunft auf der Insel hatten die Gäste durchschnittlich an zwei Abenden pro Woche im Hotel gegessen. Mein ehrgeiziges Ziel war es, sie an mindestens fünf Abenden im Restaurant zu verköstigen. Um das zu schaffen, hatte ich schon einen Plan geschmiedet. In den meisten Hotels, in denen ich bisher gearbeitet hatte, gab es mehrere Restaurants mit internationalen Spezialitäten zur Auswahl, im Orana Beach Hotel waren es allerdings nur zwei: der Bounty Room und das Right-on-the-Beach-Restaurant. Aber ich konnte auch den Strand vor dem Hotel nutzen. Meine Mitarbeiter waren wenig begeistert von dieser Idee. Ihnen war der Weg von der Küche an den Strand zu weit.

Zudem hatte Coconut Will die Karte ein Jahr lang nicht geändert, was eigentlich nicht so tragisch war, da die meisten Gäste nur eine Woche auf der Insel blieben. Ich aber wollte mich damit nicht zufriedengeben, sondern entschied, das »System Bermuda« anzuwenden. Dort hatten wir bekanntlich abendlich wechselnde Spezialitäten angeboten und zwei- oder dreimal wöchentlich große Buffets aufgebaut. Dadurch und weil es weit und breit nichts anderes gab, waren die Gäste fast immer im Hotel geblieben, um zu essen. Dasselbe wollte ich im Orana. Mit einem kleinen Unterschied: Hier sollte es drei fixe Buffetabende geben.

Als ich diese Idee dem Boss vorstellte, war er zunächst skeptisch. »Viel zu aufwendig«, sagte er.

Ich rechnete ihm alles genau vor. »Ich plane vier verschiedene À-la-carte-Abende mit wechselnden Spezialitäten«, erklärte ich. »Montags gibt es italienische Küche, dienstags französische, donnerstags schweizerische und samstags asiatische. Die Tage dazwischen, also der Mittwoch, der Freitag und der Sonntag, sind unsere Buffetttage.«

Der Mittwoch war bis dahin der Tag der *Island Night* gewesen. An diesen Abenden hatten die Einheimischen Spezialitäten der Insel im traditionellen Umu, dem Erdofen, zubereitet. Dies sollte auch in meinem Plan so bleiben, denn die anderen Hotels boten meist am Freitag eine *Island Night* an, und wir waren bekannt für diesen Abend. Am Freitag, so erläuterte ich John weiter, wollte ich einen Grill- und BBQ-Abend am Strand anbieten, am Sonntag einen Familienbuffetabend mit Braten und vielen Salaten. Das hatte den Vorteil, dass ich alles, was im Laufe der Woche an Lebensmitteln übrig geblieben war, am Sonntag aufbrauchen und für ein tolles Buffet verwenden konnte. Montags war dann wieder alles frisch und knackig.

Auch das Personal war mit diesem System einfacher einzuteilen. Ich würde die Organisation und Supervision der Küche übernehmen und montags, dienstags, donnerstags, samstags und sonntags selbst am Herd stehen. Den Mittwoch mit den Inselspezialitäten würden die einheimischen Zimmermädchen und deren Verwandte übernehmen, weil das bisher vorzüglich funktioniert hatte. Den BBQ-Abend am Freitag könnte mein zweiter Hilfskoch Tane allein managen. Steaks, Würste und Fisch mit frischen Salaten und ein kleines Dessertbuffet zuzubereiten war für ihn kein Problem.

John hörte sich genau an, was ich ihm vorgeschlagen hatte, und besprach mein Konzept anschließend mit seiner Partnerin Jeannie. Wenig später gaben sie mir das Okay. So, wie ich es gesagt hatte, sollte es fortan laufen. Ich freute mich, konnte aber dennoch in dieser Nacht nicht schlafen. Immer wieder überlegte ich, wie ich das alles allein schaffen sollte. Als einzig gelernter Koch im Hotel war ich mittlerweile weniger Küchenchef als vielmehr »Mädchen für alles«. Die anderen hatten zwar Will ein paar Mal bei der Arbeit über die Schultern geschaut und fühlten sich mittlerweile zu Köchen berufen, aber sobald sie ein neues Gericht kochen sollten, wurde es schwierig. Sie konnten weder Rezepturen lesen, noch kannten sie die Zubereitungsarten.

Während ich grübelte, drangen die Geräusche der tropischen Nacht durch das geöffnete Fenster in mein Studio. Zikaden zirpten, und es raschelte vor der Tür. Wahrscheinlich eine Kokosratte oder ein großer Gecko. Ab und zu hörte ich Kokosnüsse dumpf auf den sandigen Boden fallen. Manchmal knallten sie auch auf das blecherne Vordach eines Bungalows. Ich hatte mich mittlerweile daran gewöhnt, die Gäste aber standen wahrscheinlich jedes Mal senkrecht im Bett, wenn eine Nuss auf ihr Dach fiel.

Der erste Hahn krähte schon kurz nach Mitternacht. Die Nachfahren von Kapitän Cooks Kampfhähnen lebten überall wild auf der Insel und hatten sich anscheinend noch immer nicht an die Zeitverschiebung gewöhnt. In mir stiegen erneut Zweifel auf. Die Ängste der Nacht – immer wieder und schon so viele Jahre lang suchten sie mich heim, eigentlich seit ich allein in der Weltgeschichte unterwegs war. Auf Bermuda hatte ich manchmal regelrechte Heulkrämpfe gehabt. Nachdem Fred mich damals zusammengeschlagen hatte, hatte ich noch viele Nächte lang wach gelegen. Vielleicht suchte ich deswegen immer wieder eine Frau, die mich nachts festhielt und mir Geborgenheit gab. Wer weiß. Problematisch daran war nur, dass meine Ängste vergessen waren, sobald die Sonne aufging. Und wenn dann eine Frau neben mir lag und ich keine Lust auf sie hatte, konnte es schon einmal passieren, dass unfreundliche Worte den neuen Tag begrüßten. Ich hatte ja auch keine richtig geliebt. Nur eine. Ich dachte oft zurück an die Zeit in Spanien, als ich sechzehn war, an die süße blonde Marion, die ich damals kennen- und lieben gelernt hatte. Seit ich in England war, hatten wir uns immer noch etwa einmal im Jahr geschrieben. Daher wusste ich, dass sie mittlerweile in einem großen Blumengeschäft in Luxemburg arbeitete. Eigentlich war sie die einzige Frau, die ich bislang von ganzem Herzen geliebt, aber durch meine Dummheit verloren hatte.

Es wurde eine lange Nacht. Der Deckenventilator surrte und mischte die heiße Tropenluft mit dem Geruch meiner getragenen Kleider und den Ausdünstungen der Matratze. Ich schlief erst gegen vier Uhr ein und fühlte mich wie gerädert, als ich zwei Stunden später aufwachte und zur Arbeit ging.

Ich scheiterte zwar nicht, wie ich gefürchtet hatte, an der Umsetzung meiner ehrgeizigen Pläne für unser Hotelrestaurant, doch es dauerte einige Wochen, bis mein neues System einigermaßen reibungslos funktionierte. Zum Teil lag das an dem mangelnden Interesse der Mitarbeiter, zum Teil an mir selbst. Ich kam einfach nicht vorwärts, und noch immer fehlte es an der nötigen Infrastruktur. Der Ofen war zwar mittlerweile auf der Insel angekommen, aber noch immer nicht im Hotel.

Meine Hilfskraft in der Küche, Noo, sprach nicht mit mir und beantwortete auch keine meiner Fragen. Ich war ratlos, bis mir irgendwann Jeannie erklärte, dass die Menschen auf den Cooks sich sehr oft mit Gestik und Mimik verständigten. Das Hochheben der Augenbrauen zum Beispiel bedeutete Zustimmung und ersetzte ein gesprochenes Ja.

Nun wurde mir einiges klar. Ich hatte mich schon ziemlich oft über Noo geärgert, vor allem wenn er am Telefon keinen Ton sagte, sondern einfach auflegte, nachdem ich ihm einen Auftrag erteilt hatte. Die Arbeit war zwar erledigt, wenn ich später kontrollieren ging, aber ich hätte doch gerne vorher gewusst, dass er mich am Telefon verstanden hatte.

Nach Jeannies Erklärung beobachtete ich Noo, als er einmal wieder telefonierte. Tatsächlich sagte er kein Wort mehr, nachdem er sich mit einem unverständlichen Grunzen gemeldet hatte. Dafür schnellten seine Augenbrauen alle paar Sekunden in die Höhe. Ich konnte mir ein Grinsen nicht verkneifen.

Von nun an tat ich es Noo gleich und hob nur noch die Augen-

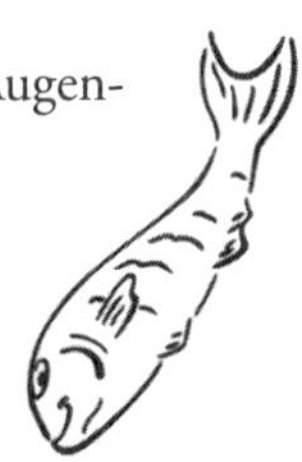

brauen, wenn ich eine Frage bejahte. Da diese Art der Kommunikation für die Einheimischen alltäglich war, fiel das jedoch keinem auf. Nur für mich war es eine neue Erfahrung, und Noo konnte plötzlich lachen. Am meisten aber genoss ich, dass ich so auch am Telefon viel weniger reden musste. Ein Grunzen und zwei bis drei Ahas reichten. Auch John lachte, als ich das nächste Mal in seinem

Büro antanzte, nachdem er mich telefonisch zu sich bestellt hatte. »Du hast dich ja schon bestens eingelebt«, sagte er. »Zumindest telefonieren kannst du schon wie einer von den Inseln.«

So spielte sich langsam alles ein. Die neuen Speisekarten kamen bei den Gästen sehr gut an, immer mehr blieben abends zum Dinner in einem unserer Restaurants. Ich erledigte frühmorgens meine Einkäufe in Avarua und stand danach ab neun Uhr in der Küche, um meine *Mise en place* zu richten. Ich schnitt die frischen Hähnchen für Coq au vin, Curry und Piccata Milanese, und mangels Kalbfleisch verwendete ich auch für das Mailänder Schnitzel Hähnchenfleisch. Ich kochte malaysische Currysauce, wie ich es in Südafrika gelernt hatte, französische Rotweinsauce, Demi Glace, Rahmsauce, Pilzsauce und Tomatensauce mit Kräutern und Limetten. Am Abend übernahm es manchmal auch Noo, Gemüse und Salate zu rüsten – allerdings nur, wenn er Zeit und Lust hatte und nicht zu spät zur Arbeit erschien. Pünktlichkeit war auf Rarotonga offensichtlich nur wichtig, wenn es um Privatangelegenheiten oder Kirchenbesuche ging. Ansonsten war man flexibel. Auch Ladenöffnungszeiten und der Beginn von Geschäftsterminen hingen oft davon ab, wie viel Verspätung der Bus hatte, ob das Mofa angesprungen, die Tante krank war, man selbst noch die Schweine füttern musste, der Onkel noch irgendwo hingefahren oder die Kinder in die Schule gebracht werden mussten. Oft gab es auch gar keine Entschuldigung oder Erklärung für eine Verspätung. Es passierte einfach.

Obwohl ich schon in Afrika gelebt und das Zeitgefühl anderer Nationen hautnah miterlebt hatte, störte mich als Schweizer die ewige Unpünktlichkeit am Anfang ein wenig. Aber mit der Zeit gewöhnte ich mich auch daran. Und sich aufzuregen lohnte sich ohnehin nicht. Die Polynesier kannten keinen Stress und wunderten sich nur, wenn jemand wie ich nervös wurde und darauf beharrte, dass sie pünktlich zur Arbeit erschienen. Sie bestanden ja auch nicht darauf, pünktlich Feierabend zu machen. Und in diesem Punkt muss ich ihnen recht geben: Keiner murrte je, wenn es abends einmal wieder später wurde als gedacht.

Es war schwieriger, sich an die Hitze in der Küche zu gewöhnen. Es war zwar nicht so heiß wie in Elat, aber viel stickiger. Und sehr dreckig. Immer noch. Ich konnte noch so viel putzen, immer wieder rieselten Holzspäne von den Regalbrettern auf das von mir zubereitete Essen. Und in der Küche fühlten sich außer den Ameisen auch einige Geckos wohl. Sie klebten mit ihren Saugnapffüßchen an der Decke und schissen dann und wann in die Teller und Schüsseln. Quasi zur Entschädigung für dieses ungebührliche Verhalten fingen und fraßen sie die Moskitos und Fliegen. Einen gigantischen dunkelgrünen Artgenossen mit geteiltem Schwanz taufte ich Henry VIII. Er war der Schrecken aller anderen Geckos, denn wenn sie ihm zu nahe kamen, verspeiste er sogar seine eigene Verwandtschaft. Vor mir allerdings hatte er keine Angst. Wenn ich morgens in den Vorratsraum kam und ihn begrüßte, beäugte er mich nur interessiert von seinem Platz zwischen den verrosteten Konservendosen. Ab und zu besuchte er mich auch in der Küche, und wenn er ganz anständig war, bekam er von mir ein Stückchen Papaya oder Mango.

Weniger tolerant war ich den Ratten gegenüber. Um die Viecher endgültig aus meiner Küche zu vertreiben, füllte ich regelmäßig die Rattenbahnhöfe mit Gift auf, und manchmal fand ich ein verendetes Tier auf dem Hof oder im Gebüsch. Am schlimmsten war es, wenn die vergifteten Ratten in den Zwischenwänden starben. Dann wurde ich erst durch den unangenehmen Geruch auf sie aufmerksam, und wir mussten in mühseliger Kleinarbeit die Holzwände abschrauben, um die Kadaver zu entfernen.

Obwohl wir viel Werbung machten und unser Angebot auch in

persönlichen Gesprächen mit den Hotelgästen anpriesen, kochten wir an den À-la-carte-Abenden manchmal für nur zehn Gäste. Besser angenommen wurden die Buffetnächte, am besten die *Island Nights*, zu denen jeden Mittwoch über fünfzig Besucher kamen. Wir hatten nicht nur professionelle Tänzerinnen und Tänzer engagiert, sondern auch viele Kinder, die unter der Anleitung von Auntie Rangi traditionelle Tänze vorführten. Da auf Rarotonga Tanzen und Kultur schon in der Schule gelehrt wurden, wussten sogar Erst- und Zweitklässler schon, wie sie sich bewegen mussten.

Am Anfang beteiligte ich mich noch an den Inselabenden, sehr bald aber merkte ich, dass meine Mithilfe nicht erwünscht war. Also gab ich mir mittwochs immer frei und genoss den freien Tag in vollen Zügen. Nach meinem allmorgendlichen Bad im Meer zog ich meine Raftingschuhe an, packte mir ein Lunchpaket und wanderte auf den Hausberg von Arorangi, den Raemaru, einen ehemaligen Vulkan. Dieser war knapp dreihundert Meter hoch und oben ganz eben. Auf der Kante des Bergs sitzend genoss ich es, mit meinem Feldstecher die Wale vor der Insel zu beobachten. Und ich nutzte den freien Blick in den Hof der Hotelküche und auf das Nachbargrundstück. Ich sah, wie Noo das Loch für den Erdofen aushob, das Feuer darin entfachte und später die Lavasteine darüberschichtete. Und wie er mit der Schubkarre, die mit einem halben Schwein, fünf Hähnchen, einem Eimer voll Süßkartoffeln, Taro und einem Thunfischkopf beladen war, von der Küche gemächlich zum Erdofen fuhr und diese dort abstellte. Ich fragte mich, woher sie wohl den Thunfischkopf hatten. Doch wohl hoffentlich nicht aus der alten Kühltruhe!

Noo legte Palmzweige über die heißen Lavasteine, wickelte das Schwein und den Thunfischkopf in Bananenblätter und legte diese auf die Palmblätter. Die Süßkartoffeln, den Taro und die Hähnchen stapelte er obendrauf, deckte alles mit weiteren Bananenblättern zu und schaufelte Sand darüber. Die Schubkarre ließ er stehen und schlurfte gemütlich zurück zur Küche.

Im Hof bereiteten die Tanten und Mamas die restlichen Speisen zu. Mama Ina, die Älteste von ihnen, kochte Chopsuey. Mama Ina war die letzte Nachfahrin einer hawaiianischen Königsfamilie, die auf die Cooks ausgewandert war. Sie war eine gute Freundin von Jeannies Mutter gewesen und hatte schon als Kindermädchen auf Jeannie aufgepasst. Nun wohnte sie ab und zu bei John und Jeannie und schaute nach deren Kindern oder arbeitete als Zimmermädchen und Köchin im Hotel. Die Insulaner behaupteten zwar immer, dass das Chopsuey, das sie zubereitete, ein typisches Inselgericht sei, aber nach längerem Forschen erfuhr ich, dass Chinesen das Gericht mitgebracht hatten, als sie vor hundert Jahren auf den Cooks als Gastarbeiter auf den Plantagen mitgearbeitet hatten: fein geschnittenes Rindfleisch, angebraten in Kokosfett, an einer braunen Sauce mit Soja, zum Schluss mit Glasnudeln serviert.

Tante Tere One kochte währenddessen den Inselspinat, Rukau, mit Kokosmilch. Sie hatte sich außerdem auf eine andere Köstlichkeit spezialisiert: auf Eke, einen Tintenfischeintopf an leichter Currysauce. Tere One war auch sonst eine wichtige Mitarbeiterin, denn sie besaß ein Auto und hatte auch einen Führerschein. Ob es nun galt, Gäste morgens um drei vom Flughafen abzuholen, fünfzig Kartons Toilettenpapier zu transportieren oder Einkäufe, die ich nicht auf dem Mofa hatte unterbringen können, bei Foodland einzusammeln – Tere One war immer im Dienst, vierundzwanzig Stunden am Tag. Und sie besorgte bei ihren Verwandten sämtliche Lebensmittel für die Inselshow. Dafür brauchte sie zwar einen halben Tag, aber es war alles frisch und authentisch.

Tere Roa – auch *Big Tere* genannt –, die Dritte im Bunde, war die Frau, die mich an meinem dritten Tag auf der Insel davon abgehalten hatte, in die Küche zu gehen. Auch bei Tageslicht betrachtet war sie sehr groß und sehr dick, aber – was ich bei unserem ersten Zusammentreffen nicht ahnen konnte – normalerweise enorm freundlich. Darum arbeitete sie auch die meiste Zeit an der Rezeption. Nur mittwochs widmete sie sich der Herstellung von Bananen- und Papaya-Poke, der zwei traditionellen Süßspeisen der Insel. Dafür kochte sie einige Stunden lang Bananen, Papayas und Maniok. Den dabei entstehenden Brei strich sie auf Platten, und wenn die Masse dann erkaltet war, konnte sie diese in kleine Rechtecke schneiden und mit frischer Kokosmilch übergießen. Angerichtet wurde die Leckerei schließlich auf Bananenblättern.

Natürlich tratschten die Frauen während des Kochens viel. Das konnte ich zwar nicht hören, aber von meinem Aussichtspunkt hoch über Arorangi sehr gut sehen. Auch als Noo auf eine Palme kletterte und mit meinem kostbaren Fleischmesser, das mir der Chefmetzger während meiner Lehre geschenkt hatte, die Kokosnüsse herunterhackte, war ich live mit dabei. Und kochte vor Wut. Doch alles Schreien und Herumgestikulieren half nicht. Von hier hörte mich ja doch keiner. Von nun an, das beschloss ich jedoch, würde ich meine Messer jedenfalls nicht mehr in der Küche liegen lassen.

Nicht sehen konnte ich von meinem Aussichtspunkt das Inselbuffet; dazu verdeckten dann doch zu viele Palmen die Sicht. Aber ich wusste auch so, wie es aussehen würde. Tua und Aline waren am Nachmittag in den Gärten der Nachbarschaft unterwegs und sammelten Blüten von Hibiskus, Gloriosen, Strelitzien, Ingwer, Lilien und der stark duftenden Tahitianischen Gardenie. Diese verwendeten sie zusammen mit Palmwedeln, Bananenblättern und Taroblättern als Dekoration für das Buffet. An die Pfeiler des Strandrestaurants flochten sie Palmwedel und schmückten sie mit Blüten. So mussten die Gäste sich einfach wie im Paradies fühlen.

Gegen halb sieben schaufelte Noo dann den Erdofen frei, packte die gekochten Lebensmittel in die Schubkarre und fuhr sie zum Buffet. Die Mamas und Tanten trugen die restlichen Schüsseln, Töpfe und Pfannen zum Strandrestaurant und verteilten die Gerichte auf das Buffet, eine halbe Stunde später trafen die Gäste ein, und gegen halb neun fing die Show an. Bis dahin war auch ich von meinem Ausflug auf den Berg zurückgekommen, denn als Küchenchef musste ich mich zumindest kurz sehen lassen. Außerdem aß ich die einheimischen Gerichte sehr gern und hatte auch an der Show immer wieder Spaß – vor allem wenn die Touristen zum Tanz gebeten wurden. Wenn die kleine grazile, fünfjährige Annie mit einem grobschlächtigen Australier den Tamure tanzte, lachten alle. Der Tamure war der schnellste Tanz der Cooks und nicht gerade einfach zu tanzen. Wenn die sieben Trommler der Band ihre Inseltrommeln bearbeiteten und die drei Mädchen an den Ukulelen zupften, ging die Post ab.

Die Kehrseite des Inselbuffets zeigte sich am folgenden Morgen. Jedes Mal sah meine Küche aus wie ein Schweinestall. Überall lagen die Essensreste der *Island Night* herum. Ameisen, Kakerlaken und Geckos waren in Heerscharen angerückt, diese zu vertilgen. Den Mülleimer im Hof hatten streunende Hunde nachts umgekippt, die Knochen und Gräten herausgefressen und den Restmüll auf dem ganzen Hof verteilt. Die Hotelkatzen und meine eigene strichen durch den Abfall und suchten nach Überbleibseln. Trotzdem liebte ich meine Arbeit. Vor allem genoss ich es, morgens allein in die Küche zu gehen und zu kochen. In den großen Hotels hatte ich die Küche nie für mich gehabt – höchstens in England, wenn morgens um eins die verspäteten Flüge ankamen. Hier auf Rarotonga konnte ich in Ruhe meine Sachen vorbereiten, auch wenn ich dafür zunächst einmal wieder putzen musste.

Als Küchenchef und einziger richtiger Koch machte ich alles selbst. Ich kochte Jus, Hähnchenbrühe und Fischbrühe von Grund auf und stellte – auch ohne Eismaschine – Früchtesorbets her, allein aus pürierten Früchten und Zuckersirup. Die Masse füllte ich in eine Stahlschüssel und platzierte sie zuoberst in der Tiefkühltruhe, damit sie gut zu erreichen war. Danach rührte ich alle paar Minuten mit dem Schneebesen, bis das Sorbet die richtige Konsistenz hatte. Das dauerte natürlich mehrere Stunden, aber ich war ja ohnehin da.

Daneben mischte ich auch meine eigenen Gewürzmischungen. Im Mörser zerstieß ich die Zutaten für die Currypasten und füllte die fertigen Pasten in Gläser. Chilis wuchsen auf der Insel im Übermaß, und ich konnte bei einer Mitarbeiterin aus dem Garten so

viele holen, wie ich brauchte. Eine meiner Spezialitäten im Bounty Room waren dadurch Riesencrevetten aus dem Himmel oder aus der Hölle – mild oder ganz scharf. Meine Chili-Mango-Sauce war so beliebt, dass sie bald jeder auf der Insel kannte. Ich verwendete hierfür die scharfen Chilis, gab sie aber im Ganzen in die Sauce und fischte sie heraus, wenn sie fertig war. So hatte ich den Geschmack, aber nicht die Schärfe in der Sauce. Und je nach Wunsch des Gastes mischte ich dann entweder mehr oder weniger von der frischen Chilipaste in die Sauce.

Kopfzerbrechen bereitete mir hingegen nach wie vor die Beschaffung frischer Meeresfrüchte. Auch die Crevetten stammten aus Neuseeland oder Australien, denn es gab auf Raro fast keine Krustentiere. Gab es auf den äußeren Inseln in den Lagunen eine leichter fischbare Langustenart, war die Lagune vor unserer Insel zu schmal und für größere Speisefische nicht tief genug. Hinter dem Riff aber senkte sich der Meeresboden auf fünftausend Meter ab, die Ausläufer des Grabens von Tonga. Hier siedelten zwar einige Langusten und Krabben, aber nur wenige Leute trauten sich dorthin, weil die Wellen gnadenlos aufs Riff donnerten und man nur bei ruhiger See bei Ebbe eine Chance hatte, etwas zu fangen. Der berühmte Captain Tim hatte zwar einen Fischer engagiert, der nur für ihn Thunfische, Mahimahi und Wahoo fischte, aber auch der kam oft mit leeren Händen von einer Tour zurück.

Wenn ich den Einheimischen erzählte, wie viel Fisch wir auf den Bermudas aus dem Meer gezogen hatten, konnten sie es kaum glauben. Doch die Insulaner hier wollten nicht hinters Riff, nicht einmal mit einem Boot. Ich versuchte, mehrere Fischer davon zu überzeugen, regelmäßig rauszufahren und auch für andere Restaurants zu fischen. Aber sie wollten nur aufs offene Meer hinaus, wenn sie wirklich Geld brauchten. Ansonsten blieben sie lieber daheim. So blieben mir als einzige Möglichkeit, Frischfisch auf den Teller zu bringen, die Papageienfische. Die wollte ich zwar eigentlich nicht unbedingt auf der Speisekarte haben, weil die Touristen diese bunten Fische beim

Schnorcheln in der Lagune sahen und sie im Restaurant nicht bestellten, weil sie Mitleid mit ihnen hatten. Ich hatte jedoch keine Wahl. Also landete der Papageienfisch trotzdem auf meiner Karte, angerichtet auf gebratenen Papayas, Tomaten und Limettensaft mit Spinatnudeln und Gartengemüse.

Den Köchen in den anderen Hotels war es gleichgültig, ob sie frischen oder nur gefrorenen Petersfisch aus Neuseeland verarbeiteten. Und vielen Gästen war es anscheinend ebenfalls egal. Die Cook-Inseln waren damals kaum bekannt, und die meisten Urlauber kamen ohnehin aus Australien oder Neuseeland. Letztere brachten zum Teil ihren eigenen Wein mit und – was für mich neu war – auch ihre eigenen Lebensmittel. Sie kippten dann einfach auf ihren Zimmern den Toaster zur Seite, grillten auf diese Weise Steaks und aßen dazu Fünf-Minuten-Nudelsuppe und Weißbrot mit Ketchup. Wenn sie dann einmal doch zum Essen ausgingen, stand ihnen der Sinn nach Fish 'n' Chips für unter zehn Dollar.

Nach Feierabend saß ich meistens mit dem Barmann Dion und meinem Hilfskoch Noo am Strand und trank Cooks Lager. Wir philosophierten über Gott und die Welt. Wie meine Kollegen grunzte ich dabei viel, ließ jedes dritte Wort aus und verwendete einige gängige Maori-Wörter der Alltagssprache. Da ich inzwischen auch gelernt hatte, dass man nicht nach Hause ging, bevor alle Flaschen leer getrunken waren, und nicht auf einen Kater erpicht war, versteckte ich meine Bierreserve in meinem Studio. Sonst wären wir jede Nacht sturzbetrunken ins Bett gefallen.

Mit Dion ging ich freitagabends manchmal in die Stadt. Weil er schon in fast jedem Hotel als Barmann gearbeitet hatte, kannte er viele nette und hübsche Mädchen auf der Insel. Und nicht wenigen von ihnen stellte er mich vor. So hatten wir zusammen eine gute Zeit – bis wir eines Nachts mit zwei Motorrädern und je einem Girl auf dem Sozius sturzbetrunken einen Unfall bauten. Wie üblich fuhren wir nebeneinander her und unterhielten uns lautstark,

278 als Dion auf einmal einen Schlenker machte und mich touchierte. Ich kam von der Straße ab und streifte eine Kokospalme, verlor das Mädchen und landete selbst auf einem betonierten Grab auf dem Friedhof von Nikao. Kein schönes Erlebnis, doch ich war dem Grab weniger nah, als es zunächst scheinen mochte. Ich trug zwar wie die anderen Motorradfahrer auf Rarotonga keinen Helm, trug aber außer vielen Schürfwunden und einem verstauchten Handgelenk keine Verletzungen davon. Mein Mädchen war unverletzt und lachte nur, als ich sie voller Panik umarmte und mich entschuldigte. Auch mein Motorrad hatte keine größeren Schäden davongetragen.

Dion war wesentlich schlimmer dran. Ihm fehlte ein Zahn, den er viele Jahre nicht ersetzte, was ihn nicht gerade attraktiv wirken ließ, wenn er lächelte. Außerdem brach er sich den rechten Unterarm und zerkratzte sich beide Beine auf dem Asphalt. Und seine neue Honda war im Eimer. Sie fuhr zwar noch, aber das Hinterrad eierte, und die Plastikverschalung um die Lampen herum war abgefallen. Sein Mädchen hatte zudem eine Platzwunde am Kinn, die genäht werden musste. Maryann war jedoch robuster als ihr verletzter Gentleman. Sie packte Dion kurzerhand aufs Mofa und fuhr ihn ins Krankenhaus. Mein Mädchen und ich folgten ihnen.

Maryann wurde durch das gemeinsame Erlebnis eine gute Freundin, und gemeinsam erkoren wir Dion als Opfer, wenn wir zusammen ausgingen. Dann verhöhnten wir ihn jedes Mal wegen des Unfalls und fragten ihn, ob er mittlerweile ohne Stützräder Mofa fahren könne. Sein Kumpel, ein Mechaniker und Bastler, hatte ihm nämlich heimlich am Mofa zwei alte Kinderwagenräder befestigt, damit er beim Fahren nicht mehr umkippen konnte. Er zahlte es uns heim, indem er einen Strohhalm in seine Zahnlücke steckte und uns Pina Colada ins Gesicht spritzte.

Das alles war ein großer Spaß. Weniger zum Lachen zumute war mir jedoch, als ich eines schönen Februarmorgens sah, wie eine Ratte unter dem Tiefkühler verschwand. Das war nun wirklich zu viel. Hatte ich vorher die immer noch alles andere als idealen Bedingungen in meiner Küche innerlich seufzend hingenommen, war das Ende meiner Toleranz erreicht. Ich stapfte in den Geräteschuppen und nahm die größte Axt, die ich finden konnte. Ich kehrte zurück an den Ort des Geschehens, räumte die Regale aus und stapelte die Pfannen und Lebensmittel im kleinen Lagerraum. Ich nahm die Axt in beide Hände und brüllte aus tiefster Kehle meinen gesamten Frust in einem Urschrei aus mir heraus. Danach schlug ich alles kurz und klein. Die Regale aus Spanplatten flogen durch die Küche, der alte Tisch zersplitterte unter der Wucht der Schläge, Holzstücke flogen durch den Raum. Ich zerschlug Rattennester und altes Tongeschirr, einen verrosteten Toaster, drei kaputte Haushaltsmixer und die porösen Kunststoffschüsseln, in denen Noo immer die angebrannten Pfannen einweichte. Erst als mir der Atem ausging, setzte ich mich auf einen Rattanstuhl und begutachtete das Resultat: Diese Küche hatte ich effizient und komplett zerstört.

Ich brachte die Axt in den Geräteschuppen zurück und machte mich auf den Weg zu John. Ein Zimmermädchen hatte mich offenbar bereits mit der Axt und einem wilden Gesichtsausdruck gesehen und stand neben John hinter dessen Schreibtisch im Hinterzimmer der Rezeption. Beide schauten mich erst ein wenig ängstlich an, wirkten aber erleichtert, als sie merkten, dass ich ohne Axt gekommen war.

»Kommst du mal grade mit?«, bat ich John ohne weitere Erklärungen. Dann führte ich ihn zum Hintereingang der Küche. Die Tür zum Restaurant hätten wir nicht nutzen können; sie war seit meinem Wutausbruch blockiert.

Als John die Früchte meines halbstündigen Wutausbruchs begutachtete, musste er erst einmal kräftig schlucken. Dann brach er unvermittelt in Gelächter aus. Er schüttelte sich, klopfte sich wiederholt aufs Knie und danach mir auf die Schultern. »Du hättest auch früher sagen können, dass dir die Küche nicht gefällt«, japste er.

»Sorry, aber ich habe es einfach nicht mehr ausgehalten«, erklärte ich. Mittlerweile war meine Wut verraucht, und ich hatte ein

schlechtes Gewissen. »Diese Viecher und der Dreck, die gammeligen Regale und die unhygienischen Geräte und Schüsseln. Einiges war ja noch vertretbar, aber das ... Diese Küche war einfach zu unappetitlich.«

»Okay, verstehe ich«, räumte er ein. Erstaunlicherweise schien er gar nicht sauer auf mich zu sein. »Aber Jeannie ist bestimmt anderer

Meinung. Immerhin hat ihre Mutter zusammen mit ihrem verstorbenen Vater das Hotel in den Sechzigern gebaut.« Prinzessin Ann aus England sei schon im Hotel gewesen, später auch Prinz Andrew, erzählte er. Und Jeannie habe als kleines Mädchen nicht nur der Prinzessin das Hotel und die Küche gezeigt, sondern zusammen mit Mama Ina auch viel Zeit in der alten Küche verbracht.

Das alles hatte ich heute Morgen mit der Kücheneinrichtung zerstört. Langsam bereute ich meinen Wutausbruch wirklich. Ein wenig zerknirscht folgte ich John in sein Büro, wo wir das weitere Vorgehen besprechen wollten.

»Jeannie ziehen wir erst einmal nicht hinzu«, entschied mein Chef nach kurzem Überlegen, »die erfährt noch früh genug von deiner Untat. Die Küche ist bestimmt eine Woche außer Gefecht gesetzt, aber das sollte kein größeres Problem sein. Immerhin sind wir in der Südsee. Den Gästen wird es sicher nichts ausmachen, am Abend am Strand zu essen, also kannst du erst einmal in der Küche des Strandrestaurants kochen.«

Ich atmete auf. Ja, das war tatsächlich eine Möglichkeit. Jetzt im Hochsommer hatten wir schon öfter direkt am Meer eingedeckt, auch wenn ich bislang immer in meiner Küche gekocht hatte.

Wenig später hatte John bereits einen Schreiner, einen Fliesenleger und einen Maler angerufen. Sie sollten noch am gleichen Tag zu uns ins Hotel kommen und mit mir zusammen die Küche neu planen und sofort mit der Renovierung beginnen. Rasch machte ich mich daran, den Schrott und die Trümmer der zerstörten Einrichtung zu entsorgen. Das Holz warf ich auf den Feuerhaufen des unbewohnten Nachbargrundstücks. Toaster, Tischbeine, Haushaltsmixer und die Kunststoffschüsseln stapelte ich neben die volle Tonne hinter der Küche, damit sie entsorgt werden konnten.

Als ich am Nachmittag mit einer Schubkarre voll Pfannen und Geschirr in ihre Küche Einzug hielt und verkündete, dass ich mindestens eine Woche dort kochen würde, reagierten Aline und Tua ziemlich genervt. Sie hatten sich an die Ruhe gewöhnt, die meine Abwesenheit mit sich brachte, und waren entsetzt, mit welcher Brutalität ich die ihrer Meinung nach einwandfreie Bounty-Küche zerstört hatte. Letzteres hatte ihnen jedoch offensichtlich gleichzeitig so viel Respekt eingeflößt, dass ich sie fortan bereits mit kleinen Bemerkungen aus meinem Blickfeld verscheuchen konnte. Schliff ich beispielsweise meine Messer und murmelte dabei vor mich hin, verließen sie in Windeseile die Küche.

Die Handwerker bauten innerhalb von nur einer Woche die gesamte alte Küche nach meinen Anweisungen um. Der Fußboden wurde aus Kostengründen mit einem Restposten blauer Fliesen nur zur Hälfte gefliest, die zweite Hälfte verklebten sie mit Linoleum. Aber sie bauten Regale aus echtem Holz, die Noo und ich nach Feierabend mit hellgrauer Lackfarbe anstrichen. Ein Elektriker montierte neue Lampen, und nach der langen Odyssee über Niue und das Zolllager auf Rarotonga fand auch der neue Ofen endlich seinen Weg in die Küche. Den alten schleppten Noo und ich zu Alines Kummer in die Küche am Strand. Sie hatte nun einen zweiten, besseren Herd. Ihre Dauerausrede, sie hätte nicht genug Gasflammen, um richtig zu kochen, konnte ich ab sofort nicht mehr gelten lassen.

Als ich verlauten ließ, dass ich in meiner neuen Küche auch einen Rauchabzug über dem Herd brauchte, kommentierten die Handwerker mein Anliegen mit Stirnrunzeln und Kopfschütteln, aber sie bauten mir die gewünschte Lüftung. Dazu sägten sie oberhalb der Ecke, in der der Herd später stehen sollte, ein Loch in die Holzdecke; im Hof hinter der Küche bohrten sie in der Nähe der Gasflaschen ein weiteres in die Außenwand. Dann kletterte der schmächtigste Schreiner unter das Dach, kroch von oben zum

Loch in der Decke und befestigte darüber eine meiner bunten Salatschüsseln, die er aus dem Müllhaufen gefischt hatte. Er schnitt eine Öffnung in die Schüssel und steckte ein Plastikrohr hinein, dessen anderes Ende er durch das Bohrloch in der Außenwand schob. Zuletzt schraubten er und seine Kollegen einen Kunststoffventilator, wie er üblicherweise auf Toiletten verwendet wird, in das Loch über dem Herd und befestigten am Schalter des Ventilators eine Nylonschnur. Nachdem der Elektriker alles verkabelt hatte, musste ich nur noch an der Schnur ziehen, und schon surrte der Motor los, sog die Luft über dem Herd an und blies sie über die Salatschüssel und das Plastikrohr nach draußen in den Hof. Eine fantastische Konstruktion!

Trotzdem war ich skeptisch. Ich hatte mir eine etwas robustere Variante vorgestellt – aus Stahl und mit eingebautem Fettfilter, wie es in Küchen sonst üblich war. Und wie befürchtet lief meine Lüftung tatsächlich nur einen einzigen Abend lang. Als ich auf dem neuen Herd die Cognacsauce für das Dinner flambierte, schoss eine Stichflamme in den Plastikventilator, und es schmolz nicht nur der Ventilator, sondern auch die Salatschüssel und das Rohr dahinter. Das war das Ende der Lüftung. Ihre traurigen Überreste ließen wir als Mahnmal in der Decke hängen, und wäre das Hotel nicht ein paar Jahre später bis auf die Grundmauern niedergebrannt, hinge der schwarze Klumpen geschmolzenen Kunststoffs sicherlich immer noch dort.

Davon abgesehen aber war die Küche schon nach einer Woche Bauzeit bezugsbereit. Noo und ich richteten sie ein und testeten gleich am ersten Abend den neuen Herd und den neuen Grill. Jeannie hatte sich geweigert, die zerstörte Küche zu begutachten, weil sie ihre Erinnerungen an früher nicht trüben wollte. Die neue Küche aber inspizierte sie sehr wohl, überraschenderweise, als Noo und ich gerade mit der Zubereitung des Dinners beschäftigt waren. Mir fiel ein Stein vom Herzen, als Jeannie zugab, dass ihr alles gefiel.

Wie ich es mir von Anfang an vorgenommen hatte, kochte ich nun vermehrt mit einheimischen Produkten: mit Kochbananen, Süßkartoffeln, grünen Papayas, Rukau und Taro. Letzteres waren große knollige Wurzeln, die wie Kartoffeln zubereitet werden konnten. Sie waren allerdings etwas mehliger und schmeckten leicht bitter. Als Rukau wurden die Blätter des jungen Taro bezeichnet. Sie konnten nur gekocht verzehrt werden; aß man sie roh, brannte es einem beim Essen im Gaumen, und man bekam Durchfall.

Am interessantesten für mich aber war die Brotfrucht. Sie ist so groß wie ein Rugbyball, außen dunkelgrün und innen gelb und vielseitig einsetzbar. Ich servierte sie meist geschält, in Scheiben geschnitten und frittiert als Chips mit Kokos-Chili-Dip als *Amuse Bouche*. Oder ich füllte sie mit Gemüse und Fisch und buk sie im Ofen.

Ich hatte endlich auch einen Fischer an der Hand, der mehr oder weniger regelmäßig aufs Meer herausfuhr, um zu angeln. Wenn er etwas Interessantes gefangen hatte, rief er meistens morgens um vier Uhr an. Er hatte nur ein kleines Bötchen und angelte mit zwei Angeln, aber mit dem gleichen System wie ich auf Bermuda. Meist fing er Wahoo, Mahi Mahi oder Thunfisch; Barrakuda, Rochen oder Haifisch dagegen eher selten. Mir war das nur recht. Barrakuda kochte ich ohnehin nur für das Personal. Wahoo und Gelbflossenthunfisch hatten das schönste Fleisch und waren bei den Gästen beliebt. Hai und Rochen hingegen aßen nur Kenner. Kaum aus dem Schlaf geschreckt, entschied ich schon am Telefon, was ich wollte. Mein Fischer brachte den Fisch dann innerhalb der nächsten halben Stunde fangfrisch in meine Küche, wo ich schon mit dem Bargeld bereitstand.

Weil ich meine weiße Kochuniform nicht versauen wollte, war ich nur mit alten Schwimmshorts bekleidet. Barfuß zerlegte ich den oder die Fische dann auf meinem neuen Arbeitstisch. Jedes Mal gab es eine Riesensauerei. Das Fischblut lief über den Tisch in meine Shorts und verklebte mir Beine und Füße. Meine Arme waren bis zu den Schultern voll mit Schuppen und Fischhaut. Zum Glück

hatte der Fischer seinen Fang schon auf dem Boot ausgenommen, also hatte ich wenigstens keine Innereien oder Rogen zu entsorgen. Ich musste nur noch die Köpfe abtrennen und für die einheimischen Kollegen zur Seite legen. Sie kochten sie dann im Erdofen für die *Island Night* oder nahmen sie mit Hause. Nachdem ich das Blut und die Abschnitte weggeputzt hatte, schnitt ich das eher dunklere Thunfischfleisch zu Steaks von etwa zweihundertfünfzig Gramm; das hellere Fleisch hob ich für Sashimi und Sushi auf. Die riesigen Gräten setzte ich schließlich zusammen mit Zwiebeln, Karotten und Selleriekraut für einen Fischfond an.

Während dieser auf dem Herd köchelte, putzte ich die Küche. Wenn ich einen Thunfisch zerlegt hatte, war immer alles voll von dunkelrotem Blut, und Fleischfetzchen klebten nicht nur an mir, sondern auch an Wänden und Tischen. Schlimmer war es allerdings, wenn ich Mahi Mahi bekommen hatte. Obwohl der Fisch noch keine drei Stunden aus dem Wasser des Pazifiks war, fingen die feinen Blutadern im Bauch bereits an zu gären und verbreiteten einen beinahe unerträglichen Gestank. Um die Küche schon vor Sonnenaufgang sauber zu haben, musste ich mich sehr beeilen. Ich musste fertig sein, bevor die Fliegen wach wurden, schließlich hatte ich keine Lust, meine Küche mit Millionen der schwarzgrünen Nervensägen zu teilen.

Wenn alles sauber, die Fischbrühe fertig, das Fleisch entweder eingefroren oder im Kühler verschwunden war und ich meine Messer wieder weggeschlossen hatte, ging ich mit Schuppen und Fischfetzen in den Haaren und blutverschmiert, wie ich war, direkt ins Meer. Um meinen verdreckten Körper erst einmal so richtig einzuweichen, schwamm ich bis zum Riff. Die Clownfische, Löwenfische und Papageienfische fraßen nur Plankton und ignorierten mich daher, manchmal aber verfolgte mich ein kleiner Riffhai und fraß die kleinen Fischteilchen, die von mir abgeschwemmt wurden. Wenn ich ganz ruhig auf einer Pilzkoralle saß, kamen diese kleinen Haie aber auch bis direkt an meine Füße und versuchten, mich in die Zehen zu beißen. Ich zog sie dann an ihrer langen Rückenflosse vorsichtig weg, um sie nicht zu verscheuchen. Sie waren jedoch sehr scheu, und sobald sie merkten, dass es nichts mehr zu futtern gab, schwammen sie wieder weg.

Ich genoss das Naturschauspiel, das sich mir hier am Riff bot. Manchmal, im Juni, Juli und August, tauchten auch einige Blau-, Finn- und Buckelwale direkt neben mir hinter dem Riff auf. Sie schauten mit einem großen Auge auf mich herab und schossen Fontänen von Meerwasser in die Höhe. Die Wale waren zum Teil mit Narben übersät und hatten Stücke von Treibnetzen oder verhedderte Bojen an ihrem Körper. Ich hob die Hand zum Gruße und fühlte mich in diesem Moment wie Kapitän Ahab in Herman Melvilles weltberühmtem Roman *Moby Dick*.

Ab und zu konnte ich es nicht lassen, den Gästen einen kleinen Streich zu spielen. So hatte ich zu Werbezwecken für das Bounty-Restaurant aus einem Besenstil und einer alten Messerklinge eine Art Harpune gebastelt. Wenn die Hotelgäste im Strandrestaurant beim Frühstück saßen, schlich ich mich mit meinem Speer und einem kleinen Bonito von maximal fünf Kilo Gesamtgewicht, den mir der Fischer am Morgen geliefert hatte, über das Nachbargrundstück ins Meer. Ich schwamm zum Riff und von dort zurück zum Strand, wo ich direkt vor dem Restaurant mit Badehose, Schwimmflossen, Taucherbrille und einem Stirnband bekleidet aus dem Meer stieg. Stolz grinsend marschierte ich dann an den Frühstücksgästen vorbei und präsentierte meinen vermeintlichen Fang. »Habe ich gerade aus dem Wasser gezogen«, behauptete ich und wies auf das Reservierungsbuch an der Theke. »Den gibt es heute Abend als Tageshit im Bounty-Restaurant.«

Der Trick klappte fast immer. Kaum war das Frühstück vorbei, war das Reservierungsbuch für den kommenden Abend gefüllt. Grinsend watschelte ich zurück zur Küche und deponierte meinen Werbepartner wieder im Kühlschrank, bevor ich mir als Belohnung ein eiskaltes Cooks Lager gönnte.

Und dann kam Selma, vier Tage alt, in der Nähe von West-Samoa geboren, aber schon jetzt ausgewachsen. Es ist nicht schwer zu erraten: Selma war ein Wirbelsturm, wie es ihn auf den pazifischen Inseln häufig gibt. So zerstörerisch wie Selma war jedoch lange keiner gewesen. Zuerst hatten wir alle gedacht, sie würde uns verschonen und in Richtung Tahiti abdrehen, aber irgendwann war auch den größten Optimisten klar, dass sie uns voll erwischen würde.

Wir verfolgten gebannt die Koordinaten des Sturmtiefs, die das Hurrikanwarnzentrum in Avarua stündlich durchgab, und machten gleichzeitig mit den eilig herbeigetrommelten Mitarbeitern das Hotel sturmsicher. Wir banden die Dächer der Bungalows mit Spannsets an den Kokospalmen fest, deckten den Pool mit Brettern ab und demontierten und entfernten sämtliche Installationen des Strandrestaurants. Sämtliche Kühlschränke, den Herd, alles Besteck, Teller und Tassen – kurz: alles, was beweglich war – brachten wir in einen eigens zu diesem Zweck angemieteten Überseecontainer, der an der Hauptstraße direkt neben der Hoteleinfahrt stand, weit weg von etwaigen Flutwellen. Die Stromleitung wurde gekappt, die Telefone abgeschraubt und der Durchlauferhitzer mitsamt der Gasflaschen abtransportiert. Zum Schluss war nur noch das Gebäude mit den fest im Sand einbetonierten Tischen und der Theke an seinem Platz.

Eilig räumten wir auch die vorderste Reihe der Bungalows und quartierten die Gäste weiter entfernt vom Meer in leer stehenden Bungalows oder in Privatunterkünften bei Mitarbeitern ein. Zu meiner großen Überraschung beschwerte sich niemand, keiner fiel negativ auf, sodass wir das Hotel innerhalb kürzester Zeit sturmsicher machen konnten.

Schon seit einigen Tagen hatte es auf unserer Trauminsel ohne Unterlass geregnet, und die sonst so blaue Lagune hatte sich durch das schlammige Wasser aus den Bergen braun verfärbt. Das war für die alten Insulaner ein eindeutiges Warnzeichen für einen Hurrikan. Jeder Mann, jede Frau und jedes Kind auf der Insel war daher mit den Vorbereitungen beschäftigt; Notvorräte wurden angelegt, Dieselgeneratoren getestet und repariert. Im Telefonbuch der Cooks war genau beschrieben, wie man sich auf einen Sturm vorbereiten und sich währenddessen und danach verhalten sollte. Man solle das Hausdach festbinden und auf seinem Grundstück keine losen Gegenstände wie Wellblechplatten herumliegen haben. Ein Erste-Hilfe-Kasten solle bereit sein, ein Radio mit Ersatzbatterien, Taschenlampen, Kerzen und Streichhölzer. Dosennahrung, Trinkwasser in Containern und warme Kleider und gute Schuhe sollen bereitstehen. Und auch für Fremde hatten die Insulaner vorgesorgt. Die Einheimischen zeigten ihnen die Sammelplätze, die höher und weiter weg vom Meer und den Hotels in den Hügeln hinter den Dörfern lagen. Außerdem sendete auch das Radio stündlich Sondersendungen mit Hinweisen und Tipps. Ein Geschäft in Avarua hatte Kartons mit dem Notwendigsten vollgepackt und verteilte diese nun gratis an die Bevölkerung. Nur allzu gut war den Menschen noch der letzte große Sturm in Erinnerung. Damals waren alle im Schlaf überrascht worden, weil das Hurrikanwarnzentrum versagt hatte, und nach dem Sturm fünf Tage lang von der Stromversorgung abgeschnitten gewesen.

Auch John befürchtete das Schlimmste und zögerte auch nicht, die Hotelgäste davon in Kenntnis zu setzen. Die Meteorologen hätten ausgerechnet, dass der Sturm am nächsten Morgen gegen sechs Uhr auf der Nordseite der Insel an Land kommen würde, informierte er. Es würden Windböen mit einer Geschwindigkeit von bis zu zweihundertfünfzig Kilometern pro Stunde erwartet. Die See würde den Hafen überfluten und wahrscheinlich auch Teile der Stadt.

Als er sah, dass einige der Anwesenden erbleichten, fügte er hinzu, dass wir Chancen hätten, vom Ärgsten verschont zu bleiben, da wir uns auf der Westseite der Insel befanden und zwischen uns und der Stadt noch einige Berge lagen. John lächelte, aber auch er wirkte angespannt. »Halten Sie sich auf jeden Fall vom Meer fern«, mahnte er. »Die großen Brecher werden zwar vom Riff gebremst, aber das Wasser wird wahrscheinlich ziemlich weit in die Anlage eindringen.

Außerdem ist es besser, wenn Sie die Kokospalmen meiden. Meine Angestellten klettern zwar zurzeit auf die Palmen, um die Nüsse zu entfernen, aber es kann immer noch passieren, dass sie die eine und andere nicht erreichen. Wenn der Sturm die Nüsse losreißt, fliegen die wie Kanonenkugeln durch die Luft.«

Ich verzog mich in meine Küche, die offensichtlich sturmsicher war, um Sandwichs zu produzieren. Am Morgen hatte ich in weiser Voraussicht alles an Weißbrot aufgekauft, was Wigmore's Store noch zu bieten hatte. Unser Notstromaggregat funktionierte zwar immer noch nicht, aber zum Glück wurden mein Tiefkühler und der Kühlschrank mit Gas betrieben. Falls wirklich der Strom ausfallen sollte, hatte ich also keine Probleme mit aufgetauten Lebensmitteln zu befürchten. Ich händigte jedem Gast persönlich seine Notration Sandwiches aus. Um sie aufzumuntern, hatte ich sie in grünen Plastiktüten mit der Aufschrift *Together we make it even better* verstaunt – »Zusammen machen wir es sogar noch besser«, dem Werbeslogan einer Partei auf den Cooks.

Danach gab es für mich nicht mehr viel zu tun. Ich setzte mich in meine Bude und hörte Radio. Ich muss darüber eingeschlafen sein; irgendwann aber weckte mich lautes Getöse. Ich schaute auf meine Uhr. Kurz nach drei. Draußen wütete der Sturm und zerrte am Blechdach über meinem Kopf. Der Regen prasselte in Wogen gegen die Flügeltüre. Ob ich wohl einmal rausgehen sollte? Warum nicht. Ich zog mich an und schaute auf meine schlafende Katze. Sie hatte sich auf der zerschlissenen Couch neben den geschlossenen Kippfenstern eingerollt und ließ sich vom Lärm nicht stören. In Regenjacke, Shorts und meine rosa Flip-Flops gekleidet drückte ich dann vorsichtig die Tür auf.

Es war überraschend kühl, höchstens fünfzehn Grad. Der Wind toste durch die Baumwipfel und hatte den Baum über meinem Bungalow schon fast leer geschüttelt. Auf meiner Wiese lagen Mangos zuhauf. Noch brannte in einigen benachbarten Bungalows Licht. Die nassen Fenster warfen ein trübes, beinahe unwirkliches Licht auf die vom Regen auf den Boden gedrückten Lilien und Strelitzien. Die Sandpfade zum Strand waren hart vom Regen. Hier und da hatten sich große Pfützen gebildet. Das Krachen, mit dem die Wellen ans Riff brandeten, war unbeschreiblich laut, lauter noch als der Wind.

Das Meer war bereits bis zur ersten Reihe der Bungalows vorgedrungen. Die Wellen rollten über die üppige Rabatte beim abgedeckten Swimmingpool und spülten Sand und Schwemmholz in den Garten. Der Wind pfiff in allen Tonlagen über mich hinweg und zerrte an meiner Regenjacke.

Eine Handvoll zäher Australier und Neuseeländer stand auf einer kleinen Erhöhung im Hotelgarten und beobachtete das Spektakel. Der Scheinwerfer, der sonst das Meer und Teile des Strandes beleuchtete und des Nachts für eine romantische Stimmung sorgte, strahlte auf eine braune, schäumende Masse, die auf das Land zurollte und sich vor unseren Füßen ergoss. Auch im Flutlicht war vom Strandrestaurant nur noch das zerfledderte Dach aus Kokoswedeln zu sehen. Der Rest stand unter Wasser. Wie gut, dass wir alles rechtzeitig beiseitegeschafft hatten. Andernfalls wären mittlerweile die Kühlschränke und der alte Herd über die hohe See gegondelt.

Als auf dem Nachbargrundstück der obere Teil einer Kokospalme abbrach und mit einem lauten Krachen direkt neben einem Bungalow landete, wurde uns bewusst, dass sich die Lage langsam zuspitzte. Der Wind wurde immer noch stärker. Das Licht in den Bungalows und der Scheinwerfer flackerten noch einmal kurz auf, dann wurde es plötzlich stockdunkel. Zwei Australier hatten ihre Taschenlampen mitgebracht und knipsten diese wenig später an. Meine lag neben dem Bett im Studio.

»Jetzt fällt das Frühstück wohl ins Wasser«, sorgte sich ein Gast aus Neuseeland.

Lautes Gelächter rundherum. Ein Australier deutete auf seine Kühlbox im Sand. »Hier, eiskaltes Cooks Lager.«

Wir ringten uns um ein mitgebrachtes batteriebetriebenes Kofferradio eines Gastes. Die bekannte Stimme des Radiomoderators Paul Tuamotu war durch das Getöse des Sturmes kaum zu hören. Mit Grabesstimme verkündete er eine weitere Sturmwarnung und ermahnte die Bevölkerung zu Ruhe und Besonnenheit. »Außerdem suche ich noch immer meinen Cousin Terry, der schon seit Stunden

im Ngatangija-Hafen erwartet wird«, verkündete er.

Irgendwann meldete sich ein aufmerksamer Hörer mit der Information, dass Terrys Pickup mit dem Bootsanhänger noch immer vor der Local Homestead Bar in Arorangi stand. Wahrscheinlich sei Terry mal wieder abgestürzt und schlafe nun bei einer Freundin im Dorf seinen Rausch aus. Paul bat nun, dass derjenige, der wusste, wo Terry steckte, ihn wecken und sofort mit dem Anhänger nach Ngatangija scheuchen sollte.

Als Schlussmeldung folgten wie immer die An- und Abflugzeiten der Flüge des laufenden Tages und der Bericht des Hafenmeisters. Sämtliche Flüge waren gestrichen und der Hafen in Avatiu auf unbestimmte Zeit geschlossen worden. Paul verwies auf die halbstündlichen Hurrikanbulletins und wünschte allen Hörern viel Glück und Gottes Segen. Danach war nur noch ein lautes Rauschen aus dem Radio zu hören. Endzeitstimmung.

Nach dem Sturm erfuhren wir, dass Terrys Boot ein paar Stunden nach der Suchmeldung seines Cousins von einer Riesenwelle etwa zweihundert Meter weit ins Landesinnere auf die Hauptstraße gespült wurde. Terry selbst hatte den Sturm im Getränkelager der Local Homestead Bar verschlafen.

Die volle Wucht des Hurrikans traf Rarotonga kurz nach Sonnenaufgang, gegen Viertel vor sieben. Die Hauptstadt Avarua wurde bis zur Are Metua, der tausend Jahre alten Ringstraße, die parallel zur Hauptstraße im Landesinnern um die Insel führte, überschwemmt. Eine riesige Flutwelle riss die Holzpiers am Hafen ab und schob sie auf das Dach von Rima Apitis Haus. Sein Besitzer war zum Glück gerade bei Verwandten in Honolulu. Selma zerstörte viele weitere

Häuser entlang des Hafenbeckens und im Landesinnern zum Teil oder ganz. Überall gingen Fenster zu Bruch, Wellblechdächer flogen davon, Bäume stürzten auf Gebäude. Die Kirchen, das Krankenhaus und der Palast der Königin blieben jedoch unversehrt. Sie waren vor über hundert Jahren aus Korallen und Steinen gebaut worden und hatten schon einige große Stürme ohne große Schäden überstanden.

Als während der Mittagszeit das Auge des Sturms genau über der Insel lag, konnten wir kurz durchatmen. Auf einmal war es windstill, und man konnte den blauen Himmel sehen. Rund um die Insel war der Himmel jedoch immer noch schwarz, und auch die Wellen rollten weiterhin ungebremst auf die Insel zu. Ein paar mutige Menschen wagten sich auf die Straße, kehrten aber bald zurück. Umgekippte Bäume und schwarzer Schlamm, der von den Bergen gespült worden war, versperrten den Weg. Die Bäche waren zu Strömen angewachsen und hatten die Brücken unterspült. Überall lagen Mangos, Papayas und Kokosnüsse aus den Plantagen herum.

Im Laufe des Nachmittags drehte der Sturm dann in Richtung Osten ab und zog weiter nach Französisch-Polynesien. Auf dem Weg dorthin verlor er so viel an Kraft, dass er schließlich zu einem normalen Sommersturm zurückgestuft wurde. Verschonte Selma damit Papeete und die Nachbarstädte, hinterließ der Wirbelsturm auf Rarotonga Zerstörung, Wut und Unverständnis.

Es regnete immer noch. Doch zum Glück hatte Kiki, unser Hausmeister, inzwischen das alte Notstromaggregat wieder in Gang gebracht. Der alte Deutz-Dieselmotor war während der letzten Jahre sehr wenig gelaufen, weshalb die Kraftstoffzufuhrschläuche verstopft oder undicht waren. Gemeinsam hatten Kiki und ich den ganzen Vormittag im Geräteraum an dem widerspenstigen Teil herumgeschraubt, und zu unserer großen Freude hatte der Motor kurz nach Mittag auf einmal schwarze Rauchwolken ausgestoßen. Er stotterte ein paar Minuten unregelmäßig vor sich hin, dann aber erwachte er zum Leben und lief fortan wie am Schnürchen. Kaum war der Generator warmgelaufen, schalteten wir von Leerlauf auf Stromproduktion um, und Sekunden später drehten sich in den Bungalows plötzlich die Deckenventilatoren wieder, das Licht ging an, und die Radios rauschten. Die Jubelrufe und Freudenschreie der Kollegen und Gäste übertönten den Lärm des Generators. Stolz tätschelte Kiki den alten Deutz-Motor und grinste.

Kia Orana FM war noch immer auf Sendung, der unermüdliche Paul Tuamotu noch immer im Studio. Seine Stimme klang müde und noch ernster als in der Nacht zuvor, als er über die Zerstörung in Avarua und am Hafen von Avatiu berichtete.

Anders als das Strandrestaurant, das bis zum Dach unter einem großen Sandhaufen verschwunden war, hatte der Sturm das Bounty-Restaurant und mit ihm auch meine Küche verschont. Es wäre auch zu schade darum gewesen, jetzt, da ich endlich einen neuen Herd und eine saubere Küche hatte. Insgesamt war unser Hotel einigermaßen glimpflich durch den Sturm gekommen. Das Wasser, das sich in den Garten des Hotels ergossen hatte, zog sich langsam zurück ins Meer, und auch das Strandrestaurant tauchte wieder ein wenig auf. Keiner der Bungalows hatte einen Wasserschaden davongetragen, lediglich ein Verandadach war von einer fliegenden Kokosnuss beschädigt worden.

Während wir so relativ schnell wieder einigermaßen normal arbeiten konnten, dauerte es über eine Woche, bis auf der Insel alles seinen geregelten Gang ging. Die Baufirmen stellten ihre Lastwagen, Bagger und anderes schweres Gerät zur Verfügung, um bei den Aufräumarbeiten zu helfen. Und doch hatten die Geschäfte zum Teil noch länger zu, weil die Lagerhallen überschwemmt worden und die Verkaufsräume voll Sand und Dreck waren.

Die Natur erholte sich am schnellsten. Das Meer spülte den Dreck binnen weniger Tage aus der Lagune, und die Pflanzen an Land gediehen nach dem üppigen Regen prächtig. Bald blühte überall roter, weißer und gelber Hibiskus. Ein Hochdruckgebiet folgte dem Sturm, und die Sonne schien mehrere Wochen von morgens bis abends, was jetzt in der Regenzeit eher selten war. Nur einen Nachteil hatte das schöne Wetter: Die Moskitos vermehrten sich in den noch immer feuchten Wiesen und Wäldern im Landesinnern rasend schnell. Und schon erreichten uns aus Fidschi Horrormeldungen über den Ausbruch des berüchtigten Denguefiebers. Die Behörden und auch Privatpersonen auf Rarotonga sprühten Insektizide auf die Felder und in die Sumpfgebiete, um auch bei uns eventuelle Trägermücken auszurotten. Es wurden aber nur wenige Krankheitsfälle gemeldet, und diese allesamt bei Menschen, die zuvor auf den Fidschi-Inseln gewesen waren. So gaben die Behörden nach ein paar Wochen Entwarnung. Das anhaltend heiße Wetter trocknete die Sümpfe aus, und die Moskitoplage nahm ein Ende.

Langsam normalisierte sich das Leben auf unserer Südseeinsel wieder. Unser Hotel war voll, und Noo und ich arbeiteten täglich hart in unserer Küche, um die hungrigen Mäuler der Gäste zu stopfen.

13

Alte Liebe rostet nicht

 Eines Tages fand ich einen Brief aus Luxemburg in der Hotelküche auf meinem Arbeitstisch, wo auch sonst meine Post oder Nachrichten von John lagen. Da ich nur selten Post bekam, war ich doch eher überrascht. Marion, meine Jugendfreundin, kündigte an, mich zu besuchen. Ich hatte ihr in einem Brief kurz nach meiner Ankunft in Rarotonga mitgeteilt, dass sie mich gerne auf meiner Trauminsel besuchen könne. Ich hatte eigentlich nicht wirklich damit gerechnet, dass sie dazu Lust haben könnte, nun aber schrieb sie, dass sie gerade eine schwierige Beziehung hinter sich gebracht habe und bereit sei, etwas Neues zu sehen. Außerdem könne sie einen Urlaub gut gebrauchen. Obwohl sie noch nie in ihrem Leben geflogen war, hatte sie kurzentschlossen einen Flug von Frankfurt via Los Angeles und Honolulu nach Rarotonga gebucht. Im Juni wollte sie bei mir aufkreuzen. Ob ich wohl ein freies Bett bei mir oder im Hotel habe, fragte sie. Ich hatte Schmetterlinge im Bauch und war aufgeregt wie ein Teenager.

Aline, mit der ich in der Zwischenzeit ein kleineres Techtelmechtel gehabt hatte, freute sich deutlich weniger, als sie erfuhr, wer da kommen würde. Ich kannte das schon: Frauen mögen Exfreundinnen nicht, anders als Männer. Die respektieren die Exfreunde ihrer Freundinnen oder schlagen ihnen einfach eins auf die Nase.

Weil ich wollte, dass es Marion bei mir gefiel, und um ein bisschen Eindruck zu schinden, fragte ich John, ob es möglich sei, im Garten vor meinem Studio eine kleine Veranda zu errichten.

»Klar, kein Problem«, sagte John. Wenn ich die Feinarbeit selbst verrichten würde, komme das Hotel sogar für die Kosten der Grundkonstruktion auf.

Gesagt, getan. Eine Woche später stand der Rohbau meiner Veranda mitsamt Unterstellplatz für mein Motorrad. Ich besorgte Holz, Farbe, Nägel und Schrauben und werkelte von nun an täglich vor und nach der Arbeit in der Küche an meiner Terrasse. Das Resultat ließ sich sehen. John nannte es leicht ironisch *The Swiss Chalet*, und tatsächlich ließ sich eine gewisse Ähnlichkeit mit einem Chalet nicht von der Hand weisen. Die Hauswand hinter der Veranda hatte ich wie die Holzkonstruktion der Veranda dunkelbraun gestrichen, die Tür- und Fensterrahmen ließ ich hingegen weiß. Dazu zimmerte ich aus Holz Blumenkisten. Diese strich ich ebenfalls weiß, bevor ich sie auf der ganzen Länge der Veranda aufhängte, mit Erde befüllte und mit tropischen Kletterpflanzen bepflanzte.

Doch damit war ich noch lange nicht fertig mit meiner Verschönerungsaktion. Über dem Eingang zur Terrasse baute ich ein spitzgiebeliges Vordach mit einer kleinen Fahnenstange. Mein Großvater hatte mir zum Schweizer Nationalfeiertag, den ich auch dieses Jahr wieder am ersten August gebührend zu feiern gedachte, vorsorglich eine Schweizer Flagge geschickt, die ich mit viel Tamtam hisste. Und in einem Geschäft in Avarua kaufte ich sechs metallene Hängekörbe, die mit Kokosfasern gefüllt waren. Ich füllte auch diese mit Erde und bepflanzte sie mit fleißigen Lieschen, die auf Rarotonga wucherten wie Unkraut. Dann hängte ich die Körbe unter das Dach der Veranda.

Die Einheimischen hatten am Anfang über meinen Enthusiasmus gelacht. Als sie das Resultat sahen, kamen sie aber nicht umhin, mir zu gratulieren. Das hässliche Studio sah von außen auf einmal richtig schnuckelig aus. Ich spannte eine Hängematte zwischen zwei Bäumen auf und pflanzte zum Nachbargrundstück hin noch eine kleine Hecke aus Karibikbäumchen. Ich war mächtig stolz. Zum ersten Mal in meinem Leben hatte ich einen Garten angelegt. Abends saß ich nun oft auf meiner Veranda, trank genüsslich mein Bier und las die *Cook Island News*. Ich fühlte mich zu Hause – ein Gefühl, das ich schon lange nicht mehr gehabt hatte, eigentlich noch nie. Und ich freute mich auf Marions Ankunft.

Die Maschine, mit der sie aus Honolulu kommen sollte, wurde morgens um zwei Uhr erwartet. Wie immer auf Rarotonga war auf dem kleinen Flughafen zwischen Mitternacht und sechs Uhr früh am meisten los. Nach allem, was ich ihm erzählt hatte, war John so gespannt auf Marion, dass er unbedingt mit zum Flughafen kommen wollte. Auch Jeannie freute sich auf meine Besucherin. Sie fand

alles unheimlich romantisch.

Nervös wartete ich daher nicht allein, sondern zusammen mit John in der Empfangshalle. Von Weitem hörten wir Jake Numanga. Auch in dieser Nacht spielte und sang er für die Neuankömmlinge polynesische Lieder. Auf einmal wurde mir bewusst, was für einen ungewöhnlichen Flughafen Rarotonga hatte. Die Geschäfte, der Zoll und die Bank öffneten erst zwei Stunden vor Ankunft eines Flugzeuges und schlossen ihre Türen, sobald die Maschine wieder weg war. Und da der Zeitunterschied zwischen den Cooks und Neuseeland dreiundzwanzig Stunden betrug, hörten wir auf der Insel abends um sieben schon die Achtzehnuhrnachrichten des darauffolgenden Tages aus Neuseeland. Wir schauten also quasi in die Zukunft. Zudem kamen die Gäste kalendarisch achtzehn Stunden, bevor sie in Auckland abgeflogen waren, bei uns an. Das sorgte nicht selten für Verwirrung. Zu Zeiten der Missionare hatte es sechzig Jahre gedauert, bis es jemandem aufgefallen war, dass man den Sonntag am falschen Tag feierte. Doch Zeitverschiebung hin oder her: Der Air-New-Zealand-Flug aus Honolulu hatte zehn Minuten Verspätung.

Endlich öffneten sich die Türen zur Gepäckabfertigung, und die ersten Passagiere schoben ihre Gepäckwägelchen in die Empfangshalle. Jedes Mal wenn eine allein reisende Frau durch die Türen kam, fragte John mich, ob dies nun Marion sei. Ich schüttelte jedes Mal den Kopf. Unerklärlicherweise schien John noch nervöser zu sein als ich. Er wanderte unruhig hin und her und strich sich ununterbrochen durch die wenigen noch verbliebenen Haare.

Ich hatte schon Angst, Marion würde nicht kommen, und beobachtete unruhig die letzten Passagiere, die noch aus der Gepäckabfertigung kamen. Und dann stand sie plötzlich vor uns. Sie trug ein weißes Kleid, die blonden Haare waren kurz geschnitten, und ihr Mund leuchtete erdbeerrot. Ihr Blick schweifte suchend durch die wartende Menge.

Ich war wie zur Salzsäule erstarrt. Mein Mund war trocken, und ich hatte das Gefühl, keine Luft zu bekommen. Ich dachte an die Zeit in Spanien, an die Nächte in den Diskotheken, an die sonnigen Tage am Strand von Pineda und an die über vierhundert Briefe, die wir uns seither geschrieben hatten.

John sagte etwas neben mir. Ich hatte ihn nicht verstanden und musste nachfragen, was er gesagt hatte. »Die kann es nicht sein«, wiederholte er mit einem Blick auf Marion. Er hatte sie sich wohl ganz anders vorgestellt.

Ich widersprach. »Doch, das ist Marion.« Noch immer konnte ich mich nicht von der Stelle bewegen.

So kam es, dass John zuerst auf sie zuging, ihr eine Blumengirlande um den Hals hängte und sie auf Rarotonga begrüßte.

Sie schaute ihn ziemlich verdutzt an. »Felix?«

John lachte, als ich ihn hastig zur Seite schob und Marion umarmte. Sie lachte nun auch und entschuldigte sich bei John und mir. Im ersten Augenblick hatte sie wirklich gedacht, dass ich mich in den letzten Jahren so verändert hätte, und tatsächlich John für mich gehalten.

Ich machte mir nichts draus und schob die Verwechslung auf den langen Flug und die Tatsache, dass sie ihre Brille nicht aufhatte. Ich schaute ihr tief in die himmelblauen Augen. Ich spürte, wie meine Ohren rot anliefen und es in meinem Bauch zu kribbeln begann. Auf einmal war ich wieder ein Teenager.

Einen kurzen Augenblick lang stand die Zeit still. Wir sagten nichts. Es gab nichts zu sagen. Es war, als hätte sich zwischen uns nie etwas geändert. Ich glaube, sie fühlte das Gleiche. Eine Träne kullerte über ihre weiße Wange.

Dann plärrte ein Lautsprecher über uns, und der Bann war gebrochen. Verdutzt wichen wir voneinander zurück. Ich murmelte eine Begrüßung und behängte sie mit noch mehr Blumengirlanden. Dann nahm ich ihren Gepäckwagen und schob ihn durch die mittlerweile fast leere Gepäckhalle auf den Parkplatz vor dem Flughafen. John und Marion folgten mir. Mein Chef redete ununterbrochen auf Marion ein, doch ich merkte bald, dass Marion ihn überhaupt nicht verstand. Kein Wunder, denn John sprach immer sehr schnell und mit einem gewöhnungsbedürftigen Kiwi-Akzent.

Obwohl für mich von Anfang an klar gewesen war, dass Marion in meinem Studio wohnen würde, fragte ich sie, ob ihr das recht sei. Gentlemanlike hatte ich die alte Couch als Bett für mich hergerichtet und bot ihr mein Bett an. Sie hatte nichts dagegen, doch es wurde eine sehr kurze Nacht, da wir bis in die frühen Morgenstunden erzählten. Als wir uns endlich einen Gute-Nacht-Kuss geben wollten, übermannten uns die Gefühle und wir liebten uns, als gäbe es kein Morgen. Eng umschlungen schliefen wir schließlich in meinem Bett ein.

Irgendwann klopfte es so laut an der Wand, dass ich aus dem Schlaf schrak. Leise erklärte ich Marion, dass neben meinem Studio die Rezeption liege und Tere immer klopfe, wenn sie irgendwas von mir wolle. »Schlaf noch etwas«, flüsterte ich. Dann zog ich mich schnell an und lief ums Haus, um zu schauen, was los war. An der Rezeption stand der Fischer mit einem riesigen Wahoo. Mist! Ich hatte in der Aufregung völlig vergessen, dass ich mich mit ihm um fünf Uhr vor der Küche verabredet hatte. Er war da gewesen und hatte vergeblich auf mich gewartet. Jetzt war er sauer. Ich versuchte zwar, ihn zu beschwichtigen, schaffte es aber nicht.

Erst als Tere etwas in Maori sagte, lächelte er und klopfte mir auf die Schulter. Nicht schwer, sich auszumalen, was Tere ihm gesagt hatte. Ich warf ihr einen grimmigen Blick zu. Sie aber zuckte nur mit den Schultern und wandte sich ab.

Weil ich keine Lust hatte, den Fisch jetzt bei Tageslicht auseinanderzuschneiden, wenn die Schmeißfliegen wach waren, wickelte ich den Wahoo in Folie, um ihn so bis zum Abend im Kühlschrank zu lagern. Dann schlich ich zurück ins Studio.

Marion war wieder eingeschlafen. Ich betrachtete sie andächtig. Sie war schön, noch schöner als vor sieben Jahren, als ich sie zum letzten Mal gesehen hatte. Sie wachte auf und blinzelte mich an. Ein Lächeln durchzog ihr blasses Gesicht. Sie hatte wohl in diesem Jahr noch nicht viel Sonne gesehen. Als sie sich aufsetzte, rutschte das Laken auf ihren Bauch herunter und entblößte ihren Busen. Er war groß und rund und stramm, ein schöner Busen, genauso schön wie vor sieben Jahren. Rasch zog ich mich aus und kroch zurück zu ihr unter das Laken.

Während der zehn Tage, die Marion bei mir auf Rarotonga blieb, regnete es die meiste Zeit. So verbrachten wir viele Stunden im Bett, liebten uns und erzählten einander, was wir in den letzten Jahren erlebt hatten. Verflossene Liebschaften, ehemalige Arbeitsstellen und fremde Länder passierten Revue. Am zweiten Tag wollte sie während meiner Arbeit zu Fuß am Strand entlang um die Insel wandern. Sie schaffte es bis Muri, etwa zehn Kilometer von unserem Hotel entfernt, und rief vom Sailing Club an, ob ich sie abholen könnte. Natürlich konnte ich. Ich setzte mich auf mein Mofa und fand sie kurze Zeit später auf einer Bank sitzend mit den Füßen auf dem Verandageländer des Clubs wieder. Sie hatte keine Schuhe mitgenommen und sich die Füße wundgelaufen. Zusammen fuhren wir zurück nach Arorangi, und während sie in meinem Studio duschte, eilte ich zurück in die Küche.

Es war kaum zu übersehen, wie glücklich wir waren. John und Jeannie waren begeistert von Marion, ebenso meine Mitarbeiter in der Küche und im Service. Sogar Aline erkannte, dass es zwischen Marion und mir richtig gefunkt hatte. Es war, als hätte es die Jahre seit unserer Trennung nie gegeben. Mein Chef gab mir zwei Tage frei, während derer wir nach Aitutaki, auf die Nachbarinsel von Rarotonga, flogen, um uns in der Abgeschiedenheit ein wenig zu erholen. Es war unglaublich: Nicht einmal eine halbe Stunde

Flugzeit mit Air Rarotonga, und man war in einer anderen Welt. Viele sagten, dass Aitutaki noch so war wie Bora Bora vierzig Jahre zuvor: fast keine Touristen, die Lagune klar, die Sandstrände weiß und menschenleer.

Wir wohnten in einem drei mal zwei Meter großen Hüttchen am Strand unter Kokospalmen und gelben Hibiskusbäumen. Vor uns in der riesigen Lagune tummelten sich Tausende von Papageienfischen, und manchmal sahen wir auch Delfine über die Wasseroberfläche schießen. Mit einem gemieteten Motorrad fuhren wir auf der Sandstraße parallel zur Landepiste des Flughafens Wettrennen mit den startenden Flugzeugen. Die Piloten lachten und winkten uns zu, als sie abhoben.

Zwei Tage waren natürlich viel zu kurz, und wir wünschten uns, die Zeit möge stillstehen. Sie tat uns den Gefallen leider nicht. Schon mussten wir zurück nach Raro. Ich musste wieder arbeiten, und auch Marions Rückflug ließ nicht mehr lange auf sich warten. Eine bislang unausgesprochene Frage hing im Raum: Wie sollte es nach den zehn Tagen weitergehen? Marion lebte und arbeitete in Luxemburg, hatte dort Wohnung, Auto, Freunde. Ich hingegen war auf Rarotonga zu Hause und wollte nicht schon wieder alles hinschmeißen und an einem anderen Ort neu anfangen.

Entscheidungshilfe kam von unerwarteter Seite: John und Jeannie standen mit einer Firma in Kontakt, die auf der Insel unter anderem Blumensträuße und Gestecke verkaufte. Jeannie hatte sogar schon mit der Chefin gesprochen, die sie aus dem Verein Gewerbetreibender Frauen kannte, und die war durchaus nicht abgeneigt, eine gelernte deutsche Floristin einzustellen. Marion hatte sich während ihres Urlaubs die einheimische Floristik angesehen und war entsetzt gewesen. Es war wie bei den Früchten: Auf der Insel wuchsen die schönsten exotischen Pflanzen und Blumen, aber die Floristen verarbeiteten in ihren Sträußen fast ausschließlich Nelken und Schleierkraut, die teuer aus Neuseeland importiert werden mussten. Leckten wir Europäer uns die Finger nach Ingwerblumen, Helakonien und

Strelitzien, stand den Einheimischen offenbar der Sinn nach den für uns eher unscheinbaren Pflanzen. Dennoch gefiel es Marion auf der Insel sehr. Ihr Englisch war zwar noch sehr verbesserungsbedürftig, aber genau das kam bei den Cook-Insulanern gar nicht so schlecht an, da sie selbst auch ein besonderes Englisch sprachen.

Spontan entschieden wir, dass Marion noch in diesem Jahr auf die Cooks ziehen würde. Für mich war diese Entscheidung leichter als für sie, denn Marion war in gewisser Weise ein gebranntes Kind und hatte immer noch im Hinterkopf, dass ich sie damals mit Kelly betrogen hatte und später mit ihr nach England gezogen war. Natürlich versicherte ich ihr, dass ich sie über alles liebte, aber ein kleiner Zweifel blieb zunächst. Zu meinem Glück war Marion jedoch auch eine sehr selbstsichere Frau und hatte bisher keinen Mann so geliebt wie mich. So fiel letztlich die Entscheidung zu meinen Gunsten.

Kurz darauf war Marions Urlaub vorbei, und die gesamte Hotelbelegschaft verabschiedete sie mit Geschenken und Blumenketten am Flughafen. Nicht nur bei Marion und mir flossen Tränen, auch die Cook-Insulaner nahmen nur ungern von ihr Abschied. Sie hatten sie ins Herz geschlossen.

Sobald Marion zwei Tage später in Luxemburg angekommen war, begann sie, ihre Zelte abzubrechen. Natürlich schrieben wir uns Faxe und Briefe. Wir versicherten uns unserer Liebe und beteuerten einander, wie sehr wir uns freuen würden, uns bald wiederzusehen. Doch bis es endlich so weit war, vergingen Monate, während derer ich mein Studio auch noch von innen umbaute, damit wir zwei es so schön und gemütlich wie nur möglich hatten.

Während des Umbaus spürte ich zum ersten Mal einen Schmerz, zuerst nur unter dem linken Arm, später am ganzen Körper. Ich entdeckte einen roten Punkt in der Achselhöhle und dachte zunächst, dass mich irgendein Tier dort gestochen habe. Nach ein paar Wochen jedoch hatte sich der Punkt zu einer harten, ziemlich großen Kugel entwickelt; auch im Nacken und in der rechten

Kniekehle bildeten sich schmerzhafte kleine Geschwülste unter der Haut. Da ich bislang alle meine kleinen Wunden und Verletzungen ohne ärztliche Hilfe wieder hinbekommen hatte, versuchte ich es auch diesmal zunächst selbst. Ich trank mehr Bier und wusch mich mit Wodka.

Als ich auf einer Safari in Afrika einmal von einer Spinne ge-

bissen worden und kein Arzt weit und breit gewesen war, hatte mir ein indischer Händler empfohlen, eine Currygewürzmischung auf die Wunde zu reiben. Das hatte ich damals auch gemacht, und nach einer Woche waren die zwei eiternden Spinnenbisse geheilt. Seit meiner Lehrzeit hatte ich oft Schnittwunden und Stiche mit Curry oder Kurkuma behandelt. Kurkuma stoppt starke Blutungen und desinfiziert. Aber diesmal half auch das nicht. Es gab zwar Tage, an denen ich mir einbildete, dass es mir schon besser ging und die Schwellungen zurückgegangen waren. Doch irgendwann musste ich mir eingestehen, dass das nicht so war. Mein Schweiß stank furchtbar, ich war sehr müde, hatte kleine Übelkeitsanfälle, und die Geschwüre wuchsen und schmerzten immer mehr. Erst nach acht Wochen war ich bereit, einen Arzt zu sehen und meine Todesdiagnose entgegenzunehmen.

Da der einzige Arzt der Insel, von dem ich Gutes gehört hatte, zurzeit auf den äußeren Inseln weilte, bat ich Jeannie, mir einen Termin bei einem anderen Arzt zu machen. Auch ihr war nicht verborgen geblieben, dass es mir nicht gut ging, und sie versprach Hilfe. Es ging mir sogar so schlecht, dass ich während der vergangenen Wochen auch die Briefe und Faxe von Marion nicht mehr beantwortet hatte. Ihr letztes Fax hatte eine Note von Panik im Unterton gehabt. »Lebst Du noch?«, stand als erste Frage zuoberst auf dem Papier. Ich wusste es nicht, eigentlich fühlte ich mich schon fast tot. Doch obwohl meine Schmerzen mittlerweile unerträglich geworden waren, hatte ich noch immer Angst davor, zum Arzt zu gehen – warum auch immer.

Jetzt aber hatte ich einen Termin bei Dr. Thomas Davies, genannt

Papa Tom. Er war früher einmal Premierminister der Cooks gewesen und hatte in Harvard Medizin studiert. Er empfing nur noch selten Patienten und bastelte viel lieber an seinem riesigen Doppelrumpfkanu, der *Vaka Takitumu*, herum. Noch in diesem Jahr wollte er mit zwanzig anderen Insulanern auf der Vaka nach Neuseeland segeln, wie es seine Vorfahren vor Hunderten von Jahren gemacht hatten, um das Land der langen weißen Wolke zu besiedeln. Aber da er Jeannie von früher kannte, stimmte er zu, mich zu untersuchen.

Ich musste mich ziemlich zusammenreißen, um den Termin bei ihm auch wirklich einzuhalten. Am Morgen jenes Tages waren meine Schmerzen auf einmal deutlich weniger schlimm, eigentlich ging es mir schon etwas besser. Was ich doch für ein Angsthase war! So viele unbekannte Länder hatte ich nun schon bereist, so viele Abenteuer in wilden Küchen erlebt, und doch war ich zu feige, einen Arzt zu konsultieren.

Wie Jeannie versprochen hatte, war ich der einzige Patient in Papa Toms Hütte, die unweit des Hotels am Strand von Arorangi gelegen war. Durch den Eingang der Hütte gelangte ich direkt ins Wohnzimmer; in einem kleinen Raum daneben hatte Papa Tom seine Praxis eingerichtet. Der Arzt war etwa siebzig Jahre alt, hatte schlohweißes Haar und trug um seinen Hals ein Stethoskop und einen walfischförmigen Anhänger aus Jade.

Ohne zu zögern oder die Miene zu verziehen, betastete er sogleich meine Geschwülste. Ich brach in Schweiß aus, und bei jeder Berührung durchfuhr mich ein stechender Schmerz.

Ob ich viel in der Lagune schwimme, fragte mich der Arzt mit ruhiger Stimme.

Ich bejahte. »Fast täglich.«

»Sie sind nicht der Erste, der mit solchen Geschwüren zu mir kommt«, erklärte er dann. Seit einigen Wochen seien immer wieder Patienten in seiner Praxis gewesen, die dieselben Symptome wie ich aufgewiesen hätten. Und alle seien sehr oft im Meer schwimmen gewesen. »Eitergeschwüre, Infektionen der Talgdrüsen«, diagnostizierte er, »wahrscheinlich ausgelöst durch eine Chemikalie, möglicherweise durch verbotene Spritzmittel aus den Papayaplantagen in den Bergen. Ich werde dem persönlich nachgehen.«

Als er mir dann eröffnete, er müsse meine Geschwülste operativ entfernen, musste ich schlucken. Es war eine Sache, wenn ich mir selbst mit einem Küchenmesser eine abgebrochene Thunfischgräte aus dem Arm schnitt oder Brandblasen verätzte. Aber es war eine ganz andere Sache, wenn ein Fremder mit einem Skalpell an mir herumschnitt.

Offenbar sah der Arzt meinen panischen Gesichtsausdruck. Denn nach einem prüfenden Blick auf mich bot er an, wir könnten es auch erst einmal mit Penicillin versuchen. »Sie müssen ein ziemlich robuster Kerl sein, wenn Sie es so lange ohne ärztliche Hilfe ausgehalten haben«, sagte er. »Es ist einen Versuch wert. Sie müssen aber wiederkommen, wenn die Tabletten nach vier Tagen nicht geholfen haben. Sie dürfen damit auf keinen Fall zu lange warten.«

Obwohl die Gefahr einer Operation damit noch nicht ganz ausgeräumt war, fiel mir ein Stein in der Größe des Matterhorns vom Herzen. Da war ich ja noch einmal glimpflich davongekommen!

Mit einer Packung Tabletten in der Hand machte ich mich auf den Heimweg. Meine Laune hatte sich enorm verbessert. Vor einer Stunde hatte ich noch gedacht, ich sei dem Tode geweiht, jetzt aber fühlte ich mich wie neugeboren.

Nach zwei Tagen ging es mir zwar besser, aber die Geschwülste waren zu meinem Schrecken nicht kleiner, sondern noch größer geworden. Als ich am fünften Tag nach meinem Arztbesuch mit kaltem Schweiß auf der Stirn aufwachte, waren die Geschwüre geplatzt, widerlicher Eiter hatte sich auf meinem Bettlaken verteilt. Trotz allem musste ich grinsen. Die Schmerzen waren weg. Endgültig. Nur kleine harte Knorpel unter der Haut erinnern mich noch heute an das damalige Elend.

Sofort schrieb ich Marion ein Fax, um zu berichten, dass es mir endlich besser ging. Ich entschuldigte mich, dass sie so lange nichts mehr von mir gehört hatte, und erklärte ihr auch den Grund dafür.

Sie war spürbar erleichtert. Immerhin hatte sie in der Zwischenzeit die Wohnung in Luxemburg und auch ihren Job gekündigt. Das war ihr ohnehin nicht leichtgefallen, denn Marions Chefin behandelte sie wie einen Teil ihrer Familie und Marion hatte mit ihren Sträußen und floralen Kunstwerken sogar schon die Großherzogin des Fürstentums beglückt. Daneben hatte Marion auch ihre ehrenamtliche Tätigkeit als Gründungspräsidentin des Leo-Clubs Luxemburg aufgeben und – was sie am meisten schmerzte – ihre taubenblaue Ente verkaufen müssen.

Bei dem Gedanken daran, dass sie all dies tat, um mit mir zusammen auf der Insel leben zu können, war mir ein bisschen mulmig zumute.

Nach meiner glücklichen Genesung stürzte ich mich mit neuem Elan in meine Arbeit und kochte täglich neue fantastische Gerichte und Tagesspezialitäten mit frischem Fisch, erstklassig abgehangenem Rindfleisch, knackigem Gemüse und leckeren Saucen. Ich stellte eigenen Senf her und kochte Fruchtchutneys aus Mangos, Bananen, Papayas, Granatäpfeln und Cherimoya. Ich marinierte Thunfischsteaks mit Zitronengras aus dem hoteleigenen Garten und frischer Kokosmilch von den Nüssen, die Noo einsammelte. Koriandermousse mit Süßkartoffelgaletten und Papayasalat, Schweinekoteletts von einheimischen Captain-Cooker-Schweinen (so heißt die Rasse wirklich!) mit süßsaurer Passionsfruchtsauce und Brotfruchtchips waren genauso auf meiner Karte vertreten wie gefüllte Hähnchenbrust mit Tomaten- und Zwiebelkonfit oder *Surf and Turf*, Rinderfilet mit Riesengarnelen, Kräuterbutter und Bratkartoffeln.

Weil sich auf der Insel mittlerweile herumgesprochen hatte, dass man im Bounty Room vorzüglich essen konnte, drängten nun auch zunehmend fremde Gäste in unser Restaurant. Zu meinem großen Unverständnis war dies John und Jeannie eigentlich gar nicht recht;

sie hätten lieber gehabt, dass wir ausschließlich für unsere Hotelgäste kochten, und wollten lediglich für die *Island Night* auswärtige Reservierungen annehmen. Ich war da anderer Meinung und sagte das auch. Für mich spielte es keine Rolle, ob ich für zwanzig, fünfunddreißig oder vierzig Personen kochte – meine *Mise en place* stand ohnehin. Und zusätzlicher Umsatz hatte noch keinem

geschadet. Meine Chefs hörten sich meine Argumentation an und stimmten schließlich doch zu, bis zu zehn auswärtige Gäste pro Abend anzunehmen.

Seit ein paar Wochen hatte ich auch einen Lehrling: Jimjim, einen cleveren pechschwarzen Bengel aus Papua-Neuguinea. Mein Hilfskoch Noo war zutiefst beeindruckt von Jimjim und dessen Familiengeschichte. Das Baumhaus seiner Großmutter, so hieß es, war rundum mit Schrumpfköpfen dekoriert, sein Großvater soll ein Menschenfresser gewesen sein.

Jimjim ging mir zwar manchmal etwas auf die Nerven mit seinem ewigen Geschwätz, als Hilfe war er mir jedoch äußerst willkommen. Ich brachte ihm so viel bei, wie ich konnte. Natürlich konnte er nicht immer zur Arbeit kommen, da er noch für die ganze Verwandtschaft die Wiesen mähen und in den Plantagen mithelfen musste, wie es für Jungs in seinem Alter üblich war. Aber wenn Aline und Tua in der Strandküche nach meiner Unterstützung verlangten, war ich froh, Jimjim schicken zu können. Es war schon ein wenig seltsam. Früher waren die zwei froh gewesen, wenn sie mich in der Strandküche nicht zu Gesicht bekamen, und auf einmal sollte ich ihnen immer öfter helfen. Jimjim arbeitete zum Glück gerne mit den zwei Frauen in der Küche. Sie behandelten ihn zwar wie einen Idioten, ließen aber auch alles durchgehen, was er falsch machte. Dazu muss man wissen, dass die Polynesier Mikro- und Melanesier wie Jimjim für Menschen zweiter Klasse hielten. Entsprechend machten sie ihn wohl auch nicht für seine Fehler verantwortlich.

Als Noo mit seinem Zwillingsbruder für zwei Wochen bei der

Papayaernte helfen musste und währenddessen nicht im Hotel arbeiten konnte, verdonnerte ich Jimjim, mir beim Abwaschen und Gemüserüsten zur Hand zu gehen. Jimjim ging mit so viel Enthusiasmus zu Werke, dass es eine wahre Freude war, ihm zuzusehen. Allerdings nur am Anfang. Dann stellte sich heraus, dass das Geschirr, das er abwusch, auch nach dem Spülen nicht sauber und das Gemüse matschig geputzt war. Ich versuchte zwar ernsthaft, es ihm beizubringen, aber leider ohne Erfolg. Eines Abends regte ich mich so über die immer noch schwarz verkrusteten Pizzableche und seine verzweifelte Frage, wie er sie denn sauber bekommen sollte, auf, dass ich die Schürze auf den Tisch pfefferte und antwortete, er solle sie doch in die Lagune werfen. Danach ging ich über die Straße zu Aline und trank mit ihr und Tuas Mann Morris ein Frustbier.

Als ich nach Mitternacht nach Hause stolperte, fand ich Jimjim mit einem Cooks Lager in der Hand bei mir auf der Veranda. Obwohl er das schon wegen seines jugendlichen Alters nicht gedurft hätte, hatte er sich aus meinem Kühlschrank bedient. Nun ja, solange seine Mutter davon keinen Wind bekam, war es für mich okay. Ich war ja auch nicht besser gewesen. Ich holte mir ebenfalls ein Bier und fragte beiläufig, ob er die Pizzableche inzwischen sauber bekommen habe.

»Keine Ahnung«, antwortete er kurz, »die liegen noch in der Lagune.«

Ich sah ihn verdutzt an und dachte zuerst, er habe einen Scherz gemacht. Dann erkannte ich, dass er es ernst meinte. Was sollte ich nun dazu sagen? Ich überlegte einen Moment und trug ihm dann auf, am nächsten Morgen etwas früher zu kommen und die Bleche wieder aus der Lagune zu fischen, wenn er sie denn noch fand.

Als ich am nächsten Morgen um acht Uhr an den Strand ging, schwamm Jimjim tatsächlich mit Schnorchel und Taucherbrille in der Lagune herum. Aline wusste bereits Bescheid und lachte. »Der Junge hat schon elf von dreizehn Blechen wiedergefunden! Und sie sind blitzeblank!«

Wer hätte das gedacht! Die Bleche sahen tatsächlich aus wie neu. Wahrscheinlich hatte das Salzwasser die hartnäckigen Verkrustungen gelöst, und eventuell hatten noch ein paar Fische ihren Teil dazugetan.

Ein paar Stunden später fand Jimjim auch das zwölfte Blech. Als er zähneklappernd mit ihm in die Küche kam, sagte ich ihm, er

solle die Aktion abblasen. »Zwölf Bleche reichen. Das dreizehnte wird vielleicht irgendwann von selbst an Land gespült. Und außerdem bringt die Zahl dreizehn Unglück.« Das dreizehnte tauchte tatsächlich nie wieder auf.

Dankbar machte er sich von dannen. Von nun an jedoch holte er immer einen Eimer Meerwasser, um die Pizzableche über Nacht darin einzuweichen. Am nächsten Morgen waren sie wie neu. Eine neue Putztechnik war erfunden: die Jimjim-Methode.

Am Morgen des achten November landete Marion morgens um zwei Uhr auf der Insel. Wieder hatte John mich zum Flughafen begleitet, wieder dauerte es ewig, bis Marion durch den Zoll kam. Erst als alle anderen schon von ihren Familien, Freunden oder Gastgebern in Empfang genommen worden waren, schob auch Marion ihren voll beladenen Gepäckwagen in die Empfangshalle. Ganz oben auf dem Wagen thronte eine Espressomaschine, darunter standen eine Stereoanlage und mehrere Kartons und Koffer.

Da sie ohne Arbeitsvisum eingereist war, hatten die Zöllner sie natürlich gefragt, was sie mit der Espressomaschine und der Stereoanlage wolle. Sie brauche sie im Urlaub, hatte sie geantwortet. Und da die Cook-Zöllner von den Australiern und Neuseeländern schon einiges gewöhnt waren, ließen sie sie dann doch ohne weitere Fragen mitsamt achtzehn Kilo Übergepäck passieren.

Nun war sie also hier. Ich hätte vor Freude in die Luft springen sollen. Und doch hielt sich meine Begeisterung in Grenzen. Um ganz ehrlich zu sein: Eigentlich freute ich mich gar nicht. Stattdessen war ich total blockiert und hatte mit einem Mal Angst. Marion, diese wunderbare Frau, hatte in Europa alles aufgegeben, um ausgerechnet zu mir auf eine kleine Insel mitten in der Südsee zu ziehen. Sie hatte keinen Job, ihre Ersparnisse waren für die Flüge und Geschenke draufgegangen, und wir wussten eigentlich nur voneinander, dass wir uns liebten. Das zumindest hatte ich bis jetzt immer geglaubt. In der Empfangshalle des Flughafens morgens um zwei Uhr war ich mir auf einmal nicht mehr so sicher.

Marion merkte, dass etwas nicht stimmte, ging aber nicht darauf ein. Ich schwieg, als wir ihr Gepäck in Johns Auto verstauten, und blieb auch während der nächsten drei Wochen sehr wortkarg. Ich sagte nur das Nötigste und machte mich rar, arbeitete viel in der Küche, war mit dem Mofa unterwegs oder saß mit Noo, Dion und Jimjim auf der Veranda und trank Bier. Auch mit ihr schlafen konnte ich nicht.

Mit bewundernswerter Geduld ließ Marion mich einige Wochen lang gewähren und verzichtete darauf, mich auf mein seltsames Benehmen anzusprechen. Erst dann bestand sie darauf, mit mir zu reden.

»Nicht jetzt. Ich hab nichts, und es ist alles okay.« Ich wies sie barsch ab und ging ihr noch mehr aus dem Weg als ohnehin schon. Waren andere dabei, spielte ich den glücklichen Freund, hielt ihre Hand und machte Witzchen, aber sobald wir allein waren, ignorierte ich ihre Fragen und sprach nicht mit ihr.

Anfang Dezember kam es dann zum offenen Streit, in dessen Verlauf wir uns gegenseitig Beleidigungen an den Kopf warfen und Marion schließlich in Tränen ausbrach. Türen knallend und fluchend verließ ich das Studio und marschierte schnurstracks in die Küche. Ich setzte mich zu Gecko Henry ins Lager und nahm erst einmal einen großen Schluck Kochbranntwein. Henry beobachtete mich mitleidig von seinem Platz auf dem obersten Regal. Auch er lebte schon längere Zeit allein, seit er seine letzte Gefährtin kurz nach dem Sexualakt aufgefressen hatte. Als Gecko musste das Leben schon um einiges leichter sein. Ich seufzte. Eigentlich wollte ich gar nicht ohne Marion leben, eigentlich liebte ich sie ja. Und es war wirklich dumm gewesen, sie so auflaufen zu lassen.

Als ich zurück ins Studio kam, packte Marion ihre Koffer. Marions Gesicht war aufgedunsen, ihre Augen waren rot vom Weinen. Ihre Kleider lagen bereits fein säuberlich gestapelt auf der Matratze.

Ich wollte sie umarmen, aber sie stieß mich weg. Und als ich versuchte, mich für mein Benehmen zu entschuldigen, schaute sie mich bloß traurig an und schüttelte den Kopf. »Weißt du eigentlich, was für ein Trottel du bist?«

Ich nickte.

Wir setzten uns auf die zerfledderte Couch und schauten uns schweigend in die Augen. Dann nahm ich ihre Hand. Jetzt kamen auch mir die Tränen. Ich weinte, zuerst ganz leise, dann immer lauter, bis ich schließlich schluchzte wie ein kleines Kind. Wir umarmten uns und hielten einander fest, um uns nie wieder zu verlieren.

Später, nachdem ich an meine Arbeit zurückgekehrt war, besuchte Marion mich in der Küche. Sie hatte die Koffer wieder verstaut und ihre Kleider zurück in den Schrank gelegt. Nun bot sie mir an, mir ein wenig zur Hand gehen. Ich war froh und erklärte ihr, was sie noch alles zu rüsten hatte. So arbeiteten wir Hand in Hand und redeten so viel wie in den letzten Wochen nicht.

Fortan war es so, wie es von Anfang an hätte sein sollen: Wir verbrachten viel Zeit im Bett, erzählten, machten Pläne und lachten viel. Ich fuhr mit ihr um die Insel, stellte sie meinen Kollegen vor und besuchte gemeinsam mit ihr Bekannte. Freitags fuhren wir in die Stadt und tanzten in Teres Bar oder im Banana Court, oder wir tranken Bier und Cocktails bei Simon und Mike in der Hideaway Bar.

Doch schon nach wenigen Wochen langweilte Marion sich. Sie half mir zwar in der Küche und dekorierte das Hotel und unser Studio, doch das füllte sie nicht aus. Da sie lediglich als Touristin eingereist war, hatte sie keine Chance, eine Arbeitsbewilligung zu bekommen. Dafür hätte sie ein Arbeitsvisum des Konsulats in Wellington gebraucht, das wiederum eine Firma in Rarotonga beantragen musste.

Wieder einmal wusste Jeannie eine Lösung: Mit dem Einverständnis der Einwanderungsbehörde durfte Marion im Blumen- und Souvenirgeschäft ihrer Freundin arbeiten. Die hatte schon bei Marions erstem Besuch vor Monaten Interesse an einer Anstellung gezeigt. Marion sollte dafür offiziell keinen Lohn erhalten und verpflichtete sich, zwei Einheimische zu Floristen auszubilden und für die Regierung kostenlos als Reiseleiterin deutscher Gruppen einzuspringen, wenn die andere deutsche Reiseführerin auf der Insel keine Zeit hatte. Dass sie zu diesem Zweck die Geschichte der Cook Islands auswendig lernen und sich mit den einheimischen Bräuchen, Tänzen und anderen wissenswerten Details vertraut machen musste, war für Marion kein Problem. Sie stürzte sich mit Elan auf die neue Aufgabe.

Um der Form Genüge zu tun, musste Marion weiterhin alle drei Monate die Insel verlassen und das nächstgelegene ausländische Territorium besuchen, um dann wieder neu als Touristin nach Rarotonga fliegen zu können und ein neues dreimonatiges Visum zu erhalten. Ein wenig kompliziert waren sie also schon, die Beamten in Rarotonga. Aber sie wussten natürlich auch, dass Marion keinesfalls umsonst arbeitete, sondern genauso viel verdiente wie eine Einheimische. Weil Marion aber nicht illegal auf der Insel war und Einheimische ausbildete, schaute die Einwanderungsbehörde bewusst weg und ließ sie gewähren.

Wenn ihr Touristenvisum wieder einmal abgelaufen war, besuchte Marion ihre neue Freundin Agnes, die in Apia auf West-Samoa einen Blumenladen besaß. Sie half Agnes ein paar Tage lang im Geschäft, ging ein wenig in der Stadt einkaufen, und abends saß sie mit Agnes auf der riesigen Veranda ihres Hauses und lachte mit ihr über die wilden Geschichten von Eric, Agnes' dänischem Ehemann, dem pensionierten Kapitän eines Frachtschiffs. So konnte sie die Zeit auf Samoa trotz der widrigen Umstände genießen. Und wenn sie wieder bei mir auf Rarotonga war, erzählte sie von den Röcke tragenden Samoanern, vom riesigen Markt mit frischem Fisch und Gemüse und von den selbst gebauten Bussen, in denen laute Musik lief.

Nie hätte ich gedacht, dass auch ich einmal nach Samoa reisen würde. Es gab einfach keinen Grund, dorthin zu fliegen. Doch wie so oft in meinem Leben kamen mehrere Zufälle zusammen, und so landete auch ich eines Tages in Apia.

14

Talofa lava Samoa

Sechs Monate nach Marions Ankunft verkündete John auf einmal, dass er und seine Kompagnons das Hotel verkauft hätten. Der neue Besitzer sei ein Amerikaner namens Bob Miller, erklärte er. Allerdings käme der Deal nur unter einer Bedingung zustande: Ich müsste im Hotel bleiben.

Augenscheinlich wusste Bob, wie schwer es war, einen Koch zu finden. Eigentlich sprach nichts dagegen, hier weiterzumachen. Ich hatte keine anderen Pläne, und Marion gefiel es auf der Insel unheimlich gut. Sie war mittlerweile sogar richtig sportlich geworden und radelte täglich nach Avarua und zurück zur Arbeit. Auch schnorchelte sie mit Begeisterung in der Lagune und schwamm jeden Morgen einige Runden.

Um mir die Entscheidung noch ein wenig zu versüßen, schlug John vor, ich solle mit Marion eine Woche in Urlaub fliegen und dann mit neuer Kraft zurück zur Arbeit kommen und mit Bob die Pläne für die Zukunft besprechen. »Ich habe da auch schon so eine Idee.« Er grinste. »Freunde von uns haben ein Hotel auf Niue. Die schulden mir und Jeannie noch eine Woche Hotelaufenthalt, und diese Woche möchten wir euch gerne schenken.«

Natürlich sagte ich nicht Nein und bedankte mich freudig. Endlich eine Chance, etwas mehr von der Gegend zu sehen! Obwohl ich mittlerweile schon fast achtzehn Monate auf Rarotonga war, war ich abgesehen von den zwei gemeinsamen Tagen mit Marion noch nicht von der Insel weggekommen.

Wie versprochen kümmerte sich John um die Hotelreservierung. Niue war bisher vom Tourismus noch nicht entdeckt worden – wohl vor allem, weil die Insel, anders als es für die Südsee typisch war, weder nennenswerte Strände noch einen Hafen aufwies. Niue war wie Mangaia aus einem Atoll entstanden, das sich angehoben hatte. Rund um die Insel zog sich ein Korallenwall von einer Breite von zweihundert Metern bis zu zwei Kilometern. Dahinter ging es steil ins Meer herab. Kilometerlange Höhlen durchzogen das ehemalige Riff, und mit neuseeländischer Unterstützung hatten die Insulaner Bretterpfade zu den versteckten Buchten und Minisandstränden angelegt. Die Pfade führten manchmal durch riesige Kavernen und märchenhafte Korallenformationen und endeten an winzigen schneeweißen Sandstränden, die höchstens drei Personen Platz boten.

Es war gar nicht so einfach, als Tourist hier hinzureisen. Air New Zealand flog einmal pro Woche von Auckland aus, Polynesian Airlines startete von Apia und Rarotonga. Ich wählte Letztere, und an einem klaren Wintersamstag wenige Wochen später stiegen Marion und ich mitsamt unserem Gepäck in die wartende Boeing 737. Der Flug nach Niue sollte etwas mehr als eine Stunde dauern.

Wir waren noch keine fünf Minuten in der Luft, als sich der Kapitän über die Bordlautsprecher meldete: »Meine Damen und Herren. Ich muss Sie davon in Kenntnis setzen, dass wir nicht in Alofi, Niue, sondern in Apia, West-Samoa, landen werden.«

Verdutzt schauten wir uns an. Dass Polynesian Airlines kurz vor der Pleite stand, wussten wir, dass wir aber persönlich davon betroffen sein würden, hätten wir nicht gedacht.

Wie der Pilot angekündigt hatte, landeten wir tatsächlich in Apia, wo das Bodenpersonal die Fluggäste nach Destination sortierte. Die meisten waren Samoaner und an ihrem Ziel angekommen. Einige mussten ohnehin nach Fidschi oder Honolulu weiterreisen und waren daher einfach nur ein wenig zu früh am Flughafen. Wir anderen, die wir nach Niue unterwegs waren, wurden drei Stunden nach der Landung ohne weitere Erklärung in einen Bus verfrachtet und in Hotels in und um Apia herum verteilt. Als letzte Passagiere setzte der gut gelaunte Samoaner am Steuer Marion, mich und einen

Cook-Insulaner namens Harry in Alafua ab, einem Kaff außerhalb der Stadt. Wir waren die einzigen Gäste des kleinen Hotels mit dem illustren Namen Southern Sea Star Hotel.

Der Besitzer, ein alter Samoaner, der den traditionellen Lavalava trug, freute sich wahnsinnig über die unerwarteten Gäste. Und noch viel mehr, als wir ihm die Voucher der Fluggesellschaft zeigten. Wir bekamen die schönsten Zimmer des Hotels, mit Aussicht auf die dreitausend Meter hohen, vom Urwald überwucherten Berge von Samoa. Hier also würden wir bleiben, bis uns das Flughafenpersonal sagen konnte, wann das nächste Flugzeug nach Niue fliegt.

Da sich am nächsten Morgen noch nicht abzeichnete, dass wir bald weiterkommen würden, beschlossen Marion und ich, ein wenig die Umgebung zu erkunden. Eine der vielen Attraktionen der Insel waren die sogenannten *Sliding Rocks*, die Steinrutschen, innerhalb einer knappen halben Stunde zu Fuß von Alafua aus zu erreichen. Bei ihnen handelte es sich um das natürliche, vom Wasser in den Felsen gewaschene Flussbett eines eiskalten Bergbachs. Marion und ich kletterten den steilen Weg hoch und rutschten nacheinander die spiegelglatten, zum Teil fast senkrechten Felswände in einem Höllentempo runter und landeten in den Pools darunter. Wir hatten einen Heidenspaß, mein Hintern allerdings war danach eine Woche lang grün und blau.

Am Nachmittag saßen wir gemütlich im Garten des Hotels und aßen Papaya- und Mangosalat, während unser Reisegefährte, ein Regierungsbeamter der Cooks, lustige Geschichten von seiner Arbeit erzählte. Er hatte sich auf den Weg nach Niue gemacht, weil sein Patenkind demnächst eingeschult werden sollte und die sogenannte *Haircutting Ceremony* anstand. Wenn dabei den Kindern zum ersten Mal in ihrem Leben die Haare geschnitten wurden, waren alle Verwandten und Bekannten eingeladen. Das hatte auch einen praktischen Hintergrund: Die Eltern des Kindes schlachteten vor der Feier einige Schweine, angelten so viele Thunfische, wie sie konnten, und füllten Körbe mit Taro, Kumara und Papaya. Jeder

Gast, der dem Kind zu diesem feierlichen Anlass Geld schenkte, durfte ihm eine Locke abschneiden und bekam je nach Größe des geschenkten Betrages ein halbes Schwein, einige Thunfische oder Früchte und Gemüse. Durch dieses Ritual kamen jedes Mal einige Tausend Dollar zusammen – genug, um die Schulgebühren zu bezahlen.

Als sich die Fluggesellschaft auch nach zwei Tagen noch nicht gemeldet hatte, fuhren Marion, Harry und ich mit einem der vielen privaten Busse nach Apia. Marion kannte sich von ihren Kurzbesuchen schon ganz gut in der Stadt aus, sodass wir die Büros der Fluggesellschaft relativ schnell fanden. Als wir mit unseren Flugtickets in der Hand eintrafen, erfuhren wir das Unfassbare: Unser Flug hatte bereits vor wenigen Stunden Samoa verlassen. Die Fluggesellschaft hätte uns zwar gesucht, aber keiner habe gewusst, in welchem Hotel man uns untergebracht hatte.

»Es tut uns wirklich sehr leid«, entschuldigte sich die freundliche Samoanerin am Schalter der Fluggesellschaft.

Ich grummelte Unverständliches vor mich hin. Entschuldigungen hatten wir nun schon genug gehört. Wir wollten endlich nach Niue. Samoa gefiel mir zwar auch nicht schlecht, aber nun war bereits der dritte Tag unseres Urlaubs ins Land gezogen, und wir hatten immer noch keine Ahnung, wann wir endlich an unserem Ziel ankommen würden. Doch da die Fluggesellschaft nun wusste, wo wir zu finden waren, mussten wir uns auch nicht länger in den Büros der Polynesian Airlines aufhalten, die wir fortan *Apologie Airlines*, also »Entschuldigung-Airlines«, nannten. Stattdessen machten wir uns auf, Apia zu besichtigen. Wir besuchten den riesigen Markt im Zentrum der Stadt und tranken *Afternoon Tea* im weltberühmten Aggie Grey's Hotel. Abends aßen wir bei Marions Bekannten Agnes und Eric Langusten und lachten gemeinsam über Kapitän Erics Seemannsgarn.

Es hätte uns schlimmer treffen können. Und dennoch fuhren wir täglich nach dem traditionellen samoanischen Frühstück mit warmer Papaya und Tapioka in die Stadt, um uns im Büro der Fluggesellschaft nach dem neusten Stand der Dinge zu erkundigen. Nach unserem Erlebnis mit dem verpassten Weiterflug trauten wir der Gesellschaft nicht mehr ohne Weiteres über den Weg. Vor allem Harry wurde langsam nervös, denn sein Urlaub war schon bald zu Ende.

Erst am sechsten Tag nach unserem Abflug in Rarotonga, als wir wieder einmal mit langen Gesichtern auf den unbequemen Stühlen im Büro saßen und auf neue Informationen warteten, winkte uns ein junges Mädchen enthusiastisch an einen freien Schalter. »In zwei Stunden fliegt ein Flugzeug nach Niue«, teilte sie uns freudig mit, »und dieses Mal sind Sie dabei.«

Rasch fuhr uns einer der Angestellten ins Hotel, damit wir unsere Sachen packen und abholen konnten. Den Start der Maschine erlebten wir dennoch erst einmal als Zuschauer. Wir wollten schon aufbrausen, doch man beruhigte uns. Es handle sich lediglich um einen Probeflug. Die Maschine sei eben erst repariert worden, die Piloten hätten nur schnell testen wollen, ob alles in Ordnung ist. Das war für Harry Grund genug, sich umzuentscheiden. Nicht mehr nach Niue wollte er, sondern direkt nach Hause nach Rarotonga. Wann genau der nächste Flug dort hingehen würde, wusste allerdings keiner, denn da Polynesian inzwischen Insolvenz angemeldet hatte, stimmte kein Flugplan mehr.

Nachdem Marion und ich uns von Harry verabschiedet, ihm versprochen hatten, an seiner Stelle an der Haarschneidezeremonie teilzunehmen und das Geldgeschenk für das Kind und ein Vorstellungsschreiben für seine Eltern entgegengenommen hatten, bestiegen wir endlich eine alte De Havilland Twin Otter mit neunzehn Sitzplätzen, unser Flugzeug nach Niue. Inklusive der beiden Piloten waren wir nur zu sechst an Bord. Es gab keine Toilette, dafür standen auf der hintersten Sitzreihe zwei Kühlboxen mit Getränken und belegten Broten zur freien Bedienung.

Die Tür zum Cockpit stand während des zweistündigen Flugs

nach Niue die ganze Zeit offen, und so konnte ich dem Kopiloten dabei zuschauen, wie er Kokosnüsse mit einer Machete öffnete. Ich hoffte inständig, er möge nicht aus Versehen die Instrumententafel treffen, und wandte meinen Blick sicherheitshalber ab. Der Blick aus dem Fenster entschädigte für vieles: Der Himmel über dem Pazifik wölbte sich blau und wolkenlos über dem Horizont, und da wir ziemlich tief flogen, konnten wir die Wellen und ab und zu auch kleine Schiffe auf dem Wasser sehen. Wenig später versank die Sonne blutrot im Westen. Trotz der widrigen Umstände war der Flug von Samoa nach Niue einer der schönsten Flüge meines Lebens. Ich genoss das Dröhnen der Propeller in meinen Ohren und die unendliche Weite des Pazifiks rund um das Flugzeug. Und neben mir saß die Liebe meines Lebens, Marion.

Auf Niue erwartete uns zur Abwechslung eine freudige Überraschung. Anette, die Managerin unseres Hotels, hatte tatsächlich einen Fahrer geschickt, um uns abzuholen. Damit hatten wir nun wirklich nicht gerechnet, denn schließlich konnte eigentlich keiner wissen, wann wir ankommen würden. Ich hatte vor ein paar Tagen angerufen und eine Nachricht hinterlassen, aber natürlich nicht sagen können, an welchem Tag und zu welcher Zeit wir endlich landen würden.

Offenbar hatte sich die Fluggesellschaft darum gekümmert. Sie wurde auf Niue durch eine zierliche Insulanerin namens Noovai vertreten. Sie nahm uns persönlich am kleinen Flughafen von Alofi in Empfang und bat uns, täglich bei ihr reinzuschauen, um unsere Flugtickets neu zu datieren. Es sei bislang nämlich noch nicht klar, wann das nächste Flugzeug Niue verlassen würde.

Als der Fahrer des Hotels uns durch die dunklen Straßen von Alofi kutschierte, funkelten über uns Tausende Sterne. Natürlich mussten wir Anettes Mann Reg später erklären, warum wir erst so spät angekommen waren, aber das Wesentliche hatte er schon gehört. Ich schickte noch schnell ein Fax von der Rezeption aus nach Arorangi, um John davon in Kenntnis zu setzen, dass wir nun endlich auf Niue gelandet waren, dann ging ich ins Bett. Endlich Urlaub!, dachte ich.

Am nächsten Morgen erwartete uns Anette mit einem nervösen Lächeln zum Frühstück. Der Koch hatte in der Nacht einen Herzinfarkt gehabt und war nun arbeitsunfähig. »Kannst du nicht ein paar Tage lang einspringen?«, bat sie händeringend. »Wir haben im Moment nur dreizehn Gäste und können das Restaurant mittags schließen. Aber abends müssen wir aufmachen.«

So viel zum Thema Urlaub. Ich seufzte innerlich, konnte aber doch nicht Nein sagen. Erst recht nicht, nachdem Marion vollstes Verständnis für die Bitte unserer Gastgeberin gezeigt und erklärt hatte, es sei überhaupt kein Problem für mich. Ich könne am Nachmittag schnell etwas vorbereiten und kochen, dann könnten wir am Vormittag etwas zusammen unternehmen.

Mir blieb also nur, mein Schicksal hinzunehmen und die Küche zu besichtigen. Ich war positiv überrascht. Sie war weiß gefliest und mit Edelstahltischen, Kombidämpfer, Elektroherd und einigen weiteren Geräten ausgestattet, von denen ich auf den Cooks nur träumen konnte.

Zur Feier des Tages kochte ich am ersten Abend ein Dreigängemenü. Ich hatte Kühlschrank und Lagerraum durchforstet und einiges gefunden – wenn auch bei Weitem nicht nur Erfreuliches. Ein Zehnkilosack Mehl war voller Mehlwürmer gewesen, im Kühlschrank schimmelten Tomatensauce und Currysauce vor sich hin, ein abgepacktes Steak am Boden des Kühlschrankes hatte bereits die Farbe von Teer angenommen, und als ich die Folie entfernte, musste ich mich fast übergeben. Der Gestank war fürchterlich. Doch abgesehen davon fand ich genügend Lebensmittel, die ich ruhigen Gewissens verwenden konnte, um ein schönes Essen zuzubereiten.

Nach Niue wurde noch mehr importiert als bei uns auf den Cooks, zumeist aus Neuseeland. Und der Koch hatte offensichtlich

ein besonderes Faible für Konservendosen. Was ich fand, würde das Hotel ohne Zweifel einige Jahre lang versorgen können.

»Das liegt daran, dass wir aus Kostengründen Großpackungen kaufen und nicht nur einzelne Dosen«, versuchte Anette die Dosensammlung zu erklären.

Das leuchtete mir ein. Und doch war es kein Grund, hundert-

zwanzig Büchsen Birnenhälften in Sirup, zweihundertvierzig Dosen Ananas in Stücken oder zweiundneunzig Dosen gebackene Bohnen in Tomatensauce ohne und vierunddreißig mit Würstchen auf Lager zu haben. Vom mexikanischen Bohneneintopf über Fischsuppe bis hin zu Schokoladenpudding gab es alles in Dosen. So etwas hatte ich noch nie gesehen. Eigentlich brauchte man in dieser Küche gar keinen Koch, nur einen verdammt guten Dosenöffner.

Anders als mein erkrankter Kollege und zu Anettes Überraschung rührte ich die Fertiggerichte aus der Dose nicht an, sondern kochte fast ausschließlich mit frischen Lebensmitteln. Ich verarbeitete einheimische Papayas, die zu den besten der Südsee gehörten. Sie waren nicht gelborange, sondern eher pink, zuckersüß, so groß wie Honigmelonen und wuchsen auf Bäumen auf den Korallenrückständen überall auf der Insel. Im Kühlschrank hatte ich außerdem frischen Thunfisch, Tomaten, Zucchinis, Auberginen und Peperoni gefunden.

Spontan entschied ich, als Vorspeise einen Gemüse-Fisch-Kuchen zuzubereiten. Ich schnitt das Gemüse längs in etwa einen Zentimeter dicke Scheiben, dann briet ich die Scheiben kurz in heißem Olivenöl an und schichtete sie abwechselnd in mehrere Backformen. In die Mitte legte ich den Thunfisch, auf den ich weiteres Gemüse schichtete. Ich deckte das Ganze mit Alufolie zu und beschwerte die Folie mit einem Ziegelstein, bevor ich die Kuchen eine halbe Stunde lang im vorgeheizten Ofen buk. Als sie erkaltet waren, stürzte ich die Form und schnitt die Kuchen in Scheiben; diese arrangierte ich auf Tellern und dekorierte sie mit fein geschnittener rosaroter Papaya.

Das sah schon einmal nicht schlecht aus. Was aber als Hauptgang anbieten? Ich untersuchte noch einmal den Tiefkühler und fand dabei einen Karton mit gefrorenen Pouletbrüstchen. Ich ließ sie auftauen und würzte sie anschließend mit einer Mischung aus Joghurt, Basilikumpaste und ein wenig Currypulver. Im Garten des Hotels hatte ich Zitronengras entdeckt. Ich schnitt einige Stängel ab, spießte die Brüstchen auf und schob sie in den noch heißen Ofen, wo sie bei niedriger Temperatur langsam garen sollten. Ich kochte Basmatireis und mischte anschließend geröstete Pinienkerne und eingeweichte Rosinen unter. Zuletzt schnitt ich grüne Bananen, die ich ebenfalls im Hotelgarten geerntet hatte, in Scheiben und frittierte sie in frischem Erdnussöl in der brandneuen Friteuse. Das alte Öl kippte ich im Garten in ein Loch und schaufelte Sand darüber, wie ich es aus Rarotonga kannte. Es war nur allzu offensichtlich, dass mein kranker Kollege länger nicht dazu gekommen war, es auszutauschen.

Zum Nachtisch bereitete ich mit den übrig gebliebenen Weißbrotscheiben vom Frühstück eine besondere Spezialität zu: *Felix' very special Bread and Coconut Pudding*, einen Brotpudding mit Kokosmilch. Ich fand zwar keinen Rahm in der Küche, dafür aber einige Tüten getrockneter Kokosmilch. Eigentlich war es eine Schande, in der Südsee getrocknete Kokosmilch aus Thailand zu verwenden, aber ich war hier nur Gastkoch und hatte wirklich keine Zeit, Kokosnüsse zu raspeln und die Milch auszupressen. Seufzend mischte ich das Pulver mit Wasser, Zucker und Eiern. Nachdem ich die Weißbrotscheiben in Backformen gelegt und mit flüssiger Butter übergossen hatte, verteilte ich die Masse über dem Brot. Als die ersten Gäste beim Hauptgang waren, schob ich den Pudding in den Ofen, und vierzig Minuten später war er goldgelb. Ich ließ ihn ein wenig abkühlen, verteilte ihn auf Schälchen, goss Niue-Honig über das Dessert und servierte es mit einer Kugel Vanilleeis. Als Garnitur hatte ich vorher getrocknete Kokosflocken geröstet, die ich nun darüberstreute.

Wie Anette angekündigt hatte, erschienen nur dreizehn Gäste zum Essen. Während sie alle mit meiner Kochkunst zufrieden waren, fand Anette das Poulet zu exotisch, die Vorspeise zu italienisch und das Dessert zu mondän. Ich sagte nichts, aber als sie später in die Küche kam, wo ich noch mit dem Abwasch beschäftigt war, nahm ich eine Schaufel des Mehls und zeigte wortlos auf die sich windenden kleinen weißen Maden.

Sie war schockiert. Als ich dann auch noch den luftdichten Eimer öffnete, in dem ich die schimmligen Saucen und das schwarze Fleisch deponiert hatte, verließ sie fluchtartig die Küche – wahrscheinlich, um sich zu übergeben. Ich grinste.

Am nächsten Morgen beim Frühstück war sie zuckersüß und entschuldigte sich mehrfach für die abschätzige Bewertung meines Essens. Mich kümmerte Kritik dieser Art schon lange nicht mehr. Ich war viel zu abgebrüht, um einen dahergelaufenen Hotelmanager oder Restaurantkritiker ernst zu nehmen. Entweder mochte man mein Essen oder nicht. Wer es mochte, kam wieder, die anderen nicht. Von nun an jedenfalls hielt Anette sich raus, wenn ich abends kochte.

Mit ihrem Mann Reg fuhren Marion und ich mit einem kleinen Boot auf das offene Meer, um Thunfisch zu fangen. Auch wenn unsere Bemühungen nicht von Erfolg gekrönt waren: Es war ein wunderschöner Vormittag, und Thunfisch gab es schließlich auch in Alofi auf dem Markt.

Da wir noch etwas von der Insel sehen wollten, mieteten wir uns ein Motorrad. Wir waren ziemlich überrascht, als uns der Vermieter neben dem Motorrad auch zwei Helme aushändigte. Wir kamen jedoch nicht umhin, denn anders als auf Rarotonga herrschte auf Niue Helmpflicht! Wir lachten sehr, als wir uns im Spiegel begutachteten. Ich hatte Marion noch nie mit einem Helm gesehen, und irgendwie sah auch ich sehr seltsam aus.

Die Insel war wunderschön und menschenleer. Wir trafen nur auf einen einzigen Einheimischen, einen Mann namens J. J. Poumale. Er war alleiniger Bewohner sämtlicher Häuser seiner Familie in einem verlassenen Dorf am anderen Ende der Insel. Ein Haus benutzte er als Küche und Esszimmer, ein zweites als Schlafgemach, ein drittes, etwas kleineres Häuschen als Waschküche, ein viertes als Toilette und Bad. Er bot sich als unser privater Reiseleiter an und erklärte uns, dass fast alle seine Verwandten in Neuseeland arbeiteten und wohnten. Sie schickten ihm Geld, das er ebenso wie die Häuser im Dorf verwaltete. Nebenbei verdiente er sein Geld als Polizist und Zöllner auf dem Flughafen und als Inhaber eines Mini-Fun-Parks, den er in seiner freien Zeit mit neuseeländischen Hilfsgeldern im Dorf gebaut hatte. Wir waren zwar die ersten Besucher seit fünf Tagen, doch J. J. hoffte noch immer, dass irgendwann auch Niue vom Tourismusboom in der Südsee profitieren würde.

Wie wir Harry versprochen hatten, vertraten Marion und ich ihn während der Haarschneidezeremonie seines Patenkinds. Es war, wie Harry angekündigt hatte. Über hundert Verwandte und Bekannte waren angereist, um das Fest zu feiern. Der kleine Junge mit den langen, zu kleinen Zöpfchen geflochtenen Haaren saß auf einem riesigen, mit bunten Tüchern behangenen Lehnstuhl auf der Veranda. Der Vater verlas die Gästeliste und begrüßte speziell die Verwandtschaft aus Rarotonga, die durch Marion und mich vertreten wurde. Er hielt sich nicht mit Erklärungen auf, warum zwei *Papaas* diesen Zweig der Verwandtschaft vertraten. Wie üblich akzeptierten die Polynesier die Tatsachen, ohne sie zu hinterfragen, und wir zwei waren nun Familienmitglieder. Irgendwann mussten auch wir nach vorne gehen, dem Vater des Jungen Harrys Geldumschlag überreichen und dem Kind ein Zöpfchen abschneiden. Auch Marion und ich steuerten zwanzig Neuseelanddollar als Geschenk zu.

Der Junge bedankte sich, schon ein wenig mürbe von der Sitzerei und dem Menschenauflauf. Danach gesellten wir uns zu den anderen Verwandten und bedienten uns am reichhaltigen Inselbuffet. Eigentlich hätten wir für das Geldgeschenk von Harry auch noch etwas Thunfisch und einen Schweinekopf mitnehmen können, aber wie von Harry gewünscht, gaben wir den Anteil an einen seiner Cousins weiter. Für unser Geldgeschenk bekamen wir eine Tüte Erdnussflips und zwei Lollis.

Es war ein interessanter und lustiger Nachmittag, aber das Ganze dauerte länger als erwartet, weshalb ich prompt zu spät zurück ins Hotel kam. Anette war stinkig, dass die Gäste eine Stunde auf ihr Essen warten mussten, aber ich zuckte nur mit den Schultern. Immerhin war ich im Urlaub.

Nach etwa zwei Wochen hatte der Koch sich von seinem Infarkt wieder so weit erholt, dass meine Arbeitskraft in der Küche nicht mehr gebraucht wurde. Ich hatte ihn schon mehrmals von einem Betonpier angeln und Bier trinken sehen und gehofft, ihn auch mal in der Küche zu treffen, um mich ein wenig mit ihm zu unterhalten. Aber er schien ziemlich scheu zu sein.

Endlich gab es zudem Neuigkeiten. Ein Flugzeug war auf dem Weg von Samoa nach Niue. Sofort packten wir unsere Koffer und eilten zum Flughafen. Dort herrschte Chaos. Auf der Insel waren mittlerweile mehr als fünfzig Reisende gestrandet, und alle wollten nur eins: weg von Niue.

Beim Anblick der landenden Maschine mussten Marion und ich lachen. Wir kannten das Flugzeug: die alte deHavilland – mit gerade einmal neunzehn Sitzplätzen. Dass hier nur einen Platz bekam, wer zuerst beim Flugzeug war, war nicht nur uns klar. Wie von Sinnen stürmten die Gestrandeten zur Flugbahn. Marion und ich versuchten es erst gar nicht. Die anderen aber rasten auf die mittlerweile geparkte Maschine zu, stürmten die Treppe zur Einstiegsluke hoch – und wurden abrupt gestoppt. Die Machete in der Hand scheuchte der Kopilot alle zurück in die Abfertigungshalle, wo die Reiseleiterin verkündete, dass nur die Besitzer eines gültigen Flugtickets ins Flugzeug steigen durften. Da wir im Unterschied zu den meisten anderen unsere Tickets immer wieder hatten umschreiben lassen, gehörten Marion und ich zu den fünfzehn Glücklichen.

Man mag nun annehmen, dass außer uns noch vier weitere Passagiere mit nicht aktualisierten Tickets einsteigen durften. Doch weit gefehlt. Entscheidend war nämlich nicht die absolute Zahl der Passagiere, sondern ihr Gesamtgewicht, inklusive Gepäck. Um das bestimmen zu können, mussten zunächst alle auf die Waage. Danach stand fest, dass außer uns fünfzehn kein weiterer Passagier an Bord durfte. Zwei Samoanerinnen mussten sogar ihre mit Dosenfleisch und Süßkartoffeln gefüllten Taschen zurücklassen. Sie hatten die Wahl: Entweder konnten sie mit oder das Gepäck.

So blieben trotz des großen Ansturms vier Sitzplätze leer. Natürlich flog die deHavilland nicht nach Rarotonga, sondern landete vierhundert Kilometer weiter, in Apia. Als wir landeten, glich der Faleolo International Airport einem Bienenhaus. Hunderte gestrandete Passagiere hatten ihr Lager in der Abflughalle aufgeschlagen. Immer mehr Reisende kamen nicht weiter, denn Polynesian besaß nur noch zwei Flugzeuge: die alte deHavilland und eine Boeing 737. Auf dem Rollfeld standen zwar zusätzlich noch zwei Chartermaschinen, doch auch sie sahen nicht so aus, als sollten sie bald abheben.

Die unübersehbare Samoanerin am Schalter der Fluggesellschaft teilte uns auf unsere Nachfrage mit, dass wir in einem Hotel außerhalb der Stadt untergebracht würden. Sobald ein Flugzeug nach Rarotonga flöge, würde man uns abholen. Diese Aussage kannten wir bereits von der Hinreise. Daher entschieden wir uns, unser Camp ebenfalls in der Abflughalle aufzuschlagen. Eine weise Entscheidung, wie sich bald herausstellte. Irgendwann, mitten in der Nacht, durchquerten auf einmal Besatzungsmitglieder der Fluggesellschaften die Halle, in den dunklen Flugzeugen gingen die Lichter an, und über Lautsprecher forderte eine weibliche Stimme die Passagiere auf, sich für den Abflug bereitzuhalten.

Marion und ich gesellten uns zu den anderen Passagieren, und tatsächlich konnten wir wenig später in unsere Maschine steigen. Dass niemand einen Boarding Pass vorzeigen musste, sorgte für jede Menge zusätzliches Chaos, da nicht wenige müde Fluggäste erst einmal in das falsche Flugzeug stiegen. Fluggastkarawanen marschierten kreuz und quer über das Rollfeld, stiegen die Treppen der Flugzeuge hoch – und wieder hinunter. Ich wollte nicht wissen, wie die Gesellschaften den Transport des Gepäcks einigermaßen koordinieren wollten. Zum Glück hatten wir unsere Sachen mit in die Maschine genommen!

Nachdem wir so mehrere Stunden lang untätig auf der Rollbahn gestanden und gewartet hatten, schien unser Pilot die Nase endgültig voll zu haben. »Wollen alle an Bord meiner Maschine nach Rarotonga oder Papeete fliegen?«, fragte er über den Lautsprecher. Er klang ziemlich genervt.

Fast alle bejahten die Frage. Dass einige offenbar doch ein anderes Reiseziel hatten, bekam der Pilot nicht mit, und es interessierte ihn auch nicht. Einige Sitzreihen vor uns begannen zwei ältere Ehepaare aus Deutschland, lautstark zu diskutieren. Sie wollten nach Honolulu und hatten gerade erst entdeckt, dass sie in der falschen Maschine saßen. Schon wollte einer der Männer aufstehen, doch im gleichen Moment leuchteten die Warnlampen über unseren Köpfen auf und forderten uns auf, die Sitzgurte zu schließen. Notgedrungen setzte der Mann sich wieder hin und versuchte nun, die Stewardess auf Deutsch zu sich herzubefehlen.

Marion und ich schüttelten nur den Kopf. Natürlich rührten sich die jungen samoanischen Flugbegleiter nicht von ihren Notsitzen. Auch wenn einige der älteren Samoaner noch aus Kaiser Wilhelms Zeit ein wenig Deutsch konnten – sie mit Sicherheit nicht.

Der Kapitän ließ sich ebenfalls nicht beirren. *»Cabin crew ready for take-off? Let's get out of here!«*

Während die beiden älteren Ehepaare sich verwirrt umschauten, johlten wir anderen Fluggäste vor Freude. Erst als die Maschine sich langsam in Bewegung setzte, wurden unsere deutschen Mitreisenden nervös. Aber nun war es zu spät. Das Flugzeug rollte auf die

Startbahn, wendete und beschleunigte. Aus unserem Fenster sahen wir die anderen Maschinen vor dem Flughafengebäude. Noch immer stiegen Reisende ein und aus. Dann endlich hoben wir ab und drehten nach Osten, in Richtung Rarotonga.

Heimat, wir kommen!

15

Manchmal geht es schneller, als man denkt

Zwei Wochen später als geplant stand ich am nächsten Tag in der Küche. Während meiner Abwesenheit hatten John und seine Mitbesitzer das Hotel bereits an den neuen Eigentümer übergeben. Schon jetzt blies ein neuer Wind. Eine seltsame Stimmung machte sich breit. Die einheimischen Mitarbeiter hatten immer schlechtere Laune und kamen bisweilen einfach gar nicht zur Arbeit. Ich wollte natürlich wissen, warum das so war, und erhielt eine verblüffende Antwort. Bob hatte jeden von ihnen schon in den ersten Wochen mehrmals angeschnauzt und mit rassistischen Aussagen so beleidigt, dass einige von ihnen sogar gekündigt hatten.

Es sollte nicht bei Einzelfällen bleiben. Das Personal wechselte nun beinahe wöchentlich, niemand blieb allzu lange. Bobs Launen und Wutausbrüche verscheuchten auch die abgebrühtesten Vertreter der Restaurantzunft. Auch kamen immer weniger Gäste. Inzwischen war das Hotel meistens nur zur Hälfte belegt. Kein Wunder! Bob hatte die Übernachtungspreise drastisch erhöht und sämtliche Marketingmaßnahmen eingestellt; er war aus der Gruppe der Select Hotels ausgestiegen. Zu mir war er am Anfang immer sehr freundlich. Er hatte auf meine Anregung hin neue Tische für den Bounty Room zimmern lassen und war sehr entgegenkommend gewesen, wenn ich irgendein Problem hatte. Auch dass ich zwei Wochen länger Urlaub gemacht hatte, störte ihn nicht. Es sei ja nicht meine Schuld gewesen, meinte er.

Nur gegenüber Marion verhielt er sich immer sehr abweisend, was ich nicht verstehen konnte. Auch sie mochte ihn überhaupt nicht.

Dass das Hotel den Bach runterging, schien ihn jedoch nicht

zu bekümmern, denn er hatte es bereits wieder zum Verkauf ausgeschrieben.

Wenn ich John bei meinen Einkaufstouren in der Stadt traf und ihm von den Entwicklungen erzählte, zeigte er sich besorgt. Bob schuldete John und seinen Teilhabern noch viel Geld, und es sah nicht so aus, als sollten sie es allzu bald bekommen. Irgendwie war es ihm gelungen, sie um den Finger zu wickeln. Erst jetzt, wo das Geld für das Hotel noch immer nicht auf dem Konto der Verkäufer eingegangen war, hatte John Erkundigungen über Bob eingezogen. Er fand heraus, dass Bob ein Vietnamveteran war und in den letzten Jahren bereits in undurchsichtige Geschäfte in Südamerika verwickelt gewesen war. Hätte er das vorher gewusst, hätte er das Hotel mit Sicherheit nicht an Bob verkauft.

Mir gegenüber verhielt sich Bob wie gesagt zurückhaltend. Dann bekam auch ich sein wahres Gesicht zu sehen. Früh am Morgen polterte er an die Tür meines Studios. Als ich – noch ein wenig verschlafen – öffnete, stürmte er ohne Gruß herein und sah sich gehetzt um. Er war nicht mehr in meinem Studio gewesen, seit ihm John das Hotel vor dem Verkauf gezeigt hatte.

Als sich Marion verschlafen im Bett aufsetzte und ihn erstaunt ansah, fluchte Bob plötzlich lauthals los und schrie mich an. »Du bezahlst nur Miete für eine Person, und ihr lebt hier zu zweit! Die da übernachtet hier völlig umsonst – und hält dich auch noch von der Arbeit ab. Ab sofort zahlst du mehr. Und jetzt ab zum Strandrestaurant! Die Hotelgäste warten auf ihr Frühstück!«

Im Halbschlaf war ich noch nicht bereit für eine Auseinandersetzung dieser Art. Daher zog ich mir schnell etwas über und folgte ihm zum Strandrestaurant. Weder Aline noch sonst einer waren zur Arbeit erschienen, und unsere Gäste saßen ein wenig verloren auf den Bänken und schauten mich erwartungsvoll an.

»Ah, da kommt der Koch!«, bemerkte einer und lachte.

Bob starrte den Gast unfreundlich an, sagte aber kein Wort. Ich eilte in die Küche und machte mich sofort daran, das Frühstück vorzubereiten. Natürlich musste ich zuerst Wasser für Kaffee und Tee kochen. Währenddessen rannte Bob wie von einer Tarantel gestochen im Restaurant auf und ab und schrie nach Rührei, Speck, Toast und Müsli. Ich ignorierte ihn, so gut es ging, und arbeitete ruhig weiter. Innerlich aber kochte ich vor Wut. Wo waren Aline und Tua? Hatten sie inzwischen auch von Bob die Nase voll?

Es dauerte eine Stunde, bis ich alles so weit vorbereitet hatte, dass die Gäste wie gewohnt frühstücken konnten. Natürlich arbeitete ich für Bob viel zu langsam. »Mach gefälligst schneller«, schnauzte er mich an. »Was für ein Koch bist du eigentlich?«

Auch nach dem Frühstück ließ sich keiner meiner Angestellten blicken, sodass ich auch das Mittagessen allein zubereiten musste. Ich wunderte mich schon ein wenig, wo alle waren, hatte aber keine Zeit, eigene Nachforschungen anzustellen.

Auch Marions Beobachtungen halfen mir zunächst nicht weiter. Sie besuchte mich zwar am Vormittag in der Strandküche, wusste aber nur, dass Bob an der Rezeption saß und laut ins Telefon fluchte. Das Büro sei nicht besetzt, berichtete sie, und auch auf dem übrigen Hotelgelände sei kein Personal zu sehen. Als Marion mich später von der Arbeit in Avarua anrief, hatte sie schlechte Nachrichten. Die Buschtrommeln der Insel liefen auf Hochtouren und verbreiteten, dass Bob in dieser Woche die Löhne der Einheimischen nicht bezahlt habe. Bankangestellte hatten zudem ausgeplaudert, dass auf den Konten des Hotels Ebbe herrschte. Ich erschrak. Damit hatte ich nie und nimmer gerechnet.

In den nächsten Tagen jagte eine Hiobsbotschaft die andere. Ich bekam bei den Geschäften in Avarua keinen Kredit mehr und konnte nur noch mit Bargeld einkaufen. Als ich daher bei Bob vorsprach und Bares verlangte, händigte er mir zwar zähneknirschend ein paar Geldscheine für den Einkauf aus, meinen Lohn aber überwies er wie bisher auf mein Konto. Erfreulicherweise hatte er seine Drohung, mir mehr Miete abzuziehen, noch nicht wahrgemacht.

Um seine ehemaligen Angestellten wieder zur Arbeit zu locken, versprach er, ihnen die Löhne bar auszuzahlen, sobald sie wieder im Hotel erschienen. Tatsächlich gelang es ihm, die meisten auf diese Weise zurückzugewinnen. So lief das Hotel mehr schlecht als recht weiter.

Bob war allerdings noch launischer als zuvor, und ich musste immer mehr betteln, wenn ich Geld für den Einkauf benötigte. Dadurch verschlechterte sich natürlich auch die Qualität der Speisen, und so war es nicht weiter überraschend, dass immer weniger Gäste kamen. An manchen Abenden konnte ich schon um sieben Uhr schließen, weil kein Mensch sich in den Bounty Room verirrte. Logisch, wenn nur vier Gäste im Hotel residierten und diese auch noch mit dem Bus in die Stadt fuhren, um dort in einem belebteren Restaurant zu dinieren. Mir war es mittlerweile egal. Hier wollte ich ohnehin nicht länger arbeiten.

Als ich ihm eines Morgens meine Kündigung auf den Schreibtisch knallte, saß Bob halb betrunken an der Rezeption und zog sich eine Ladung Koks in die Nase. Noch einen Monat, dann wäre ich weg, sagte ich.

Ich hatte natürlich mit Marion alles haargenau besprochen, bevor ich kündigte. Wir hatten genug Geld gespart, um etwa ein Jahr lang durch Neuseeland und Australien reisen zu können. John hatte mir versprochen, dass er spätestens dann das Hotel wieder führen würde und ich sofort wieder für ihn arbeiten könne. Und auch Marions Chefin hatte bestätigt, dass sie bei Ariki Craft immer willkommen sei. Wenn sie zurückkäme, könne sie sogar mit einer offiziellen Arbeitsbewilligung rechnen.

Bob explodierte, als er den Wisch vor seiner Nase sah. Er schrie herum und feuerte den Bürostuhl gegen die Wand der Rezeption. Danach sank er in sich zusammen, heulte wie ein kleines Kind, stammelte ein paar unverständliche Worte und rannte zu seinem Auto. Kurz darauf war er verschwunden.

Als Marion abends von der Arbeit zurückkam, war sie kreidebleich. Bob hatte sie auf dem Nachhauseweg mit seinem Wagen

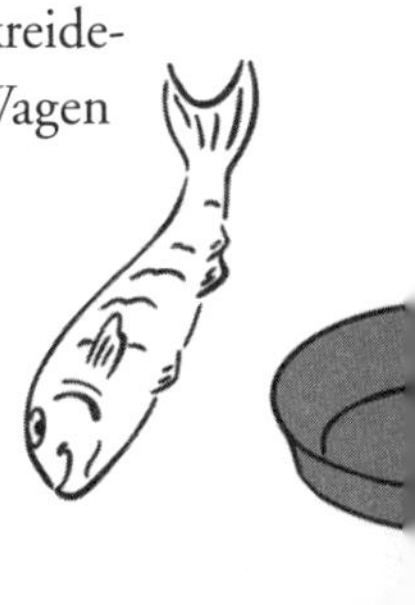

von der Straße gedrängt, sodass sie ins Gebüsch geflogen war. Zum Glück hatte sie sich nicht ernsthaft verletzt. Aber sie stand unter Schock. Ich versuchte, sie, so gut es ging, zu trösten. Zitternd saß sie auf dem Bett und heulte. Ich holte an der Bar ein großes Glas Whisky, setzte mich neben sie und hielt sie fest in meinem Arm.

Ich hatte eine Stinkwut auf Bob und stellte ihn zur Rede, sobald ich ihn das nächste Mal sah.

»Ich weiß gar nicht, wovon du sprichst«, sagte er abweisend. »Und wo ich dich grade sehe: Den Flug nach Neuseeland, den du laut Arbeitsvertrag guthast, zahle ich nicht. Du hast den Vertrag schließlich mit John geschlossen, und nicht mit mir. John hat mich ohnehin übers Ohr gehauen. Alle auf der Insel sind gegen mich.« Er heulte wieder los und bekniete mich, ihn nicht im Stich zu lassen.

Ich wandte mich angewidert ab. Es war kaum zu übersehen, dass er wieder Drogen genommen hatte.

Zu meiner Überraschung erklärte John sich bereit, meinen Flug nach Neuseeland aus eigener Tasche zu bezahlen. Ich fand das enorm großzügig und versprach, zur Stelle zu sein, sobald er mich bräuchte. Wie schnell hatte sich alles verändert. Unser kleines Paradies war in sich zusammengefallen wie ein Kartenhaus. Und es sollte noch ärger kommen: Eines Abends saß Bob auf meiner Veranda und versuchte, mit Marion ins Gespräch zu kommen. Sie solle doch mit mir reden und mich umstimmen, bat er. Er würde mich im Hotel dringend brauchen, ich sei der Einzige, dem er vertraue. Als sie sich weigerte, mit ihm zu reden, rastete er aus und drohte Marion, sie bei der Einwanderungsbehörde zu melden. »Ich weiß genau, dass du keine Arbeitsbewilligung hast«, schrie er ihr ins Gesicht. Dann verließ er wütend mein Haus.

Es war der reinste Terror. Und wieder war es John, der uns aus der Patsche half. Er bot uns an, in sein Haus in Titikaveka zu ziehen. Zu unserem Glück brauchte er es im Moment nicht selbst, da er mit Jeannie einige Monate in Neuseeland verbrachte. Marion und ich packten sofort unsere Sachen, und schon am nächsten Tag erschien ich nicht mehr auf der Arbeit. John hatte mir bereits ein Arbeitszeugnis geschrieben, und so hatte ich nichts zu verlieren. Ich war traurig, dass ich meine schöne Küche verlassen musste, aber die Umstände waren mittlerweile inakzeptabel.

Während der letzten zwei Wochen auf der Insel benahmen Marion und ich uns wie Touristen. Wir fuhren mit meinem Mofa durch die Gegend, wanderten durch die Natur und gingen abends in der Stadt essen und tanzen. Wir besuchten alle Bekannten und tratschten stundenlang mit unseren Freunden.

Obwohl wir uns bemühten, Bob aus dem Weg zu gehen, konnten wir nicht vermeiden, ihm noch einmal zu begegnen. Er war bester Laune und stinkfreundlich. »Ich habe einen neuen Küchenchef«, prahlte er. »Toller Typ. Hättest du nie mithalten können. Der spielte in einer ganz anderen Liga. Das Essen ist einfach fantastisch. Wirst schon sehen – Bounty Room ist auf dem besten Weg, ein Gourmettempel zu werden.«

Ich glaubte ihm kein Wort. Wer wollte schon bei Bob arbeiten, sich freiwillig seinen Launen aussetzen? Doch ich hielt mich zurück. Es interessierte mich ehrlich gesagt auch nicht mehr. Ich hatte mich entschieden, nur die guten Erinnerungen an das Hotel zu behalten und die schlechten aus meinem Gedächtnis zu verdrängen. Und damit war das Thema für mich erledigt.

Da wir vorhatten, nach unserer Reise wieder auf die Insel zurückzukehren, lagerten wir einige Kartons mit privaten Sachen bei John im Schuppen ein und verabschiedeten uns auch nicht groß von unseren Freunden und Bekannten. Nur wenige wussten, dass wir für längere Zeit verreisen würden.

In Neuseeland wohnten wir zunächst in Parnell, Auckland, bei Onkel Frank, einem Bekannten von Jeannie. Er war etwa siebzig, hatte einen Spitzbart und erzählte jeden Abend Geschichten

aus der Zeit des Zweiten Weltkriegs, so zum Beispiel von einem anonymen Essenspaket mit Zutaten für einen Weihnachtskuchen, das seine Familie einmal aus England bekommen hatte. Außer den üblichen Zutaten wie getrockneten Pflaumen, Orangeat und Zitronat, Sultaninen und Rosinen fanden sie auch noch ein unbeschriftetes Einmachglas mit einem dunklen Pulver. Sie hielten es für die Ge-

würzmischung für den Kuchen und mischten es in den Teig, den sie am Weihnachtsfeiertag für den Kuchen vorbereiteten.

Drei Wochen später kam ein Brief aus England. Er war zwei Wochen vor Weihnachten abgestempelt worden und wohl an irgendeiner Stelle liegen geblieben. Er hätte eigentlich vor dem Paket eintreffen sollen, denn in ihm schrieb der edle Spender, dass er die Asche seines geliebten Onkels Hamish in einem Einmachglas mitschicke, weil dieser in seinem letzten Willen den Wunsch geäußert habe, dass seine Verwandten sie im Hafen von Auckland verstreuen sollen …

Wir lachten uns natürlich krumm und schief über die Geschichte. Frank schmunzelte.

Wir sollten uns ein Wohnmobil kaufen und damit das Land erkunden, riet Frank uns später. Das klang gut, und so sahen wir uns ein wenig bei den Autohändlern um.

Ein Bedford CF Poptop, Jahrgang 1979, erschien uns für unsere Zwecke bestens geeignet. Er war voll eingerichtet mit Küche und Betten und konnte nach Bedarf mit Flüssiggas oder Benzin gefahren werden. Das Ding kostete 14 000 Neuseelanddollar, fast unsere gesamten Ersparnisse. Dennoch unterschrieben wir kurz entschlossen einen Kauf- und einen Rückkaufvertrag. Der sah vor, dass uns der Händler nach Ablauf einer siebenmonatigen Frist die Hälfte des Geldes zurückerstatten würde, sollten wir das Wohnmobil nach unserer Reise nicht selbst verkaufen können. Uns schien das eine sichere Sache zu sein, und so freuten wir uns, was für einen Superdeal wir doch geschlossen hatten.

Wir richteten die Kiste mit viel Liebe gemütlich ein und tuckerten ein paar Tage später nordwärts. Um eine lange Geschichte abzukürzen: Nur fünf Wochen später stand das Wohnmobil wieder auf dem Parkplatz des Autohändlers. Wir hatten eine Panne nach der anderen gehabt, und da für ein so altes Auto keinerlei Garantie mehr übernommen wurde, hatten wir fast unser gesamtes restliches Vermögen in den Autowerkstätten von Northland gelassen. Stand die Karre an irgendeinem Strand, war sie super: gemütlich und komfortabel wie ein kleines Haus. Aber sobald wir auf der Straße waren, begannen die Probleme. Als wir nur noch knapp zweitausend Dollar in der Tasche hatten, waren wir langsam nervös geworden und zurückgekehrt.

Zu unserem großen Ärger war der Autohändler wenig schuldbewusst und bestand auf der Einhaltung unseres Vertrags. Er werde uns wie vereinbart nach sieben Monaten das Geld auf unser Konto überweisen, aber nicht einen Tag früher.

Was nun? Deprimiert saßen wir bei Onkel Frank auf der Couch und tranken Gin Tonic.

Nach langem Hin und Her begaben wir uns ins nächste Reisebüro. Es war unmöglich, mit unserem restlichen Geld noch in Urlaub zu fliegen. Aber das Geld reichte gerade aus, um zwei einfache Tickets nach Frankfurt zu kaufen. Das taten wir dann auch.

Wir verließen Neuseeland an einem heißen Sommertag im November. Obwohl wir weder Geld noch einen Job in Aussicht hatten – John hatte mittlerweile berichtet, dass sich die Rückabwicklung des Hotelverkaufs an Bob noch einige Zeit hinziehen würde –, waren wir guter Dinge. Thai Airways hatte uns zu unserer Überraschung eine Woche Aufenthalt in Thailand geschenkt, genauer gesagt in Pataya. Um uns dort zu verköstigen, hatten wir allerdings nur neunzig Dollar zur Verfügung, pro Mahlzeit also gerade einmal sechs Dollar und vierzig Cent.

Wenigstens das Frühstück war inklusive. Wir nahmen es, so spät es ging, meist als letzte Gäste um kurz vor elf Uhr. Wir sparten uns das Mittagessen und gingen abends ins Thailändische Restaurant, wo wir uns mit Suppen und Vorspeisen satt aßen. Wir tranken nur

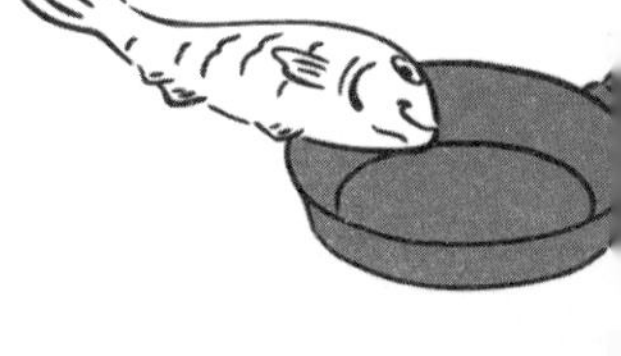

das Wasser, das kostenlos in Karaffen zur Verfügung gestellt wurde, und sparten auch am Unterhaltungs- und Besichtigungsprogramm. So nutzten wir, dass täglich auf dem hauseigenen Videokanal zwei Filme kostenlos angeboten wurden. Den Rest der Zeit verbrachten wir meist am Pool, wo wir den anderen Touristen dabei zusehen mussten, wie sie eiskalte Cocktails und Bier schlürften und an der Bar Hamburger und große Portionen Pommes frites aßen.

Auch diese anstrengende Woche ging irgendwann vorbei. Am Schluss besaßen wir gerade noch so viel Bargeld, dass wir am Wechselschalter in Bangkok einen zerknitterten Zehnmarkschein erhielten. Gerade genug, um in Frankfurt einen (!) Kaffee zu kaufen und mit dem Wechselgeld Marions Eltern in Paderborn anzurufen.

Es war Ende November, und wir waren zurück. Hatten wir geplant, den Winter in der sommerlichen südlichen Hemisphäre zu genießen und ein wenig zu faulenzen, standen wir nun im eisigen Deutschland – ich mit kurzer Hose und mehreren T-Shirts übereinander, Marion mit einem alten Wollpullover und Jeans bekleidet. Wir beide hatten weder Kleider für den Winter noch Geld, neue zu kaufen. Doch trotz allen Unglücks waren wir glücklich. Immerhin hatten wir uns.

16

Der Pantoffelkoch

Der Empfang in Paderborn war herzlich, und alle freuten sich, Marion zu sehen. Auch mich schlossen Marions Familie und Freunde direkt wieder in ihre Herzen – trotz der schlaflosen Nächte und der stundenlangen Heulkrämpfe, die Marion meinetwegen vor vielen Jahren durchlitten hatte.

Wir bezogen eine kleine Wohnung im Anbau des Haupthauses, und Marion durfte wieder bei ihren Eltern im Blumengeschäft mitarbeiten. Ich übernahm einstweilen den Haushalt und die Küche. Sehr zur Freude von Marions Mutter. Sie konnte durch meine Hilfe mehr im Laden helfen, ohne daneben für die ganze Familie auch noch kochen und spülen zu müssen.

Es ging uns gut. Marion bekam ein normales Gehalt, und ich durfte mir beim Getränkehändler so viel Bier kaufen, wie ich wollte. Morgens bereitete ich im Wechsel mit Marions Vater und ihrem Bruder das Frühstück zu. Mittags kochte ich für den ganzen Clan. Wir waren zu zwölft am Tisch, und jeder hatte einen Extrawunsch. Marions Vater aß eigentlich alles – sieht man von Gerichten mit ausländischen Namen und Aufläufen ab. Daher hieß Lasagne von nun an »Westfälische Nudelplatte«, Aufläufe waren Ofengerichte. Marions ältere Schwester aß kein Schweinefleisch, weil ihr Mann beim Veterinärsamt arbeitete und immer Schauergeschichten über Schweine und deren Haltung auf den Bauernhöfen im Kreis Paderborn erzählte. Ihre jüngere Schwester wiederum aß weder Gemüse noch Salat noch Kartoffeln, dafür umso lieber Nudeln. Marions Mutter hingegen mochte ebendiese nun gar nicht und brauchte täglich ihre Ration Kartoffeln. Die Kinder der älteren Schwester mochten nur Nudeln oder Kartoffelpüree mit Ketchup. Obwohl

ich nur für vergleichsweise wenige »Gäste« kochte, hatte ich somit alle Hände voll zu tun, wollte ich jedem auch nur einigermaßen gerecht werden. Aber es machte Spaß, und wir lachten viel.

Ab und an half ich auch auf dem Friedhof mit. Eine ganz neue Erfahrung, zu der mir Marions Bruder verhalf. Er betreute ein paar Hundert Pflegegräber, und so kratzten wir Laub und vertrocknetes

Unkraut von den Gräbern und machten sie winterfest. Ich hatte noch nie in meinem Leben so viele Leute unter mir. Und das, ohne dass sich jemand beschwerte.

Der Winter in Ostwestfalen war lang, kalt und nass. Kein Vergleich zu den milden Wintern in der Südsee! Doch Marion und ich richteten uns im Anbau gemütlich ein. Ich bemalte die weißen Wände mit Palmen, Meer und Strand, und ins Wohn- und Schlafgemach stellten wir große exotische Pflanzen, die wir aus der Familiengärtnerei bekamen. Um auch dem Rest von Paderborn ein wenig Südseestimmung zu verschaffen, veranstalteten wir im Februar im Blumenladen eine kleine Ausstellung, *Kuck mal die Cooks*. Es kam sogar ein Journalist von der *Neuen Westfälischen*. Seine Reportage über uns kam zwar nicht auf die Titelseite, aber immerhin … So langweilig war's in Paderborn dann wohl auch wieder nicht.

Aus Rarotonga hörten wir nicht viel. John faxte ab und zu und berichtete, dass Bob die Biege gemacht und trotz internationalen Haftbefehls entkommen war. Sie hatten ihn bis nach Neuseeland verfolgt und wollten ihn in einem kleinen Motel in Auckland stellen. John war mit von der Partie gewesen, aber Bob war auch ihnen entwischt und spurlos verschwunden. Das Hotel bekamen John und seine Geschäftspartner dennoch nicht zurück. Da Bob seine Konten geleert und sein Privatvermögen in letzter Minute aus dem Land geschleust hatte, verkaufte die Bank das Hotel an einen Neuseeländer. Später schrieb John, dass Bob wieder in Südamerika weilte und undurchsichtigen Geschäften nachging.

Natürlich hatten wir uns darauf gefreut, nach Rarotonga zurückkehren und wieder für John arbeiten zu können. Das kam nun erst einmal nicht mehr infrage. Jetzt galt es, neue Pläne zu schmieden. Ich vermisste die professionelle Kocherei und wollte gerne wieder in meinen Beruf einsteigen. Marion aber wollte noch eine Weile im Geschäft ihrer Eltern mitarbeiten, und so half ich im Frühjahr wieder als Friedhofsgärtner aus.

Eines Tages – mittlerweile war sogar in Paderborn Sommer – kam ein Fax von John. Mit fantastischen Neuigkeiten. Jeannie und er hätten auf Rarotonga ein anderes kleines Hotel übernommen und wollten ein Restaurant aufbauen, verkündete er und fragte, ob ich immer noch Interesse hätte, für ihn zu arbeiten. Natürlich hatte ich!

Das Restaurant solle im November eröffnen, schrieb John weiter. Vorher wolle er uns in Rarotonga treffen, um die Einzelheiten zu besprechen. »Fliegt nach Neuseeland, und sucht in Auckland die Möbel und was wir sonst an Einrichtungsgegenständen brauchen, bei unserem Großhändler aus. Von da lassen wir es dann verschiffen.«

Das klang nicht nur für mich verlockend. Auch Marion freute sich, nun doch auf unsere geliebte Insel zurückkehren zu können. Da wir während unserer Zeit in Paderborn einiges gespart hatten und der Autohändler in Auckland endlich die siebentausend Dollar auf unser Konto in Neuseeland eingezahlt hatte, verfügten wir sogar wieder über eine kleine Rücklage, um die Flüge zu bezahlen.

Marions Eltern waren sehr traurig, als sie erfuhren, dass wir wieder wegwollten, ließen uns aber mit Tränen in den Augen gehen. Wir gönnten uns noch eine Woche Urlaub im Appenzellerland und verlobten uns zwei Tage nach meinem siebenundzwanzigsten Geburtstag in den Schweizer Bergen. Ich hatte vorher bei Marions Vater um ihre Hand angehalten, was zwar schon lange nicht mehr üblich, mir aber trotzdem sehr wichtig war. Er hatte hocherfreut reagiert und mich in den Arm genommen. »Du bist der Einzige für meine Tochter«, sagte er.

Erst dann fragte ich Marion, ob sie sich mit mir verloben wolle.

Sie sprang mir um den Hals und heulte gleich los. »Natürlich! Ich dachte schon, du fragst nie!«, schluchzte sie mir ins Ohr.

Langsam wurde ich erwachsen.

Diesmal ging unser Flug von Frankfurt aus nach Los Angeles, von Los Angeles nach Honolulu und von dort direkt nach Rarotonga. Exakt ein Jahr nachdem wir die Insel verlassen hatten, landeten wir wieder in unserem Paradies. Es hatte sich nicht viel verändert. Jake Numanga sang noch immer polynesische Lieder am Flughafen. Wir wurden mit Blumengirlanden behängt, und John nahm uns lachend in Empfang und fuhr uns direkt nach Titikaveka, um uns unsere neue Wirkungsstätte zu zeigen: ein kleines Dreisterne-Familienhotel mit zwölf Zimmern, sechs davon ebenerdig direkt am Wasser, die anderen sechs im ersten Stock darüber. Eigentlich war das Hotel ein ziemlich hässlicher Bau – noch dazu ohne Pool oder Jacuzzi –, aber durch den üppigen Garten und den weißen Sandstrand fiel das nicht so ins Auge.

Bis jetzt hatte es für die Hotelgäste nur Frühstück auf dem Zimmer gegeben. Johns Plan war nun, den kleinen Aufenthaltsraum neben der Rezeption und die Rasenfläche dahinter in ein Restaurant zu verwandeln. Eine Küche war schon vorhanden, und diesmal durfte ich sie bereits am ersten Tag begutachten. Sie war, um es nett zu formulieren, ziemlich klein und entsprechend minimalistisch eingerichtet – ein kleiner Herd mit vier Brennern, einem Ofen und einer Grillklappe war alles, was die Küche an Technik zu bieten hatte. Der Herd war aus den Achtzigern und schon gut eingearbeitet. Und natürlich war da noch der Spülstein mit einem Durchlauferhitzer für heißes Wasser zum Spülen.

Kakerlaken und Moskitos gab es hingegen im Überfluss. Ein entfernter Verwandter meines alten Freunds Henry saß auf einem Schrank und beäugte uns interessiert. Er war viel kleiner als der Gecko in der Küche des Orana Beach Hotels. Nun, wahrscheinlich bekam er auch nicht so viel zu essen wie Henry. Sollte er sich mal um die Kakerlaken und Moskitos kümmern!

Marion und ich blieben erst einmal eine Woche auf der Insel und planten zusammen mit John und Jeannie die Innenausstattung des Restaurants und das Budget für die Möbel. Da wir noch nicht wussten, wo wir später wohnen würden, stellten wir unser Gepäck zu unseren Kisten in Johns Schuppen. Dann wollten wir eigentlich nach Neuseeland reisen, um die Möbel für das Restaurant auszusuchen und einzukaufen. Vorher machten wir jedoch einen Abstecher nach Arorangi. Zu gern wollten wir sehen, was aus unserem alten Hotel geworden war. Um es kurz zu machen: Es war nicht viel davon übrig geblieben. Ein Brand hatte das Haupthaus mitsamt Küche und unserem ehemaligen Studio zerstört. Bungalows und Strandrestaurant existierten zwar noch, aber es kamen keine Touristen mehr, und die Anlage war verwahrlost.

Kiki, der Hausmeister, wohnte noch immer neben dem Hotel und schaute dann und wann ein wenig nach dem Rechten. Von ihm erfuhren wir die traurige Geschichte des ehemals romantischsten Hotels der Insel. Nachdem Bob abgehauen war und die neuen Besitzer die Firma übernommen hatten, war zuerst alles gut gelaufen. Aber als die Touristen ausblieben, zerstritt sich das Ehepaar, das nun das Hotel leitete. Der Ehemann war täglich betrunken, und da er auch als Koch fungierte, aber nur im Restaurant saß und sich betrank, kamen bald auch keine Gäste mehr zum Essen. Als er eines Abends wieder einmal allein eine Flasche Black Heart Rum geleert hatte, war er mit brennender Zigarette in der Küche eingeschlafen. Die Zigarette war ihm aus dem Mund gefallen und unter das Regal gerollt, in dem Henry VIII. früher gewohnt hatte. Dort hatte sich einer der Rattenbahnhöfe entzündet, die ich zwei Jahre zuvor dort platziert hatte. Das allein wäre mit Sicherheit nicht so verheerend gewesen, doch dummerweise standen auf der untersten Ablage des Regals zwei Flaschen Brennspiritus. Als der betrunkene Koch erwachte und die Flammen sah, erschrak er dermaßen, dass er mit seinem Kopf an das Regal stieß und den Brennspiritus hinunterstieß. Eine Flasche zerbarst am Boden. Als er die andere

auffangen wollte, rutschte der Koch auf dem glitschigen Boden aus und schlug mit dem Hinterkopf gegen den Tiefkühler. Die zweite Flasche Spiritus zerbarst; der Spiritus spritzte über die Kochuniform und den mittlerweile nur noch glimmenden Rattenbahnhof, wo er sich sofort entzündete. Der mittlerweile ebenfalls brennende Koch versuchte zwar noch, die Flammen zu ersticken, indem er sich auf dem Boden hin- und herwälzte. Seine Kochjacke sog sich dabei jedoch erst recht mit Spiritus voll, und der Koch verbrannte jämmerlich. So jedenfalls hatte die Feuerwehr den Fall rekonstruiert, erzählte mir Kiki. Obwohl sie den Brand in ihrem Abschlussbericht als Unfall einstufte, wollte die Versicherungsgesellschaft nicht für den Schaden aufkommen und hatte eigene Untersuchungen in die Wege geleitet.

»Irgendwie hat das Hotel seit dem Verkauf unter einem schlechten Stern gestanden«, seufzte Kiki. »Seit John und Jeannie nicht mehr da sind, ist alles den Bach runtergegangen.«

Marion und ich verabschiedeten uns bei Kiki und wanderten Hand in Hand durch die Ruine zurück zum Wagen. Die Reste des Hotels ließen wir hinter uns.

In Auckland suchten wir Stühle und Tische, eine Kaffeemaschine und einige neue Geräte für die Küche unseres neuen White Sands Bistros aus, und wir kauften einige Möbel für unsere eigene zukünftige Wohnung. Mit dem Rest des Geldes, das wir vom Kauf unseres Wohnmobils zurückbekommen hatten, bezahlten wir die Gebühren für einen Antrag auf lebenslängliches Wohn- und Arbeitsrecht in Neuseeland. Jeannie hatte uns geraten, einen solchen Antrag zu stellen, und angeboten, für uns zu bürgen. Leider wurde der Antrag dennoch abgelehnt. Es fehlte uns ein einziger Punkt, um die damals nötigen achtundzwanzig Punkte des seltsamen Systems zu erfüllen. Wir waren enttäuscht. Allein, dass wir immerhin unsere Arbeitsvisa für die Cook Islands auf dem Konsulat abholen konnten, tröstete uns.

Als alles eingepackt und auf der *Ngamaru 3* zum Transport nach Rarotonga verladen war, holten wir den Urlaub nach, den wir im Jahr zuvor verpasst hatten. Wir hatten Zeit, denn es sollte fast einen Monat dauern, bis die Fracht im Hotel ankommen würde. Wir mieteten daher ein Auto und fuhren kreuz und quer durch Neuseeland. Auf der Südinsel in Punakaiki trafen wir meinen Kumpel Uwe. Er wohnte mittlerweile in einem alten Wohnmobil und arbeitete nur noch, wenn er Lust hatte. Er hatte während der Wirtschaftskrise mit seinen Ersparnissen in Nelson für wenig Geld ein Haus gekauft. Das hatte er vermietet, und von den Mieteinnahmen lebte er in den Tag hinein.

Auch nach unserer Rückkehr war das Frachtschiff noch nicht in Rarotonga eingetroffen, weshalb sich die Eröffnung des Restaurants um einige Wochen verschob. John und Jeannie boten uns an, mietfrei in einem kleinen Häuschen in der Nähe des Hotels zu wohnen. Dass zum Ausgleich dafür mein Lohn recht bescheiden war, störte mich nicht.

Marion konnte sofort bei Ariki Craft anfangen. Sie kaufte sich ein gebrauchtes Fahrrad und radelte nun montags bis samstags nach Avarua und zurück. Zweiunddreißig Kilometer. Wenn es regnete, riefen ihre Arbeitgeber an und gaben ihr frei, weil sie nicht wollten, dass Marion nass wurde. Willkommen zurück auf Rarotonga!

Ich richtete in der Zwischenzeit meine Küche ein und schrieb die Menükarten. Die Mittagskarte gestaltete ich im Bistrostil: frische Salate, saisonale Suppen, Sandwichspezialitäten, Desserts und Kuchen. Abends kochte ich entweder ein Viergängemenü oder baute ein Buffet im Restaurant oder am Strand auf. Wir entschieden uns, das Restaurant sieben Tage in der Woche für Frühstück und Mittagessen und an vier Tagen auch abends zu öffnen. So hatte ich drei Abende in der Woche frei, außerdem den Sonntagmorgen. Dann wollten John und Jeannie das Frühstück selbst vorbereiten. An den übrigen Tagen sollten am Anfang ich und eine Aushilfe, später nur noch die Aushilfe morgens in der Küche stehen. Mir brannte es un-

ter den Nägeln, ich wollte endlich wieder kochen! Immerhin war es mittlerweile mehr als ein Jahr her, dass ich in einer Restaurantküche gestanden hatte.

Ich holte meine Messer aus einer der Kisten, die ich in Johns Schuppen eingelagert hatte, und reinigte sie sorgfältig. Danach schliff ich sie und deponierte sie in einer verschließbaren Schublade der Küche. Diese Messer hatten mich nun schon überallhin begleitet. Nur nach Europa waren sie nicht mitgekommen. Es war, als hätten die Messer gewusst, dass ich sie ein Jahr lang nicht gebrauchen würde.

Als endlich das Schiff ankam, fuhr ich mit John zum Hafen, um den Arbeitern beim Entladen unserer neuen Stühle und Tische zu helfen. Zusammen mit dem restlichen Krempel luden wir sie dann auf einen verrosteten Lastwagen. John war bis zum letzten Moment gegen den Kauf einer richtigen Kaffeemaschine gewesen. Auch jetzt runzelte er nur die Stirn und zuckte mit den Schultern. Die Faema hatte zu seinem Ärger fast zweitausend Dollar gekostet. Nun, es war nicht zu seinem Schaden – er war derjenige, der am häufigsten zu mir in die Küche kam, um einen Cappuccino oder Latte Macchiato zu trinken. Außerdem gehörten wir damit zu den ganz wenigen Restaurants, die eine richtige Kaffeemaschine besaßen. Die anderen hatten meist lediglich Atiu-Filterkaffee oder sogar nur Instantkaffee im Angebot.

Wir entluden zunächst Marions und meine Möbel, dann brachten wir Tische und Stühle zum Hotel. John und Jeannie staunten nicht wenig über unsere Wahl. Die Stühle waren aus pulverbeschichtetem dunkelblauem Metall gefertigt und hatten braune Polster; die Tischbeine waren ebenfalls dunkelblau, und die Tischplatten bestanden aus Holzimitat. Wir hatten diese Farben ausgesucht, weil der Boden des zukünftigen Restaurants blau gefliest war und wir vorhatten, blaue Batiktischdecken von Marion auf die Tische zu legen. Das ganze Restaurant sollte in den Farben Blau, Weiß und Braun gehalten sein. Genau so setzten wir es um. Zum Abschluss hängten wir zur Dekoration dicke Bambusstangen an die Decke, die Wände schmückten wir mit Bildern von Edwin Shorter, dem Gauguin der Cook Islands.

Jetzt, wo das Restaurant möbliert war, stand der Eröffnung nichts mehr im Wege. Da es zwar direkt an der Hauptstraße, aber doch verborgen hinter einer Hecke von Karibikbäumchen und Lilien stand, schnitten wir ein großes Loch in die Hecke und warben auf einem Schild für unsere Cappuccinos und Latte Macchiatos. »Wir sprechen Deutsch«, fügten wir unten an. Und wenn die Sonne schien, deckten wir direkt im Garten ein, damit die Touristen und die Einheimischen schon von Weitem sahen, dass wir geöffnet hatten.

Zu den dienstäglichen Grillabenden baute ich direkt am Strand ein großes Salatbuffet auf und grillte, barfuß im weißen Sand unter Kokospalmen stehend, dicke Steaks, Würste und frischen Fisch. Der war mittlerweile einfacher zu bekommen als noch vor zwei Jahren. Es gab mehr professionelle Fischer, und sogar die Supermärkte verkauften einheimischen Fisch.

Donnerstagabends produzierte ich Spezialitäten für ein *Insel Smörgåsbord*, oder Cook Island Buffet, wie wir es nannten: Fischspezialitäten wie *Ika Mata*, roher Thunfisch in Kokossauce, oder *Eke Takara*, Oktopus in Kokos-Curry-Sauce. Dazu präsentierte ich Gemüsegerichte wie *Anga Kuru Akaki Ia*, gefüllte Brotfrucht, *Kata Rukau*, die Stiele der Taro-Pflanze, und *Varaoa Kumara*, Süßkartoffelbeignets. Das Leibgericht aller Touristen aber war eine Leckerei, die auf der Insel sonst niemand kochte: *Kaikai I Roto I Te Kapu Akari*, Essen in der Nussschale. Dafür verwendete ich frische geschälte Kokosnüsse, köpfte sie und entnahm ihnen das meiste Fleisch. Dann füllte ich die hohle Nuss mit Riesencrevetten, verschiedenen Gemüsesorten, dem Kokosfleisch, Zwiebeln, Gewürzen und dicker Kokosmilch. Ich verschloss die Nuss wieder mit dem Deckel und dämpfte sie im Ofen. Das Ergebnis war fantastisch. Zusammen mit den Kokosnüssen buk ich im Ofen *Varaoa Meika*, ein Bananenbrot, *Poke*, den bekannten Maniok-Fruchtpudding, und *Nita Tau*, glasierte grüne Papayas.

Bald entwickelte sich der Donnerstag zum beliebtesten Abend der Woche. Die Leute liebten das Insel-Food und die lockere Bistroatmosphäre und kamen gerne wieder.

Samstagsabends kreierte ich wechselnde Viergängemenüs zu einem Spotpreis von fünfundzwanzig Dollar pro Person, Kaffee inklusive. Und am Sonntag bot ich wie früher im Hotel in Arorangi

ein Familienbuffet mit Braten, Kartoffeln, Salaten und Gemüse an.

Mittags war anfangs weniger los, als wir erwartet hatten. Aber immerhin hielt nun der Bus vor unserem Bistro und entlud bei jedem Stopp einen oder mehrere Gäste. Weil man direkt vom Parkplatz in den Wintergarten des Restaurants gehen konnte und nicht wie bei den anderen Hotels zuerst an der Rezeption vorbeimusste, waren wir auch bei Mofatouristen beliebt. Für sie war es eine Hemmschwelle weniger. Und der Geruch des frischen Kaffees lockte natürlich auch die wenigen Touristen, die sich an unseren Strand verirrt hatten. Was uns das Leben schwer machte, war die abgelegene Lage des Hotels. Es stand zwar auf der schönsten Seite der Insel, war aber sechzehn Kilometer von Avarua entfernt.

Als wir bereits einige Monate wieder auf Rarotonga waren, besuchte mich eines Abends Turoa, der Gärtner und Handyman, der Mann für alle Fälle des Hotels, und fragte nach einigem Rumgedruckse, ob ich Geld bräuchte.

Ich verneinte die Frage etwas erstaunt. Ich hatte genug Geld zum Leben und war zufrieden.

Er fragte noch einmal nach und formulierte seine Frage neu: Ob ich Geld bräuchte, um Marion ein Mofa zu kaufen. Die arme Frau könne schließlich nicht täglich mit dem Fahrrad in die Stadt und zurück fahren. Seine Familie und er sähen sie öfter vorbeiradeln, und sein Vater hätte ihn geschickt, um mir einen Kredit anzubieten. Marion werde immer dünner und bekomme sicher auch nicht genug zu essen.

Ich konnte mir das Lachen nicht mehr verkneifen. Marion, so erklärte ich Turoa, war auf Diät und *wollte* mit dem Fahrrad zur Arbeit fahren. Durch die Dörfer zu fahren, die Leute zu grüßen und die frische Meeresbrise in den Haaren zu spüren, das sei für sie wie Urlaub.

»Das habe ich mir schon gedacht«, sagte Turoa erleichtert. »Aber was soll man machen, wenn die Alten einen schicken?«

Als ich Marion die Story erzählte, lachte sie. »Das ist nicht das erste Mal, dass mir so etwas passiert«, sagte sie. Ihr hätten schon andere billig ein Mofa verkaufen oder einen Kredit gewähren wollen, damit sie sich ein Mofa kaufen könnte. Auch einen Spitznamen unter den Cook-Insulanern hatte sie schon: *Pushbike Lady*, die Dame mit dem Fahrrad.

Obwohl viele Hotels auf der Insel mit nachlassenden Gästezahlen kämpften, lief unser Restaurant nicht schlecht. Und doch wurde mir langsam ein wenig langweilig. Ich fuhr mittlerweile mit dem Kajak zur Arbeit und zurück nach Hause. Da es morgens in der Lagune so schön war, machte ich oft einen Umweg und paddelte das Riff entlang und durch eine Passage ins offene Meer, bis ich das Kajak an der nächsten Lücke wieder zurück in die Lagune lenkte. An meinen freien Nachmittagen und Abenden kletterte ich auf den Bergen der Insel herum. In Arorangi etwa fand man mich öfter auf dem Hausberg Raemaru. Es war schon seltsam, wie wenig die meisten Einheimischen das Landesinnere kannten. Meist sah ich keine Menschenseele. Nur einige Kräuterdoktoren wanderten mit Touristen über die Insel, um ihnen die einheimische Flora und Fauna nahezubringen.

Einen dieser Kräuterdoktoren traf ich gelegentlich, meist zur Mittagszeit auf einer Felsspitze namens *The Needle*, ziemlich im Zentrum der Insel. Er begann seine Tour in der Stadt, ich meine auf unserer Seite der Insel. Von ihm erfuhr ich, welche Pflanzen auf der Insel als Heilkräuter verwendet wurden, welche man essen konnte und

:he Namen die Maori den verschiedenen Bäumen und Büschen ;eben hatten. Er zeigte mir den Pua-Nei-Nei-Baum, den es nur f Rarotonga gibt, offiziell *Rarotonga Fitchia* genannt, mit seinen esigen orangen Blüten. Er erklärte mir, dass der Blütenstand der eifenlilie eine Flüssigkeit beherberge, die wie Seife aussieht und auch so verwendet werden könne. Ich hörte auf seinen Rat, wusch mich fortan auf meinen Wanderungen immer mit dieser Flüssigkeit, und meine sonst so groben Hände fühlten sich plötzlich weich und samtig an.

Wenn ich nach einer meiner Wanderungen in der Stadt ankam, besuchte ich zuerst Marion, danach ging ich auf einen Cappuccino ins Blue Note Café. Das hatte mittlerweile ebenfalls eine anständige Kaffeemaschine, und auch das Essen war nicht schlecht.

Eines Tages fragte mich Mereana, die Inhaberin des Cafés, ob ich noch freie Kapazitäten hätte. Ich bejahte die Frage, und nachdem ich grünes Licht von John bekommen hatte, half ich drei Tage in der Woche bei ihr im Café aus. Ich schrieb neue Menükarten und brachte den beiden Mädchen in der Küche das Kochen bei.

So vergingen die Monate. Wir arbeiteten gerne auf der Insel und waren glücklich miteinander. Da wir ohnehin noch zwei Flüge nach Europa guthatten, flogen Marion und ich zwischenzeitlich zu einer Hochzeit nach Deutschland, zu der Marions Familie uns eingeladen hatte. Es war ein Fest, das ich so schnell nicht vergessen werde – schon allein weil es abgesehen von der Feier in Afrika die erste Hochzeit war, der ich als Gast und nicht als Koch beiwohnte. Die Hochzeit jedenfalls endete mit einem Megabesäufnis und einer Schlägerei. Und der Fahrer, der die Gäste des Bräutigams aus England zum Fest gefahren hatte, fuhr morgens in aller Frühe zurück nach England und ließ die anderen sitzen.

Nach diesem Erlebnis wusste ich eins mit Sicherheit: Sollte ich je heiraten, wollte ich auf keinen Fall so feiern. Ich wusste aber auch, dass ich heiraten würde – wenn Marion mich denn wollte. Als Marion mir ein paar Wochen später eines Abends in der Bistroküche beim Abtrocknen der Teller und des Bestecks half, nahm ich all meinen Mut zusammen und fragte sie, ob sie meine Frau werden wolle.

Natürlich hatte ich mal wieder den falschen Zeitpunkt und den schlechtesten Platz dazu ausgesucht. Ich trug meine verschwitzte Kochuniform, stand mit einem Stapel Teller vor dem Spanplattenschränkchen und schaute in ihre himmelblauen Augen. Mein zweites Cooks Lager war bereits halb leer. Eine Zigarette rauchte einsam im Aschenbecher auf dem Gemüseschneidebrett vor sich hin. Auf dem Boden der Küche flitzten Kakerlaken von Deckung zu Deckung.

Zuerst erstaunt, dann ungläubig starrte Marion mich an. Und sagte Ja.

Danach ging alles ganz schnell. Sechs Wochen später, genau ein Jahr nach unserer Verlobung und zwei Tage nach meinem achtundzwanzigsten Geburtstag, heirateten wir dreißig Meter von unserem Bungalow entfernt am Strand. Wir hatten zwar unsere Verwandtschaft aus Deutschland und der Schweiz eingeladen, doch wegen der Entfernung und durch den kurzfristig anberaumten Termin konnte keiner kommen. Außerdem luden wir fünfzehn unserer besten Freunde von der Insel ein. John und Marie, Marions Chefin, sollten unsere Trauzeugen werden. Tante Makirere, die uns von Jeannie empfohlen wurde, würde uns trauen. Hauptberuflich arbeitete sie bei Cook Island Telecom, nebenberuflich war sie Standesbeamtin und Priesterin der Bahai-Kirche und vereinte damit praktischerweise Kirche und Standesamt in Personalunion.

Das Catering für diesen Anlass besorgte eine besondere Firma: *Florist&Chef* – Floristin Marion und Küchenchef Felix. Marion band ihren Brautstrauß selbst, während ich die Häppchen vorbereitete. Sie dekorierte die Terrasse der leer stehenden Nachbarvilla mit Blumen und Palmwedeln, am Strand formten unsere Freunde aus Hunderten Muscheln ein Herz im Sand. Dazu machte ich Fingerfood: kleine Kanapees mit Crevetten, Schinken und Käse, Miniblätter-

teiggebäck, Törtchen mit Papayasalat und Chilis, Brotfruchtchips, Süßkartoffelbällchen an Kokoscurry, Tarofritters, Maniokbuletten, Rukau-Pfannkuchen und Rauti nach Fidschi-Art.

Als Hochzeitstorte bestellten zwei Freundinnen in der Küche des Rarotongan Resort Hotels eine Alaska-Bombe, eine riesengroße halbrunde Eistorte, auf deren Spitze ein Brautpaar aus Kunststoff stand. Beide Brautleute hatten braune Gesichter und Schlitzaugen.

Zwei Stunden vor unserer Trauung saßen Marion und ich an einem windigen Samstagmorgen in einheitlichen hellblauen Bademänteln in unserer kleinen Villa in Titikaveka und genossen das Frühstück. Es war alles bereit für die Hochzeit. Vor unserer Tür stand das gemietete MG Cabriolet, mit dem wir am Nachmittag einmal um die Insel fahren und am Abend zu zweit beim Albertos Bus Stop Grill and Café Schweizer Käsefondue essen wollten. Hinten angebunden waren leere Bierdosen und ein Schild mit der Aufschrift »*Just Married*«.

Unsere Freunde kamen alle pünktlich und trugen, wie wir es uns gewünscht hatten, traditionelle Inselbekleidung: die Frauen ein *Mumuu*, ein mit buntem Blumenmuster und Rüschen verziertes Kleid, die Männer Hemd und Hose. Alle trugen einen Blumenkranz um den Kopf und Girlanden um den Hals. Während fast alle unsere Freunde zur Feier des Tages Schuhe trugen, waren Marion und ich barfuß an den Strand gekommen. Marions Kranz sei mit Abstand der schönste und üppigste gewesen, den die Insel je gesehen hatte, sagte unser Nachbar Papa Tane, zumindest seit Königin Elisabeth II. zum letzten Mal zu Besuch gekommen sei. Er musste es wissen, denn er war schon ziemlich betagt.

Ohne auf den Fotograf zu warten, der sich offensichtlich verspätete, begannen wir mit der Zeremonie. Kenneth war siebzig und litt an Parkinson und kam nicht nur völlig außer Atem mitten in der Hochzeitsfeier an, sondern fotografierte auch mit zitternden Händen. Dennoch war das Fotoalbum, das er uns eine Woche später präsentierte, wunderbar. Die Fotos waren gestochen scharf, und seine zwanzig Jahre jüngere Freundin hatte das Album aufs Schönste beschriftet und bemalt.

Als Marion und ich ein paar Stunden später mit unserem blauen MG unter den Kokospalmen über die Insel fuhren, die Haare im Wind und die scheppernden Blechdosen hinter uns herziehend, waren wir das glücklichste Paar der südlichen Erdhalbkugel, wenn nicht der ganzen Welt. Unsere Hochzeit war perfekt gewesen, perfekt für uns zwei. Und das war es, das zählte.

Zu unserem abendlichen Hochzeitsmahl bei Alberto tauchte sogar ein Reporter der *Cook Island News* auf. Zwei Tage später berichtete die Zeitung ausführlich über unsere Hochzeit, und auf der dritten Seite derselben Ausgabe hatten John und Jeannie ein Rieseninserat drucken lassen: »Gratulation zu Eurer Hochzeit vom ganzen White-Sands-Team«. Das Inserat füllte die halbe Seite. Oben rechts waren Hochzeitsglocken, unten links als Zeichen unseres Berufsstands Blumen und drei Küchenmesser abgebildet, ein Fleischmesser, ein Ausbeinmesser und ein Hackbeil.

Die Hochzeitsnacht und den darauffolgenden Tag verbrachten wir in unserem Bungalow im Bett. Wir waren glücklich. In den elf Jahren, die wir uns kannten, war viel passiert. Aber nun hatte sich der Kreis geschlossen. Wir waren angekommen. Auf einer kleinen Insel mit Palmen und weißem Sandstrand, um uns herum die endlose Weite des Pazifiks.

Konnte das Glück perfekter sein? In diesem Augenblick mit Sicherheit nicht.

Wer hätte an diesem Tag gedacht, dass wir nur drei Monate später, bei Schneegestöber und zweistelligen Minustemperaturen mit zwei Koffern im Nobelwintersportort St. Moritz in den Schweizer Alpen Einzug halten würden? Dass ich mit Skiern von der Arbeit nach Hause fahren würde, nachdem ich für Prinz Albert von Monaco das Mittagessen gekocht hatte. Und dass Marion Gunter Sachs' Dracula Club dekorieren und den Promis fertig geschmückte Weihnachtsbäume verkaufen würde.

Wir auf jeden Fall nicht, als wir nach der Hochzeitsnacht erschöpft die Geckos an der Decke unseres Bungalows beobachteten und eng aneinandergeschmiegt der Brandung lauschten.

Die Zukunft gehörte uns.

Nachwort

Köche leben auf einer Zwischenebene. In ihrer Scheinwelt übertreiben sie gerne. Sie manipulieren, und sie lieben Intrigen. Sie träumen von perfekten Mahlzeiten, einmaligen Orgasmen und einem Leben ohne Stress. Manchmal erinnern sie sich an Gegebenheiten, die so nie passiert sind. Manchmal erinnern sie sich an gar nichts und müssen sich mit den Erinnerungen ihrer Kumpel und deren Ausführungen der Tatsachen begnügen. Mir geht es da nicht anders als meinen Berufsgenossen.

Als ich einem anderen Koch einmal erzählte, dass ich irgendwann einmal ein Buch schreiben wolle, zuckte er mit den Schultern und meinte: »Jeder Johnny und sein Hund schreiben heutzutage ein Buch.«

Mein Kollege hatte vielleicht recht. Aber nicht jeder Johnny veröffentlicht sein Buch tatsächlich.

Ich danke dem Team von Bastei Lübbe und meiner Literaturagentin für ihren Einsatz, mit dem sie es mir ermöglichten.

Anhang

Rangstufen in einer Küche

Die Berufsbezeichnungen sind immer männlich. Eine Frau ist also nicht Patron*in* oder Küchenchef*in*, sondern wie ihre männlichen Kollegen Patron oder Küchenchef.

Patron:	Besitzer des Betriebs, fungiert manchmal auch als Küchenchef. Wird auch mit »Patron« angesprochen, wenn er oder sie Küchenchef ist.
Chef de Cuisine:	Küchenchef
Souschef:	Stellvertreter des Küchenchefs
Chef de partie:	Brigadekoch, dem mindestens ein Commis zugeteilt ist
Demi-chef de partie:	Assistent oder junger Brigadekoch
Commis (de cuisine):	Dem *Chef de partie* unterstellter Koch
Lehrling:	Auszubildender Koch
Casserolier:	Abwäscher für Pfannen, Töpfe und Küchengeräte

Brigadeeinteilung

Köche unterscheiden sich nicht nur hinsichtlich ihrer Stellung in der Küchenhierarchie, sondern auch in Bezug auf ihre Arbeitsbereiche.

Chef de Cuisine:	Leitet die Küche, verantwortet die Menüplanung, den Einkauf und ist erster Lehrlingsausbilder
Souschef:	Stellvertreter des Küchenchefs, meistens ein *Chef de partie* mit dem Titel *Chef Saucier*
Chef de partie:	Leitet einen Posten in der Küche, zum Beispiel als *Chef Saucier* oder *Chef Rôtisseur*. Je nach Größe des Betriebes hat er einen oder mehrere Commis und Lehrlinge zur Verfügung. Spezialgebiete der *Chefs de partie* sind:
Entremetier:	Verantwortlich für alle Gemüsegerichte, Beilagen und Eierspeisen
Gardemanger:	Ihm obliegt die Überwachung der kalten Küche: Zuschneiden und Verarbeiten des rohen Fleischs und der Fische, Herstellen der kalten Saucen, der kalten Vorspeisen, Fleischfüllungen, kalten Platten, Galantinen, Terrinen und Pasteten.
Patissier:	Zuständig für alle Grundzubereitungen der warmen, kalten und gefrorenen Süßspeisen, manchmal auch für Nudelteig und salzige Aperohäppchen
Poissonier:	Er ist verantwortlich für alle Fischgerichte. Ihn gibt es nur in großen Betrieben.

Rôtisseur: Zuständig für alle Grillgerichte. Auch ihn gibt es nur in großen Betrieben.

Saucier: Bereitet alle Saucen, Grundbrühen, den Fisch und Fleischgerichte zu

Tournant: Er vertritt die vorstehend aufgeführten *Chef de partie*-Posten.

Chef de garde: Er ist der verantwortliche Alleinkoch außerhalb der Hauptessenszeiten, während die anderen Köche in der Zimmerstunde sind (ca. 14 bis 18 Uhr), und spätabends (nach ca. 21 Uhr), wenn alle Köche dienstfrei haben, aber immer noch warmes Essen angeboten wird. Der *Chef de garde* verrichtet in seiner Arbeitszeit auch *Mise-en-place*-Arbeiten für die anderen Köche.

Food and Beverage Manager: Er ist der Vorgesetzte des Küchenchefs und leitet den Bereich Essen und Trinken in einem Hotel. Entsprechend verantwortet er die Administration und den Einkauf der vom Küchenchef bestellten Lebensmittel. Je nach Größe des Betriebs hat der F&B-Manager einen oder mehrere Assistenten.

Mise en place: Wahrscheinlich das wichtigste Wort in der Küche – wenn man die Schimpfwörter nicht rechnet. Es bezeichnet das Bereitstellen, Rüsten, Vorbereiten und Organisieren sämtlicher Lebensmittel, Werkzeuge, Kochgeräte und Arbeitsutensilien, die man während des *Service* auf seinem Posten oder in der Küche allgemein braucht.

Service: Der *Service* bezeichnet die arbeitsreichste Zeit beziehungsweise die Zubereitung von Essen während der Öffnungszeiten eines Betriebs. Der Koch sollte also die *Mise en place* vor dem *Service* abgeschlossen haben, sonst steckt er *in der Scheiße.*

In der Scheiße: In diesem Zustand befindet sich der Koch, wenn so viele Bestellungen aus dem Restaurant in die Küche kommen, dass er mit der Arbeit nicht mehr nachkommt, oder wenn er seine *Mise en place* schlecht vorbereitet hat. Oder er eine Bestellung vergessen hat oder ihm etwas misslingt. Oder wenn er einen unbrauchbaren Commis auf dem Posten hat oder die anderen Köche ihn *ficken wollen.*

Ficken wollen: Absichtlich übermäßig schnell arbeiten, um früher als ein anderer Koch die Einzelkomponenten für eine bestimmte Bestellung auf dem *Pass* bereitzuhaben. Dadurch gerät der andere Koch *in die Scheiße*, woraufhin ihn der Küchenchef, der meistens während des *Service* am *Pass* steht und Bestellungen *annonciert*, freundlich auffordert, gefälligst »den Finger aus dem Arsch zu nehmen«. *Ficken wollen* ist eine Art Küchenmobbing und wird oft bei Rivalitäten und Rangstreitigkeiten eingesetzt, bis der Küchenchef die Schnauze voll hat und alle anbrüllt.

Pass: Essensdurchreiche von der Küche in den Gastraum oder den Gastvorraum. Hier werden fertige Teller- und Plattengerichte für den Service abgestellt, meistens von unten beheizt und von oben mit Infrarotlampen bestrahlt.

Annoncieren: Essensbestellungen, die entweder via Drucker oder vom Servicepersonal per Kassenbon oder von Hand geschrieben in die Küche kommen, werden *annonciert*. Das bedeutet nichts anderes, als dass sie *mündlich* an die *Chefs de partie* am Herd weitergeleitet werden. Auch abgerufene Bestellungen werden so angekündigt. Die durchaus anspruchsvolle Aufgabe des Annoncierens übernimmt meistens der Küchenchef. Wichtig ist dabei, Servicepersonal und Küche zu koordinieren.

Envoyer: Heißt auf Deutsch: »schicken«. Nachdem die Bestellungen *annonciert* werden, dauert es meistens eine gewisse Zeit, bis sie vom Servicepersonal beim Annoncierer abgerufen werden. Dieser brüllt dann für alle Köche gut verständlich *»Envoyer!«*, danach die Tischnummer der Bestellung und dann die

Gerichte, die an dem Tisch bestellt wurden. Normalerweise sollten diese Bestellungen schon auf den jeweiligen Posten bereitstehen – es sei denn, man ist in der … Genau!

Brunoise: Schnittart für Gemüse. Kleine Würfelchen von etwa drei mal drei Millimeter Kantenlänge.

Chiffonade: Schnittart nur für großblättriges Gemüse und Blattsalat: lange, feine Streifen, meistens als Suppeneinlage gedacht.

Demi glace: Braune Kalbssauce

Glace de viande: Fleischextrakt aus brauner Kalbsbrühe, wird zu sirupartiger Konsistenz eingekocht.

Julienne: Schnittart für Gemüse: feine Streifen von ca. vier Zentimetern Länge und drei Millimetern Breite.

Macedoine: Schnittart nur für Früchte: würfelförmige Stücke, zum Beispiel für Fruchtsalat *(Macedoine aux Fruits).*

Mire poix: Schnittart für Gemüse: sehr grobe Würfel zum Ansetzen von Brühen und Grundsaucen. Diese werden nach Gebrauch mit der fertigen Sauce zusammen püriert, weggeworfen oder in die *Remouillage* gegeben.

Remouillage: Der zweite Aufguss des *Mire poix* nach der Herstellung von Brühen.

Wichtige Küchengeräte und Pfannen

Bain-marie: Regulierbares Wasserbad, Strahlungsheizung, Dampf oder Heißwasser

Bratkipppfannen: Fest montierte oder kippbare Pfanne mit großem Fassungsvermögen, mit Strahlungsheizung, direkter oder indirekter Dampfheizung. Gibt es auch als *Kippkessel.*

Chafing Dish: Transportabler Edelstahlwärmebehälter (bisweilen auch versilbert) auf Wasserbadbasis, beheizbar mit Brennpasten, Strom oder Gas. Wird verwendet, um auf Buffets Speisen warm zu halten.

Kippkessel: Kippbarer Kessel mit großem Fassungsvermögen, ausgestattet mit Strahlungsheizung, direkter oder indirekter Dampfheizung.

Konvektomat: Umluftofen für Brat-, Back- und Regeneriervorgänge. Schaltbar auf Dampf / Ofen / beides. Programmierbar für Fertiggerichte, Bratzeiten, Backprogramme etc. und ausgerüstet mit Kerntemperaturmesser und Uhr mit Warnsignal.

Sauteuse: Stielkasserole aus Edelstahl mit schrägem Rand. Wird zum Glasieren, Anbraten und Dünsten verwendet.

Sautoir: Stielkasserole aus Edelstahl mit geradem Rand, zum Anbraten von kleinen Stückchen.

Steamer / Dampfdruckautomat: Zum Garen mit Wasserdampf unter Druck.

Ausbeinmesser:	Spezialmesser für Metzgerarbeiten, z. B. um Fleisch von Knochen zu lösen, Innereien herauszunehmen oder Sehnen zu entfernen. Es hat einen handlichen Griff und eine kurze, etwa siebzehn Zentimeter lange, harte und scharfe Klinge.
Filetmesser:	Messer mit fünfundzwanzig Zentimeter langer, dünner und biegsamer Klinge, zum Filetieren von kleineren Fischen und Tranchieren von Lachs verwendet.
Fleischmesser:	Langes Messer, dessen Klinge fast auf gleicher Höhe mit dem Griff ist, damit man einfacher Schnitzel, Steaks, Geschnetzeltes etc. schneiden kann. Nicht zum Hacken geeignet.
Gemüsemesser:	Langes Messer, dessen Klinge wesentlich höher ist als der Griff. Es eignet sich hervorragend, um großes Gemüse zu schneiden und Zwiebeln zu hacken.
Horn:	Teigschaber
Mandoline:	Universalgemüsehobel aus Edelstahl
Officemesser:	Dieses Rüstmesser wird eigentlich gebraucht, um Zwiebeln zu schälen und Vakuumbeutel und Tiefkühlkartons aufzuschneiden.
Tourniermesser:	Rüstmesser mit halbmondförmiger Schnittfläche. Mit ihm werden Gemüse- und Kartoffelschnitzereien wie zum Beispiel Pommes nature (Salzkartoffeln) ausgeführt.

Wichtige Abkürzungen in der englischsprachigen Küche

FOC:	*Free of charge* = umsonst, kostenlos
BLT:	*Bacon, Lettuce, Tomato* = Speck, Salat, Tomate (bei Sandwiches)
ASAP:	*As soon as possible* = so schnell wie möglich
PAX:	*People/Persons approximately* = ungefähre Personenzahl bei Reservierungen und Banketten
CDC:	*Chef de cuisine* = Küchenchef
XD:	*Cancelled* = abgesagt, gestrichen, wird nicht mehr gebraucht

Wichtig in englischsprachigen Küchen

Chef:	Koch mit Lehrabschluss oder Kochschulabschluss
Cook:	Ungelernter oder angelernter Koch

Ein Buch der wiedergewonnenen Lebensfreude. Ein Meilenstein

Martina Meuth / Bernd Neuner-Duttenhofer
WO DIE GLÜCKLICHEN HÜHNER WOHNEN
Vom richtigen und vom falschen Essen
464 Seiten
mit zahlreichen Abbildungen
ISBN 978-3-7857-2338-8

Duftendes Brot, zarte, saftige Schnitzel, würziger Rohmilchkäse. Echt statt künstlich. Es gibt sie noch und wieder, die Köstlichkeiten. Ärgern Sie sich nicht mehr über Geschmacksverstärker in der Suppe, zugesetzte Aromastoffe im Joghurt, Konservierungsstoffe im Brötchen, Farbstoff im Kartoffelpüree, rückverdünnte Konzentrate statt Saft.
Martina Meuth und Bernd Neuner-Duttenhofer zeigen Ihnen mit begeisternder Sachkenntnis, worauf Sie achten müssen: wenn Sie einkaufen - wenn Sie kochen - wenn Sie essen gehen.
Woran erkennen Sie gute Lebensmittel? Wie werden sie erzeugt? Wie gehen Sie damit um? Wo bekommen Sie diese?
Mit Adressen, Rezepten und über 160 Abbildungen in Farbe.

Lübbe Hardcover

Der Werdegang einer urbanen Farmerin: Wunderbar inspirierend und zugleich schreiend komisch

Novella Carpenter
MEINE KLEINE
CITYFARM
Landlust zwischen
Beton und Asphalt
Aus dem amerikanischen
Englisch von
Veronika Dünninger
384 Seiten
ISBN 978-3-404-60657-3

Novella hat einen Traum: Zurück zur Natur mit einem eigenen kleinen Bauernhof. Aber würde sie dafür aufs Land ziehen? Weit weg von Kneipen, Konzerten und Freunden? Niemals! Der Ort, der Novellas Träume vereint, befindet sich unweit der Autobahn, umgeben von Beton und Werbetafeln, verruchten Kaschemmen und exzentrischen Nachbarn.
Doch wie macht man aus einer zugemüllten Brachfläche eine blühende Oase mit glücklichen Hühnern und Schweinen? Und wie aus Schweinen Salami? Bewaffnet mit Büchern, guten Ratschlägen und unglaublichem Tatendrang, aber ohne die leiseste Ahnung von Landwirtschaft macht sie sich ans Werk.

Bastei Lübbe Taschenbuch

Da haben Sie den griechischen Salat!

Stella Bettermann
ICH TRINK OUZO, WAS TRINKST DU SO?
Meine griechische Familie und ich
208 Seiten
ISBN 978-3-404-61666-4

»Kiiiender, Äääähsen!« schallte es weit nach der Mittagszeit durch die Münchener Wohnsiedlung. Und bis heute weigert sich Stella Bettermanns griechische Mutter, die schicken Pumps bei der deutschen Verwandtschaft gegen Gästepantoffeln zu tauschen. Um so lauter ist der Jubel in der Heimat, wenn die Koffer mit Geschenken von »Seh un Aaah« (C&A) ausgepackt werden und die Ferien in Piräus bei Oma Yiayia beginnen.
Sind Sie reif für die griechischen Inseln?

Bastei Lübbe Taschenbuch